金融市场基础知识
证券市场基本法律法规

二合一

任玎　单珊
◎
主编

证券业从业人员
一般从业资格考试
命题研究中心
◎
审校

北京大学出版社
PEKING UNIVERSITY PRESS

内容提要

本书以证券业协会最新颁布的《证券业从业人员一般从业资格考试大纲》为依据,面向改革后的2个科目——《金融市场基础知识》和《证券市场基本法律法规》,在研究考试大纲和历次考试真题的基础上,通过真题与全真模拟测试题相结合的方式,帮助读者掌握解题思路,提高应试能力。

本书由4部分内容组成,分别是:"第一部分 考纲分析与应试策略""第二部分 金融市场基础知识"习题集、"第三部分 证券市场基本法律法规"习题集和"第四部分 全真模拟试卷"。第一部分旨在总结、提炼考试的重点及命题方式,为考生提供全面的复习和应试策略。第二、三部分分别以章为单位,每章又包含6个模块,按"考情分析""知识导读""真题精选""真题精选答案及详解""全真模拟测试题""全真模拟测试题答案及详解"的顺序编写。通过"考情分析"和"知识导读"2个模块,旨在总结、提炼考试内容的重点及命题方向,展示考点的重要程度;通过"真题精选""真题精选答案及详解""全真模拟测试题""全真模拟测试题答案及详解"4个模块,为读者提供全面的复习与应试体验,使读者能快速掌握考试题型、命题特点和解题思路,轻松应试。第四部分为全真模拟试卷,完全模拟真题考试的题型、题量与命题思路,使考生提前感受考试氛围、合理安排时间、积累考试经验。

本书配有题库版光盘,不仅为考生提供与大纲同步的练习题,以及大量的真题、模拟题,还提供与真实机考环境完全一致的模考系统,读者可像真实考试一样在该系统中进行登录、答题、交卷等操作,从而快速熟悉机考环境,避开失分雷区,提高应试能力。

本书适合参加证券业从业人员一般从业资格考试的考生使用,亦适合作为各类院校与社会培训机构的相关应试资料。

图书在版编目(CIP)数据

SAC证券业从业人员一般从业资格考试习题集 / 任玎,单珊主编. — 北京:北京大学出版社,2017.4
ISBN 978-7-301-28009-6

Ⅰ.①S… Ⅱ.①任… ②单… Ⅲ.①证券交易—资格考试—习题集 Ⅳ.①F830.91-44

中国版本图书馆CIP数据核字(2017)第021217号

书　　　名	SAC证券业从业人员一般从业资格考试习题集 SAC ZHENGQUANYE CONGYE RENYUAN YIBAN CONGYE ZIGE KAOSHI XITIJI
著作责任者	任玎　单珊　主编
责任编辑	尹　毅
标准书号	ISBN 978-7-301-28009-6
出版发行	北京大学出版社
地　　　址	北京市海淀区成府路205号　100871
网　　　址	http://www.pup.cn　新浪微博:@北京大学出版社
电子信箱	pup7@pup.cn
电　　　话	邮购部 62752015　发行部 62750672　编辑部 62580653
印刷者	北京富生印刷厂
经销者	新华书店
	787毫米×1092毫米　16开本　17.25印张　398千字 2017年4月第1版　2017年4月第1次印刷
印　　　数	1-4000册
定　　　价	45.00元

未经许可,不得以任何方式复制或抄袭本书之部分或全部内容。
版权所有,侵权必究
举报电话:010-62752024　电子信箱:fd@pup.pku.edu.cn
图书如有印装质量问题,请与出版部联系。电话:010-62756370

前　言

一、本书为谁而写

SAC 证券业从业人员一般从业资格考试是由中国证券业协会根据《证券从业人员资格管理办法》和中国证券监督管理委员会的相关规定，制定考试办法、考试大纲并具体组织的从业人员入门级考试。2015 年 7 月，中国证券业协会对证券从业人员资格考试测试制度实施改革，原"证券从业资格考试"更名为"证券业从业人员一般从业资格考试"，考试科目、考试大纲和考试题型也做了调整。改革后，资格考试分为一般从业资格考试、专项业务类资格考试和管理类资格考试三种类别。其中，一般从业资格考试的科目为《金融市场基础知识》和《证券市场基本法律法规》两科。

针对此次考试改革，为了做好 SAC 证券业从业人员一般从业资格考试，指导考生全面掌握知识体系，提高考生的考试过关率和专业胜任能力，本考试研究中心特约高校、行业协会和业内资深从业人员在精心研究考试大纲、分析最新真题的基础上，精编了《证券业从业人员一般从业资格考试习题集》，分别就《金融市场基础知识》和《证券市场基本法律法规》的真题及全真模拟测试题进行收集、编写，并配以答案及详解。

二、本书有什么帮助

> **分星级展示考点，重点、难点一目了然**

本书以最新的考试大纲为依据，根据掌握（★★★）、熟悉（★★）、了解（★）的层次要求分别注明星级，展示新大纲的考点要求，使考生对高频考点、中频考点和低频考点做到心中有数，抓住重点、难点，提高复习效率。

> **按章节进行练习，考点、试题清晰对应**

本书以章为单位，分析每章的考情、考点，将历次考试真题按考点分章精选，并配以每章的全真模拟测试题。在了解考点的基础上分章进行练习，使考生轻松掌握考点的出题思路。

> **精选历次真题，考试题目真实感受**

本书以真题精选及其答案详解作为全书的重要模块，精选改革后历次考试的真题，并同步给出答案和详细解析，不仅能让考生通过真题巩固所学知识点，也能帮助考生尽快熟悉题型和解题思路。

> 体例多样，结构明晰

本书通过"考情分析"和"知识导读"让考生先对相关知识点的不同要求有一个明确的认识；通过"真题精选""真题精选答案及详解"让考生充分体验真题的出题规律和解题思路；通过"全真模拟测试题""全真模拟测试题答案及详解"让考生进一步巩固知识，加强练习，提高应试能力。

> 配套光盘，模拟考试环境，帮助考生从容应考

本书的配套光盘提供了模拟考试系统，能让考生提前熟悉考试环境及命题类型。盘中题库类型全面，均为精心挑选的真题和预测题，都有参考答案及详细解析。考生可结合实际需要选择相应题型、题量和答题时间等进行模拟实战。

三、怎样使用本书轻松通过考试

- ◆ 充分了解考点，明确复习思路。考生应先仔细阅读"考情分析"与"知识导读"，充分了解要考查的知识点，弄清考试重点，掌握复习方法，并了解考试过程中应注意的问题及解题技巧。
- ◆ 抓住重要考点，有的放矢。考生应注重对各知识点进行归纳总结，在复习时抓住重点，掌握解题要领，以不变应万变。
- ◆ 书与光盘配套使用，多加练习。考生应将大部分精力和时间放在每章的真题和全真模拟测试题的练习上，然后通过配套光盘提供的模拟考试系统反复练习，达到既能熟悉考试环境，又能举一反三熟悉考点，也要注意随时结合大纲对自己的知识点掌握情况进行查漏补缺。

四、致谢

本书由任玎、单珊主编，证券业从业人员一般从业资格考试命题研究中心审校，参与本书资料收集、整理、编写的人员还有候波、毛洁、孙喜伟、郑伟宏等。

本书编写过程中，我们竭尽所能地为您归纳总结考试重点难点、答题策略等，但仍难免有疏漏和不妥之处，请广大考生不吝指正。若您在学习过程中产生疑问，或有任何建议，可通过E-mail 与我们联系。

读者QQ群：558704870

读者信箱：2751801073@qq.com

投稿信箱：pup7@pup.cn

编　者

目 录

第一部分　考纲分析与应试策略

第一章　考试简介 1
　　一、考试科目 1
　　二、考试形式 1
　　三、考试题型与答题时间 1
第二章　考试大纲专家解读 2
　　一、《金融市场基础知识》考查要点
　　　　概览与命题趋势分析 2

　　二、《证券市场基本法律法规》考查
　　　　要点概览与命题趋势分析 3
第三章　应试经验与技巧 6
　　一、选择题 6
　　二、组合型选择题 7
第四章　学习方法与建议 8

第二部分　金融市场基础知识

第五章　金融市场体系 9
　　考情分析 9
　　知识导读 9
　　真题精选 10
　　一、选择题 10
　　二、组合型选择题 11
　　真题精选答案及详解 12
　　一、选择题 13
　　二、组合型选择题 14
　　全真模拟测试题 16
　　一、选择题 16
　　二、组合型选择题 17
　　全真模拟测试题答案及详解 20
　　一、选择题 20
　　二、组合型选择题 22

第六章　证券市场主体 25
　　考情分析 25
　　知识导读 25
　　真题精选 26
　　一、选择题 26
　　二、组合型选择题 28
　　真题精选答案及详解 29
　　一、选择题 29
　　二、组合型选择题 32
　　全真模拟测试题 33
　　一、选择题 33
　　二、组合型选择题 35
　　全真模拟测试题答案及详解 38
　　一、选择题 38
　　二、组合型选择题 40

第七章 股票市场 44
考情分析 44
知识导读 44
真题精选 45
　一、选择题 45
　二、组合型选择题 48
真题精选答案及详解 50
　一、选择题 51
　二、组合型选择题 53
全真模拟测试题 55
　一、选择题 55
　二、组合型选择题 57
全真模拟测试题答案及详解 60
　一、选择题 61
　二、组合型选择题 63

第八章 债券市场 66
考情分析 66
知识导读 66
真题精选 67
　一、选择题 67
　二、组合型选择题 68
真题精选答案及详解 71
　一、选择题 72
　二、组合型选择题 73
全真模拟测试题 76
　一、选择题 76
　二、组合型选择题 79
全真模拟测试题答案及详解 81
　一、选择题 81
　二、组合型选择题 84

第九章 证券投资基金与衍生工具 86
考情分析 86
知识导读 86
真题精选 87
　一、选择题 87
　二、组合型选择题 87
真题精选答案及详解 91
　一、选择题 92
　二、组合型选择题 92
全真模拟测试题 97
　一、选择题 97
　二、组合型选择题 98
全真模拟测试题答案及详解 100
　一、选择题 101
　二、组合型选择题 102

第十章 金融风险管理 105
考情分析 105
知识导读 105
真题精选 105
　一、选择题 105
　二、组合型选择题 106
真题精选答案及详解 106
　一、选择题 107
　二、组合型选择题 107
全真模拟测试题 108
　一、选择题 108
　二、组合型选择题 108
全真模拟测试题答案及详解 109
　一、选择题 109
　二、组合型选择题 110

第三部分　证券市场基本法律法规

第十一章　证券市场基本法律法规 111
- 考情分析 111
- 知识导读 111
- 真题精选 114
  - 一、选择题 114
  - 二、组合型选择题 117
- 真题精选答案及详解 121
  - 一、选择题 122
  - 二、组合型选择题 126
- 全真模拟测试题 130
  - 一、选择题 130
  - 二、组合型选择题 134
- 全真模拟测试题答案及详解 138
  - 一、选择题 138
  - 二、组合型选择题 143

第十二章　证券从业人员管理 146
- 考情分析 146
- 知识导读 146
- 真题精选 147
  - 一、选择题 147
  - 二、组合型选择题 149
- 真题精选答案及详解 150
  - 一、选择题 151
  - 二、组合型选择题 153
- 全真模拟测试题 155
  - 一、选择题 155
  - 二、组合型选择题 156
- 全真模拟测试题答案及详解 159
  - 一、选择题 159
  - 二、组合型选择题 161

第十三章　证券公司业务规范 164
- 考情分析 164
- 知识导读 164
- 真题精选 166
  - 一、选择题 166
  - 二、组合型选择题 170
- 真题精选答案及详解 176
  - 一、选择题 177
  - 二、组合型选择题 183
- 全真模拟测试题 189
  - 一、选择题 189
  - 二、组合型选择题 193
- 全真模拟测试题答案及详解 199
  - 一、选择题 200
  - 二、组合型选择题 204

第十四章　证券市场典型违法违规行为及法律责任 212
- 考情分析 212
- 知识导读 212
- 真题精选 212
  - 一、选择题 212
  - 二、组合型选择题 213
- 真题精选答案及详解 214
  - 一、选择题 214
  - 二、组合型选择题 215
- 全真模拟测试题 216
  - 一、选择题 216
  - 二、组合型选择题 217
- 全真模拟测试题答案及详解 218
  - 一、选择题 218
  - 二、组合型选择题 219

第四部分 全真模拟试卷

金融市场基础知识 **221**
    一、选择题（共 50 题，每小题 1 分，
       共 50 分） 221
    二、组合型选择题（共 50 题，每小题 1
       分，共 50 分） 224

金融市场基础知识答案及详解 **231**
    一、选择题 231
    二、组合型选择题 235

证券市场基本法律法规 **242**
    一、选择题（共 50 题，每小题 1 分，
       共 50 分） 242
    二、组合型选择题（共 50 题，每小题 1
       分，共 50 分） 246

证券市场基本法律法规答案及详解 ... **254**
    一、选择题 255
    二、组合型选择题 260

第一部分 考纲分析与应试策略

第一章 考试简介

1995年,国务院证券委员会发布了《证券从业人员资格管理暂行规定》,开始在我国推行证券业从业人员资格管理制度。根据这一规定,我国于1999年首次举办证券业从业人员资格考试。

2002年,中国证监会赋予中国证券业协会组织证券从业人员资格考试的资格管理职能,并颁布了《证券业从业人员资格管理办法》,中国证券业协会随即建立了教材编写、资格考试、资格管理、从业人员后续教育和培训等一整套的工作体系。

2015年7月,中国证券业协会对证券从业人员资格考试测试制度实施改革,资格考试分为一般从业资格考试、专项业务类资格考试和管理类资格考试三种类别。

SAC证券业从业人员一般从业资格考试是由中国证券业协会根据《证券从业人员资格管理办法》和中国证券监督管理委员会的相关规定,制定考试办法、考试大纲并具体组织的从业入门级考试。

一、考试科目

证券业从业人员一般从业资格考试,即"入门资格考试",主要面向即将进入证券业从业的人员,具体测试考生是否具备证券从业人员执业所需的专业基础知识,是否掌握基本证券法律法规和职业道德要求。入门资格考试科目设定两门,分别为《金融市场基础知识》和《证券市场基本法律法规》。

二、考试形式

证券业从业人员一般从业资格考试的两个科目,考试时间均为120分钟,考试题型为选择题和组合型选择题,考试题量均为100题,满分均为100分,成绩达到60分及60分以上的视为合格。

同时拥有《金融市场基础知识》和《证券市场基本法律法规》两个科目有效合格成绩的,入门资格考试合格。

证券业从业人员一般从业资格考试采用闭卷方式,实行计算机考试模式(以下简称机考)。为适应机考环境的变化,该考试在保持试题难易程度总体不变的情况下,全部采用客观题形式。

在机考中,为方便考生输入,考试系统支持8种输入法,分别为:微软拼音输入法、全拼输入法、智能ABC输入法、谷歌拼音输入法、搜狗拼音输入法、王码五笔型输入法、极品五笔输入法、万能五笔输入法。同时,为便于考生计算,考试系统亦提供模拟计算器。

三、考试题型与答题时间

证券业从业人员一般从业资格考试的单科满分为100分,60分为合格。

第二章 考试大纲专家解读

本习题集面向证券业从业人员一般从业资格考试专业阶段的《金融市场基础知识》和《证券市场基本法律法规》科目,下面就详细介绍这两个科目的考试内容。

一、《金融市场基础知识》考查要点概览与命题趋势分析

1. 考查要点概览

《金融市场基础知识》包括六部分内容,一是金融市场体系,二是证券市场主体,三是股票市场,四是债券市场,五是证券投资基金与衍生工具,六是金融风险管理,各部分的考核情况如表2-1所示。

从表2-1和历年考试可以看出,《金融市场基础知识》科目的考试具有考核全面、试题灵活、结合实际等特点。

2. 命题趋势分析

总结近几年的考试命题,其命题趋势可以总结为以下几点。

(1) 考核全面。

历年试题的命题范围以考试大纲为依据,基本覆盖了考试大纲所规定的考试内容。考生要在规定的考试时间内,完成大量的试题,不仅要求考生牢固掌握专业知识,而且还要对教材内容达到相当熟悉的程度。这么多题目分布在教材中,教材中的每一章都有考题,考生一定要按大纲规定范围全面学习,放弃

表2-1 《金融市场基础知识》科目的考核要点

章节	最新版考试大纲要求	近几年主观题主要考点	各章近几年分值比例	内容重要程度
第五章 金融市场体系	了解全球金融体系、中国的金融体系、中国多层次资本市场	金融市场的分类及功能、我国多层次资本市场	15%	★★
第六章 证券市场主体	了解证券发行人、证券投资者、中介机构、自律性组织、监管机构	证券发行人、机构、政府机构类、金融机构类等证券投资者、中介机构、证券业协会	15%	★★
第七章 股票市场	掌握股票、股票发行、股票交易的相关内容	股票的定义及分类,股票的发行条件及程序、委托指令等相关内容	20%	★★★
第八章 债券市场	掌握债券、债券的发行与承销、债券的交易	债券的定义及分类,国债、金融债券的发行条件与要求,债券的交易流程及相关规定	20%	★★★
第九章 证券投资基金与衍生工具	理解证券投资基金和衍生工具的相关内容	证券投资基金的定义和特征、基金托管人的概念与条件、基金资产估值、金融期货、金融期权、可交换公司债券和可转换公司债券	20%	★★★
第十章 金融风险管理	了解风险概述及风险管理	系统性风险和非系统性风险、风险管理方法	10%	★

盲目猜题、押题的侥幸心理；对第七、八、九这几个章节的复习要加大力度。

（2）理论联系实际，重点突出。

《金融市场基础知识》科目以金融基本知识为核心，主要阐述并解释了金融市场的基本知识。试题重点突出，着重于测试考生作为一名证券业从业人员一般从业资格应具备的业务知识和技能。其考试重点可归纳为以下两点。

①本学科核心内容，即《金融市场基础知识》科目本身的核心内容，具体如下。

- 第五章主要涉及金融市场的概念、分类、特点及功能，熟悉银行业、证券业、保险业、信托业的有关情况；熟悉我国金融市场"一行三会"的监管架构；掌握资本市场的分层特性；掌握多层次资本市场的主要内容与结构特征。
- 第六章主要对直接融资的概念、特点和分类进行详细讲解，掌握证券市场投资者的概念、特点及分类；了解我国证券市场投资者结构及演化。
- 第七章主要考查股票的定义和种类以及股票的发行。对于优先股票、普通股东的权利，上市公司公开发行的条件及委托、竞价原则等内容要特别记忆。本章常和第四章结合起来考查，一定要多注意。
- 第八章结构与第三章类似。对债券中的政府债券、中央政府债券和国际债券的定义和分类要尤为注意，还需要对股票和债券的区别和联系做详细的理解，对我国债券的报价方式和债券交易流程做掌握。作为重要章节，此章的内容考点较多，分值较重，希望广大考生把其作为重中之重来对待。
- 第九章主要包括证券投资基金和衍生工具两部分，且都是常考内容，考生必须加以重视。在证券投资基金的学习中，要重点注意基金与股票、债券的区别；契约型基金与公司型基金、封闭式基金与开放式基金的定义与区别；ETF和LOF的异同；基金当事人的权利与义务及相关费用的规定等。在衍生工具的学习中，应熟练掌握各类衍生工具的概念、特征、功能、相关交易制度和区别等。
- 第十章的内容相对较少，考点较为集中。注意区分系统性风险和非系统性风险的种类以及风险管理的方法、风险管理的过程。本节历年来所涉及的题都不多，记熟知识点即可。

②新增内容。经过2015年的改革，新老大纲有着很大的差异。关于新型金融市场和金融工具的涌现、行业格局的变化、监管层的监管架构和理念的调整等新增的内容考生应给予更多关注，有针对性地加强学习。

二、《证券市场基本法律法规》考查要点概览与命题趋势分析

1. 考查要点概览

《证券市场基本法律法规》包括四部分内容，一是证券市场基本法律法规，二是证券从业人员管理，三是证券公司业务规范，四是证券市场典型违法违规行为及法律责任，各部分的考核情况如表2-2所示。

表 2-2　《证券市场基本法律法规》科目的考核要点

章节	最新版考试大纲要求	各章近几年分值比例	内容重要程度
第十一章 证券市场基本法律法规	了解证券市场法律法规体系，掌握公司法、证券法、基金法的重要内容，以及期货交易管理条例、证券公司监督管理条例等相关内容	30%	★★★
第十二章 证券从业人员管理	熟练掌握从业人员的从业资格和执业行为规范等相关内容	25%	★★★
第十三章 证券公司业务规范	掌握证券公司经纪、证券投资咨询、与证券交易证券投资活动有关的财务顾问、证券承销与保荐、证券自营、证券资产管理及融资融券等其他业务	30%	★★★
第十四章 证券市场典型违法违规行为及法律责任	熟悉证券一级、二级市场典型违法行为，违法犯罪构成要件，刑事追诉标准，违法违规责任	15%	★★

《证券市场基本法律法规》科目的考试具有考核全面、出题灵活、考点细致等特点。

2. 命题趋势分析

与改革前的考试相比，《证券市场基本法律法规》成为独立的考试科目，不仅体现了依法治国、依法治市的监管理念，也指明了新形式下证券行业改革的方向。以协会的考试大纲为蓝本，最近的几次考试命题趋势可以总结为以下两点。

（1）考核全面。

历年试题的命题范围以考试大纲为依据，基本覆盖了考试大纲所规定的考试内容，考点众多。考生要在规定的考试时间内，完成大量的试题，不仅要求考生牢固掌握专业知识，而且还要对教材内容达到相当熟悉的程度。这么多题目分布在教材中，教材中的每一章、每一节都有考题，考生一定要按大纲规定范围全面学习，放弃盲目猜题、押题的侥幸心理。

（2）重点突出。

《证券市场基本法律法规》牵涉的具体条文规范较多，包括对公司管理，对证券从业人员资格和执业行为管理，对基金、期货等有价证券及其相关从业机构的设立、业务规范管理，对市场流通过程规范等。

◆ 第十一章 3 部法律和 2 部行政法规单独成节，各节知识自成体系。公司法重点对公司法人财产权、公司经营原则、子公司分公司法律地位、有限责任公司注册资本制度、有限责任公司组织架构及其职权、有限责任公司股权转让、股份有限公司设立、股份有限公司组织机构及其职权、股份有限公司股份发行、高管控股股东关联关系等内容加以考查；证券法重点对发行、交易活动，特别是禁止内幕交易、禁止操纵交易价格、禁止传播虚假信息、禁止证券欺诈加以规范，对证券交易的条件和方式严加规定，并强化了上市收购方式监管及其法律责任；基金法突出了基金管理人、托管人的权利、义务、责任，详细规定了其设立条件、运营规范和禁止行为，强调基金财产的独立性要求和意义，区分了公开募集和非公开募集基金的细节。期货交易管理条例方面，则对期货交易所、期货公司的设立、职责和期货交易的基本规则严加考查。证券公司监督管理条例，对券商设立条件、经营原则、业务和章程变更、分支机构设置、开户管理、客户资产保护、信息报送等内容严加考查。

- 第十二章主要针对从业人员的资格管理、执业申请流程、注册要求、诚信档案及违法违规处罚等方面对证券经纪业务销售人员、投资咨询人员、资产管理业务投资管理主办人、保荐代表人和财务顾问主办人加以考查。对从业人员的执业行为范围和禁止行为，及其违法违规的责任处罚的相关规定。
- 第十三章主要是关于证券公司业务规范，在券商业务规范过程中自然会涉及从业人员的规范，这就与第二章部分内容有所重叠。其中，证券经纪业务的禁止行为、对经纪业务的监管措施、投资咨询管理规定、投资顾问业务内部规定、证券公司不得担任财务顾问的情形、证券公司不得担任独立财务顾问的情形、证券发行保荐业务一般规定、违反证券发行与承销有关规定的处罚措施、证券公司自营业务的投资范围、证券公司自营业务持仓规模要求、自营业务禁止性行为、资产管理业务办理要求、资产管理业务禁止行为、资产管理业务客户资产委托基本要求、融资融券业务管理原则、融资融券业务的账户体系、监管部门对融资融券业务的监管规定等内容需要重点关注。
- 第十四章主要是对证券一级市场欺诈发行股票、债券的犯罪构成、刑事追诉标准及法律责任，非法集资类犯罪构成、立案追诉及法律责任，违规披露、不披露重要信息的行政、刑事责任认定；证券二级市场诱骗投资者买卖证券的刑事责任认定，利用未公开信息交易罪、内幕交易、泄露内幕信息罪的认定，操纵证券、期货市场罪，背信运用受托财产的犯罪构成、刑事追诉标准及法律责任等内容的考查。

第三章 应试经验与技巧

证券业从业人员一般从业资格考试采用的是机考系统。一般情况下是从题库中随机为每位考生抽取100道题目。这样，考试试题的涉及面广，考生必须做到全面复习。

此外，考虑到机考题型比较单一，因而试题难度会有所上升。因此，考生在牢固、熟练掌握教材内容的同时，要善于归纳，分题型加强练习，以适应机考的答题模式。

下面分别介绍各类题型的解答技巧。

一、选择题

选择题，总计有50分，占考试总成绩的一半。主要考查考生对知识的全面理解及分析判断能力。因而，考生要熟悉教材，理解教材的基本知识、基本理论与基本方法，才能提高选择题的得分量。

考生在解答选择题时，首先要仔细看清楚题意和所有备选答案，常用的解题方法有以下3种。

1. 直接挑选法

这类试题一般属于法规、制度和规定性的"应知应会"内容，或者计算性的试题。考生只要掌握教材中考查的知识点，就能直接做出正确的选择，或者通过计算选择正确的答案，下面举例说明。

【例题·选择题】证券发行市场又可以称为（　　）。
A. 一级市场　　B. 场外市场
C. 场内市场　　D. 二级市场
【解析】此题可直接根据证券发行市场的定义进行选择得出：发行市场又称一级市场或初级市场，指新发行的证券或票据等金融工具最初从发行者手中转移到投资者手中的市场。
【答案】A

2. 排除法

主要做法是将备选答案中不正确或不符题意的选项排除，从剩余选项中选出正确答案。

【例题·选择题】优先认股权是指当股份公司为增加公司资本而决定增加发行新的股票时，原普通股股东享有的按其持股比例，以（　　）优先认购一定数量新发行股票的权利。
A. 低于市场价格的任意价格
B. 高于市场价格
C. 与市场价格相同的价格
D. 低于市场价格的某一特定价格
【解析】本题主要考查优先认股权的概念。选项A：低于市场价格的任意价格，说法明显过于肯定了，可排除；选项B：优先认股权从字面上理解"优先"，如果高于市场价格并不合理；选项C：与市场价格相同的价格也显得太过死板；故排除A、B、C选项后得正确答案选项D。
【答案】D

3. 猜测法

考试中遇有确实不会的题目可选用猜测法，需要考生按照平时学习的立法原则、保护投资者利益、维护市场稳定运行等大方针，猜测命题人可能的思路，并进行合理的推断，选择最为接近的答案即可。

二、组合型选择题

组合型选择题不仅考查考生对知识的熟悉程度，还考查考生综合运用的能力。组合型选择题涉及的内容多，而且一般不只考核某一个问题，而是把几个知识点联系起来考查，所以考生答题时必须认真审题，仔细阅读题目中给出的资料、数据和具体要求，同时要开阔思路，将各个知识点联系起来，通过分析理出解题思路。

1. 直接挑选法

组合型选择题考查的也是主观的问题，所以在答题过程中，根据题意直接挑选出答案的直接挑选法同样受用。

下面就通过一道例题说明如何用直接挑选法来应对组合型选择题。

【例题·组合型选择题】国际债券同国内债券相比具有一定的特殊性，主要表现在（　　）。
Ⅰ．资金来源广、发行规模大
Ⅱ．存在利率风险
Ⅲ．有国家主权保障
Ⅳ．以自由兑换货币作为主要计量货币
A．Ⅰ、Ⅲ、Ⅳ　　B．Ⅱ、Ⅲ、Ⅳ
C．Ⅰ、Ⅱ、Ⅳ　　D．Ⅰ、Ⅱ、Ⅲ
【解析】本题主要考查国际债券的特点。国际债券的特点包括：（1）资金来源广、发行规模大。（2）存在汇率风险。（3）有国家主权保障。（4）以自由兑换货币作为主要计量货币。题干中的Ⅰ、Ⅲ、Ⅳ都属于国际债券的特点，根据直接挑选法得出A选项为正确答案。
【答案】A

2. 排除法

组合型选择题的排除法和选择题有一定的区别，主要表现在组合型选择题只需要发现一个错误的论点，就可以排除包含该错误论点的选项，得出正确答案。

【例题·组合型选择题】上市公司股东发行可交换公司债券的目的包括（　　）。
Ⅰ．用于投资项目
Ⅱ．投资退出
Ⅲ．市值管理
Ⅳ．资产流动性管理
A．Ⅰ、Ⅱ　　B．Ⅰ、Ⅲ、Ⅳ
C．Ⅱ、Ⅲ、Ⅳ　　D．Ⅰ、Ⅱ、Ⅲ、Ⅳ
【解析】本题主要考查可交换公司债券的发行目的。上市公司股东发行可交换债券的目的具有特殊性，通常并不为具体的投资项目，其发债目的包括股权结构调整、投资退出、市值管理、资产流动性管理等。故可得出Ⅰ与题意不符，排除含Ⅰ的选项A、B、D，可得出正确答案C选项。
【答案】C

3. 比较法

组合型选择题还可以采用比较法来答题，通过综合判断排除无关选项，推敲剩余选项与题意的符合性，比较出正确答案。

【例题·组合型选择题】证券交易所的监管职能包括（　　）。
Ⅰ．对证券交易活动进行管理
Ⅱ．对会员进行管理以及对上市公司进行管理
Ⅲ．对全国证券、期货业进行集中统一监管
Ⅳ．维护证券市场秩序，保障其合法运行
A．Ⅰ、Ⅱ　　B．Ⅰ、Ⅲ、Ⅳ
C．Ⅲ、Ⅳ　　D．Ⅱ、Ⅳ
【解析】Ⅲ、Ⅳ项相对于Ⅰ、Ⅱ项而言，其涉及范围更广、涉及的法律层级更高，属于中国证监会的职能，两相对比不难选出A选项。
【答案】A

4. 猜测法

与选择题一样，考试中遇有确实不会的题目可选用猜测法，而且，考生可以根据组合型选择题四个选项中给出的待选择组合，和排除法相结合，选出正确选项。

第四章 学习方法与建议

习题是对考试大纲掌握情况的测试，也是考前必不可少的练习。因而，不断练习是应试的基础，建议考生在对考纲要求的知识点进行复习的同时，通过做题进一步巩固知识、检验成果。

一般情况下，复习会经过以下三个阶段。

第一，看懂。通过看考纲、教材进行系统学习，对不懂的知识点可反复研读，并通过教材上的例题进行深入理解，以透彻掌握该知识点。

第二，总结。在熟悉所有的知识点之后，要注意梳理教材中的知识点，理解各章节所总结的解题要点。

第三，练习。多练习可以加深对知识点的理解和认识。本书每章均提供大量真题和全真模拟测试题。同时，还配有全真模拟试卷和本书的配套光盘。因而，考生不仅可以在书本上练习，还可以通过配套光盘的软件系统进行练习。

对于学习方法，具体建议如下。

1. 做好学习计划，合理分配学习时间

考生一定要清楚考试时间，并计算自己的学习时间有多少。在此基础上，根据考试重点、难点合理分配学习时间。

就《金融市场基础知识》科目而言，金融市场概论和证券市场主体这部分的内容分值相对较小，但是考点较多，而且作为教材的前两个章节需要理解透彻，才能为后续章节做好铺垫。股票、证券、衍生工具等相关内容的考试分值较多，难度较大，这部分所需的学习时间在70%以上。就《证券市场基本法律法规》科目而言，证券市场基本法律法规和证券公司业务规范两章涉及的考点较多，考试内容也较难，考生往往需要花更多的时间进行学习。

2. "学"要系统，"练"要精细

在学习时，首先要系统地研读教材，全面掌握知识点，做到融会贯通，只有这样才能系统掌握全书内容，进而抓住命题规律，轻松应对考试。

同时要学练结合。练习时，不要搞题海战术，尤其是不能一开始就做大量习题，这样就容易迷失在"题海"里。要知道题不是越多越好，也不是越难越好。做题时，需要重视经典例题、历年真题。这些试题才是最接近无纸化考试题库真题的，也最能反映命题者的命题特点。因此，练习在于精，不在于多。在做题过程中，要注意收集错题，反复推敲做错的原因：是该知识点未能透彻掌握，以致换个出题角度就迷糊了？还是自己粗心大意，看题不仔细……记住，错题也是"宝"，要时时翻看，不可做过即忘。

3. 书盘结合使用，讲求学习效率

本教材配套光盘的软件系统提供有同步练习（与书中各章练习同步）、题型特训（按照真考题型划分，提供每一类题型的特训试题）、模拟考场（为考生提供无纸化考试方式与考试环境），考生在认真复习教材后，通过配套光盘进行有针对性的系统练习，便可熟悉各类知识点、各种题型的命题点和常考点，并熟悉无纸化模拟考试系统，为机考做好充分准备，从而顺利通过考试。

第二部分　金融市场基础知识

第五章　金融市场体系

考情分析

金融市场是金融体系中的重要组成部分，想要了解金融市场，就必须对整个金融体系有一个整体把握。金融体系既包括货币、信用、利率、汇率、金融工具等金融要素，又包括金融市场和金融机构两大运行载体，同时还包括金融监管和国际金融方面的内容。

本章一共三节。第一节的考点包括金融市场的概念、分类、特点、功能以及非证券市场的概念和分类，国际资金流动方式和全球金融体系的主要参与者；第二节常考考点为"一行三会"的监管架构，中央银行的职能和职责，存款准备金制度、货币乘数和货币政策；第三节的考点集中在资本市场的分层特性、主要内容与结构特征，上市公司的类型和管理规定，全国中小企业股份转让系统的挂牌公司以及私募基金市场、区域股权市场、券商柜台市场、机构间私募产品报价与服务系统的概念等内容上。

综合来说，本章是全书的基础性内容，涉及考点较多，考试频率也较高，学好本章知识是掌握全书内容的前提。

知 识 导 读

金融市场体系	一、全球金融体系	金融市场的概念	★
		金融市场的分类	★★
		金融市场的特点和功能	★★
		金融市场的影响因素	★
		金融市场的形成和发展趋势	★
		金融市场的主要参与者	★★
		非证券金融市场	★★
		国际资金流动	★
		金融危机	★
	二、中国的金融体系	中国金融市场的演变历史与发展现状	★
		中国各类金融行业的发展状况	★★
		我国金融市场"一行三会"的监管架构	★★
		我国中央银行的主要职能	★
		存款准备金制度和货币乘数	★
		货币政策的目标、工具（措施）和传导机制	★★★
	三、中国多层次资本市场	资本市场	★★★
		多层次资本市场的内涵和意义	★★★
		我国多层次资本市场的发展现状和趋势	★★

真题精选

一、选择题

1. 证券交易市场通常包括（　　）和场外交易市场。
   A. 证券交易所市场
   B. OTC 市场
   C. 地方股权交易中心市场
   D. A 股市场

2. OTC 市场是（　　）的简称。
   A. 场内市场　　B. 场外市场
   C. 发行市场　　D. 交易市场

3. 证券发行市场又可以称为（　　）。
   A. 一级市场　　B. 场外市场
   C. 场内市场　　D. 二级市场

4. 中国证监会（　　）领导全国证券期货监管机构，对证券期货市场集中统一监管。
   A. 分别　　B. 垂直
   C. 松散　　D. 间接

5. 下列关于私募基金的说法，错误的是（　　）。
   A. 风险较高
   B. 运作灵活
   C. 可以进行公开的发售和宣传
   D. 投资金额要求较高

6. 一般性货币政策工具属于调节货币（　　）的工具。
   A. 总量　　B. 价格
   C. 流通速度　　D. 流通范围

7. 股份有限公司申请股票在全国股份转让系统挂牌应当符合的条件不包括（　　）。
   A. 主办券商推荐并持续督导
   B. 依法设立且存续满 2 年
   C. 业务明确，具有持续经营能力
   D. 大中型企业

8. "一行三会"构成了中国金融业（　　）的格局。
   A. 分业监管　　B. 混业监管
   C. 多重监管　　D. 同业监管

9. 我国中小企业板市场设立在（　　），创业板市场设立在（　　）。
   A. 上海证券交易所；深圳证券交易所
   B. 深圳证券交易所；上海证券交易所
   C. 深圳证券交易所；深圳证券交易所
   D. 上海证券交易所；上海证券交易所

10. 下列不属于我国证券交易所场内市场的是（　　）。
    A. 主板　　B. 创业板
    C. 中小板　　D. 新三板

11. 关于全球化及科技对金融市场的影响，下列说法错误的是（　　）。
    A. 全球化及现代科技大大降低了各类风险的互相关联
    B. 在一定程度上改变了金融监管方式
    C. 先进成熟的现代科技促进了资金在国际间的快速有效流动
    D. 大量资金可以轻松地在全球范围内流动

12. 我国债券市场的主体部分是（　　）。
    A. 企业债市场
    B. 全国银行间债券市场
    C. 交易所市场
    D. 固定收益债券市场

13. 深圳证券交易所于（　　）正式营业。
    A. 1990 年 8 月 3 日
    B. 1992 年 6 月 3 日
    C. 1989 年 5 月 3 日
    D. 1991 年 7 月 3 日

14. 关于上海证券交易所的特点，下列描述错误的是（　　）。
    A. 国内首家证券交易市场
    B. 交易采用电脑自动撮合成交的方式
    C. 交易时间为每周一至周五
    D. 上海证券交易所成立于 1992 年 11 月 26 日

15. 金融市场的主要参与者不包括（　　）。
    A. 政府部门　　B. 金融机构
    C. 公益组织　　D. 个人

16. 下列关于全国中小企业股份转让系统的说法中，错误的是（　　）。
    A. 主要为创新型、创业型、成长型中小微企业服务
    B. 是经国务院批准的全国性证券交易场所
    C. 在全国中小企业股份转让系统挂牌的公司纳入非上市公众公司统一监管，股东人数不可以超过200人
    D. 全国股份转让系统实行主办券商制度

17. 我国全国性资本市场的形成和初步发展阶段是（　　）。
    A. 1978—1992年
    B. 1993—1998年
    C. 1981—1990年
    D. 1999年至今

18. 按（　　），证券市场分为股票市场、债券市场、基金市场等。
    A. 品种结构
    B. 层次结构
    C. 交易场所结构
    D. 进入市场的顺序

二、组合型选择题

1. 下列属于套期保值基本原则的是（　　）。
    Ⅰ. 数量相等
    Ⅱ. 品种相同
    Ⅲ. 买卖方向对应
    Ⅳ. 月份相同或相近
    A. Ⅲ、Ⅳ
    B. Ⅰ、Ⅱ、Ⅳ
    C. Ⅱ、Ⅲ
    D. Ⅰ、Ⅱ、Ⅲ、Ⅳ

2. 下列各项中，（　　）可以作为被套期保值的项目。
    Ⅰ. 股票
    Ⅱ. 谷物
    Ⅲ. 美元
    Ⅳ. 汇率
    A. Ⅰ、Ⅱ、Ⅲ、Ⅳ
    B. Ⅰ、Ⅱ、Ⅳ
    C. Ⅱ、Ⅲ、Ⅳ
    D. Ⅱ、Ⅲ

3. 我国中央银行所宣布的货币政策目标包括（　　）。
    Ⅰ. 促进国际化
    Ⅱ. 保持货币币值的稳定
    Ⅲ. 促进经济增长
    Ⅳ. 促进证券市场发展
    A. Ⅱ、Ⅳ　　B. Ⅰ、Ⅲ
    C. Ⅱ、Ⅲ　　D. Ⅲ、Ⅳ

4. 按信托目的，可将信托分为（　　）。
    Ⅰ. 担保信托
    Ⅱ. 管理信托
    Ⅲ. 处理信托
    Ⅳ. 公益信托
    A. Ⅰ、Ⅱ、Ⅳ　　B. Ⅰ、Ⅲ、Ⅳ
    C. Ⅱ、Ⅲ、Ⅳ　　D. Ⅰ、Ⅱ、Ⅲ

5. 关于国际金融市场，下列说法正确的是（　　）。
    Ⅰ. 国际金融市场是金融资产跨越国界交易的场所
    Ⅱ. 产品同时向许多国家的投资者发行
    Ⅲ. 不受一国法令制约
    Ⅳ. 离岸金融市场是无形市场，只存在于某一城市或地区而不在一个固定的交易场所
    A. Ⅰ、Ⅱ
    B. Ⅲ、Ⅳ
    C. Ⅰ、Ⅱ、Ⅲ
    D. Ⅰ、Ⅱ、Ⅲ、Ⅳ

6. 以下关于中小企业板市场的说法，正

确的是（　　）。

Ⅰ．2004年5月批准成立

Ⅱ．于上海证券交易所设立

Ⅲ．宗旨是为优秀中小企业提供直接融资平台

Ⅳ．是分步推进创业板市场建设的重要步骤

A．Ⅰ、Ⅱ、Ⅳ

B．Ⅲ、Ⅳ

C．Ⅰ、Ⅲ、Ⅳ

D．Ⅱ、Ⅲ

7．关于同业拆借市场的特点，下列说法正确的是（　　）。

Ⅰ．融资期限短

Ⅱ．市场准入严格

Ⅲ．对市场参与者信誉有较高的要求

Ⅳ．利率由双方协商决定

A．Ⅰ、Ⅳ

B．Ⅱ、Ⅲ、Ⅳ

C．Ⅰ、Ⅱ、Ⅲ、Ⅳ

D．Ⅰ、Ⅱ、Ⅲ

8．选择性货币政策工具包括（　　）。

Ⅰ．不动产信用控制

Ⅱ．消费者信用控制

Ⅲ．证券市场信用控制

Ⅳ．流动性比率

A．Ⅰ、Ⅱ、Ⅲ、Ⅳ

B．Ⅰ、Ⅱ、Ⅲ

C．Ⅱ、Ⅲ、Ⅳ

D．Ⅰ、Ⅱ、Ⅳ

9．对已经发行的证券进行买卖、转让和流通的市场是（　　）。

Ⅰ．发行市场

Ⅱ．流通市场

Ⅲ．一级市场

Ⅳ．二级市场

A．Ⅰ、Ⅲ、Ⅳ

B．Ⅱ、Ⅳ

C．Ⅰ、Ⅱ

D．Ⅰ、Ⅳ

10．有形信托财产包括（　　）。

Ⅰ．股票

Ⅱ．商标权

Ⅲ．土地

Ⅳ．银行存款

A．Ⅰ、Ⅲ、Ⅳ

B．Ⅰ、Ⅱ、Ⅲ

C．Ⅰ、Ⅱ、Ⅳ

D．Ⅰ、Ⅱ、Ⅲ、Ⅳ

真题精选答案及详解

选择题答案速查表

1	2	3	4	5	6	7	8	9	10
A	B	A	B	C	A	D	A	C	D
11	12	13	14	15	16	17	18		
A	B	D	D	C	C	B	A		

组合型选择题答案速查表

1	2	3	4	5	6	7	8	9	10
D	A	C	D	D	C	C	B	B	A

一、选择题

1. A【解析】本题主要考查证券交易市场的构成。场外交易市场与证券交易所市场共同组成证券交易市场。

2. B【解析】本题主要考查场外交易市场的内容。场外交易市场即业界所称的OTC市场,又称柜台交易市场或店头市场,是指在证券交易所外进行证券买卖的市场。

3. A【解析】本题主要考查证券发行市场的内容。证券发行市场又称为一级市场或初级市场,指新发行的证券或票据等金融工具最初从发行者手中转移到投资者手中的市场。

4. B【解析】本题主要考查中国证监会的职能。中国证监会的职能之一是:垂直领导全国证券期货监管机构,对证券期货市场实行集中统一监管;管理有关证券公司的领导班子和领导成员。故B选项属于正确答案。

【易错警示】依据有关法律法规,中国证监会在对证券市场实施监督管理中履行下列职责:(1)研究和拟订证券期货市场的方针政策、发展规划;起草证券期货市场的有关法律、法规,提出制定和修改的建议;制定有关证券期货市场监管的规章、规则和办法。(2)垂直领导全国证券期货监管机构,对证券期货市场实行集中统一监管;管理有关证券公司的领导班子和领导成员。(3)监管股票、可转换债券、证券公司债券和国务院确定由证监会负责的债券及其他证券的发行、上市、交易、托管和结算;监管证券投资基金活动;批准企业债券的上市;监管上市国债和企业债券的交易活动。(4)监管上市公司及其按法律法规必须履行有关义务的股东的证券市场行为。(5)监管境内期货合约的上市、交易和结算;按规定监管境内机构从事境外期货业务。(6)管理证券期货交易所;按规定管理证券期货交易所的高级管理人员;归口管理证券业、期货业协会。(7)监管证券期货经营机构、证券投资基金管理公司、证券登记结算公司、期货结算机构、证券期货投资咨询机构、证券资信评级机构;审批基金托管机构的资格并监管其基金托管业务;制定有关机构高级管理人员任职资格的管理办法并组织实施;指导中国证券业、期货业协会开展证券期货从业人员资格管理工作。(8)监管境内企业直接或间接到境外发行股票、上市以及在境外上市的公司到境外发行可转换债券;监管境内证券、期货经营机构到境外设立证券、期货机构;监管境外机构到境内设立证券、期货机构、从事证券、期货业务。(9)监管证券期货信息传播活动,负责证券期货市场的统计与信息资源管理。(10)会同有关部门审批会计师事务所、资产评估机构及其成员从事证券期货中介业务的资格,并监管律师事务所、律师及有资格的会计师事务所、资产评估机构及其成员从事证券期货相关业务的活动。(11)依法对证券期货违法违规行为进行调查、处罚。(12)归口管理证券期货行业的对外交往和国际合作事务。(13)承办国务院交办的其他事项。

5. C【解析】本题主要考查私募基金的相关内容。私募基金是私募股权投资基金的简称,指在中华人民共和国境内,以非公开方式向合格投资者募集资金设立的投资基金,而且基金份额的投资金额较高,风险较大,监管机构对投资者的资格和人数会加以限制;基金的投资范围较广,在基金运作和信息披露方面所受的限制和约束较少。由此可见,选项A、B、D项正确,本题选C选项。

6. A【解析】本题主要考查货币政策工具的相关内容。一般性货币政策工具又称常规性工具,是指中央银行所采用的、对整个金融系统的货币信用扩张与紧缩产生全面性或一般性影响的手段。一般性货币政策工具主要从总量上对货币供应量和信贷规模进行调节。本题选A选项。

7. D【解析】本题主要考查股份有限公

司申请股票在全国股份转让系统挂牌的条件。根据《全国中小企业股份转让系统业务规则（试行）》的规定，股份有限公司申请股票在全国股份转让系统挂牌，应当符合下列条件：（1）依法设立且存续满2年。（2）业务明确，具有持续经营能力。（3）公司治理机制健全，合法规范经营。（4）股权明晰，股票发行和转让行为合法合规。（5）主办券商推荐并持续督导。（6）全国股份转让系统公司要求的其他条件。

8. A【解析】本题主要考查"一行三会"的监管架构。"一行三会"是对中国人民银行、中国银行业监督管理委员会、中国证券监督管理委员会和中国保险监督管理委员会，这四家中国的金融监管部门的简称，"一行三会"构成了中国金融业分业监管的格局。

9. C【解析】本题主要考查我国资本市场体系。我国2004年推出的中小板和2009年推出的创业板都属于深圳交易所。故选项C符合题意。

10. D【解析】本题主要考查我国场内市场的内容。我国证券交易所场内市场包括主板市场、中小板市场和创业板市场。A、B、C三项都属于场内市场，新三板属于场外市场。

11. A【解析】本题主要考查金融全球化对市场的影响。在全球化的背景下，越来越多的大企业、投资银行、保险公司、投资基金机构以及私人投资者纷纷进入金融市场，建立国际投资组合，分散风险，获取收益。虽然相关的金融工程化技术在进步，但是风险的关联依然存在。故A选项说法错误。

12. B【解析】本题主要考查我国的债券市场。银行间债券市场目前是我国债券市场的主体部分。

13. D【解析】本题主要考查深圳证券交易所的发展历程。深圳证券交易所于1991年7月3日正式营业；上海证券交易所于1990年12月19日正式营业。

14. D【解析】本题主要考查上海证券交易所的相关内容。上海证券交易所成立于1990年11月26日，同年12月19日开业，归属中国证监会垂直管理。故D选项错误。

15. C【解析】本题主要考查金融市场的主要参与者。金融市场的参与者主要包括政府、中央银行、金融机构、企业和居民（个人）。公益组织不属于金融市场的参与者，故本题选C选项。

16. C【解析】本题主要考查全国中小企业股份转让系统的相关内容。全国中小企业股份转让系统简称"新三板"，是经国务院批准设立的全国性证券交易场所，具有公司挂牌、公开转让股份、股权融资、债券融资、资产重组等多重功能，主要为创新、创业、成长型中小微企业服务。故A、B选项说法正确。根据最新[第89号令]《全国中小企业股份转让系统有限责任公司管理暂行办法》，股票在全国股份转让系统挂牌的公司（简称"挂牌公司"）为非上市公众公司，根据最新《非上市公众公司管理办法》，公众公司的定义是通过定向发行或转让，导致股东超过200人，或股票公开转让，股东人数可以超过200人。故C选项说法错误。全国股份转让系统实行主办券商制度。故D选项正确。

17. B【解析】本题主要考查中国股票市场发展历程。新中国资本市场的萌芽阶段是1978—1992年；全国性资本市场的形成和初步发展阶段是1993—1998年；资本市场的进一步规范和发展阶段是1999年至今。

18. A【解析】本题主要考查证券市场的分类。按品种结构，证券市场分为股票市场、债券市场、基金市场、衍生产品市场等。

二、组合型选择题

1. D【解析】本题主要考查套期保值的基本原则。套期保值通常要遵循以下原则：

（1）买卖方向对应原则。（2）商品种类相同原则。（3）商品数量相等原则。（4）月份相同或相近原则。

2. A【解析】本题主要考查套期保值的相关内容。套期保值指企业为规避外汇、利率、商品价格、股票价格、信用等风险，指定一项或一项以上套期工具，使套期工具的公允价值或现金流量变动，预期抵消被套期项目全部或部分公允价值或现金流量变动。具体来说，套期保值是指把期货市场当作转移价格风险的场所，利用期货合约作为将来在现货市场上买卖商品的临时替代物，对其现在买进准备以后售出商品或对将来需要买进商品的价格进行保险的交易活动。因此，题干四项都可以作为被套期保值的项目。

3. C【解析】本题主要考查中国货币政策目标。1995年3月《中国人民银行法》确定以"保持货币币值的稳定，并以此促进经济增长"为中国货币政策的目标。

4. D【解析】本题主要考查信托的分类。以信托目的不同，可以将信托划分为担保信托、管理信托、处理信托、管理和处理信托。

【易错警示】信托的分类还包含以下几种：（1）以信托关系成立的方式为标准，可分为任意信托和法定信托。（2）以信托事项的法律立场为标准，信托可以分为民事信托和商事信托。（3）按照委托人的不同，信托可以分为个人信托、法人信托，及个人法人通用的信托。（4）以信托财产的性质为标准，信托业务分为金钱信托、动产信托、不动产信托、有价证券信托和金钱债权信托。

5. D【解析】本题主要考查国际金融市场的相关内容。国际金融市场又称外部市场，是国际贸易和金融业发展的产物，它是指所有进行国际金融业务活动的场所，允许外国投资者参与交易且不受所在国金融管理当局控制；离岸金融市场（狭义的国际金融市场）是无形市场，只存在于某一城市或地区而不在一个固定的交易场所，由所在地的金融机构和金融资产的国际性交易形成。由此可见，第Ⅰ、Ⅱ、Ⅲ、Ⅳ项都是正确的。

6. C【解析】本题主要考查中小企业板市场的相关知识。中小企业板市场于2004年5月经国务院和证监会批准在深圳证券交易所主板市场内设立，其宗旨是为主业突出、具有成长性和科技含量的中小企业提供直接融资平台，是我国多层次资本市场体系建设的一项重要内容，也是分步推进创业板市场建设的一个重要步骤。

7. C【解析】本题主要考查同业拆借市场的特点。同业拆借市场具有以下特点：（1）同业拆借市场对进入市场的主体有严格限制，必须是金融机构或指定的某类金融机构才允许进场交易。（2）融资资金期限一般较短。（3）交易手段先进，手续简便，成交时间迅捷。（4）交易的无担保性。由于在同业拆借市场进行的资金借贷与融通是金融机构之间的交易，它们实力较强、信誉较高，双方基本知己知彼，且交易额较大，所以一般不需要担保或抵押，完全是一种信用交易。（5）市场的拆借利率由供求双方协商议定。（6）免交存款准备金。

8. B【解析】本题主要考查货币政策工具中的选择性货币政策工具。选择性货币政策工具主要包括消费者信用控制、证券市场信用控制、不动产信用控制、优惠利率和预缴进口保证金等。

9. B【解析】本题主要考查流通市场的概念。流通市场也称二级市场或次级市场，指已发行的证券进行买卖、转让和流通的市场。

10. A【解析】本题主要考查信托财产的分类。信托财产包括有形财产和无形财产，有形财产如股票、债券、物品、土地、房屋和银行存款等；无形财产如保险单、专利权商标、信誉等，甚至包括一些或然权益等。第Ⅱ项中的商标权属于无形财产。故本题选A选项。

全真模拟测试题

一、选择题

1. 下列选项中，不属于货币市场的是（　　）。
   A. 股票市场　　B. 票据市场
   C. 银行间债券回购市场
   D. 同业拆借市场

2. 我国金融业"一行三会"的监管架构中，"一行三会"是指（　　）。
   A. 中国人民银行、中央金融工委、地方金融工委、金融行业协会
   B. 中国人民银行、中国银监会、中国证监会、中国保监会
   C. 中国人民银行、银行业协会、中国证监会、保险业协会
   D. 中国银行、中国银监会、证券业协会、保监会

3. 目前的学术界一般认为，有形的、有组织的金融市场大约形成于（　　）的欧洲大陆。
   A. 16世纪　　B. 17世纪
   C. 19世纪　　D. 20世纪

4. 经济体系中的市场类型不包括（　　）。
   A. 要素市场　　B. 资本市场
   C. 产品市场　　D. 金融市场

5. 下列关于中国证监会的说法中，错误的是（　　）。
   A. 中国证监会是全国证券期货市场的主管部门
   B. 中国证监会成立于1993年
   C. 中国证监会是国务院直属机构
   D. 中国证监会依照法律、法规对全国证券、期货业进行集中统一监管

6. 下列选项中，（　　）属于一般性货币政策工具。
   A. 再贴现政策　　B. 发行国债

   C. 增加财政支出　　D. 调节税率

7. 下列选项中，不属于现代金融体系四大支柱的是（　　）。
   A. 证券业　　B. 信托业
   C. 金融业　　D. 银行业

8. （　　）中期借贷便利（MLF）由中国人民银行创设。
   A. 1990年12月　　B. 2008年12月
   C. 2012年9月　　D. 2014年9月

9. 下列金融市场中，不属于按照标的物的不同划分的是（　　）。
   A. 货币市场　　B. 发行市场
   C. 资本市场　　D. 外汇市场

10. 从（　　）中小企业股份转让系统正式成立以来，由于挂牌门槛低，200人以下公司挂牌和定向增发都豁免审批等原因，新三板发展极其迅速。
    A. 2010年9月20日
    B. 2012年9月20日
    C. 2010年6月8日
    D. 2012年6月8日

11. 我国推出创业板的时间是（　　）。
    A. 2002年6月
    B. 2008年6月
    C. 2009年10月
    D. 2012年10月

12. （　　），经国务院批准，中国证监会批复同意深圳证券交易所在主板市场内设立中小企业板块市场。
    A. 2000年　　B. 2004年
    C. 2008年　　D. 2012年

13. 被称为保险市场二级市场的是（　　）。
    A. 原保险市场
    B. 再保险市场
    C. 财产保险市场
    D. 人身保险市场

14. （　　）自20世纪70年代产生以来，其交易品种层出不穷、市场规模迅速扩

大、交易量急剧上升、市场参与者不断增加，对各国金融市场和国际金融市场的影响越来越大。

A. 证券市场
B. 衍生证券市场
C. 原保险市场
D. 债务证券市场

15．以收取报酬为目的，接受他人委托，以受托人身份专门从事信托或信托投资业务的金融机构是（　　）。

A. 证券机构
B. 期货类机构
C. 信托投资公司
D. 信用服务机构

16．SLF 的对象主要为政策性银行和商业银行，期限为（　　）个月。

A. 1　　　　　　B. 1～3
C. 3　　　　　　D. 3～5

17．SLO 以（　　）天期以内短期回购为主，遇节假日可适当延长操作期限，采用市场化利率招标方式开展操作。

A. 7　　　　　　B. 10
C. 15　　　　　　D. 30

18．由证券交易所组织的，有固定的交易场所和交易活动时间的集中交易市场指的是（　　）。

A. 场外交易市场
B. 柜台交易市场
C. 店头交易市场
D. 场内交易市场

19．（　　）是我国银行业的主体。

A. 中央银行
B. 股份商业银行
C. 大型商业银行
D. 地区性商业银行

20．（　　）的实施是推动同业拆借市场形成和发展的直接原因。

A. 公开市场政策
B. 再贴现政策

C. 存款派生机制
D. 法定存款准备金制度

21．（　　）是信托市场的主体。

A. 信托当事人
B. 信托关系人
C. 信托产品
D. 信托投资活动

22．（　　）是指发生在保险人和投保人之间的保险行为。

A. 人身保险　　　B. 财产保险
C. 原保险　　　　D. 再保险

23．对银行业金融机构的董事和高级管理人员实行任职资格管理的机构是（　　）。

A. 中国银监会　　B. 中国证监会
C. 中国人民银行　D. 国务院财政部

24．中央银行充当商业银行和其他金融机构的最后贷款人。这体现了中央银行是（　　）职能。

A. 市场的银行　　B. 政府的银行
C. 发行的银行　　D. 银行的银行

25．下列（　　）是金融机构为保证客户提取存款和资金清算需要而准备的、在中央银行的存款。

A. 基础货币　　　B. 存款准备金
C. 法定盈余公积　D. 任意盈余公积

二、组合型选择题

1．中央银行作为"政府的银行"职能的具体表现为（　　）。

Ⅰ．代理国库
Ⅱ．集中存款准备金
Ⅲ．代理发行政府债券
Ⅳ．制定和执行货币政策

A. Ⅲ、Ⅳ　　　　B. Ⅰ、Ⅲ、Ⅳ
C. Ⅱ、Ⅲ　　　　D. Ⅰ、Ⅱ、Ⅲ、Ⅳ

2．下列属于金融危机的有（　　）。

Ⅰ．信用危机　　Ⅱ．货币危机
Ⅲ．债务危机　　Ⅳ．银行危机

A．Ⅰ、Ⅱ、Ⅲ　　B．Ⅰ、Ⅲ、Ⅳ
C．Ⅱ、Ⅲ、Ⅳ　　D．Ⅰ、Ⅱ、Ⅳ

3．目前，全国中小企业股份转让系统挂牌公司的转让类型有（　　）。
Ⅰ．做市　　　　Ⅱ．审批
Ⅲ．注册　　　　Ⅳ．协议
A．Ⅰ、Ⅱ、Ⅲ　　B．Ⅰ、Ⅱ、Ⅲ
C．Ⅰ、Ⅱ、Ⅳ　　D．Ⅰ、Ⅳ

4．基础货币又称"强力货币"或"高能货币"，其主要包括（　　）。
Ⅰ．准备存款
Ⅱ．库存现金
Ⅲ．银行存款
Ⅳ．社会公众持有的现金
A．Ⅰ、Ⅱ、Ⅲ　　B．Ⅱ、Ⅲ、Ⅳ
C．Ⅰ、Ⅲ、Ⅳ　　D．Ⅰ、Ⅱ、Ⅳ

5．金融市场的功能包括（　　）。
Ⅰ．宏观调控传导功能
Ⅱ．资源配置与转化功能
Ⅲ．价格发现功能
Ⅳ．风险分散和规避功能
A．Ⅰ、Ⅱ、Ⅲ　　B．Ⅱ、Ⅳ
C．Ⅰ、Ⅲ、Ⅳ　　D．Ⅰ、Ⅱ、Ⅲ、Ⅳ

6．下列属于我国的非存款类金融机构的是（　　）。
Ⅰ．信托投资公司
Ⅱ．期货类机构
Ⅲ．保险公司
Ⅳ．财务公司
A．Ⅰ、Ⅱ、Ⅲ　　B．Ⅱ、Ⅲ、Ⅳ
C．Ⅰ、Ⅲ、Ⅳ　　D．Ⅰ、Ⅱ、Ⅲ、Ⅳ

7．我国中央银行的职能可以概括为（　　）。
Ⅰ．银行的银行
Ⅱ．政府的银行
Ⅲ．发行的银行
Ⅳ．服务的银行
A．Ⅰ、Ⅱ、Ⅲ　　B．Ⅰ、Ⅱ、Ⅲ、Ⅳ
C．Ⅰ、Ⅲ、Ⅳ　　D．Ⅰ、Ⅱ、Ⅳ

8．下列属于货币政策的是（　　）。
Ⅰ．信贷政策　　Ⅱ．税收政策
Ⅲ．利率政策　　Ⅳ．外汇政策
A．Ⅰ、Ⅱ　　　B．Ⅱ、Ⅲ、Ⅳ
C．Ⅰ、Ⅲ、Ⅳ　D．Ⅰ、Ⅱ、Ⅲ、Ⅳ

9．创业板市场发行上市的条件包括（　　）。
Ⅰ．发行人应当具有较长的存续时间
Ⅱ．发行人应当具备较好的盈利能力
Ⅲ．发行人应当主营业务突出
Ⅳ．对发行人公司治理提出从严要求
A．Ⅰ、Ⅱ　　　B．Ⅲ、Ⅳ
C．Ⅱ、Ⅲ、Ⅳ　D．Ⅰ、Ⅱ、Ⅳ

10．保险市场按照交易对象不同，可分为（　　）。
Ⅰ．原保险市场
Ⅱ．财产保险市场
Ⅲ．再保险市场
Ⅳ．人身保险市场
A．Ⅰ、Ⅳ　　　B．Ⅱ、Ⅲ
C．Ⅰ、Ⅲ　　　D．Ⅱ、Ⅳ

11．下列选项中，属于我国场外市场的有（　　）。
Ⅰ．中小板市场
Ⅱ．创业板市场
Ⅲ．新三板市场
Ⅳ．私募基金市场
A．Ⅰ、Ⅱ　　　B．Ⅲ、Ⅳ
C．Ⅰ、Ⅲ、Ⅳ　D．Ⅰ、Ⅱ、Ⅲ、Ⅳ

12．根据投资领域不同，银行理财产品可大致分为（　　）。
Ⅰ．债券型　　　Ⅱ．信托型
Ⅲ．QDII型　　　Ⅳ．挂钩型
A．Ⅰ、Ⅱ、Ⅲ、Ⅳ　B．Ⅲ、Ⅳ
C．Ⅰ、Ⅲ、Ⅳ　　D．Ⅰ、Ⅱ、Ⅲ

13．关于多层次资本市场体系建设的重要意义，下列说法正确的有（　　）。
Ⅰ．有利于创新宏观调控机制，提高直接融资比重

Ⅱ．有利于调动民间资本的积极性
Ⅲ．有利于促进产业整合，缓解产能过剩
Ⅳ．有利于促进科技创新，促进新兴产业发展和经济转型
A．Ⅰ、Ⅱ、Ⅲ、Ⅳ　B．Ⅰ、Ⅱ、Ⅲ
C．Ⅲ、Ⅳ　　　　D．Ⅰ、Ⅱ、Ⅳ

14．下列属于金融全球化的表现的有（　　）。
Ⅰ．市场参与者的国际化
Ⅱ．放松或者解除汇率管制，加快资本的国际化
Ⅲ．金融市场交易的国际化
Ⅳ．各金融子市场交易的国际化
A．Ⅰ、Ⅱ、Ⅲ　　B．Ⅰ、Ⅱ、Ⅲ、Ⅳ
C．Ⅰ、Ⅲ、Ⅳ　　D．Ⅰ、Ⅱ、Ⅳ

15．下列属于中国银监会职能的有（　　）。
Ⅰ．对银行业金融机构的董事和高级管理人员实行任职资格管理
Ⅱ．对银行业金融机构实行并表监督管理
Ⅲ．对银行业金融机构实行监督管理
Ⅳ．归口管理保险行业协会、保险学会等行业社团组织
A．Ⅰ、Ⅱ、Ⅲ　　B．Ⅰ、Ⅲ、Ⅳ
C．Ⅰ、Ⅱ、Ⅳ　　D．Ⅰ、Ⅱ、Ⅲ、Ⅳ

16．下列属于场外市场交易特征的是（　　）。
Ⅰ．信息披露要求较低，监管较为宽松
Ⅱ．挂牌标准相对较低，一般不对企业规模和盈利情况等作要求
Ⅲ．交易制度通常采用做市商制度
Ⅳ．交易量相对较低
A．Ⅱ、Ⅳ　　　　B．Ⅰ、Ⅲ、Ⅳ
C．Ⅰ、Ⅱ、Ⅲ　　D．Ⅰ、Ⅱ、Ⅲ、Ⅳ

17．决定货币乘数大小的因素包括（　　）。
Ⅰ．法定准备金率
Ⅱ．现金比率
Ⅲ．超额准备金率
Ⅳ．定期存款与活期存款间的比率
A．Ⅱ、Ⅲ　　　　B．Ⅰ、Ⅳ
C．Ⅰ、Ⅱ、Ⅳ　　D．Ⅰ、Ⅱ、Ⅲ、Ⅳ

18．中央银行实施货币政策的"三大法宝"分别是（　　）。
Ⅰ．窗口指导
Ⅱ．再贴现政策
Ⅲ．公开市场业务
Ⅳ．法定存款准备金策
A．Ⅰ、Ⅱ、Ⅲ　　B．Ⅱ、Ⅲ、Ⅳ
C．Ⅰ、Ⅲ、Ⅳ　　D．Ⅰ、Ⅱ、Ⅲ、Ⅳ

19．按照交易程序分，金融市场可以分为（　　）。
Ⅰ．发行市场
Ⅱ．期货市场
Ⅲ．流通市场
Ⅳ．期权市场
A．Ⅰ、Ⅱ　　　　B．Ⅰ、Ⅲ
C．Ⅱ、Ⅳ　　　　D．Ⅱ、Ⅳ

20．存款准备金的类别主要包括（　　）。
Ⅰ．超额准备金
Ⅱ．储蓄存款准备金
Ⅲ．定期存款准备金
Ⅳ．活期存款准备金
A．Ⅰ、Ⅱ、Ⅲ　　B．Ⅲ、Ⅳ
C．Ⅱ、Ⅲ、Ⅳ　　D．Ⅰ、Ⅲ、Ⅳ

21．下列金融市场中，属于从财务管理角度划分的是（　　）。
Ⅰ．债务证券市场
Ⅱ．衍生证券市场
Ⅲ．权益证券市场
Ⅳ．资产证券市场
A．Ⅰ、Ⅱ、Ⅲ　　B．Ⅰ、Ⅱ、Ⅳ
C．Ⅰ、Ⅲ、Ⅳ　　D．Ⅰ、Ⅱ、Ⅲ、Ⅳ

22．金融市场功能发挥需具备的内部条件包括（　　）。
Ⅰ．必要的技术环境
Ⅱ．国内国际统一的市场
Ⅲ．丰富的市场交易品种
Ⅳ．健全的价格机制
A．Ⅰ、Ⅱ、Ⅲ　　B．Ⅰ、Ⅲ、Ⅳ
C．Ⅱ、Ⅲ、Ⅳ　　D．Ⅰ、Ⅱ、Ⅲ、Ⅳ

全真模拟测试题答案及详解

选择题答案速查表

1	2	3	4	5	6	7	8	9	10
A	B	B	B	B	A	C	D	B	B
11	12	13	14	15	16	17	18	19	20
C	B	B	B	C	B	A	D	B	D
21	22	23	24	25					
A	C	A	D	B					

组合型选择题答案速查表

1	2	3	4	5	6	7	8	9	10
B	C	D	D	D	A	A	C	B	D
11	12	13	14	15	16	17	18	19	20
B	A	A	C	A	C	D	B	B	D
21	22								
A	D								

一、选择题

1. A 【解析】本题主要考查货币市场的构成。中国的货币市场大体包括银行间债券回购、同业拆借和票据市场三大板块。A选项属于资本市场。

2. B 【解析】本题主要考查我国金融市场"一行三会"的监管架构。在我国，中国人民银行、中国银监会、中国证监会和中国保监会共同构成了"一行三会"的监管架构。

3. B 【解析】本题主要考查金融市场的形成。金融市场形成的确切年代，虽然目前学术界还没有一个定论，但是一般认为，有形的、有组织的金融市场大约形成于17世纪的欧洲大陆。

4. B 【解析】本题主要考查经济体系的相关内容。经济体系中的市场是非常重要的，它由要素市场、产品市场和金融市场组成。

5. B 【解析】本题主要考查中国证监会的相关内容。中国证监会成立于1992年10月，是国务院直属机构，是全国证券期货市场的主管部门，按照国务院授权履行行政管理职能，依照法律、法规对全国证券、期货业进行集中统一监管，维护证券市场秩序，保障其合法运行。

6. A 【解析】本题主要考查一般性货币政策工具。一般性货币政策工具（手段）又称"常规性工具"，主要包括：（1）法定存款准备金政策。（2）再贴现政策。（3）公开市场业务。

7. C 【解析】本题主要考查现代金融体系的四大支柱。信托、银行、证券与保险并称为金融业的四大支柱。

8. D 【解析】本题主要考查新型货币政

策中的中期借贷便利。中期借贷便利于 2014 年 9 月由中央银行创设，是我国中央银行提供中期基础货币的货币政策工具。

9. B【解析】本题主要考查金融市场的分类。根据交易标的物的不同，金融市场可以划分为货币市场、资本市场、外汇市场、保险市场和黄金市场等。

10. B【解析】本题主要考查全国中小企业股份转让系统的成立时间。全国中小企业股份转让系统成立于 2012 年 9 月 20 日。

11. C【解析】本题主要考查我国推出创业板的时间。我国创业板于 2009 年 10 月 23 日推出。

12. B【解析】本题主要考查中小企业板块市场的设立时间。2004 年 5 月，经国务院批准，中国证监会批复同意深圳证券交易所在主板市场内设立中小企业板块市场。

13. B【解析】本题主要考查保险市场的内容。根据保险交易主体的差异，保险市场可以划分为原保险市场和再保险市场。原保险市场是保险市场里的一级市场，再保险市场则是保险市场里的二级市场。

14. B【解析】本题主要考查衍生证券市场的相关知识。衍生证券市场自 20 世纪 70 年代产生以来，其交易品种层出不穷、市场规模迅速扩大、交易量急剧上升、市场参与者不断增加，对各国金融市场和国际金融市场的影响越来越大。

15. C【解析】本题主要考查信托投资公司的定义。信托投资公司是指以收取报酬为目的，接受他人委托，以受托人身份专门从事信托或信托投资业务的金融机构。

16. B【解析】本题主要考查常设借贷便利的相关内容。常设借贷便利（SLF）是中央银行创设的流动性调节工具，对象主要为政策性银行和商业银行，期限为 1～3 个月。

17. A【解析】本题主要考查短期流动性调节工具的相关内容。短期流动性调节工具（SLO）以 7 天期以内短期回购为主，遇节假日可适当延长操作期限，采用市场化利率招标方式开展操作。

18. D【解析】本题主要考查场内交易市场的含义。场内交易市场又称证券交易所市场或集中交易市场，是指由证券交易所组织的集中交易市场，有固定的交易场所和交易活动时间，在多数国家它还是全国唯一的证券交易场所，是全国最重要、最集中的证券交易市场。

19. B【解析】本题主要考查我国的银行体系。我国目前已基本形成了以中央银行为中心，股份商业银行为主体，各类银行并存的银行体系。故 B 选项为正确答案。

【易错警示】中央银行对我国的各方面影响都较为明显，此题应注意误选 A 选项。

20. D【解析】本题主要考查同业拆借市场。同业拆借市场也称"同业拆放市场"，是指金融机构之间以货币借贷方式进行短期资金融通活动的市场。同业拆借市场形成的直接原因在于法定存款准备金制度的实施。故 D 选项为正确答案。

21. A【解析】本题主要考查信托市场的主体。信托市场的主体即为信托当事人，信托当事人包括委托人、受托人和受益人。故 A 选项为正确答案。

【易错警示】通常对知识点理解不够透彻的考生，此题可能误选 C 选项，认为信托产品是信托市场的主体。

22. C【解析】本题主要考查保险的分类。保险分为原保险和再保险：（1）原保险是指发生在保险人和投保人之间的保险行为。（2）再保险是指发生在保险人与保险人之间的保险行为。故 C 选项为正确答案。

【易错警示】此题易混淆 C、D 选项。考生在答题过程中要仔细审题，利用好题干已给的资料，得出正确答案。

23. A【解析】本题主要考查中国银监会的职能。中国银监会职能之一是：对银行业金融机构的董事和高级管理人员实行任职资格管理。故 A 选项为正确答案。

24. D【解析】本题主要考查中央银行的职能。中央银行的职能包括：（1）中央银行是"发行的银行"。（2）中央银行是"政府的银行"。（3）中央银行是"银行的银行"。题干中中央银行充当商业银行和其他金融机构的最后贷款人，体现了中央银行是银行的银行职能。故 D 选项为正确答案。

25. B【解析】本题主要考查存款准备金的定义。存款准备金指金融机构为保证客户提取存款和资金清算需要而准备的在中央银行的存款。

二、组合型选择题

1. B【解析】本题主要考查中央银行作为"政府的银行"的职能。中央银行作为"政府的银行"职能具体包括：代理国库；代理发行政府债券、向政府融通资金；提供特定信贷支持、管理、经营国际储备；参加各种国际金融组织、金融活动的代表；制定和执行货币政策；实施金融监管，维护金融稳定和提供经济信息服务。

2. C【解析】本题主要考查金融危机的内容。金融危机也称"金融风暴"，主要包括货币危机、债务危机和银行危机等。

3. D【解析】本题主要考查全国中小企业股份转让系统的相关内容。全国中小企业股份转让系统又称"新三板"，目前，新三板的交易方式主要有做市商交易和协议转让两种。

4. D【解析】本题主要考查基础货币的概念。基础货币又称"强力货币"或"高能货币"，指流通于银行体系之外被社会公众持有的现金与商业银行体系持有的存款准备金的总和。基础货币包括库存现金、准备存款和社会公众持有现金三个部分。

5. D【解析】本题主要考查金融市场的功能。金融市场最基本的功能是满足社会再生产过程中的投融资要求，促进资本的集中与转换等。具体来看，包括以下四个功能：资源配置与转化功能、价格发现功能、风险分散和规避功能与宏观调控传导功能。

6. A【解析】本题主要考查非存款金融机构的类别。非存款类金融机构也称"其他金融性公司"，其类别主要包括以下几种：保险公司、信托投资公司、证券机构、金融资产管理公司、金融租赁公司、期货类机构、黄金投融资机构、专业融资公司和信用服务机构等。

7. A【解析】本题主要考查中央银行的职能。中央银行作为国家干预经济的重要机构，它的职能可以概括为："发行的银行""银行的银行"和"政府的银行"三个方面。

8. C【解析】本题主要考查货币政策的主要内容。货币政策是指政府或中央银行为影响经济活动所采取的措施，尤指控制货币供给以及调控利率的各项措施。它有广义和狭义之分：（1）广义的货币政策指政府、中央银行和其他有关部门所有有关货币方面的规定和采取的影响金融变量的一切措施（包括金融体制改革，也就是规则的改变等）。（2）狭义货币政策是指中央银行为实现其特定的经济目标而采用的各种控制和调节货币供应量或信用量的方针和措施的总称，包括信贷政策、利率政策和外汇政策。税收政策属于财政政策的一种。

9. B【解析】本题主要考查创业板市场发行上市条件。创业板市场发行上市条件包括：（1）发行人应当具备一定的盈利能力。（2）发行人应当具有一定的规模和存续时间。（3）发行人应当主营业务突出。（4）对发行人公司治理提出从严要求。

【易错警示】"一定的存续时间"不等于"较长的存续时间"，本题易误选选项 C 和选项 D。

10. D【解析】本题主要考查保险市场的分类。根据保险交易的对象不同，保险市场可分为财产保险市场和人身保险市场；根据保险交易的主体不同，保险市场可以分为原保险市场（一级市场）和再保险市场（二级市场）。

11. B【解析】本题主要考查我国场外市场的分类。我国场外市场主要包括：（1）银行间交易市场。（2）全国中小企业股份转让系统。（3）新三板市场（区域性股权交易市场）。（4）券商柜台市场。（5）私募基金市场。（6）机构间私募产品报价与服务系统。第Ⅰ、Ⅱ项都属于场内市场的内容。

12. A【解析】本题主要考查我国银行理财产品的分类。根据投资领域的不同，银行理财产品可大致分为债券型、信托型、挂钩型及QDII型。题干四项都属于我国银行理财产品，故选答案A选项。

13. A【解析】本题主要考查多层次资本市场体系建设的重要意义。多层次资本市场体系建设的重要意义包括：（1）有利于调动民间资本的积极性。（2）有利于创新宏观调控机制，提高直接融资比重，防范和化解经济金融风险。（3）有利于促进科技创新，促进新兴产业发展和经济转型。（4）有利于促进产业整合，缓解产能过剩。（5）有利于满足日益增长的社会财富管理需求，改善民生，促进社会和谐。（6）有利于提高我国经济金融的国际竞争力。

14. C【解析】本题主要考查金融全球化的表现。金融全球化表现在以下几个方面：（1）市场参与者的国际化。（2）金融全球化必然带来各金融子市场交易的国际化。（3）金融市场交易的国际化等。"放松或者解除汇率管制，使得资本的国际化流动进程大大加快"属于金融自由化的表现。

15. A【解析】本题主要考查中国银监会的职能。中国银监会职能包括：（1）依照法律、行政法规制定并发布对银行业金融机构及其业务活动监督管理的规章、规则。（2）依照法律、行政法规规定的条件和程序，审查批准银行业金融机构的设立、变更、终止以及业务范围。（3）对银行业金融机构的董事和高级管理人员实行任职资格管理。（4）依照法律、行政法规制定银行业金融机构的审慎经营规则。（5）对银行业金融机构的业务活动及其风险状况进行非现场监管，建立银行业金融机构监督管理信息系统，分析、评价银行业金融机构的风险状况。（6）对银行业金融机构的业务活动及其风险状况进行现场检查，制定现场检查程序，规范现场检查行为。（7）对银行业金融机构实行并表监督管理。（8）会同有关部门建立银行业突发事件处置制度，制定银行业突发事件处置预案，明确处置机构和人员及其职责、处置措施和处置程序，及时、有效地处置银行业突发事件。（9）负责统一编制全国银行业金融机构的统计数据、报表，并按照国家有关规定予以公布；对银行业自律组织的活动进行指导和监督。（10）开展与银行业监督管理有关的国际交流、合作活动。（11）对已经或者可能发生信用危机，严重影响存款人和其他客户合法权益的银行业金融机构实行接管或者促成机构重组。（12）对有违法经营、经营管理不善等情形的银行业金融机构予以撤销。（13）对涉嫌金融违法的银行业金融机构及其工作人员以及关联行为人的账户予以查询；对涉嫌转移或者隐匿违法资金的申请司法机关予以冻结。（14）对擅自设立银行业金融机构或非法从事银行业金融机构业务活动予以取缔。（15）负责国有重点银行业金融机构监事会的日常管理工作。（16）承办国务院交办的其他事项。题干中第Ⅰ、Ⅱ、Ⅲ项都属于中国银监会职能，第Ⅳ项属于中国保监会职能。

16. C【解析】本题主要考查场外市场交易的特征。场外市场交易的特征包括：（1）挂牌标准相对较低，着重关注企业的成长性，一般不对企业规模和盈利情况等作要求。（2）信息披露要求较低，监管较为宽松。（3）交易制度通常采用做市商制度。

17. D【解析】本题主要考查决定货币乘数大小的因素。货币乘数的大小由以下四个因素决定：（1）法定准备金率。（2）超额准备金率。（3）现金比率。（4）定期存款与活期存款间的比率。

18. B【解析】本题主要考查中央银行实施货币政策的"三大法宝"。中央银行实施货币政策的"三大法宝"分别是：（1）法定存款准备金政策。（2）再贴现政策。（3）公开市场业务。

19. B【解析】本题主要考查金融市场的分类。按照交易程序的不同，金融市场可以分为发行市场和流通市场，发行市场也称"一级市场"，流通市场也称"二级市场"。第Ⅱ、Ⅳ项属于按照交割方式划分金融市场的类型。

20. D【解析】本题主要考查存款准备金的类别。存款准备金的类别主要包括：（1）活期存款准备金。（2）储蓄存款准备金。（3）定期存款准备金。（4）超额准备金。

21. A【解析】本题主要考查金融市场的分类。从财务管理的角度，金融市场可以分为：（1）债务证券市场。（2）权益证券市场。（3）衍生证券市场。

22. D【解析】本题主要考查金融市场功能发挥所需条件。金融市场功能发挥需具备的内部条件包括：（1）国内国际统一的市场。（2）丰富的市场交易品种。（3）健全的价格机制。（4）必要的技术环境。

第六章 证券市场主体

考情分析

本章主要介绍证券市场的主体,包括证券发行人、证券投资者、中介机构、自律性组织和监管机构五大部分。

本章共有五个小节。第一节考点集中在证券市场融资活动,直接融资和间接融资,证券发行人,政府、企业、金融机构的直接融资方式及特征,直接融资对金融市场的影响;第二节的考点集中在证券市场投资者的分类及各类别投资者的相关知识上,具体包括:机构投资者,政府机构类投资者和金融机构类投资者,合格境内、外机构投资者,企业和事业法人类机构投资者,基金类机构投资者,以及个人投资者;第三节考点主要集中在证券公司,各类证券服务机构从事证券、期货相关业务的管理;第四节中,证券交易所,证券业协会,证券登记结算公司及证券投资者保护基金都是常考内容;第五节的重点内容主要是证券市场监管、我国证券市场的监管体系。

知 识 导 读

证券市场主体	一、证券发行人	证券市场融资活动的概念、方式及特征	★★★
		直接融资/间接融资的概念、特点、分类	★★★
		证券发行人的概念和分类	★★
		政府和政府机构、企业(公司)、金融机构直接融资的方式和特点	★★★
		直接融资对金融市场的影响	★★
	二、证券投资者	证券市场投资者的概念、特点及分类	★★★
		我国证券市场投资者结构及演化	★
		机构投资者(政府机构、金融机构、合格境外/内机构投资者、企业和事业法人类投资者、基金类投资者)	★★★
		个人投资者	★★★
	三、中介机构	证券公司	★★★
		证券服务机构	★★
	四、自律性组织	证券交易所	★★★
		证券业协会	★★
		证券登记结算公司	★★
		证券投资者保护基金	★★★
	五、监管机构	证券市场监管	★★
		我国的证券市场监管体系	★★★

真题精选

一、选择题

1. 证券业协会非会员理事由（　　）产生。
   A. 会员大会选举
   B. 会员单位推荐
   C. 中国证监会委派
   D. 证券业协会章程规定

2. 上海证券交易所成立的时间是（　　）。
   A. 1990年11月26日
   B. 1990年12月19日
   C. 2000年10月26日
   D. 2000年12月26日

3. 在证券市场上，证券投资者是资金的供给者，众多的证券投资者保证了证券（　　）的连续性。
   A. 发行   B. 交易
   C. 流通   D. 发行和交易

4. 证券服务机构制作、出具的文件有虚假记载、误导性陈述或者重大遗漏，给他人造成损失的，应当与发行人、上市公司承担（　　）责任，但是能够证明自己没有过错的除外。
   A. 连带赔偿   B. 有限赔偿
   C. 无限赔偿   D. 不连带赔偿

5. 通过公开发售基金份额筹集资金，以资产组合方式进行证券投资活动的基金是（　　）。
   A. 社保年金基金
   B. 企业年金基金
   C. 社会公益基金
   D. 证券投资基金

6. 为管理好官方外汇储备，目前不少国家成立了代表国家进行投资的（　　）。
   A. 主权财富基金
   B. 信托投资公司
   C. 国家开发银行
   D. 国际信托投资公司

7. 证券投资者保护的最终措施之一为（　　）。
   A. 证券投资咨询
   B. 证券投资者保护基金
   C. 投资者教育
   D. 证券稽查

8. 我国证券市场的监管机构是（　　）。
   A. 中国人民银行
   B. 国务院保险监督管理机构
   C. 国务院银行监督管理机构
   D. 国务院证券监督管理机构

9. 中国证券业协会依法对证券评级业务活动进行（　　）管理。
   A. 备案   B. 自律
   C. 核准   D. 审批

10. 证券市场监管的（　　）原则要求证券市场不存在歧视，参与市场的主体具有完全平等的权利。
    A. 守信   B. 公正
    C. 公平   D. 公开

11. （　　）是证券结算的一项基本原则，可以将证券结算中的违约交收风险降低到最低程度。
    A. 证券实名制
    B. 货银对付交收制度
    C. 分级结算制度
    D. 净额结算制度

12. 证券登记结算制度实行证券（　　）。
    A. 代持制   B. 实名制
    C. 代理制   D. 经纪制

13. 所有境外投资者对单个上市公司A股的持股比例总和，不超过该上市公司股份总数的（　　）。
    A. 10%   B. 20%
    C. 30%   D. 40%

14. 投资者在证券交易所买卖证券是通过委托（　　）进行的。
    A. 证券经纪商

B. 中国证券业协会
C. 中国金融结算公司上海分公司或深圳分公司
D. 上海证券交易所或深圳证券交易所

15. 证券市场监管原则中，（　　）原则要求证券市场具有充分的透明度，要实现市场信息的公开化。
A. 公开　　　　B. 诚信
C. 公正　　　　D. 公平

16. 金融机构通常采用客户调查问卷、产品风险评估、充分披露等方法，根据客户分级和（　　）匹配原则，避免误导投资者和错误销售。
A. 产品收益　　B. 产品规模
C. 产品分级　　D. 客户风险

17. 证券业协会监事长的产生方式是（　　）。
A. 监事会在当选的监事中选举
B. 会员单位推荐
C. 会员大会选举
D. 中国证监会指定

18. 证券金融公司组织形式一般为（　　）。
A. 股份有限公司
B. 有限责任公司
C. 有限合伙公司
D. 一般合伙公司

19. 社会保险基金的结余额应全部用于购买（　　）和存入财政专户所在银行，严禁投入其他金融和经营性事业。
A. 企业债　　　B. 金融债
C. 股票　　　　D. 国债

20. （　　）需要金融中介参与，资金需求者和资金初始供应者之间不发生直接借贷关系。
A. 信贷融资　　B. 直接融资
C. 间接融资　　D. 境外融资

21. 证券公司信息公开披露制度要求所有证券公司实行（　　）披露。

A. 基本信息公开
B. 财务信息公开
C. 基本信息公示和财务信息公开
D. 所有内部信息公开

22. 下列关于证券承销与保荐业务的说法中，错误的是（　　）。
A. 证券承销是指证券公司代理证券发行人发行证券的行为
B. 证券公司履行保荐职责，应按规定注册登记为保荐机构
C. 证券发行人负责证券发行的主承销工作
D. 保荐机构负有对发行人进行尽职调查的义务

23. 典型的间接融资形式是与（　　）发生信用关系。
A. 银行　　　　B. 金融机构
C. 信托中心　　D. 信贷机构

24. 资信评级机构申请证券评级业务，其具有 3 年以上资信评级业务经验的评级从业人员应当不少于（　　）人。
A. 5　　　　　　B. 10
C. 20　　　　　D. 30

25. 证券服务机构从事证券服务业务必须得到（　　）和有关主管部门批准。
A. 中国证监会
B. 中国证券业协会
C. 证券公司
D. 证券交易所

26. （　　）制度是一国（地区）在货币没有实现完全可自由兑换、资本项目尚未完全开放的情况下，有限度地引进外资、开放资本市场的一项过渡性的制度。
A. ETF　　　　B. LOF
C. QDII　　　 D. QFII

27. （　　）对证券账户实施统一管理。
A. 中国证监会
B. 证券交易所
C. 证券公司
D. 中国证券登记结算有限责任公司

二、组合型选择题

1. 证券的发行、交易活动,必须实行公开、公平、公正的原则。下列表述正确的有( )。

Ⅰ. 公开原则的核心是要求实现市场信息的公开化

Ⅱ. 公开原则要求公开的信息在内容和形式上都应符合法律的要求

Ⅲ. 公平原则要求一切证券市场的参与者都有平等的法律地位

Ⅳ. 公正原则要求对一切证券市场参与者都给予公正的待遇

A. Ⅱ、Ⅲ、Ⅳ B. Ⅱ、Ⅳ
C. Ⅰ、Ⅳ D. Ⅰ、Ⅱ、Ⅲ、Ⅳ

2. 证券市场监管原则中,公正原则体现在( )。

Ⅰ. 证券立法机构应当制定体现公平精神的法律、法规和政策

Ⅱ. 证券监管机构应当根据法律授予的权限履行监管职责,以法律为依据,对一切证券市场参与者给予公正的待遇

Ⅲ. 对证券违法行为的处罚及对证券纠纷事件和争议的处理,都应当公平进行

Ⅳ. 对所有证券市场主体一视同仁,不存在歧视

A. Ⅱ、Ⅲ、Ⅳ B. Ⅰ、Ⅳ
C. Ⅰ、Ⅱ、Ⅲ D. Ⅰ、Ⅱ、Ⅲ、Ⅳ

3. 下列金融产品或工具中,我国QDII基金可以投资的有( )。

Ⅰ. 美国存托凭证
Ⅱ. 公司债券
Ⅲ. 住房按揭支持证券
Ⅳ. 贵金属

A. Ⅲ、Ⅳ B. Ⅰ、Ⅱ、Ⅲ
C. Ⅰ、Ⅱ、Ⅳ D. Ⅰ、Ⅱ、Ⅲ、Ⅳ

4. 我国证券公司的组织形式可以是( )。

Ⅰ. 有限责任公司
Ⅱ. 无限责任公司
Ⅲ. 股份有限公司
Ⅳ. 合伙

A. Ⅰ、Ⅲ B. Ⅱ、Ⅳ
C. Ⅰ、Ⅱ、Ⅲ D. Ⅰ、Ⅱ、Ⅲ、Ⅳ

5. 国际债券的发行人主要是( )。

Ⅰ. 工商企业
Ⅱ. 自然人
Ⅲ. 国际组织
Ⅳ. 各国政府、政府所属机构

A. Ⅰ、Ⅱ B. Ⅱ、Ⅳ
C. Ⅰ、Ⅱ、Ⅲ、Ⅳ D. Ⅰ、Ⅲ、Ⅳ

6. 上海清算所托管债券的结算方式有( )。

Ⅰ. 券款对付 Ⅱ. 见券付款
Ⅲ. 纯券过户 Ⅳ. 中央对手方

A. Ⅰ、Ⅱ、Ⅲ B. Ⅰ、Ⅱ、Ⅳ
C. Ⅱ、Ⅲ、Ⅳ D. Ⅰ、Ⅱ、Ⅲ、Ⅳ

7. 注册会计师、会计师事务所为证券、期货提供( )服务。

Ⅰ. 对证券、期货相关机构的财务报表审计

Ⅱ. 对证券、期货相关机构的净资产验证

Ⅲ. 对证券、期货相关机构的营利预测审核

Ⅳ. 对证券、期货相关机构的实收资本(股本)的审验

A. Ⅰ、Ⅱ、Ⅲ、Ⅳ B. Ⅰ、Ⅳ
C. Ⅱ、Ⅲ、Ⅳ D. Ⅰ、Ⅱ、Ⅲ

8. 下列属于证券自律管理机构的是( )。

Ⅰ. 证券业协会
Ⅱ. 证券交易所
Ⅲ. 证券服务机构
Ⅳ. 证券登记结算机构

A. Ⅰ、Ⅱ B. Ⅱ、Ⅲ、Ⅳ
C. Ⅱ、Ⅳ D. Ⅰ、Ⅱ、Ⅳ

9. 下列关于QFⅡ的说法中,正确的是( )。

Ⅰ．QFII是资本市场开放的最终措施

Ⅱ．QFII以一国的货币管制制度被废止为前提

Ⅲ．QFII指那些资本项目未完全开放的国家容许本地投资者进行境外投资的一种机制

Ⅳ．境外机构投资者获得的资本利得、股息等经批准后可转为外汇汇出的一种市场开放模式

A．Ⅲ、Ⅳ B．Ⅰ、Ⅱ、Ⅲ、Ⅳ
C．Ⅳ   D．Ⅰ、Ⅱ、Ⅲ

真题精选答案及详解

选择题答案速查表

1	2	3	4	5	6	7	8	9	10
C	A	D	A	D	A	B	D	B	C
11	12	13	14	15	16	17	18	19	20
B	B	C	A	A	C	A	A	D	C
21	22	23	24	25	26	27			
C	C	A	A	B	A	D			

组合型选择题答案速查表

1	2	3	4	5	6	7	8	9
C	C	B	A	D	D	A	D	C

一、选择题

1．C【解析】本题主要考查证券业协会的机构设置。证券业协会的会员理事和非会员理事组成理事会，会员理事由会员单位推荐，经会员大会选举产生，非会员理事由中国证监会委派，非会员理事不超过理事总数的1/5。故C选项为正确答案。

2．A【解析】本题主要考查上海证券交易所的成立时间。上海证券交易所成立于1990年11月26日，同年12月19日开业，归属中国证监会垂直管理，是我国第一家证券交易所。

3．D【解析】本题主要考查证券投资者的相关内容。证券投资者是证券市场的资金供给者，众多的证券投资者保证了证券发行和交易的连续性。故D选项为正确答案。

4．A【解析】本题主要考查证券服务机构的法律责任。证券服务机构为证券的发行、上市、交易等证券业务活动制作、出具审计报告、资产评估报告、财务顾问报告、资信评级报告或者法律意见书等文件。服务期间应该做到勤勉尽责，对所依据的文件资料内容的真实性、准确性、完整性进行核查和验证。其制作、出具的文件有虚假记载、误导性陈

述或者重大遗漏，给他人造成损失的，应当与发行人、上市公司承担连带赔偿责任，但是，能够证明自己没有过错的除外。故选项 A 为正确答案。

5. D【解析】本题主要考查证券投资基金的概念。证券投资基金是指通过公开发售基金份额筹集资金，由基金管理人管理，基金托管人托管，为维护基金份额持有人的利益，以资产组合方式进行证券投资活动的基金。

6. A【解析】本题主要考查主权财富基金的含义。随着国际经济、金融形势的变化，目前不少国家尤其是发展中国家拥有了大量的官方外汇储备，为管理好这部分资金，成立了代表国家进行投资的主权财富基金。

7. B【解析】本题主要考查证券投资者保护基金设立的意义。证券投资者保护基金是证券投资者保护的最终措施之一。故答案B选项为正确答案。

【易错警示】证券投资者保护基金设立的意义包括：（1）可通过简捷的渠道，在证券公司出现关闭、破产等重大风险时，依据国家政策，快速地对投资者特别是中小投资者予以保护。（2）不仅有助于稳定和增强投资者对我国金融体系的信心，也有助于防止证券公司个案风险的传递和扩散。（3）对国家现有的行政监管部门、证券业协会和证券交易所等行业自律组织、市场中介机构等组成全方位、多层次监管体系的一个重要补充，将在监测证券公司风险、推动证券公司积极稳妥地解决遗留问题和处置证券公司风险方面发挥着重要作用。（4）有助于我国建立国际成熟市场通行的证券投资者保护机制。证券投资者保护基金是证券投资者保护的最终措施之一。

8. D【解析】本题主要考查国务院证券监督管理机构。我国证券市场监管机构是国务院证券监督管理机构。

9. B【解析】本题主要考查中国证券业协会依法对证券评级业务活动的管理。中国证券业协会是证券市场的自律管理组织，依法对证券评级业务活动进行自律管理。

10. C【解析】本题主要考查证券市场监管"三公"原则中的公平原则。公平原则要求证券市场不存在歧视，参与市场的主体具有完全平等的权利。

【易错警示】"三公"原则为高频考点，"三公"原则包括：（1）公开原则。要求证券市场具有充分的透明度，要实现市场信息的公开化。（2）公平原则。要求证券市场不存在歧视，参与市场的主体具有完全平等的权利。（3）公正原则。要求证券监管机构在公开、公平原则的基础上，对一切被监管对象予以公正待遇。考生在理解三公原则时要注意区分。

11. B【解析】本题主要考查证券登记结算公司登记结算制度中的货银对付原则。货银对付原则是证券结算的一种基本原则，可以将证券结算中的违约交收风险降低到最低程度。

【易错警示】银货对付又称"款券两讫""钱货两清"，是指证券登记结算机构与结算参与人在交收过程中，当且仅当资金交付时给付证券，证券交付时给付资金。通俗地说，就是"一手交钱，一手交货"。

12. B【解析】本题主要考查证券登记结算公司的登记结算制度。证券登记结算制度实行证券实名制。投资者开立证券账户应当向证券登记结算机构提出申请，投资者申请开立证券账户应当保证其提交的开户资料真实、准确、完整，投资者不得将本人的证券账户提供给他人使用。

13. C【解析】本题主要考查合格境外机构投资者（QFII）相关内容。合格境外机构投资者的境内股票投资，应当遵守中国证监会规定的持股比例限制和国家其他有关规定：单个境外投资者通过合格境外机构投资者持有一家上市公司股票的持股比例不得超过该公司股份总数的10%；所有境外投资者对单个上市公司A股的持股比例总和,不超过该上市公司股份总数的30%。

14. A【解析】本题主要考查证券公司分类中的证券经纪商。证券经纪商又称为证券经纪公司,是代理买卖证券的机构,主要负责接收投资人委托、代为买卖证券,并收取一定手续费。即投资者需要通过经纪商的代理才能在证券交易所买卖证券。

15. A【解析】本题主要考查证券市场监管"三公"原则中的公开原则。公开原则要求证券市场具有充分的透明度,要实现市场信息的公开化。

16. C【解析】本题主要考查投资者适当性的内容。实践中,金融机构通常采用客户调查问卷、产品风险评估与充分披露等方法,根据客户分级和产品分级匹配原则,避免误导投资者和错误销售。选项C符合题意。

17. A【解析】本题主要考查证券业协会的机构设置中监事会的相关内容。《中国证券业协会章程》第三十八条规定,监事由会员单位推荐,经会员大会选举产生,监事长由监事会在当选的监事中选举产生。监事、监事长任期4年,可连选连任。

18. A【解析】本题主要考查证券金融公司的组织形式。证券金融公司的组织形式为股份有限公司,根据国务院的决定设立,注册资本应不少于人民币60亿元。

19. D【解析】本题主要考查社会保险基金的相关内容。根据规定,社会保险基金的结余额应全部用于购买国债和存入财政专户所在银行,严禁投入其他金融和经营性事业,任何部门、单位或个人不得利用基本养老保险基金在境内外进行其他形式的直接或间接投资。故选项D为正确答案。

20. C【解析】本题主要考查间接融资的特征。间接融资的资金需求者和资金初始供应者之间不发生直接借贷关系,由金融中介发挥桥梁作用,资金初始供应者与资金需求者只是与金融中介机构发生融资关系。故根据题意得出正确答案C选项。

21. C【解析】本题主要考查我国证券公司的监管制度中的信息报送与披露制度。证券公司信息公开披露制度要求所有证券公司实行基本信息公示和财务信息公开披露。故本题选C选项。

【易错警示】信息报送与披露制度除上述中的证券公司的基本信息公示和财务信息公开披露外,还包括以下两点内容:(1)信息报送制度,证券公司要根据相关法律法规,应当自每一个会计年度结束之日起4个月内,向中国证监会报送年度报告,自每月结束之日起7个工作日内,报送月度报告。(2)年报审计监管,是对证券公司进行非现场检查和日常监督的重要手段。

22. C【解析】本题主要考查证券承销与保荐业务的相关内容。证券承销是指证券公司代理证券发行人发行证券的行为。证券公司履行保荐职责,应按规定注册登记为保荐机构。保荐机构负责证券发行的主承销工作,负有对发行人进行尽职调查的义务,对公开发行募集文件的真实性、准确性、完整性进行核查,向中国证监会出具保荐意见,并根据市场情况与发行人协商确定发行价格。故选项A、B、D说法正确,选项C错误。

23. A【解析】本题主要考查间接融资的形式。银行信用是典型的间接融资形式,是以银行作为中介金融机构所进行的资金融通形式。故选项A与题意相符。

24. B【解析】本题主要考查资信评级机构从事证券业务的条件。申请证券评级业务许可的条件之一是:具有符合《证券市场资信评级业务管理暂行办法》规定的高级管理人员不少于3人;具有证券从业资格的评级从业人员不少于20人,其中包括具有3年以上资信评级业务经验的评级从业人员不少于10人,具有中国注册会计师资格的评级从业人员不少于3人。

【易错警示】申请证券评级业务许可的

条件除上述之外，还包括以下几点：（1）具有中国法人资格，实收资本与净资产均不少于人民币2000万元。（2）具有健全且运行良好的内部控制机制和管理制度。（3）具有完善的业务制度。（4）最近5年未受到刑事处罚，最近3年未因违法经营受到行政处罚，不存在因涉嫌违法经营、犯罪正在被调查的情形。（5）最近3年在税务、工商、金融等行政管理机关以及自律组织、商业银行等机构无不良诚信记录。（6）中国证监会基于保护投资者、维护社会公共利益规定的其他条件。

25. A【解析】本题主要考查证券服务机构的相关内容。证券服务机构的设立需要按照工商管理法规的要求办理注册，从事证券服务业务必须得到中国证监会和有关主管部门批准。

26. D【解析】本题主要考查合格境外机构投资者（QFII）的概念。QFII制度是一国(地区)在货币没有实现完全可自由兑换、资本项目尚未完全开放的情况下，有限度地引进外资、开放资本市场的一项过渡性的制度。

27. D【解析】本题主要考查证券账户管理规则。中国证券登记结算有限责任公司对证券账户实施统一管理，具体账户业务可以委托开户代理机构办理。

二、组合型选择题

1. C【解析】本题主要考查证券市场中的"三公"原则。"三公"原则包括公开、公平、公正三个方面：（1）公开原则。要求证券市场具有充分的透明度，要实现市场信息的公开化。（2）公平原则。要求证券市场不存在歧视，参与市场的主体具有完全平等的权利。（3）公正原则。要求证券监管机构在公开、公平的原则的基础上，对一切被监管对象予以公正待遇。题干中第Ⅰ、Ⅳ项说法正确。

2. C【解析】本题主要考查证券市场监管的公正原则。公正原则要求证券监管机构在公开、公平原则的基础上，对一切被监管对象给予公正待遇。具体体现在：证券立法机构应当制定体现公平精神的法律、法规和政策；证券监管机构应当根据法律授予的权限履行监管职责，以法律为依据，对一切证券市场参与者给予公正的待遇；对证券违法行为的处罚及对证券纠纷事件和争议的处理，都应当公平进行。故本题选C选项。

3. B【解析】本题主要考查QDII基金的投资范围。QDII基金可投资于下列金融产品或工具：（1）银行存款、可转让存单、银行承兑汇票、银行票据、商业票据、回购协议、短期政府债券等货币市场工具。（2）政府债券、公司债券、可转换债券、住房按揭支持证券、资产支持证券等经中国证监会认可的国际金融组织发行的证券。（3）与中国证监会签署双边监管合作谅解备忘录的国家或地区证券市场挂牌交易的普通股、优先股、全球存托凭证和美国存托凭证、房地产信托凭证。（4）在已与中国证监会签署双边监管合作谅解备忘录的国家或地区证券监管机构登记注册的公募基金。（5）与固定收益、股权、信用、商品指数、基金等标的物挂钩的结构性投资产品。（6）远期合约、互换及经中国证监会认可的境外交易所上市交易的权证、期权、期货等金融衍生产品。

4. A【解析】本题主要考查我国证券公司的相关内容。根据相关法律规定，我国证券公司的组织形式为有限责任公司或股份有限公司，不得采取合伙及其他非法人组织形式。

5. D【解析】本题主要考查国际债券的发行人。国际债券是一国政府、金融机构、工商企业或国家组织为筹措和融通资金，在国外金融市场上发行的，以外国货币为面值的债券。国际债券的发行人主要是各国政府、政府所属机构、银行或其他金融机构、工商企业及一些国际组织等。

6. D【解析】本题主要考查上海清算所托管债券的结算方式。上海清算所托管的债券可以采用全额双边清算和净额集中清算两种类型的清算结算方式。其中，全额双边清算主要采用"券款对付"的结算方式，此外还有纯券过户、见券付款（PAD）和见款付券三种方式。净额集中清算则多采用中央对手方的结算方式。故本题选 D 选项。

7. A【解析】本题主要考查证券服务机构的服务内容。财政部和中国证监会对注册会计师、会计师事务所执行证券、期货相关业务实行许可证管理。《关于会计师事务所从事证券、期货相关业务有关问题的通知》中所称"证券、期货相关业务"是指证券、期货相关机构的财务报表审计、净资产验证、实收资本（股本）的审验、营利预测审核、内部控制制度审核、前次募集资金使用情况专项审核等业务。

8. D【解析】本题主要考查证券自律管理机构的内容。根据《证券法》，我国的证券自律管理机构是证券交易所、证券业协会。根据《证券登记结算管理办法》，我国的证券登记结算机构实行行业自律管理。第Ⅲ项属于证券市场中介机构。

9. C【解析】本题主要考查 QFII 的知识。QDII 指那些资本项目未完全开放的国家容许本地投资者进行境外投资的一种机制。QFII 是以一国的货币管制制度的存在为前提，境外机构投资者获得的资本利得、股息等经批准后可转为外汇汇出的一种市场开放模式，其实质是一种有创意的资本管制。故本题选 C 选项。

【易错警示】本题极易混淆 QDII 和 QFII 的概途而错选 A 选项。考生应认真审题，并准确掌握相似的知识。

全真模拟测试题

一、选择题

1. 证券公司应当自每月结束之日起（　　）个工作日内，向中国证监会报送月度报告。
A. 30　　　　　B. 15
C. 10　　　　　D. 7

2. 在（　　）制度下，只有获得证券登记机构结算参与人资格的证券金融机构才能直接进入登记结算系统参与结算业务。
A. 净额结算
B. 分级结算
C. 结算参与人
D. 货银对付的交收

3. 证券商又被称为（　　）。
A. 证券公司
B. 证券服务机构
C. 证券交易所
D. 证券业协会

4. 社会保险基金主要投向于（　　）。
A. 基金市场　　B. 国债市场
C. 期货市场　　D. 股票市场

5. 下列选项中，（　　）不属于证券中介机构。
A. 中国证监会
B. 资产评估机构
C. 资信评级公司
D. 会计师事务所

6. 我国的会员制的证券交易所是（　　）。
A. 由会员自愿组成的、以营利为目的的社会法人团体
B. 由会员自愿组成的、不以营利为目的的社会法人团体
C. 由股份有限公司形式组成的、不以营利为目的的法人团体

D. 由股份有限公司形式组成的，以营利为目的的法人团体

7. 申请证券评级业务许可的资信评级机构应具备的条件之一是：具有证券从业资格的评级从业人员不少于（　　）人，其中包括具有中国注册会计师资格的评级从业人员不少于（　　）人。
A. 30；20　　　B. 20；3
C. 30；10　　　D. 20；5

8. 设立证券登记结算公司的，自有资金应不少于人民币（　　）亿元。
A. 2　　　　　B. 3
C. 5　　　　　D. 8

9. 中国证券业协会成立的时间是（　　）。
A. 1990年7月3日
B. 1991年8月28日
C. 1999年9月10日
D. 2000年5月5日

10. 中国证监会、中国人民银行、国家外汇管理局联合发布《基金管理公司、证券公司人民币合格境外机构投资者境内证券投资试点办法》，开启人民币QFII（RQFII）试点的时间是（　　）。
A. 2010年12月16日
B. 2011年12月16日
C. 2014年12月16日
D. 2015年12月16日

11. 证券交易所的组织形式可分为（　　）。
A. 会员制和股份制
B. 会员制和公司制
C. 公司制和股份制
D. 公司制和责任制

12. 证券市场监管的手段不包括（　　）。
A. 自律手段
B. 经济手段
C. 行政手段
D. 法律手段

13. 在会计师事务所申请证券资格的条件中，要求会计师事务所依法成立（　　）年以上。
A. 1　　　　　B. 3
C. 5　　　　　D. 6

14. 我国证券交易所的证券交易采取（　　）。
A. 代理制　　　B. 委托制
C. 代销制　　　D. 经纪制

15. 在我国证券市场投资者的结构及演化中，下列属于内资机构投机时期特征的是（　　）。
A. 中小投资者的弱势地位在机构投资者实力不断增强和操纵市场行为日益明显，风险在增大
B. 机构投资者的投资行为缺乏规范，其对市场效率的负面影响开始显现
C. 资本市场制度安排的缺失与错位，不完善的产权制度以及监管真空的存在不仅导致了资本市场参与主体扭曲行为的产生，而且直接导致了证券公司运营风险的扩大与聚集
D. 市场投资主体以中小股民为主，其投资理念、投资行为、风险承受能力均与成熟市场的要求相距甚远

16. 证券金融公司向证券公司转融通的期限一般不得超过（　　）。
A. 30天　　　B. 60天
C. 3个月　　　D. 6个月

17. 我国证券公司的业务范围不包括（　　）。
A. 融资融券
B. 股票发行
C. 证券自营
D. 证券经纪

18. 某国有银行通过公开发行股票融资的方式属于（　　）。
A. 吸收投资　　B. 直接融资

C. 民间借款　　D. 间接融资

二、组合型选择题

1. 下列属于证券交易所的监管职能的是（　　）。
Ⅰ. 对上市公司的管理
Ⅱ. 对证券交易活动进行管理
Ⅲ. 维护证券市场秩序，保障其合法运行
Ⅳ. 对会员进行管理
A. Ⅰ、Ⅱ、Ⅲ　　B. Ⅱ、Ⅲ、Ⅳ
C. Ⅰ、Ⅱ、Ⅳ　　D. Ⅰ、Ⅲ、Ⅳ

2. 下列选项中，（　　）不属于证券市场的自律性组织。
Ⅰ. 证券公司　　Ⅱ. 中国证监会
Ⅲ. 证券业协会　　Ⅳ. 证券交易所
A. Ⅱ、Ⅲ、Ⅳ　　B. Ⅰ、Ⅱ
C. Ⅰ、Ⅳ　　D. Ⅲ、Ⅳ

3. 证券交易所的主要职能包括（　　）。
Ⅰ. 维护交易秩序
Ⅱ. 提供证券交易的场所
Ⅲ. 引导投资的合理流向
Ⅳ. 提供交易信息
A. Ⅰ、Ⅱ、Ⅲ　　B. Ⅱ、Ⅲ、Ⅳ
C. Ⅰ、Ⅱ、Ⅲ、Ⅳ　D. Ⅰ、Ⅲ、Ⅳ

4. 合格境外机构投资者可以参与的活动有（　　）。
Ⅰ. 股票增发
Ⅱ. 配股的申购
Ⅲ. 股票认购
Ⅳ. 可转换债券发行
A. Ⅰ、Ⅱ、Ⅳ
B. Ⅰ、Ⅲ、Ⅳ
C. Ⅱ
D. Ⅰ、Ⅱ、Ⅲ、Ⅳ

5. 下列选项中，属于金融机构类投资者的有（　　）。
Ⅰ. 证券经营机构
Ⅱ. 政府机构
Ⅲ. 银行业金融机构
Ⅳ. 保险资产管理公司
A. Ⅰ、Ⅱ、Ⅲ　　B. Ⅰ、Ⅱ、Ⅳ
C. Ⅱ、Ⅲ、Ⅳ　　D. Ⅰ、Ⅲ、Ⅳ

6. 关于我国证券公司的发展历程，下列说法正确的有（　　）。
Ⅰ. 1984年，工商银行上海信托投资公司代理发行公司股票
Ⅱ. 1988年，国债柜台交易正式启动
Ⅲ. 1991年8月，中国证券业协会成立
Ⅳ. 1998年年底，《中华人民共和国证券法》出台
A. Ⅰ、Ⅱ、Ⅲ　　B. Ⅱ、Ⅲ、Ⅳ
C. Ⅰ、Ⅱ、Ⅲ、Ⅳ　D. Ⅰ、Ⅱ、Ⅳ

7. 我国鼓励具有以下（　　）条件的律师事务所从事证券法律业务。
Ⅰ. 已经办理有效的执业责任保险
Ⅱ. 最近2年未因违法执业行为受到行政处罚
Ⅲ. 内部管理规范，风险控制制度健全，执业水准高，社会信誉良好
Ⅳ. 有20名以上执业律师，其中5名以上曾从事过证券法律业务
A. Ⅰ、Ⅱ、Ⅲ、Ⅳ B. Ⅱ、Ⅲ、Ⅳ
C. Ⅰ、Ⅲ、Ⅳ　　D. Ⅰ、Ⅱ、Ⅲ

8. 下列选项中，（　　）属于证券投资者保护基金的来源。
Ⅰ. 发行股票时，申购冻结资金的利息收入
Ⅱ. 依法向有关责任方追偿所得和从证券公司破产清算中受偿收入
Ⅲ. 国内外机构、组织及个人的捐赠
Ⅳ. 上海、深圳证券交易所在风险基金分别达到规定的上限后，交易经手费的10%纳入基金
A. Ⅰ、Ⅱ、Ⅲ　　B. Ⅰ、Ⅱ、Ⅲ、Ⅳ
C. Ⅰ、Ⅲ、Ⅳ　　D. Ⅱ、Ⅲ、Ⅳ

9. 下列选项中，（　　）属于银行业金融机构。

Ⅰ．商业银行
Ⅱ．城市信用合作社
Ⅲ．邮政储蓄银行
Ⅳ．证券经营机构
A．Ⅰ、Ⅱ、Ⅲ　　B．Ⅰ、Ⅱ、Ⅲ、Ⅳ
C．Ⅰ、Ⅲ、Ⅳ　　D．Ⅱ、Ⅳ

10．我国证券公司的主要业务包括（　　）。
Ⅰ．证券承销与保荐业务
Ⅱ．证券自营业务
Ⅲ．证券资产管理业务
Ⅳ．证券投资咨询业务
A．Ⅱ、Ⅲ　　　　B．Ⅰ、Ⅱ、Ⅳ
C．Ⅰ、Ⅱ、Ⅲ、Ⅳ　D．Ⅱ、Ⅲ、Ⅳ

11．下列选项中，参与证券投资的金融机构有（　　）。
Ⅰ．主权财富基金
Ⅱ．银行业金融机构
Ⅲ．证券经营机构
Ⅳ．保险经营机构
A．Ⅰ、Ⅱ、Ⅲ、Ⅳ　B．Ⅰ、Ⅱ、Ⅳ
C．Ⅱ、Ⅲ　　　　D．Ⅱ、Ⅲ、Ⅳ

12．下列属于中国证券投资者保护基金公司职责的有（　　）。
Ⅰ．对证券公司进行监督管理
Ⅱ．筹集、管理和运作基金
Ⅲ．监测证券公司风险，参与证券公司风险处置工作
Ⅳ．组织、参与被撤销、关闭或破产证券公司的清算工作
A．Ⅰ、Ⅱ、Ⅲ、Ⅳ　B．Ⅰ、Ⅱ、Ⅳ
C．Ⅰ、Ⅱ、Ⅲ　　D．Ⅱ、Ⅲ、Ⅳ

13．下列各项中，属于间接融资特征的有（　　）。
Ⅰ．相对的集中性
Ⅱ．相对较强的自主性
Ⅲ．全部具有可逆性
Ⅳ．间接性
A．Ⅰ、Ⅲ、Ⅳ　　B．Ⅰ、Ⅱ
C．Ⅱ、Ⅲ、Ⅳ　　D．Ⅰ、Ⅱ、Ⅲ、Ⅳ

14．证券发行人是指为筹措基金而发行债券、股票等证券的（　　）。
Ⅰ．金融机构
Ⅱ．政府及其机构
Ⅲ．自然人
Ⅳ．企业
A．Ⅰ、Ⅱ、Ⅳ　　B．Ⅲ、Ⅳ
C．Ⅱ、Ⅲ、Ⅳ　　D．Ⅰ、Ⅱ、Ⅲ、Ⅳ

15．下列属于证券投资者特点的有（　　）。
Ⅰ．投资的目的性
Ⅱ．流动性
Ⅲ．分散性
Ⅳ．安全性
A．Ⅰ、Ⅱ、Ⅳ　　B．Ⅰ、Ⅱ、Ⅲ
C．Ⅰ、Ⅲ、Ⅳ　　D．Ⅰ、Ⅱ、Ⅲ、Ⅳ

16．下列属于间接融资的有（　　）。
Ⅰ．商业信用
Ⅱ．银行信用
Ⅲ．民间个人信用
Ⅳ．消费信用
A．Ⅰ、Ⅱ　　　　B．Ⅱ、Ⅲ
C．Ⅲ、Ⅳ　　　　D．Ⅱ、Ⅳ

17．下列符合注册会计师申请证券许可证应当符合的条件有（　　）。
Ⅰ．不超过55周岁
Ⅱ．执业质量和职业道德良好，在以往5年执业活动中没有违法违规行为
Ⅲ．取得注册会计师证书1年以上
Ⅳ．具有证券、期货相关业务资格考试合格证书
A．Ⅰ、Ⅱ、Ⅲ　　B．Ⅱ、Ⅲ、Ⅳ
C．Ⅲ、Ⅳ　　　　D．Ⅰ、Ⅱ、Ⅲ、Ⅳ

18．政府和政府机构直接融资的特点有（　　）。
Ⅰ．收益较高
Ⅱ．流通性强
Ⅲ．免税待遇

Ⅳ．安全性高
A．Ⅱ、Ⅲ、Ⅳ　　B．Ⅱ、Ⅳ
C．Ⅰ、Ⅲ　　　D．Ⅰ、Ⅱ、Ⅲ、Ⅳ

19．证券市场监管的意义包括（　　）。
Ⅰ．加强证券市场监管是发展和完善证券市场体系的需要
Ⅱ．加强证券市场监管是保障广大投资者合法权益的需要
Ⅲ．加强证券市场监管是维护市场良好秩序的需要
Ⅳ．加强证券市场监管是证券市场参与者进入证券市场并获取盈利机会的前提
A．Ⅰ、Ⅱ、Ⅲ、Ⅳ　B．Ⅰ、Ⅱ、Ⅳ
C．Ⅱ、Ⅲ、Ⅳ　　D．Ⅰ、Ⅱ、Ⅲ

20．下列属于证券市场监管的原则的有（　　）。
Ⅰ．集中竞价原则
Ⅱ．保护投资者利益原则
Ⅲ．公开、公平、公正原则
Ⅳ．监督与自律相结合的原则
A．Ⅰ、Ⅲ、Ⅳ　　B．Ⅰ、Ⅱ、Ⅳ
C．Ⅱ、Ⅲ、Ⅳ　　D．Ⅰ、Ⅱ、Ⅲ

21．（　　）构成了我国证券市场监管机构。
Ⅰ．中国证监会派出机构
Ⅱ．中国证券业协会
Ⅲ．中国证券监督管理委员会
Ⅳ．国务院监督管理机构
A．Ⅲ、Ⅳ　　　　B．Ⅱ、Ⅳ
C．Ⅱ、Ⅲ　　　　D．Ⅰ、Ⅲ

22．证券公司从功能上划分，可以分为（　　）。
Ⅰ．证券发行商
Ⅱ．证券自营商
Ⅲ．证券经纪商
Ⅳ．证券承销商
A．Ⅰ、Ⅱ、Ⅳ　　B．Ⅰ、Ⅲ、Ⅳ
C．Ⅱ、Ⅲ、Ⅳ　　D．Ⅰ、Ⅱ、Ⅲ、Ⅳ

23．下列属于我国证券公司监管制度的有（　　）。
Ⅰ．信息报送与披露制度
Ⅱ．合理管理制度
Ⅲ．以诚信与资质为标准的市场准入制度
Ⅳ．以净收益为核心的经营风险控制制度
A．Ⅰ、Ⅱ、Ⅳ　　B．Ⅰ、Ⅱ、Ⅲ、Ⅳ
C．Ⅰ、Ⅲ　　　　D．Ⅰ、Ⅱ、Ⅲ

24．下列属于直接融资种类的有（　　）。
Ⅰ．国家信用
Ⅱ．银行信用
Ⅲ．消费信用
Ⅳ．民间个人信用
A．Ⅰ、Ⅱ　　　　B．Ⅱ、Ⅲ、Ⅳ
C．Ⅰ、Ⅲ、Ⅳ　　D．Ⅰ、Ⅱ、Ⅲ、Ⅳ

25．间接融资和直接融资相比，主要优势有（　　）。
Ⅰ．能广泛筹集社会各方面闲散资金，积累成巨额资金
Ⅱ．有利于降低信息成本和合约成本
Ⅲ．受公平原则的约束，有助于市场竞争，实现资源优化配置
Ⅳ．保密性较强
A．Ⅰ、Ⅱ、Ⅳ　　B．Ⅱ、Ⅲ
C．Ⅰ、Ⅲ、Ⅳ　　D．Ⅰ、Ⅱ、Ⅲ、Ⅳ

26．下列属于间接融资劣势的有（　　）。
Ⅰ．监管和控制比较严格和保守
Ⅱ．对新兴产业、高风险项目的融资要求一般难以及时足量满足
Ⅲ．社会资金运行和资源配置的效率较多地依赖于金融机构的素质
Ⅳ．投资者需要承担较大的风险
A．Ⅰ、Ⅲ、Ⅳ　　B．Ⅰ、Ⅱ、Ⅲ
C．Ⅰ、Ⅱ、Ⅳ　　D．Ⅰ、Ⅲ

27．中国证券业协会对中国证券业从业人员的资格管理包括（　　）。
Ⅰ．从业人员诚信信息管理
Ⅱ．从业人员资格管理
Ⅲ．从业人员的后续职业培训
Ⅳ．从业人员纠纷处理

A．Ⅰ、Ⅲ、Ⅳ　　B．Ⅰ、Ⅱ、Ⅲ
C．Ⅰ、Ⅱ、Ⅳ　　D．Ⅰ、Ⅱ、Ⅲ、Ⅳ

28．下列属于中国证券业协会机构设置的有（　　）。
Ⅰ．常务理事会
Ⅱ．监事会
Ⅲ．理事会
Ⅳ．会员大会
A．Ⅰ、Ⅱ、Ⅲ　　B．Ⅰ、Ⅱ、Ⅲ、Ⅳ
C．Ⅰ、Ⅱ、Ⅲ、Ⅳ　　D．Ⅰ、Ⅲ、Ⅳ

29．直接融资的劣势包括（　　）。
Ⅰ．投资者的风险和责任都很大
Ⅱ．缺乏管理的灵活性
Ⅲ．中小企业获取直接融资的难度相对较大
Ⅳ．需要花费投资者的大量时间和金钱去寻找较好的投资品种
A．Ⅰ、Ⅱ、Ⅲ、Ⅳ　　B．Ⅰ、Ⅱ、Ⅳ
C．Ⅰ、Ⅲ、Ⅳ　　D．Ⅱ、Ⅲ

全真模拟测试题答案及详解

选择题答案速查表

1	2	3	4	5	6	7	8	9	10
D	B	A	B	A	B	B	A	B	B
11	12	13	14	15	16	17	18		
B	A	C	D	A	D	B	B		

组合型选择题答案速查表

1	2	3	4	5	6	7	8	9	10
C	D	C	A	D	C	A	A	A	C
11	12	13	14	15	16	17	18	19	20
A	D	A	A	B	D	C	A	D	C
21	22	23	24	25	26	27	28	29	
D	C	C	C	A	B	B	C	A	

一、选择题

1．D【解析】本题主要考查信息报送与披露制度的要求。证券公司要根据相关法律法规，自每一个会计年度结束之日起4个月内，向中国证监会报送年度报告，自每月结束之日起7个工作日内，报送月度报告等。

2．B【解析】本题主要考查登记结算公司分级结算制度。分级结算制度要求只有获得证券登记机构结算参与人资格的证券金融机构才能直接进入登记结算系统参与结算业务。

【易错警示】货银对付制度就是将证券交收和资金交收联系起来的机制，通俗地说就是"一手交钱，一手交货"，是全球证券结算系统普遍采用的重要原则。在此机制下，一旦结算参与人发生资金或证券交收违约，证券登记结算机构可以暂不向违约参与人交付其买入的证券或应收的资金，从而防范本金损失的风险。我国证券结算采用分级结算

制度。《中华人民共和国证券法》明确规定，证券公司是与证登记结算机构进行证券和资金清算交收的主体，并承担相应的清算交收责任；证券登记结算机构根据清算交收结果为投资者办理登记过户手续。在分级结算制度下，只有获得证券登记结算机构结算参与人资格的证券经营机构才能直接进入登记结算系统参与结算业务。通过对结算参与人实行准入制度，制订风险控制和财务指标要求，证券登记结算机构可以有效控制结算风险，维护结算系统安全。净额结算指证券登记结算机构以结算参与人为单位，对其买入和卖出交易的余额进行轧差，以轧差得到的净额组织结算参与人进行交收的制度。

3. A【解析】本题主要考查证券公司的定义。证券公司又称"证券商"，是依照我国《公司法》和《证券法》的规定并经国务院证券监督管理机构批准经营证券业务的有限责任公司或股份有限公司。

4. B【解析】本题主要考查社保基金的投向。根据有关规定，社会保险基金的结余额应当全部用于购买国债和存入财政专户所在银行。故正确答案应为B选项。

5. A【解析】本题主要考查证券中介机构的分类。证券中介机构主要包括证券公司和投资咨询机构、财务顾问机构、资信评级机构、资产评估机构、会计师事务所等证券服务机构。故选项B、C、D属于中介机构。选项A，中国证监会是国务院直属的证券监督管理机构。

6. B【解析】本题主要考查会员制证券交易所的含义。会员制的证券交易所是一个由会员自愿组成的、不以营利为目的的社会法人团体。

7. B【解析】本题主要考查申请证券评级业务许可的资信评级机构的条件。我国《证券市场资信评级业务管理暂行办法》第七条规定，申请证券评级业务许可的资信评级机构，应当具备下列条件：（1）具有中国法人资格，实收资本与净资产均不少于人民币2000万元。（2）具有符合本办法规定的高级管理人员不少于3人；具有证券从业资格的评级从业人员不少于20人，其中包括具有3年以上资信评级业务经验的评级从业人员不少于10人，具有中国注册会计师资格的评级从业人员不少于3人。（3）具有健全且运行良好的内部控制机制和管理制度。（4）具有完善的业务制度，包括信用等级划分及定义、评级标准、评级程序、评级委员会制度、评级结果公布制度、跟踪评级制度、信息保密制度、证券评级业务档案管理制度等。（5）最近5年未受到刑事处罚，最近3年未因违法经营受到行政处罚，不存在因涉嫌违法经营、犯罪正在被调查的情形。（6）最近3年在税务、工商、金融等行政管理机关，以及自律组织、商业银行等机构无不良诚信记录。（7）中国证监会基于保护投资者、维护社会公共利益规定的其他条件。

8. A【解析】本题主要考查证券登记结算公司的设立条件。证券登记结算公司的设立条件包括：（1）自有资金不少于人民币2亿元。（2）具有证券登记、存管和结算服务所必需的场所和设施。（3）主要管理人员和从业人员必须具有证券从业资格。（4）国务院证券监督管理机构规定的其他条件。

9. B【解析】本题主要考查中国证券业协会成立的时间。中国证券业协会成立于1991年8月28日，是依据《中华人民共和国证券法》和《社会团体登记管理条例》的有关规定设立的证券业自律性组织，属于非营利性社会团体法人，接受中国证监会和国家民政部的业务指导和监督管理。

10. B【解析】本题主要考查人民币QFII（RQFII）的试点时间。中国证监会、中央银行、国家外汇管理局于2011年12月16日联合发布《基金管理公司、证券公司人民币合格境外机构投资者境内证券投资试点办法》，开启了人民币QFII（RQFII）的试点。

11. B【解析】本题主要考查证券交易所的组织形式。证券交易所的组织形式可以分为会员制和公司制两类。

12. A【解析】本题主要考查证券市场监管的手段。证券市场监管的手段包括法律手段、经济手段和行政手段。故本题选A选项。

13. C【解析】本题主要考查会计事务所申请证券资格的相关内容。会计事务所申请证券资格的条件之一：会计事务所依法成立5年以上。

【易错警示】会计师事务所申请证券资格，应当具备下列条件：（1）依法成立5年以上，组织形式为合伙制或特殊的普通合伙制；由有限责任制转制为合伙制或特殊的普通合伙制的会计师事务所，经营期限连续计算。（2）质量控制制度和内部管理制度健全并有效执行，执业质量和职业道德良好；会计师事务所设立分所的，会计师事务所及其分所应当在人事、财务、业务、技术标准和信息管理等方面做到实质性的统一。（3）注册会计师不少于200人，其中最近5年持有注册会计师证书且连续执业的不少于120人，且每一注册会计师的年龄均不超过65周岁。（4）净资产不少于500万元。（5）会计师事务所职业保险的累计赔偿限额与累计职业风险基金之和不少于8000万元。（6）上一年度业务收入不少于8000万元，其中审计业务收入不少于6000万元，本项所称业务收入和审计业务收入均指以会计师事务所名义取得的相关收入。（7）至少有25名以上的合伙人，且半数以上合伙人最近在本会计师事务所连续执业3年以上。（8）不存在下列情形之一。①在执业活动中受到行政处罚、刑事处罚，自处罚决定生效之日起至提出申请之日止未满3年。②因以欺骗等不正当手段取得证券资格而被撤销该资格，自撤销之日起至提出申请之日止未满3年。③申请证券资格过程中，因隐瞒有关情况或者提供虚假材料被不予受理或者不予批准的，自被出具不予受理凭证或者不予批准决定之日起至提出申请之日止未满3年。

14. D【解析】本题主要考查我国证券交易所的证券交易方式。我国场内交易采用经纪制进行，投资者必须委托具有会员资格的证券经纪商在交易所内代理买卖证券。

15. A【解析】本题主要考查内资机构投机时期的特征。内资机构投机时期的特征包括：（1）市场运作规则不完善，投资者结构变动的积极影响不明显。（2）在机构投资者实力不断增强和操纵市场的背景下，中小投资者的弱势地位日益明显，面临的风险也不断增大。（3）新设立的证券投资基金公司市场认可度比较低。（4）证券公司的狂热投机和非规范运作导致运营风险不断扩大，经营绩效出现了大幅度波动。

16. D【解析】本题主要考查证券金融公司从事转融通业务的管理。证券金融公司向证券公司转融通的期限一般不得超过6个月。

17. B【解析】本题主要考查我国证券公司的主要业务。我国证券公司的主要业务包括：（1）证券经纪业务。（2）证券投资咨询业务。（3）与证券交易、证券投资活动有关的财务顾问业务。（4）证券承销与保荐业务。（5）证券自营业务。（6）证券资产管理业务。（7）融资融券业务。故本题选B选项。

18. B【解析】本题主要考查直接融资的定义。直接融资也称"直接金融"，指没有在金融中介机构介入的情况下，以股票、证券为主要金融工具进行资金融通的方式。如发行股票、债券等。

二、组合型选择题

1. C【解析】本题主要考查证券交易所的监管职能。证券交易所的监管职能包括：（1）对证券交易活动的管理。（2）对会员的管理。（3）对上市公司的管理。

【易错警示】证券交易所的监管职能为

高频考点，题干中第Ⅲ项属于中国证监会的职能。考生在答题时注意区分各职能之间的内容，避免答错。

2. D【解析】本题主要考查自律性组织的内容。我国证券业自律组织包括：（1）证券交易所。（2）证券业协会。（3）证券登记结算公司。（4）证券投资者保护基金等。

3. C【解析】本题主要考查证券交易所的主要职能。证券交易所主要职能包括：（1）提供证券交易的场所和设施。（2）形成与公告价格。（3）集中各类社会资金参与投资。（4）引导投资的合理流向。（5）制定交易规则。（6）维护交易秩序。（7）提供交易信息。（8）降低交易成本，促进股票流动性。

4. A【解析】本题主要考查合格境外机构投资者的相关内容。合格境外机构投资者（QFII）可参与：（1）新股发行。（2）可转换债券发行。（3）股票增发。（4）配股的申购。

5. D【解析】本题主要考查金融机构类投资者。参与证券投资的金融机构可以分为证券经营机构、银行业金融机构、保险经营机构、主权财富基金和其他金融机构。政府机构不属于金融机构类投资者。

6. C【解析】本题主要考查我国证券公司的发展历程。题干的说法都正确。

【易错警示】我国证券公司的发展历程可概括为：1984年，工商银行上海信托投资公司代理发行公司股票；1986年，沈阳信托投资公司和工商银行上海信托投资公司率先开始办理柜台交易业务；1987年，我国第一家专业性证券公司——深圳特区证券公司成立；1988年，国债柜台交易正式启动；1990年12月19日和1991年7月3日，上海、深圳证券交易所先后正式营业，各证券经营机构的业务开始转入集中交易市场；1991年8月，中国证券业协会成立，当年末，机构类会员达到170家；1998年年底，我国《证券法》出台；2004年，出台"国九条"；2005年，国务院办公厅转发中国证监会《证券公司综合治理工作方案》；2006年1月1日新修订的《证券法》实施，进一步完善了证券市场设立制度。

7. A【解析】本题主要考查符合鼓励律师事务所从事证券法律业务的条件。鼓励律师事务所从事证券法律业务的条件包括：（1）内部管理规范，风险控制制度健全，执业水准高，社会信誉良好。（2）有20名以上执业律师，其中5名以上曾从事过证券法律业务。（3）已经办理有效的执业责任保险。（4）最近2年未因违法执业行为受到行政处罚。

8. A【解析】本题主要考查证券投资者保护基金的来源。证券投资者保护基金的来源包括：（1）上海、深圳证券交易所在风险基金分别达到规定的上限后，交易经手费的20%纳入基金。（2）所有在中国境内注册的证券公司，按其营业收入的0.5%～5%缴纳基金。（3）发行股票、可转债等证券时，申购冻结资金的利息收入。（4）依法向有关责任方追偿所得和从证券公司破产清算中受偿收入。（5）国内外机构、组织及个人的捐赠。（6）其他合法收入。

9. A【解析】本题主要考查银行业金融机构的内容。银行业金融机构主要包括：（1）商业银行。（2）邮政储蓄银行。（3）城市信用合作社。（4）农村信用合作社等吸收公众存款的金融机构以及政策性银行。第Ⅳ项属于金融机构，但不属于银行业金融机构。

10. C【解析】本题主要考查我国证券公司的业务范围。我国证券公司的业务范围包括：证券经纪业务，证券投资咨询业务，与证券交易、证券投资活动有关的财务顾问业务，证券承销与保荐业务，证券自营业务，证券资产管理业务及其他证券业务。

11. A【解析】本题主要考查参与证券投资的金融机构。参与证券投资的金融机构类包括：（1）证券经营机构。（2）银行业金融机构。（3）保险经营机构。（4）主权财富基金。（5）其他金融机构。

12. D【解析】本题主要考查中国证券投资者保护基金公司的职责。中国证券投资者保护基金公司的职责包括：（1）筹集、管理和运作基金。（2）监测证券公司风险，参与证券公司风险处置工作。（3）证券公司被撤销、关闭和破产或被中国证监会实施行政接管、托管经营等强制性监管措施时，按照国家有关政策规定对债权人予以偿付。（4）组织、参与被撤销、关闭或破产证券公司的清算工作。（5）管理和处分受偿资产，维护基金权益。（6）发现证券公司经营管理中出现可能危及投资者利益和证券市场安全的重大风险时，向中国证监会提出监管、处置建议；对证券公司运营中存在的风险隐患会同有关部门建立纠正机制。（7）国务院批准的其他职责。

13. A【解析】本题主要考查间接融资的特征。间接融资的特征包括：（1）间接性。（2）相对的集中性。（3）信誉的差异性较小。（4）全部具有可逆性。（5）融资的主动权掌握在金融中介手中。

【易错警示】第Ⅱ项中，"相对较强的自主性"属于直接融资的特征。直接融资和间接融资的特征及优缺点作为高频考点，要求考生在答题过程中注意两者的关系和差别，避免答错。

14. A【解析】本题主要考查证券发行人的概念。证券发行人是指为筹措基金而发行债券、股票等证券的发行主体。证券发行人主要包括：（1）政府及其机构。（2）金融机构。（3）公司。（4）企业。

15. B【解析】本题主要考查证券投资者的特点。证券投资者的特点包括：（1）分散性和流动性。（2）投资的目的性。（3）市场的支撑性。

16. D【解析】本题主要考查间接融资的种类。间接融资包括银行信用和消费信用等。银行信用是以银行作为中介金融机构所进行的资金融通形式；消费信用是银行向消费者个人提供用于购买住房或者耐用消费品的贷款。商业信用和民间个人信用属于直接融资的种类。

17. C【解析】本题主要考查注册会计师申请证券许可证的条件。注册会计师申请证券许可证的条件包括：（1）在会计师事务所已取得证券许可证，或者符合《注册会计师执行证券、期货相关业务许可证管理规定》第六条所规定的条件并已提出申请。（2）具有证券、期货相关业务资格考试合格证书。（3）取得注册会计师证书1年以上。（4）不超过60周岁。（5）执业质量和职业道德良好，在以往3年执业活动中没有违法违规行为。

18. A【解析】本题主要考查政府和政府机构直接融资的特征。政府和政府机构直接融资的特征包括：（1）安全性高。（2）流通性强。（3）收益稳定。（4）免税待遇。

【易错警示】题干中第Ⅰ项"收益较高"与"收益稳定"不等同，故排除后得正确答案A选项。

19. D【解析】本题主要考查证券市场监管的意义。证券市场监管的意义包括以下四点：（1）加强证券市场监管是保障广大投资者合法权益的需要。（2）加强证券市场监管是维护市场良好秩序的需要。（3）加强证券市场监管是发展和完善证券市场体系的需要。（4）准确和全面的信息是证券市场参与者进行发行和交易决策的重要依据。

20. C【解析】本题主要考查证券市场监管的原则。证券市场监管的原则包括：（1）依法管理原则。（2）保护投资者利益原则。（3）"三公"原则，包括公开原则、公平原则、公正原则。（4）监督与自律相结合的原则。

21. D【解析】本题主要考查我国证券市场监管机构的构成。我国证券市场监管机构由中国证券监督管理委员会和中国证监会派出机构构成。

22．C【解析】本题主要考查证券公司的分类。证券公司从功能上划分，可以分为三类：（1）证券经纪商。（2）证券自营商。（3）证券承销商。

【易错警示】本题看起来四个选项都具有关联性，考生在答题过程中应做到谨慎，避免误选D选项。

23．C【解析】本题主要考查我国证券公司的监管制度。我国证券公司的监管制度包括：（1）以诚信与资质为标准的市场准入制度。（2）以净资本为核心的经营风险控制制度。（3）合规管理制度。（4）客户交易结算资金第三方存管制度。（5）信息报送与披露制度。

24．C【解析】本题主要考查直接融资的种类。直接融资的种类包括：（1）商业信用。（2）国家信用。（3）消费信用。（4）民间个人信用。"银行信用"属于间接融资。

【易错警示】直接融资和间接融资是本章的高频考点，要求考生对相关知识点多加分析理解。这里需要特别注意的是在直接融资和间接融资的分类中都有"消费信用"一项，因此就需要对此进行区分。直接融资里的消费信用指企业、金融机构对于个人以商品或货币形式提供的信用；而间接融资里的消费信用则指的是银行向消费者个人提供用于购买住房或者耐用消费品的贷款。

25．A【解析】本题主要考查间接融资的优势。间接融资的优势主要包括：（1）由于银行等金融机构网点多，能广泛筹集社会各方面闲散资金，积累成巨额资金，容易实现资金供求期限和数量的匹配。（2）有利于降低信息成本和合约成本。（3）有利于通过分散化来降低金融风险。（4）间接融资（银行体系）具有货币创造功能，对经济增长有切实的促进作用。（5）授信额度可以使企业的流动资金需要及时方便地获得解决。（6）保密性较强。

26．B【解析】本题主要考查间接融资的缺点。间接融资的缺点包括：（1）社会资金运行和资源配置的效率较多地依赖于金融机构的素质。（2）监管和控制比较严格和保守，对新兴产业、高风险项目的融资要求一般难以及时足量满足等。第Ⅳ项属于直接融资的劣势。

27．B【解析】本题主要考查中国证券业对从业人员的资格管理。中国证券业对从业人员的资格管理包括：（1）从业人员资格管理。（2）从业人员的后续职业培训。（3）制定从业人员的行为准则和道德规范。（4）从业人员诚信信息管理。

28．C【解析】本题主要考查证券业协会的机构设置。根据相关规定，证券业协会下设会员大会、理事会、常务理事会、监事会、会长办公室、会长以及秘书长。

29．A【解析】本题主要考查直接融资的劣势。直接融资的劣势包括：（1）缺乏管理的灵活性。（2）投资者的风险和责任都很大。（3）需要花费投资者的大量时间和金钱去寻找较好的投资品种。（4）要求投资者具有一定的金融投资专业知识和技能，才能够在金融市场上寻找到较好的投资品种，把握好投资机会。（5）中小企业很难进入证券市场，反而从银行获取信贷更具成本优势。（6）由于公开性的原因，有时候与企业保守商业秘密的需求相冲突。

第七章 股票市场

考情分析

股票市场是金融市场的重要组成部分，想深入了解股票市场必须明确股票这一重要金融工具的定义、性质、特征和分类、以及相关的股利、股票价值等重要问题。

本章为重要章节，涉及的考点较多，考试频率也较高，考分占比较重。本章共三节内容：第一节考点集中在股票的定义、性质、特征和分类，普通股票与优先股票、记名股票与不记名股票、有面额股票与无面额股票的区别和特征，股利政策、股利变动等与股票相关的资本管理概念，股票的价值与价格，普通股东的权利与义务等知识点上；第二节考点集中在股票发行制度，保荐、承销制度，股票的无纸化发行和初始登记制度，首次公开发行股票的条件、程序，上市公司公开发行新股和非公开发行新股等；第三节考点集中在证券交易与股票交易、证券账户、证券托管与证券存管、证券交易的竞价与成交、做市商交易制度、融资融券交易、股票交易的清算与交收、股票价格指数、沪港通与深港通等内容上。

知识导读

股票市场	一、股票	股票的定义、性质、特征和分类	★★★
		普通股票与优先股票、记名股票与不记名股票、有面额股票与无面额股票的区别和特征	★★
		股利政策、股利变动等与股票相关的资本管理概念	★★★
		股票的价值与价格	★★★
		普通股东的权利与义务	★★★
		优先股票	★★
		我国各种股票的类型	★
		我国股权分置改革的情况	★
	二、股票发行	股票发行制度的概念	★★
		审批制度、核准制度与注册制度	★★★
		我国股票发行监管制度的演变	★
		保荐和承销制度	★★★
		股票的无纸化发行和初始登记制度	★
		首次公开发行股票的条件	★★★
		首次公开发行股票的程序、股票承销及老股转让	★★★
		上市公司公开发行新股	★★★
		上市公司非公开发行股票	★★★
		我国股票发行方式的历史演变	★
			★

			续表
股票市场	三、股票交易	证券交易与股票交易	★★★
		证券账户	★★★
		证券托管与证券存管	★
		委托买卖	★★
		证券交易的竞价与成交	★★★
		做市商交易制度	★
		融资融券交易	★
		证券买卖中的交易费用	★
		股票交易的清算与交收	★
		股票的非交易过户和担保业务	★
		股票价格指数	★★
		沪港通与深港通	★

真题精选

一、选择题

1. 上证综合指数以股票的（　　）为权数，按加权平均法计算。
   A. 市值　　　　B. 发行量
   C. 成交量　　　D. 流通股本

2. 道·琼斯股价平均数采用（　　）来计算股价平均数。
   A. 加权股价平均数法
   B. 简单算术平均数法
   C. 加权股价指数法
   D. 修正股价平均数法

3. 报价驱动的市场是一种连续交易商市场，或称（　　）。
   A. 做市商市场
   B. 竞价市场
   C. 经纪商市场
   D. 订单驱动市场

4. 股票的账面价值又称"股票净值"或"每股净资产"，在没有优先股的条件下，每股账面价值等于（　　）。
   A. 公司净资产除以发行在外的普通股数量
   B. 公司总资产除以发行在外的普通股数量
   C. 股票账面上标明的金额
   D. 每一股份代表的实际价值

5. 股票市场的发行人是（　　）。
   A. 国有独资公司
   B. 无限责任公司
   C. 股份有限公司
   D. 有限责任公司

6. 关于股票的清算价值，下列说法正确的是（　　）。
   A. 公司破产清算时，其发行的股票的交易价值
   B. 公司清算时每一股份所代表的实际价值
   C. 股票清仓时，股票所能获得的出售价值
   D. 股票的清算价值应与账面价值相等

7. 下列关于股票发行描述错误的是（　　）。
   A. 现如今，网上竞价仍是我国股票发

行的主要方式

B．网上定价发行方式具有效率高、成本低、安全快捷等优点

C．有限发售认购方式极易发生抢购风潮，出现私自截留申请表等徇私舞弊现象

D．从1984年到20世纪90年代初期，我国股票发行多为自办发行，没有承销商，很少有中介机构参与

8．股份公司一旦赎回自己的股票，必须在短期内予以（　　）。

A．注销

B．向中国证监会报告

C．留存

D．转让

9．（　　）对保荐机构实行持续监管。

A．证券交易所

B．证券业协会

C．证券登记结算机构

D．中国证监会

10．专门为投资者买卖人民币特种股票而设置的账户是（　　）。

A．期权账户

B．基金账户

C．A股账户

D．B股账户

11．优先认股权是指当股份公司为增加公司资本而决定增加发行新的股票时，原普通股股东享有的按其持股比例，以（　　）优先认购一定数量新发行股票的权利。

A．高于市场价格

B．低于市场价格的任意价格

C．与市场价格相同的价格

D．低于市场价格的某一特定价格

12．下列不属于股票特征的是（　　）。

A．参与性　　　B．风险性

C．流动性　　　D．保本性

13．对股份有限公司而言，发行优先股票的作用在于可以筹集（　　）的公司股本。

A．短期　　　　B．中短期

C．中期　　　　D．长期稳定

14．港股通交易以港币报价，投资者以（　　）交易。

A．股价指数　　B．港币

C．美元　　　　D．人民币

15．上市公司股权分置改革是通过非流通股股东和流通股股东之间的利益（　　），消除A股市场股份转让制度性差异的过程，是为非流通股可上市交易做出的制度安排。

A．均分机制

B．行政指令机制

C．固定对价机制

D．平衡协商机制

16．股份有限公司股东大会做出修改公司章程、增加或减少注册资本，以及公司合并、分立、解散或者变更公司形式的决议，必须经出席会议的股东所持表决权的（　　）以上通过。

A．2/3　　　　B．1/3

C．1/2　　　　D．1/4

17．上市公司增资方式中，向特定对象发行股票的增资方式是（　　）。

A．公开增发

B．配股

C．定向增发

D．发行可转换公司债券

18．证券公司通过基于互联网或移动通信网络的网上证券交易系统，向客户提供用于下达证券交易指令、获取成交结果的一种服务方式是（　　）。

A．网上委托

B．传真委托

C．人工电话委托

D．自助终端委托

19．依据现行制度规定，在连续竞价时，对于新进入的一个有效买入委托，下列说法错误的是（　　）。

A．若成交，其成交价格为即时揭示的卖方平均价格

B．若成交，则意味着买入限价有可能高于卖出委托队列的最低卖出限价

C．若成交，则意味着买入限价有可能等于卖出委托队列的最低卖出限价

D．若不能成交，则进入买入委托队列排队等待成交

20．根据供求规律，股票（　　）是供求对比的产物，同时也是恢复供求平衡的关键变量。

A．面值　　　　B．收益
C．价格　　　　D．成本

21．沪港通于（　　）正式启动。

A．2014 年 11 月 10 日
B．2014 年 11 月 15 日
C．2014 年 11 月 17 日
D．2014 年 11 月 26 日

22．我国国有资产管理部门或其授权部门持有（　　），履行国有资产的保值增值和通过国家控股、参股来支配更多社会资源的职责。

A．国有股　　　B．法人股
C．限售股　　　D．流通股

23．融券保证金比例是指客户融券卖出时支付的保证金与融券交易金额的比例，计算公式为（　　）。

A．融券保证金比例＝保证金／（卖出证券数 × 卖出价格）×100%
B．融券保证金比例＝保证金／（融券卖出证券数量 × 卖出价格）×100%
C．融券保证金比例＝保证金／（融券卖出证券数量 × 证券市价）×100%
D．融券保证金比例＝保证金／（融券卖出证券数量 × 收盘价）×100%

24．股份公司向外国和我国香港、澳门、台湾地区投资者发行的股票称为（　　）。

A．外资股
B．国家股
C．法人股
D．社会公众股

25．根据现行证券交易规则，连续竞价时，成交价格确定原则是（　　）。

A．卖出申报价格低于即时揭示的最高买入申报价格时，以中间价成交

B．买入申报价格高于即时揭示的最低卖出申报价格时，以中间价成交

C．最高买入申报与最低卖出申报价位相同，以该价格为成交价

D．次高买入申报与最低卖出申报价位相同，不成交

26．股票是一种资本证券，属于（　　）。

A．真实资本
B．实物资本
C．虚拟资本
D．风险资本

27．当股份公司因解散或破产进行清算时，优先股股东可优先于普通股股东分配公司剩余资产，但一般是按优先股票的（　　）清偿。

A．份额　　　　B．面值
C．市值　　　　D．固定股息

28．未进行股权分置改革或者已进入改革程序但尚未实施股权分置改革方案的股票，在股名前加（　　）。

A．S　　　　　B．W
C．D　　　　　D．N

29．在我国，自股权分置改革方案实施之日起，原非流通股股东所持股份在（　　）个月内不得上市交易或转让。

A．6　　　　　B．12
C．24　　　　 D．36

30．股东大会做出普通决议必须经出席会议的股东所持表决权的（　　）通过。

A．半数　　　　B．1/3
C．2/3　　　　D．全数

31．稳定的现金股利政策对公司现金流管理有较高的要求。通常将那些经营业绩较好，具有稳定且较高的现金股利支付的公司股票称为（　　）。

A. 蓝筹股　　B. 红筹股
C. 法人股　　D. 国有股

二、组合型选择题

1. 下列属于无面额股票特点的是（　　）。
Ⅰ. 便于股票分割
Ⅱ. 为股票发行价格的确定提供了依据
Ⅲ. 发行价格灵活
Ⅳ. 转让价格灵活
A. Ⅰ、Ⅱ　　B. Ⅱ、Ⅲ
C. Ⅰ、Ⅲ、Ⅳ　　D. Ⅱ、Ⅲ、Ⅳ

2. 下列对普通股股东义务的叙述中，正确的有（　　）。
Ⅰ. 公司股东滥用股东权利给公司或其他股东造成损失的，应当依法承担赔偿责任
Ⅱ. 公司股东滥用公司法人独立地位和股东有限责任，逃避责任，严重损害公司债权人利益的，应当对公司债务承担连带责任
Ⅲ. 公司的控股股东、实际控制人、监事、董事、高级管理人员不得利用其关联关系损害公司利益
Ⅳ. 不得滥用公司法人独立地位和股东有限责任损害公司债权人的利益
A. Ⅰ、Ⅲ、Ⅳ　　B. Ⅰ、Ⅱ、Ⅲ、Ⅳ
C. Ⅰ、Ⅱ　　D. Ⅲ、Ⅳ

3. 股票价值的主要构成有（　　）。
Ⅰ. 未来股息收入
Ⅱ. 上一期股息收入
Ⅲ. 未来资本利得收入
Ⅳ. 未来股本数量变化
A. Ⅰ、Ⅳ　　B. Ⅰ、Ⅲ
C. Ⅱ、Ⅲ　　D. Ⅰ、Ⅱ

4. 下列各项中，不会出现在我国证券交易委托指令中的是（　　）。
Ⅰ. 委托人的身份证号码
Ⅱ. 约定有效期
Ⅲ. 买入股票时的零数委托信息
Ⅳ. 卖出股票时的零数委托信息

A. Ⅰ、Ⅳ　　B. Ⅱ、Ⅲ
C. Ⅲ　　D. Ⅱ、Ⅲ、Ⅳ

5. 下列关于无记名股票的说法中，正确的是（　　）。
Ⅰ. 无记名股票发行时一般留有存根联
Ⅱ. 无记名股票是指在股票票面和股份公司股东名册上均不记载股东姓名的股票
Ⅲ. 《中华人民共和国公司法》规定，发行无记名股票的公司应该记载其股票数量、编号及发行日期
Ⅳ. 存根联分为两部分，一部分是股票的主体，记载公司的有关事项；另一部分是股息票，用于进行股息结算和行使增资权利
A. Ⅰ、Ⅱ、Ⅲ　　B. Ⅰ、Ⅱ、Ⅲ、Ⅳ
C. Ⅰ、Ⅱ、Ⅳ　　D. Ⅲ、Ⅳ

6. 下列关于股票的说法中，正确的有（　　）。
Ⅰ. 股票是股份有限公司签发的证明股东所持有股份的凭证
Ⅱ. 股票实质上代表了股东对股份公司的所有权
Ⅲ. 股票是一种有价证券
Ⅳ. 股票发行人定期支付利息并到期偿付本金
A. Ⅰ、Ⅲ、Ⅳ　　B. Ⅰ、Ⅱ
C. Ⅰ、Ⅱ、Ⅲ　　D. Ⅱ、Ⅲ

7. 普通股票行使资产收益权有一定的法律限制条件，一般的原则是（　　）。
Ⅰ. 股份公司只能以留存收益支付红利
Ⅱ. 红利的支付不能减少其注册资本
Ⅲ. 公司在无力偿债时不能支付红利
Ⅳ. 公司在无力偿债时也必须支付红利
A. Ⅰ、Ⅲ　　B. Ⅱ、Ⅲ
C. Ⅰ、Ⅱ、Ⅳ　　D. Ⅰ、Ⅱ、Ⅲ

8. 关于股票的票面价值，下列说法错误的是（　　）。
Ⅰ. 股票的票面价值又称面值，即股票交易时的价格
Ⅱ. 股票的票面价值在初次发行时没有

参考意义

Ⅲ．如果以票面价值作为发行价，称为平价发行

Ⅳ．发行价格高于票面价值称为溢价发行，募集的资金中等于面值总和的部分记入资本账户，以超过股票票面金额的发行价格发行的股份所得的溢价款列为公司资本公积金

A．Ⅱ、Ⅳ　　　　B．Ⅰ、Ⅳ
C．Ⅰ、Ⅱ　　　　D．Ⅲ、Ⅳ

9．下列关于股票价值与价格的说法中，正确的是（　　）。

Ⅰ．股票的账面价值又称为面值，即在股票票面上标明的金额

Ⅱ．股票的市场价格一般是指股票在一级市场上交易的价格

Ⅲ．股票及其他有价证券的理论价格是根据现值理论而来的

Ⅳ．股票价格是指股票在证券市场上买卖的价格，从理论上说，股票价格应由其价值决定

A．Ⅰ、Ⅱ　　　　B．Ⅲ、Ⅳ
C．Ⅰ、Ⅱ、Ⅲ、Ⅳ　D．Ⅰ、Ⅱ、Ⅳ

10．根据交易所规定，（　　）股票折算率可以超过65%。

Ⅰ．上证180指数
Ⅱ．深证100指数
Ⅲ．沪深300指数
Ⅳ．上证380指数

A．Ⅰ、Ⅳ　　　　B．Ⅱ、Ⅲ
C．Ⅰ、Ⅱ　　　　D．Ⅱ、Ⅲ、Ⅳ

11．下列关于股票内在价值与市场价格之间关系的说法中，正确的是（　　）。

Ⅰ．股票的内在价值决定股票的市场价格

Ⅱ．股票的市场价格决定股票的内在价值

Ⅲ．股票的市场价格总是围绕其内在价值波动

Ⅳ．股票的内在价值总是围绕其市场价格波动

A．Ⅱ、Ⅲ、Ⅳ　　B．Ⅰ、Ⅱ、Ⅳ

C．Ⅱ、Ⅳ　　　　D．Ⅰ、Ⅲ

12．普通股股东的权利包括（　　）。

Ⅰ．出席股东大会，参与公司重大决策

Ⅱ．依法转让其所拥有的公司股份

Ⅲ．在股份公司解散清算时，有权要求取得公司的剩余财产

Ⅳ．查阅公司章程、股东名册、公司债券存根、股东大会会议记录、董事会会议决议、监事会会议决议、财务会计报告，有权对公司的经营提出建议或者质询

A．Ⅱ、Ⅲ、Ⅳ　　B．Ⅱ、Ⅳ
C．Ⅰ、Ⅱ、Ⅳ　　D．Ⅰ、Ⅱ、Ⅲ、Ⅳ

13．下列关于有面额股票和无面额股票的说法中，正确的是（　　）。

Ⅰ．同次发行的有面额股票的每股票面金额是相等的

Ⅱ．无面额股票只注明它在公司总股本中所占的比例

Ⅲ．无面额股票也称为"比例股票"

Ⅳ．《中华人民共和国公司法》规定股票发行价格可以按票面金额，也可以超过或低于票面金额

A．Ⅰ、Ⅳ　　　　B．Ⅰ、Ⅱ、Ⅲ、Ⅳ
C．Ⅱ、Ⅳ　　　　D．Ⅰ、Ⅱ、Ⅲ

14．下列关于普通股股东表决权的说法中，正确的是（　　）。

Ⅰ．普通股股东对公司重大决策参与权是平等的

Ⅱ．股东每持有一份股份，就有一票表决权

Ⅲ．对于各个股东来说，其表决权的数量视其购买的股票份数而定

Ⅳ．普通股股东只能自己出席股东大会，不得委托他人代为行使表决权

A．Ⅰ、Ⅱ、Ⅲ　　B．Ⅰ、Ⅱ、Ⅳ
C．Ⅱ、Ⅳ　　　　D．Ⅰ、Ⅱ、Ⅲ、Ⅳ

15．下列关于股东权利的表述中，正确的是（　　）。

Ⅰ．普通股股东有重大决策参与权

Ⅱ．普通股股东有公司资产收益权

Ⅲ．优先股股东的剩余财产分配权在普通股股东之后

Ⅳ．优先股股东没有投票表决权

A．Ⅰ、Ⅱ、Ⅲ、Ⅳ　B．Ⅰ、Ⅱ
C．Ⅰ、Ⅱ、Ⅳ　D．Ⅱ、Ⅲ、Ⅳ

16．关于无记名股票和记名股票的差别，下列说法正确的是（　　）。

Ⅰ．二者的差别主要体现在股东权利等方面

Ⅱ．无记名股票安全性较差，而记名股票相对安全

Ⅲ．无记名股票转让相对简单，而记名股票转让相对复杂或受限制

Ⅳ．无记名股票在认购股票时要求一次缴纳出资，而记名股票可分一次或多次缴纳出资

A．Ⅰ、Ⅱ、Ⅲ　B．Ⅰ、Ⅱ、Ⅲ、Ⅳ
C．Ⅰ、Ⅲ、Ⅳ　D．Ⅱ、Ⅲ、Ⅳ

17．下列关于做市商交易制度的说法中，正确的是（　　）。

Ⅰ．做市商报出特定证券卖出价格

Ⅱ．投资者报出特定证券卖出价格

Ⅲ．投资者报出特定证券买入价格

Ⅳ．做市商报出特定证券买入价格

A．Ⅰ、Ⅳ　B．Ⅰ、Ⅲ
C．Ⅱ、Ⅲ　D．Ⅱ、Ⅳ

真题精选答案及详解

选择题答案速查表

1	2	3	4	5	6	7	8	9	10
B	D	A	A	C	B	A	A	D	D
11	12	13	14	15	16	17	18	19	20
D	D	D	D	D	A	C	A	A	C
21	22	23	24	25	26	27	28	29	30
C	A	B	A	C	C	A	B	B	A
31									
A									

组合型选择题答案速查表

1	2	3	4	5	6	7	8	9	10
C	B	B	C	B	C	D	C	B	C
11	12	13	14	15	16	17			
D	D	D	A	C	D	A			

一、选择题

1. B【解析】本题主要考查上证综合指数的计算方法。上证综合指数是我国最早发布的指数，是以上证所挂牌上市的全部股票为计算范围，以发行量为权数的加权综合股价指数。

2. D【解析】本题主要考查道·琼斯股价平均数的计算方法。道·琼斯股价指数是世界上最早、最享盛誉和最有影响的股票价格指数，它的全称为道·琼斯股票价格平均指数。道·琼斯股票价格平均指数最初的计算方法是简单算术平均法，当遇到股票的除权除息时，股票指数将发生不连续的现象。1928年后，道·琼斯股票价格平均数就改用修正股价平均数法。

【易错警示】道·琼斯股票价格平均指数最初的计算方法是简单算术平均法，因而本题易误选B选项。考生在答题过程中应注意仔细阅读题干，理解考点。

3. A【解析】本题主要考查做市商交易市场的定义。做市商交易市场也称为"报价驱动交易市场"，是依证券价格形成的主导力量不同而与集中竞价制度相对的一种制度。故A选项为正确答案。

【易错警示】作为做市商交易市场的别称，报价驱动市场的叫法不常见，因此对知识点理解不够透彻的考生此题可能误选B选项。

4. A【解析】本题主要考查股票的账面价值的内容。股票的账面价值又称"股票净值"或"每股净资产"，在没有优先股的条件下，每股账面价值等于公司净资产除以发行在外的普通股票的股数。

5. C【解析】本题主要考查股票市场的发行人。股份有限公司是股票市场的发行人。

6. B【解析】本题主要考查股票的清算价值。股票的清算价值是公司清算时每一股份所代表的实际价值。

【易错警示】理论上讲，每股的账面价值与清算价值应该一致。实际上，公司清算时，即使资产的实际销售金额与财务报表上所反映的账面价值相一致，但由于大多数资产只有压低价格才能出售，因此，每股清算价值往往小于账面价值。不过也有个别公司的股票清算价值高于其账面价值。

7. A【解析】本题主要考查我国股票发行的相关内容。在我国，绝大多数股票采用网上定价发行。故A选项错误。

8. A【解析】本题主要考查可赎回优先股票的相关内容。可赎回优先股票又称为可收回优先股股票，是指在发行后一定时期可按特定的赎买价格由发行公司收回的优先股票。股份公司一旦赎回自己的股票，必须在短期内予以注销。

9. D【解析】本题主要考查保荐制度的相关内容。中国的保荐制度是指有资格的保荐人推荐符合条件的公司公开发行证券和上市，并对所推荐的发行人的信息披露质量和所做承诺提供持续训示、督促、辅导、指导和信用担保的制度。中国证监会对保荐机构实行持续监管。

10. D【解析】本题主要考查人民币特种股票账户。人民币特种股票账户又称"B股账户"，是专门为投资者买卖人民币特种股票（B股，也称为境内上市外资股）而设置的。B股账户按持有人可以分为境内投资者证券账户和境外投资者证券账户。

11. D【解析】本题主要考查优先认股权的概念。优先认股权指当股份公司为增加公司资本而决定增加发行新的股票时，原普通股股东享有的按其持股比例，以低于股票市价的特定价格购买公司新发行的一定量股票的权利。

12. D【解析】本题主要考查股票的特征。股票具有以下特征：收益性、风险性、流动性、永久性和参与性。故本题选D选项。

13. D【解析】本题主要考查发行优先股票的作用。优先股票具有股票的一般特征，可以为公司筹集长期稳定的股本；同时优先股票股息固定，可以减轻公司利润分派负担；优先股票一般没有参与经营决策的权利，可以保持公司的经营决策权不变。

14. D【解析】本题主要考查港股通的相关内容。根据沪港通规则，A 股和沪股通股票均以人民币报价和交易，港股以港币报价和交易，而港股通股票以港币报价、以人民币交易。

15. D【解析】本题主要考查股权分置改革的相关内容。上市公司股权分置改革是通过非流通股股东和流通股股东之间的利益平衡协商机制消除 A 股市场股份转让制度性差异的过程，是为非流通股可上市交易做出的制度安排。

16. A【解析】本题主要考查普通股东的权利。我国公司法规定股份有限公司股东大会做出修改公司章程、增加或减少注册资本，以及公司合并、分立、解散或者变更公司形式的决议，必须获得出席会议的股东所持表决权的 2/3 以上通过。

17. C【解析】本题主要考查上市公司非公开发行股票的定义。上市公司非公开发行股票，是上市公司向特定对象发行股票的增资方式。定向增发属于此类，故本题选 C 选项。

18. A【解析】本题主要考查网上委托的定义。网上委托是指证券公司通过基于互联网或移动通信网络的网上证券交易系统，向客户提供用于下达证券交易指令、获取成交结果的一种服务方式。

19. A【解析】本题主要考查连续竞价的相关内容。连续竞价过程中，对新进入的一个买进有效委托，若委托价大于等于已有的卖出委托价，就按照卖出委托价成交；若不能成交，则进入买入委托队列排队等待成交。故选项 B、C、D 说法正确，本题选 A 选项。

20. C【解析】本题主要考查影响股票价格的相关内容。根据供求规律，股票价格是供求对比的产物，同时也是恢复供求平衡的关键变量。故本题选 C 选项。

21. C【解析】本题主要考查沪港通的相关知识。经国务院批准，沪港通于 2014 年 11 月 17 日正式启动，上海证券交易所和香港联合交易所允许两地投资者买卖对方交易所的上市股票。

22. A【解析】本题主要考查国有股的相关内容。我国国有资产管理部门或其授权部门持有国有股，股利收入由资产管理部门监督收缴，履行国有资产的保值增值和通过国家控股、参股来支配更多社会资源的职责。

23. B【解析】本题主要考查融券保证金比例的计算公式。融券保证金比例是指投资者融券卖出时交付的保证金与融券交易金额的比例，计算公式为：融券保证金比例 = 保证金/（融券卖出证券数量 × 卖出价格）× 100%。

24. A【解析】本题主要考查外资股的概念。外资股是指股份公司向外国和我国香港、澳门、台湾地区投资者发行的股票，是我国股份公司吸收外资的一种方式。

25. C【解析】本题主要考查连续竞价的原则。连续竞价时的成交价格确定原则包括：（1）最高买入申报与最低卖出申报价位相同，以该价格为成交价。（2）买入申报价格高于即时揭示的最低卖出申报价格时，以即时揭示的最低卖出申报价格为成交价。（3）卖出申报价格低于即时揭示的最高买入申报价格时，以即时揭示的最高买入申报价格为成交价。

26. C【解析】本题主要考查股票的性质。股票属于资本证券，但股票又不是一种现实的资本，它在股票市场上进行着独立的价值运动，因此，股票是虚拟资本的一种形式，它本身没有价值。从本质上讲，股票仅是一个拥有某一种所有权的凭证。

27. B【解析】本题主要考查剩余资产分配优先的相关内容。剩余资产分配优先是指当股份公司因解散或破产进行清算时，在对公司剩余资产的分配上，优先股票股东排在债权人之后、普通股票股东之前。也就是说，优先股票股东可优先于普通股票股东分配公司的剩余资产，但一般是按优先股票的面值清偿。

28. A【解析】本题主要考查股权分置相关内容。我国绝大多数上市公司的股权分置改革已经完成，未进行股权分置改革或者已进入改革程序但尚未实施股权分置改革方案的股票，在股名前加"S"。

29. B【解析】本题主要考查有限售条件股份的相关内容。根据相关规定，针对非公开发行股受限股，本次发行的股份自发行结束之日起12个月内不得转让。故B选项为正确答案。

30. A【解析】本题主要考查普通股东的权利相关知识。我国公司法规定，股东大会的一般决议，须获得出席会议的股东所持表决权过半数通过。

31. A【解析】本题主要考查对蓝筹股的定义。蓝筹股指具备稳定的盈利能力，在所属行业中占有重要支配地位，能定期分派优厚股利的大公司所发行的普通股。

二、组合型选择题

1. C【解析】本题主要考查无面额股票的特点。无面额股票是指股票票面不记载金额的股票，只记载股数以及占总股本的比例，又称为比例股票或股份股票。无面额股票的特点包括：（1）发行或转让价格较灵活。（2）便于股票分割。

2. B【解析】本题主要考查普通股股东的义务。普通股股东的义务包括：（1）根据相关规定，公司股东应当遵守法律、行政法规和公司章程，依法行使股东权利，不得滥用股东权利损害公司或者其他股东的利益。（2）不得滥用公司法人独立地位和股东有限责任损害公司债权人的利益。（3）公司股东滥用股东权利给公司或者其他股东造成损失的，应当依法承担赔偿责任。（4）公司股东滥用公司法人独立地位和股东有限责任，逃避债务，严重损害公司债权人利益的，应当对公司债务承担连带责任。（5）公司的控股股东、实际控制人、监事、董事、高级管理人员不得利用其关联关系损害公司利益。（6）如违反相关规定，给公司造成损失的，应当承担赔偿责任。

3. B【解析】本题主要考查股票价值的构成。股票价值是指股票能在未来给持有者带来的预期收益。股票价值主要由股票的未来股息收入和未来资本利得收入组成。

4. C【解析】本题主要考查委托指令的相关内容。我国证券交易委托指令中包括：（1）委托人的身份证号码。（2）约定有效期。（3）卖出股票时的零数委托信息等。

【易错警示】我国只在卖出证券时才有零数委托。考生在答题过程中注意审题，理解考点是不会出现在我国证券交易委托指令中的内容。

5. B【解析】本题主要考查无记名股票的相关内容。题干中的四项说法都正确，本题选B。

6. C【解析】本题主要考查股票的相关内容。股票是股份有限公司签发的证明股东所持有股份的凭证，实质上代表了股东对股份公司的所有权，是一种有价证券。股票是股份公司资本的构成部分，可以转让、买卖，是资本市场的主要长期信用工具，但不能要求公司返还其本金。故第Ⅳ项说法错误。

【易错警示】需要特别注意Ⅳ描述的是债券的定义，股票不能要求偿付本金。因此考生应该注意区分股票和债券，避免误选其他错误选项。

7. D【解析】本题主要考查普通股东的相关内容。普通股票股东行使资产收益权有以下限制条件：（1）法律上的限制。股份公司只能用留存收益支付，红利的支付不能减少其注册资本，公司在无力偿债时不能支付红利。（2）其他方面的限制。故D选项为正确答案。

8. C【解析】本题主要考查股票票面价

值的相关内容。股票的票面价值又称面值，即在股票票面上标明的金额，但不一定是股票交易时的价格。股票的票面价值在初次发行时有一定的参考意义。

9. B【解析】本题主要考查股票的价值与价格。第Ⅰ项，股票的账面价值又称"股票净值"或"每股净资产"，股票的票面价值又称面值，是股票票面上标明的金额。第Ⅱ项，股票的市场价格一般是指股票在二级市场上的价格。用排除法，本题选B选项。

10. C【解析】本题主要考查我国主要的股票价格指数相关内容。根据相关规定，上证180指数和深证100指数成份股股票折算率最高不超过70%，其他A股股票折算率最高不超过65%，权证及被实行特别处理和被暂停上市的A股股票的折算率为0。故C选项为正确答案。

11. D【解析】本题主要考查股票的内在价值与股票的市场价格的关系。股票的内在价值决定股票的市场价格，股票的市场价格总是围绕其内在价值波动。

12. D【解析】本题主要考查普通股东的权利。普通股股东的权利包括：（1）公司重大决策参与权。（2）公司资产收益权和剩余资产分配权。包括股份分配条件与公司利润分配顺序和剩余资产分配的条件及顺序。（3）其他权利。其他权利主要有：第一，股东有权查阅公司章程、股东名册、公司债券存根、股东大会会议记录、董事会会议决议、监事会会议决议、财务会计报告，对公司的经营提出建议或者质询；第二，股东持有的股份可依法转让；第三，公司为增加注册资本发行新股时，股东享有优先认股权。

13. D【解析】本题主要考查有面额股票和无面额股票相关内容。有面额股票是指在股票票面上记载一定金额的股票，同次发行的面额股票其每股票面金额是相等的。无面额股票也称"比例股票"，指在股票票面上不记载股票面额，只注明它在公司总股本中所占比例的股票。我国《公司法》规定，股票发行价格可以和票面金额相等，也可以超过票面金额，但不得低于票面金额。第Ⅳ项说法错误。

14. A【解析】本题主要考查普通股股东的权利。股东可以亲自出席股东大会，也可委托代理人出席股东会议，代理人应向公司提交股东授权委托书，并在授权范围内行使表决权，故第Ⅳ项说法错误。故本题选A选项。

15. C【解析】本题主要考查普通股股东的权利。优先股票的股息率是固定的，其持有者的股东权利受到一定限制（一般没有投票表决权），但在公司盈利和剩余财产的分配顺序上比普通股票股东享有优先权。故第Ⅲ项说法错误。

16. D【解析】本题主要考查记名股票和无记名股票的区别。本题宜采用排除法。记名股票和无记名股票的差别主要体现在股票记载方式上。凡是在股票上记有股东姓名的，并同时把股东的姓名载于企业股东花名册之上的股票，称为记名股票。凡是股票上不记载股东姓名的股票，称为无记名股票。故第Ⅰ项说法错误，本题选D选项。

【易错警示】记名股票与不记名股票的内容作为高频考点，要求考生对两者的概念和差别有深入的理解。两者是根据票面上是否记载股东的姓名或者名称进行区分的，故考生在答题过程中应注意理解知识点，避免顾名思义将第Ⅰ项纳入正确选项中。

17. A【解析】本题主要考查做市商交易的相关内容。做市商是指在证券市场上，由具备一定实力和信誉的独立证券经营法人作为特许交易商，不断向公众投资者报出某些特定证券的买卖价格（即双向报价），并在该价位上接受公众投资者的买卖要求，以其自有资金和证券与投资者进行证券交易。买卖双方无须等待交易对手出现，只要有做市商出面承担交易对手方即可达成交易。故第Ⅰ、Ⅳ项说法正确。

全真模拟测试题

一、选择题

1. 下列选项中，最先通过法律允许无面额股票发行的是（　　）。
   A. 美国华盛顿
   B. 日本东京
   C. 美国纽约
   D. 法国巴黎

2. 股票发行额度以股票面值计算，在溢价发行的条件下，实际筹资额（　　）计划额度。
   A. 无关
   B. 大于
   C. 等于
   D. 小于

3. 宏观经济对股票价格影响的特点不包括（　　）。
   A. 波及范围广
   B. 干扰程度深
   C. 作用机制单一
   D. 导致股价波动幅度较大

4. 首次公开发行并上市的股份有限公司最近3个会计年度净利润均为正数且累计超过人民币（　　）万元。
   A. 500
   B. 5000
   C. 300
   D. 3000

5. 中国证监会宣布取消股票发行审批制，正式实施股票发行核准制下的"通道制"的时间是（　　）。
   A. 1990年12月16日
   B. 1999年5月17日
   C. 2001年3月17日
   D. 2004年5月17日

6. （　　）是标准的股票，通过发行这一股票筹集的资金，是股份公司注册资本的基础。
   A. 记名股票
   B. 普通股票
   C. 优先股票
   D. 无记名股票

7. 股票的清算价值指的是公司清算时每一股份所代表的（　　）。
   A. 内在价值
   B. 账面价值
   C. 估算价值
   D. 实际价值

8. 股票及其他有价证券的理论价格是根据（　　）理论得出的。
   A. 预估
   B. 流动性
   C. 现值
   D. 合理收益

9. 股份公司在提供优先认股权时会设定一个（　　），在此日期前认购普通股票的，该股东享有优先认股权。
   A. 股利宣布日
   B. 股权登记日
   C. 除息除权日
   D. 派发日

10. （　　）是指除了按规定分得本期固定股息外，无权再参与对本期剩余盈利分配的优先股票。
    A. 可转换优先股票
    B. 可赎回优先股票
    C. 非参与优先股票
    D. 参与优先股票

11. 企业法人或具有法人资格的事业单位和社会团体以其依法可支配的资产投入公司形成的股份是（　　）。
    A. 社会公众股
    B. 国家股
    C. 外资股
    D. 法人股

12. 在外资股中，注册地在中国内地、上市地在新加坡的是（　　）。
    A. H股
    B. N股
    C. S股
    D. L股

13. 客户发出委托指令的形式不包括（　　）。
    A. 书面形式
    B. 当面委托
    C. 网上委托
    D. 人工电话委托

14. （　　）是指投资者向经纪商下达买进或卖出证券的指令。
    A. 委托
    B. 开户
    C. 申报
    D. 成交

15． "保荐制"的全称是保荐代表人制度，它起源于（　　）。
　　A． 德国　　　　B． 美国
　　C． 英国　　　　D． 日本

16． 深圳证券交易所规定，申报时间为每个交易日（　　），其间交易机主只接受申报，不对买卖申报或撤销申报做处理。
　　A． 9:25～9:30　　B． 9:15～9:25
　　C． 9:15～11:30　　D． 13:00～15:30

17． 下列选项中，（　　）是股票最基本的特征。
　　A． 返还性　　　　B． 参与性
　　C． 收益性　　　　D． 风险性

18． 在没有优先股的条件下，每股（　　）等于公司净资产除以发行在外的普通股票的股数。
　　A． 股票的账面价值
　　B． 股票的票面价值
　　C． 股票的清算价值
　　D． 股票的内在价值

19． 承销商以低于发行价的价格把公司发行的股票全部买进，再转卖给投资者的行为是（　　）。
　　A． 代销　　　　B． 包销
　　C． 备用代销　　D． 备用包销

20． "每股净资产"又称为（　　）。
　　A． 股票的清算价值
　　B． 股票的账面价值
　　C． 股票的内在价值
　　D． 股票的票面价值

21． 在我国股票发行方式的历史演变中，配售方式为上网定价抽签方式的时间是（　　）。
　　A． 1991—1995年
　　B． 1995—1997年
　　C． 1997—2000年
　　D． 2000年至今

22． 客户自己不确定价格，而委托经纪人按市面上最有利的价格买卖证券的行为被称为（　　）。
　　A． 市价委托
　　B． 限价委托
　　C． 买入委托
　　D． 卖出委托

23． 股份有限公司申请上市的，公开发行的股份应当达到公司股份总数的（　　）以上。
　　A． 10%　　　　B． 20%
　　C． 25%　　　　D． 35%

24． 公司申请融资融券业务资格，应具备的条件之一是：经营证券经纪业务已满（　　）。
　　A． 6个月　　　B． 1年
　　C． 2年　　　　D． 3年

25． 下列关于对证券交易所上市股票征收印花税的说法中，正确的是（　　）。
　　A． 证券交易印花税是印花税的一部分
　　B． 股票交易印花税由交易者自行缴纳
　　C． 现行的做法是向成交双方分别收取印花税
　　D． 印花税由证券交易所在同投资者办理交收过程中代为扣收

26． 我国法律规定，公司分配当年税后利润的（　　）列入公司法定公积金。
　　A． 5%～10%
　　B． 10%
　　C． 10%～15%
　　D． 15%

27． 根据中国证监会的要求，非公开发行股票的发行对象不得超过（　　）名。
　　A． 5　　　　　B． 10
　　C． 15　　　　D． 30

28． 下列属于按交易场所划分的证券账户的是（　　）。
　　A． 深圳证券账户
　　B． 证券投资基金账户
　　C． 人民币普通股票账户
　　D． 人民币特种股票账户

29. 在我国，证券交易所内的证券交易是按照（　　）原则竞价成交的。

A. 时间优先、价格优先

B. 收益优先、数额优先

C. 收益优先、时间优先

D. 价格优先、时间优先

30. （　　）和（　　）的关键区别在于，它们在公司盈利分配中的参与程度和优先级别不同。

A. 普通股票；优先股票

B. 蓝筹股；红筹股

C. 有面额股票；无面额股票

D. 记名股票；不记名股票

31. 在平价发行的情况下，公司发行股票募集的资金（　　）股本的总和，也（　　）面值总和。

A. 大于；大于

B. 大于；等于

C. 等于；等于

D. 小于；小于

32. 下列属于我国证券交易所集合竞价确定成交价的原则的是（　　）。

A. 低于该价格的买入申报与低于该价格的卖出申报全部成交的价格

B. 不能实现最大成交量的价格

C. 集合竞价的所有交易以同一价格成交

D. 最高买入申报与最低卖出申报价位相同，以该价格为成交价格

33. 下列选项中，属于我国证券交易规则的是（　　）。

A. 公平原则　　B. 公开原则

C. 公正原则　　D. 大宗交易制度

34. 首次公开发行股票数量在4亿股（含）以下的，有效报价投资者的数量不得少于（　　）家。

A. 3　　　　　B. 5

C. 8　　　　　D. 10

35. 下列选项中，（　　）是能支付较高收益的普通股，代表为一些公用事业股票，如铁路、水务等行业股票。

A. 蓝筹股　　B. 收入股

C. 成长股　　D. 防守股

36. 上海证券交易所发布上证50指数的时间是（　　）。

A. 2000年1月2日

B. 2002年5月4日

C. 2004年1月2日

D. 2008年5月4日

二、组合型选择题

1. 股票的特征具体包括（　　）。

Ⅰ. 永久性　　　Ⅱ. 流动性

Ⅲ. 固定性　　　Ⅳ. 收益性

A. Ⅰ、Ⅱ、Ⅲ、Ⅳ　B. Ⅱ、Ⅲ

C. Ⅰ、Ⅲ、Ⅳ　　D. Ⅰ、Ⅱ、Ⅳ

2. 在二级市场交易的股票是一种资本证券，但它不属于（　　）。

Ⅰ. 虚拟资本　　Ⅱ. 实物资本

Ⅲ. 风险资本　　Ⅳ. 真实资本

A. Ⅰ、Ⅱ、Ⅲ　B. Ⅱ、Ⅲ、Ⅳ

C. Ⅰ、Ⅲ、Ⅳ　D. Ⅰ、Ⅱ、Ⅳ

3. 下列影响股价变动的因素中，属于宏观经济与政策因素的有（　　）。

Ⅰ. 经济周期变动

Ⅱ. 战争

Ⅲ. 市场利率

Ⅳ. 汇率变化

A. Ⅰ、Ⅱ、Ⅲ　B. Ⅱ、Ⅲ、Ⅳ

C. Ⅰ、Ⅲ、Ⅳ　D. Ⅰ、Ⅱ、Ⅲ、Ⅳ

4. 下列属于优先股票特征的是（　　）。

Ⅰ. 以股票份额确定表决权

Ⅱ. 具有优先认股权

Ⅲ. 股息率固定

Ⅳ. 股息分派优先

A. Ⅱ、Ⅲ　　　B. Ⅰ、Ⅱ、Ⅲ、Ⅳ

C. Ⅲ、Ⅳ　　　D. Ⅰ、Ⅱ、Ⅳ

5. 下列属于投资者在委托买卖证券时需

支付的交易费用的有（　　）。
　　Ⅰ．佣金　　　　Ⅱ．过户费
　　Ⅲ．印花税　　　Ⅳ．经纪费
　　A．Ⅰ、Ⅱ、Ⅲ　　B．Ⅰ、Ⅱ、Ⅲ、Ⅳ
　　C．Ⅰ、Ⅲ、Ⅳ　　D．Ⅱ、Ⅳ

6．下列选项中，属于委托指令基本要素的是（　　）。
　　Ⅰ．品种　　　　Ⅱ．证券账号
　　Ⅲ．席位代码　　Ⅳ．有效期
　　A．Ⅰ、Ⅱ、Ⅲ　　B．Ⅱ、Ⅲ、Ⅳ
　　C．Ⅰ、Ⅱ、Ⅲ、Ⅳ　D．Ⅰ、Ⅱ、Ⅳ

7．下列属于我国证券账户种类的有（　　）。
　　Ⅰ．权证交易账户
　　Ⅱ．创业板交易账户
　　Ⅲ．人民币特种股票账户
　　Ⅳ．人民币普通股票账户
　　A．Ⅰ、Ⅱ、Ⅲ　　B．Ⅱ、Ⅲ、Ⅳ
　　C．Ⅰ、Ⅱ、Ⅳ　　D．Ⅰ、Ⅱ、Ⅲ、Ⅳ

8．影响股价变动的其他因素包括（　　）。
　　Ⅰ．心理因素
　　Ⅱ．自然灾害
　　Ⅲ．人为操纵因素
　　Ⅳ．财政政策
　　A．Ⅰ、Ⅱ　　　　B．Ⅰ、Ⅱ、Ⅳ
　　C．Ⅲ、Ⅳ　　　　D．Ⅰ、Ⅱ、Ⅲ、Ⅳ

9．开立证券账户应坚持的原则有（　　）。
　　Ⅰ．公开性　　　Ⅱ．合法性
　　Ⅲ．真实性　　　Ⅳ．公平性
　　A．Ⅰ、Ⅲ　　　　B．Ⅰ、Ⅱ、Ⅳ
　　C．Ⅱ、Ⅲ　　　　D．Ⅰ、Ⅱ、Ⅲ、Ⅳ

10．记名股票的特点包括（　　）。
　　Ⅰ．认购股票时要求一次缴纳出资
　　Ⅱ．股东权利归属于记名股东
　　Ⅲ．转让相对复杂或受限制
　　Ⅳ．便于挂失，相对安全
　　A．Ⅰ、Ⅱ、Ⅲ　　B．Ⅰ、Ⅱ、Ⅳ
　　C．Ⅱ、Ⅲ、Ⅳ　　D．Ⅰ、Ⅱ、Ⅲ、Ⅳ

11．下列影响股价变动的因素中，属于行业与部门因素的有（　　）。
　　Ⅰ．行业分析因素
　　Ⅱ．行业生命周期
　　Ⅲ．财务状况
　　Ⅳ．行业分类
　　A．Ⅰ、Ⅱ、Ⅲ、Ⅳ　B．Ⅰ、Ⅱ、Ⅳ
　　C．Ⅱ、Ⅲ、Ⅳ　　D．Ⅰ、Ⅲ

12．下列属于委托受理的手续和过程的是（　　）。
　　Ⅰ．查验资金　　Ⅱ．查验证券
　　Ⅲ．验证　　　　Ⅳ．审单
　　A．Ⅰ、Ⅱ、Ⅲ　　B．Ⅰ、Ⅱ、Ⅳ
　　C．Ⅱ、Ⅲ、Ⅳ　　D．Ⅰ、Ⅱ、Ⅲ、Ⅳ

13．下列选项中，属于股票发行制度的有（　　）。
　　Ⅰ．注册制度　　Ⅱ．核准制度
　　Ⅲ．批复制度　　Ⅳ．审批制度
　　A．Ⅱ、Ⅳ　　　　B．Ⅱ、Ⅲ
　　C．Ⅰ、Ⅱ、Ⅲ、Ⅳ　D．Ⅰ、Ⅱ、Ⅳ

14．下列选项中，属于大宗交易申报内容的有（　　）。
　　Ⅰ．成交申报　　Ⅱ．意向申报
　　Ⅲ．数量申报　　Ⅳ．固定价格申报
　　A．Ⅱ、Ⅲ、Ⅳ　　B．Ⅰ、Ⅲ
　　C．Ⅰ、Ⅱ、Ⅳ　　D．Ⅰ、Ⅱ、Ⅲ、Ⅳ

15．股份变动的方式包括（　　）。
　　Ⅰ．增发　　　　Ⅱ．股票合并
　　Ⅲ．配股　　　　Ⅳ．股票分割
　　A．Ⅰ、Ⅱ、Ⅲ、Ⅳ　B．Ⅰ、Ⅱ、Ⅳ
　　C．Ⅰ、Ⅱ、Ⅳ　　D．Ⅱ、Ⅲ、Ⅳ

16．下列关于股利政策与股份变动的说法中，正确的是（　　）。
　　Ⅰ．股利政策是股份公司稳健经营的重要指标
　　Ⅱ．股票拆细是将若干股股票合并为1股
　　Ⅲ．无论是分割还是合并，都不改变每位股东所持股东权益占公司全部股东权益的比重
　　Ⅳ．股利政策是指股份公司对公司经营

获得的盈余公积和应付利润采取现金分红或派息、发放红股等方式回馈股东的制度与政策

A．Ⅰ、Ⅱ、Ⅲ、Ⅳ　B．Ⅱ、Ⅲ
C．Ⅰ、Ⅲ、Ⅳ　D．Ⅰ、Ⅱ、Ⅳ

17．下列选项中，（　　）属于影响上市公司未来收益，引起股票内在价值变化的因素。

Ⅰ．供求关系的变化
Ⅱ．清算方式的变化
Ⅲ．经济形势的变化
Ⅳ．宏观经济政策的调整
A．Ⅰ、Ⅱ、Ⅲ　B．Ⅱ、Ⅲ、Ⅳ
C．Ⅰ、Ⅲ、Ⅳ　D．Ⅰ、Ⅱ、Ⅲ、Ⅳ

18．下列有关优先股票的说法中，正确的有（　　）。

Ⅰ．优先股票股东可优先于普通股股东分配公司的剩余财产
Ⅱ．优先股票可分为积累优先股票和非积累优先股票
Ⅲ．优先股票的股息率是固定的
Ⅳ．优先股票股东享有重大决策参与权
A．Ⅰ、Ⅱ、Ⅲ　B．Ⅱ、Ⅲ、Ⅳ
C．Ⅱ、Ⅳ　D．Ⅰ、Ⅱ、Ⅲ、Ⅳ

19．从资金来源来看，国家股主要来源于（　　）。

Ⅰ．社会公众闲散资金的投资
Ⅱ．现有国有企业改组为股份公司时所拥有的净资产
Ⅲ．现阶段有权代表国家投资的政府部门向新组建的股份公司的投资
Ⅳ．经授权代表国家投资的投资公司、资产经营公司、经济实体性总公司等机构向新组建股份公司的投资
A．Ⅰ、Ⅱ、Ⅲ、Ⅳ　B．Ⅰ、Ⅱ、Ⅲ
C．Ⅰ、Ⅲ、Ⅳ　D．Ⅱ、Ⅲ、Ⅳ

20．委托指令根据委托时效限制不同可以分为（　　）。

Ⅰ．当周委托　　Ⅱ．无期限委托
Ⅲ．当日委托　　Ⅳ．收市委托
A．Ⅰ、Ⅱ、Ⅲ　B．Ⅰ、Ⅲ
C．Ⅰ、Ⅲ、Ⅳ　D．Ⅰ、Ⅱ、Ⅲ、Ⅳ

21．下列属于股票价格的有（　　）。

Ⅰ．理论价格　　Ⅱ．内在价值
Ⅲ．账面价值　　Ⅳ．市场价格
A．Ⅰ、Ⅱ、Ⅲ、Ⅳ　B．Ⅱ、Ⅲ、Ⅳ
C．Ⅱ、Ⅲ　D．Ⅰ、Ⅳ

22．根据股票的风险特征，普通股包括（　　）。

Ⅰ．周期股　　Ⅱ．概念股
Ⅲ．蓝筹股　　Ⅳ．成长股
A．Ⅱ、Ⅳ　B．Ⅰ、Ⅱ、Ⅲ
C．Ⅰ、Ⅲ、Ⅳ　D．Ⅰ、Ⅱ、Ⅲ、Ⅳ

23．在委托指令撤销的程序中，办理客户撤销的委托时，证券商必须及时将冻结的（　　）解冻。

Ⅰ．账户　　Ⅱ．资金
Ⅲ．密码　　Ⅳ．证券
A．Ⅰ、Ⅱ、Ⅳ　B．Ⅰ、Ⅲ
C．Ⅰ、Ⅱ、Ⅲ、Ⅳ　D．Ⅱ、Ⅳ

24．下列属于无记名股票特点的有（　　）。

Ⅰ．安全性较好
Ⅱ．股东权利归属股票的持有人
Ⅲ．转让相对简便
Ⅳ．认购股票时要求一次缴纳出资
A．Ⅱ、Ⅲ　B．Ⅰ、Ⅱ、Ⅲ、Ⅳ
C．Ⅰ、Ⅲ、Ⅳ　D．Ⅱ、Ⅲ、Ⅳ

25．一般情况下，经济周期的阶段包括（　　）。

Ⅰ．萌芽期　　Ⅱ．繁荣期
Ⅲ．萧条期　　Ⅳ．复苏期
A．Ⅰ、Ⅱ、Ⅲ、Ⅳ　B．Ⅰ、Ⅱ、Ⅲ
C．Ⅰ、Ⅲ、Ⅳ　D．Ⅱ、Ⅲ、Ⅳ

26．股票价格指数的基准功能主要体现在（　　）。

Ⅰ．为不同细分市场的投资配置与选择提供基准
Ⅱ．描述股票市场趋势

Ⅲ．提供客观衡量投资者投资收益和风险的基准

Ⅳ．反映国民经济发展状况

A．Ⅰ、Ⅱ、Ⅲ、Ⅳ　B．Ⅰ、Ⅱ、Ⅲ

C．Ⅲ、Ⅳ　　　　　D．Ⅱ、Ⅲ、Ⅳ

27．股票的性质包括（　　）。

Ⅰ．股票是资本证券

Ⅱ．股票是有价证券

Ⅲ．股票是收益证券

Ⅳ．股票是要式证券

A．Ⅰ、Ⅱ、Ⅳ　B．Ⅰ、Ⅱ、Ⅲ

C．Ⅰ、Ⅲ、Ⅳ　D．Ⅱ、Ⅲ、Ⅳ

28．下列选项中，（　　）属于有面额股票的特点。

Ⅰ．发行或转让价格较灵活

Ⅱ．可以明确表示每一股所代表的股权比例

Ⅲ．便于股票分割

Ⅳ．可以为股票发行价格的确定提供依据

A．Ⅰ、Ⅱ、Ⅲ、Ⅳ　B．Ⅱ、Ⅲ

C．Ⅱ、Ⅳ　　　　　D．Ⅰ、Ⅲ

全真模拟测试题答案及详解

选择题答案速查表

1	2	3	4	5	6	7	8	9	10
C	B	C	D	C	B	D	C	B	C
11	12	13	14	15	16	17	18	19	20
D	C	B	A	C	A	C	A	B	B
21	22	23	24	25	26	27	28	29	30
B	A	C	D	A	B	B	A	D	A
31	32	33	34	35	36				
C	C	D	D	B	C				

组合型选择题答案速查表

1	2	3	4	5	6	7	8	9	10
D	B	C	C	A	D	B	A	C	C
11	12	13	14	15	16	17	18	19	20
B	D	D	C	A	C	C	A	D	D
21	22	23	24	25	26	27	28		
D	D	D	D	D	A	A	C		

一、选择题

1. C【解析】本题主要考查无面额股票的发展历史。在20世纪早期，美国纽约州最先通过法律，允许发行无面额股票，以后其他地方才相继效仿。

2. B【解析】本题主要考查额度管理的相关内容。股票发行额度以股票面值计算，在溢价发行的条件下，实际筹资额大于计划额度。

3. C【解析】本题主要考查宏观经济对股票价格的影响。宏观经济对股票价格影响的特点是波及范围广、干扰程度深、作用机制复杂并可能导致股价波动幅度大。

4. D【解析】本题主要考查首次公开发行股票发行人的条件。首次公开发行股票的发行人应当具备下列条件：（1）最近3个会计年度净利润均为正数且累计超过人民币3000万元，净利润以扣除非经常性损益前后较低者为计算依据。（2）最近3个会计年度经营活动产生的现金流量净额累计超过人民币5000万元；或者最近3个会计年度营业收入累计超过人民币3亿元。（3）发行前股本总额不少于人民币3000万元。（4）最近一期末无形资产（扣除土地使用权、水面养殖权和采矿权等后）占净资产的比例不高于20%。（5）最近一期末不存在未弥补亏损。

5. C【解析】本题主要考查"通道制"阶段的相关内容。2001年3月17日，中国证监会宣布取消股票发行审批制，正式实施股票发行核准制下的"通道制"。

6. B【解析】本题主要考查普通股票的相关知识。普通股票是标准的股票，通过发行普通股票所筹集的资金，成为股份公司注册资本的基础。

7. D【解析】本题主要考查股票的清算价值。股票的清算价值是公司清算时每一股份所代表的实际价值。

8. C【解析】本题主要考查股票理论价格的相关内容。股票及其他有价证券的理论价格是根据现值理论而来的。现值理论认为，人们之所以愿意购买股票和其他证券，是因为它能够为它的持有人带来预期收益，因此，它的价值取决于未来收益的大小。

9. B【解析】本题主要考查优先认股权的相关内容。股份公司在提供优先认股权时会设定一个股权登记日，在此日期之前认购普通股票的，该股东享有优先认股权；在此日期之后认购普通股票的股东不再享有此权利。

【易错警示】股利宣布日、股权登记日、除息除权日和派发日是股利发放的四个重要节日。但本题考查的重点在优先认股权的内容上，考生在审题过程中要注意区分四个节日之间的区别。

10. C【解析】本题主要考查非参与优先股票的含义。非参与优先股票是指除了按规定分得本期固定股息外，无权再参与对本期剩余盈利分配的优先股票。非参与优先股票是一般意义上的优先股票，其优先权是体现在分配顺序上。

11. D【解析】本题主要考查法人股的概念。法人股是指企业法人或具有法人资格的事业单位和社会团体以其依法可支配的资产投入公司形成的股份。

12. C【解析】本题主要考查外资股的相关内容。境外上市外资股主要由H股、N股、S股、L股等构成。S股是指注册地在中国内地，上市在新加坡的外资股。

【易错警示】根据股票境外的上市地点和面对的投资者不同，境外上市外资股主要由H股、N股、S股、L股等构成。题中，H股指的是注册地在国内，上市地在香港的外资股。N股是指注册地在国内，上市地在纽约的外资股。L股指的是注册地在国内，上市地在伦敦的外资股。考生在答题的时候应注重区分四种股票的上市地。

13. B【解析】本题主要考查委托指令

的分类。证券委托的形式包括：（1）柜台委托（书面形式）。（2）非柜台委托。主要有人工电话委托或传真委托、自助和电话自动委托、网上委托等形式。（3）网上委托等。

14. A【解析】本题主要考查委托的定义。投资者需要通过经纪商的代理才能在证券交易所买卖证券。在这种情况下，投资者向经纪商下达买进或卖出证券的指令，称为"委托"。

15. C【解析】本题主要考查保荐制的起源。"保荐制"起源于英国，全称是保荐代表人制度。

16. A【解析】本题主要考查深圳证券交易所的规定。深圳证券交易所规定申报时间为每个交易日 9:25 ~ 9:30，在这期间，交易机主只接受申报，不对买卖申报或撤销申报做处理。

17. C【解析】本题主要考查股票的特征。股票的特征包括：（1）收益性。（2）风险性。（3）流动性。（4）永久性。（5）参与性。其中，收益性是股票最基本的特征。

18. A【解析】本题主要考查股票账面价值的含义。股票账面价值又称"股票净值"或"每股净资产"；是每股股票所代表的实际资产的价值。每股账面价值是以公司净资产减去优先股账面价值后，除以发行在外的普通股票的股数求得的。在没有优先股的条件下，每股账面价值等于公司净资产除以发行在外的普通股票的股数。

19. B【解析】本题主要考查包销的定义。包销是指承销商以低于发行价的价格把公司发行的股票全部买进，再转卖给投资者的行为。

20. B【解析】本题主要考查股票账面价值的相关内容。股票的账面价值又称"股票净值"或"每股净资产"。

21. B【解析】本题主要考查我国股票配售方式的发展。在 1995—1997 年期间，我国实行以上网定价抽签方式作为股票发售方式。

22. A【解析】本题主要考查市价委托的定义。市价委托是指客户自己不确定价格，而委托经纪人按市面上最有利的价格买卖证券的行为。

23. C【解析】本题主要考查股份有限公司申请股票上市的条件。股份有限公司申请股票上市，应当符合下列条件：（1）股票经国务院证券监督管理机构核准已公开发行。（2）公司股本总额不少于人民币 3000 万元。（3）公开发行的股份达到公司股份总数的 25% 以上；公司股本总额超过人民币 4 亿元的，公开发行股份的比例为 10% 以上。（4）公司最近 3 年无重大违法行为，财务会计报告无虚假记载。证券交易所可以规定高于前款规定的上市条件，并报国务院证券监督管理机构批准。

24. D【解析】本题主要考查公司申请融资融券业务资格。公司申请融资融券业务资格，应具备的条件之一是：经营证券经纪业务已满 3 年。

【易错警示】证券公司申请融资融券业务资格，应当具备下列条件：（1）经营证券经纪业务已满 3 年。（2）公司治理健全，内部控制有效，能有效识别、控制和防范业务经营风险和内部管理风险。（3）公司及其董事、监事、高级管理人员最近 2 年内未因违法违规经营受到行政处罚和刑事处罚，且不存在因涉嫌违法违规正被中国证监会立案调查或者正处于整改期间的情形。（4）财务状况良好，最近 2 年各项风险控制指标持续符合规定，注册资本和净资本符合增加融资融券业务后的规定。（5）客户资产安全、完整，客户交易结算资金第三方存管有效实施，客户资料完整真实。（6）已建立完善的客户投诉处理机制，能够及时、妥善处理与客户之间的纠纷。（7）信息系统安全稳定运行，最近 1 年未发生因公司管理问题导致的重大事故，融资融券业务技术系统已通过证券交易所、证券登记结算机构组织的测试。（8）有拟负责融资融券业务的高级管理人员和适当数量的专业人员，融资融券业务方案和内部管理制度已通过中国证券业协会组织的专业评价。（9）中国证监会规定的其他条件。

25．A【解析】本题主要考查证券交易所上市股票征收印花税的规定。我国税收制度规定，股票成交后，国家税务机关应向成交双方分别收取印花税。为保证税源，简化缴款手续，现行的做法是由证券经纪商在同投资者办理交收过程中代为扣收；然后，在证券经纪商同中央结算公司的清算、交收中集中结算；最后，由中央结算公司统一向征税机关缴纳。

26．B【解析】本题主要考查公司利润分配顺序、股利分配条件的相关内容。我国《公司法》规定，公司分配当年税后利润的10%列入公司法定公积金。

27．B【解析】本题主要考查非公开发行股票的条件。上市公司非公开发行股票的发行对象和认购条件包括：（1）特定对象不超过10名。（2）本次发行的股份自发行结束之日起12个月内不得转让；控股股东、实际控制人及其控制企业认购的股份36个月内不得转让。（3）发行价格不低于定价基准日前20个交易日公司股票均价的90%。定价基准日可以是本次非公开发行股票的董事会决议公告日、股东大会决议公告日也可以是发行期的首日。（4）本次发行导致上市公司控制权发生变化的，还应当符合证监会的有关规定。

28．A【解析】本题主要考查证券账户的种类。按交易场所划分，证券账户可以划分为上海证券账户和深圳证券账户两种。

29．D【解析】本题主要考查证券交易的竞价原则。证券交易所内的证券交易按"价格优先、时间优先"原则竞价成交。

30．A【解析】本题主要考查普通股票和优先股票的区别。普通股票和优先股票这两种权益证券类型的关键区别在于，它们在公司盈利分配中的参与程度和优先级别不同。

31．C【解析】本题主要考查股票票面价值的相关内容。如果以面值作为发行价，称为平价发行，此时公司发行股票募集的资金等于股本的总和，也等于面值总和。

32．C【解析】本题主要考查集合竞价确定成交价的原则。根据相关规定，集合竞价确定成交价的原则为：（1）可实现最大成交量的价格。（2）高于该价格的买入申报与低于该价格的卖出申报全部成交的价格。（3）与该价格相同的买方或卖方至少有一方全部成交的价格。（4）集合竞价的所有交易以同一价格成交。

33．D【解析】本题主要考查我国证券交易的规则。我国证券交易的规则包括：（1）集中竞价交易原则。（2）大宗交易制度。

【易错警示】这里需要区分我国证券市场的交易原则和交易规则。选项A、B、C都属于我国证券交易原则。

34．D【解析】本题主要考查我国首次公开发行股票的要求。在我国，首次公开发行股票数量在4亿股（含）以下的，有效报价投资者的数量不少于10家；首次公开发行股票数量在4亿股以上的，有效报价投资者的数量不少于20家。剔除最高报价部分后有效报价投资者数量不足的，应当中止发行。

35．B【解析】本题主要考查高息股的含义。收入股也叫高息股，指能支付较高收益的普通股，其公司业绩比较稳定，代表为一些公用事业股票，比如铁路、水务等行业股票。

36．C【解析】本题主要考查上证50指数的发布时间。2004年1月2日，上证50指数首日亮相，以997点开盘，盘中摸高1021.57点，最终报收于1011.35点。

二、组合型选择题

1．D【解析】本题主要考查股票的特征。股票的特征包括：（1）收益性。（2）风险性。（3）流动性。（4）永久性。（5）参与性。

2. B【解析】本题主要考查股票的性质。在二级市场交易的股票,独立于真实资本之外,在股票市场上进行独立的价值运动,是一种虚拟资本。排除第Ⅰ项,得出正确答案为B选项。

3. C【解析】本题主要考查影响股价变动的因素。影响股价变动的宏观经济与政策因素主要包括:(1)经济增长。(2)经济周期变动。(3)货币政策。(4)财政政策。(5)市场利率。(6)通货膨胀与通货紧缩。(7)汇率变化。(8)国际收支状况。第Ⅱ项属于影响股价变动的其他因素。

4. C【解析】本题主要考查优先股票的特征。优先股票的特征包括:(1)股息率固定。(2)股息分派优先。(3)剩余资产分配优先。(4)一般无表决权。

5. A【解析】本题考查证券买卖中的交易费用。证券买卖中交易费用的种类包括:(1)佣金。(2)过户费。(3)印花税。

6. D【解析】本题主要考查委托指令的基本要素。委托指令的基本要素包括:(1)证券账号。(2)日期。(3)品种。(4)买卖方向。(5)数量。(6)价格。(7)时间。(8)有效期。(9)签名。(10)其他内容。

7. B【解析】本题主要考查我国证券账户的种类。按用途不同,我国证券账户分为:(1)人民币普通股票账户。(2)人民币特种股票账户。(3)证券投资基金账户。(4)创业板交易账户。(5)其他账户。

8. A【解析】本题主要考查影响股票价格变动的其他因素。影响股票价格变动的其他因素包括:(1)政治及其他不可抗力的影响。(2)心理因素。(3)政策及制度因素。(4)人为操纵因素。题干中,第Ⅱ项属于政治及其他不可抗力,故Ⅰ、Ⅱ、Ⅲ项属于影响股价变动的其他因素,本题选A选项。

【易错警示】影响股价变动的因素有很多种,包括三项基本因素:(1)宏观经济与政策因素。(2)行业与部门因素。(3)公司的自身经营状况。除了基本因素外,还有一些其他因素。第Ⅳ项属于基本因素,而非其他因素。考生在答题过程中要区分好基本因素与其他因素的种类。

9. C【解析】本题主要考查开立证券账户的基本原则。开立证券账户应坚持合法性和真实性的原则。

10. C【解析】本题主要考查记名股票的特点。记名股票的特点包括:(1)股东权利归属于记名股东。(2)可以一次或分次缴纳出资。(3)转让相对复杂或受限制。(4)便于挂失,相对安全。

11. B【解析】本题主要考查影响股价变动的因素。影响股价变动的行业与部门因素主要包括:(1)行业分类。(2)行业分析因素。(3)行业生命周期。第Ⅲ项属于影响股价变动因素中的公司自身经营状况。

12. D【解析】本题主要考查委托受理的手续和过程。委托受理的手续和过程主要包括:(1)验证。(2)审单。(3)查验资金。(4)查验证券。

13. D【解析】本题主要考查股票的发行制度。股票的发行制度主要包括:(1)审批制度。(2)核准制度。(3)注册制度。

14. C【解析】本题主要考查大宗交易的申报内容。大宗交易申报的内容包括:(1)意向申报。(2)成交申报。(3)固定价格申报。

15. A【解析】本题主要考查股份变动的方式。股份变动主要包括:(1)股票分割。(2)股票合并。(3)增发。(4)配股。(5)股份回购等。

16. C【解析】本题主要考查股利政策与股份变动的知识。股利政策是指股份公司对公司经营获得的盈余公积和应付利润采取现金分红或派息、发放红股等方式回馈股东的制度与政策。股利政策体现了公司的发展战略和经营思路,稳定可预测的股利政策有利于股东利益最大化,是股份公司稳健经营的重要指标。股票分割又称拆股、拆细,是将1股股票均等地拆成若干股。股票合并又称并股，是将若干股股票合并为1股。从理论上说，不论是分割还是合并，只是增加或减少股东持有股票的数量，但并不改变每位股东所持股东权益占公司全部股东权益的比重。

【易错警示】本题知识点不难，但由于考的是细节题，需要考生认真仔细才能做正确。

17. C【解析】本题主要考查股票内在价值的影响因素。经济形势的变化、宏观经济政策的调整、供求关系的变化等都会影响上市公司未来的收益，引起内在价值的变化。

18. A【解析】本题主要考查优先股票的相关内容。优先股票的股息率是固定的；优先股票可分为积累优先股票和非积累优先股票；优先股票股东可优先于普通股股东分配公司的剩余财产。题干中，第Ⅰ、Ⅱ、Ⅲ项说法正确；第Ⅳ项，享有重大决策参与权是普通股东的权利。故A选项为正确答案。

19. D【解析】本题主要考查我国国家股的资金来源。国家股从资金来源上看，主要包括：（1）现有国有企业改组为股份公司时所拥有的净资产。（2）现阶段有权代表国家投资的政府部门向新组建的股份公司的投资。（3）经授权代表国家投资的投资公司、资产经营公司、经济实体性总公司等机构向新组建股份公司的投资。

20. D【解析】本题主要考查委托指令的分类。委托指令根据委托时效限制不同，可分为：（1）当日委托。（2）当周委托。（3）无期限委托。（4）开市委托。（5）收市委托等。

21. D【解析】本题主要考查股票的价格。股票的价格分为理论价格和市场价格两种。

【易错警示】此题考查的重点是区分股票的价格和价值，第Ⅱ、Ⅲ项属于股票的价值。对内容掌握不完全的考生在答题过程中要仔细审题，清楚考点，此题避免误选C选项。

22. D【解析】本题主要考查普通股的内容。根据股票的风险特征，普通股分为：（1）蓝筹股。（2）成长股。（3）收入股。（4）周期股。（5）防守股。（6）概念股。（7）投机股。

23. D【解析】本题主要考查委托指令撤销的条件。对客户撤销的委托，证券商必须及时将冻结的资金或证券解冻。

24. D【解析】本题主要考查无记名股票的特点。无记名股票有如下特点：（1）股东权利归属股票的持有人。（2）认购股票时要求一次缴纳出资。（3）转让相对简便。（4）安全性较差。

25. D【解析】本题主要考查经济周期循环的相关内容。社会经济运行经常表现为扩张与收缩的周期性交替，每个周期一般都要经过繁荣、衰退、萧条、复苏4个阶段，即所谓的景气循环。

26. A【解析】本题主要考查股票价格指数的基准功能。股票价格指数的基准功能包括：（1）描述股票市场趋势，反映国民经济发展状况。（2）提供客观衡量投资者投资收益和风险的基准。（3）为不同细分市场的投资配置与选择提供基准。

27. A【解析】本题主要考查股票的性质。股票具有以下性质：（1）股票是有价证券。（2）股票是要式证券。（3）股票是证权证券。（4）股票是资本证券。（5）股票是综合权利证券。

28. C【解析】本题主要考查有面额股票的特点。有面额股票特点包括：（1）可以明确表示每一股所代表的股权比例。（2）可以为股票发行价格的确定提供依据。

【易错警示】题干中的第Ⅰ、Ⅲ项属于无面额股票的特点，考生在答题过程中要注意考查点，避免误选D选项。

第八章 债券市场

考情分析

债券市场是金融体系中的另一个重要组成部分，也是现代金融市场不可或缺的部分。

在历次考试中，本章都是考查的重点，且考分占比较大，必须加以重视。

本章是证券一般从业考试《金融市场基础知识》科目的重点，主要包括三节。第一节主要内容包括债券，债券与股票的相同点与差别，政府债券，中央政府债券，金融债券、公司债券和企业债券的定义和分类以及国际债券的相关内容；第二节考点集中在我国国债、地方政府债券、金融债券、企业债券、公司债券、短期融资券、中期票据等的发行与承销；第三节的考点主要包括债券的交易市场、交易方式、报价方式和交易流程，债券的登记、托管、结算、兑付、评级和转托管的相关规定等。

知 识 导 读

债券市场	一、债券市场	债券	★★★
		债券与股票的异同点	★★
		政府债券	★★★
		金融债券、公司债券、企业债券	★★★
		国际债券	★★★
	二、债券的发行与承销	国债的发行与承销	★★★
		地方政府债券的发行与承销	★
		金融债券的发行与承销	★★
		企业债券的发行与承销	★★
		公司债券的发行与承销	★★
		短期融资券的发行与承销	★★
		中期票据的发行与承销	★★
		中小非金融企业集合票据	★★
		证券公司证券的发行与承销	★★
		国际开发机构人民币债券的发行与承销	★
	三、债券的交易	交易市场	★
		交易方式	★★★
		报价方式	★★★
		交易流程	★★
		债券登记	★★
		债券托管	★★
		债券结算	★★
		债券兑付及付息	★★
		债券评级	★★★
		债券转托管	★★

真题精选

一、选择题

1. 债券代表的债券投资者的权利被称为（　　）。
   A. 财产使用权　　B. 财产支配权
   C. 债权　　　　　D. 所有权

2. 小微企业专项金融债的发债主体是（　　）。
   A. 保险公司　　B. 商业银行
   C. 证券公司　　D. 小微企业

3. （　　）年，为应对国际金融危机，增强地方安排配套资金和扩大政府投资的能力，国务院决定，在规模控制的前提下允许地方政府发行债券。
   A. 2008　　　　B. 2009
   C. 2010　　　　D. 2011

4. 上市公司发行公司债券，可以申请一次核准，分期发行。自中国证监会核准发行之日起，发行人应当在（　　）个月内完成首期发行，剩余数量应当在（　　）个月内发行完毕。
   A. 12；24　　　B. 12；36
   C. 6；12　　　　D. 6；24

5. 集合票据是指（　　）具有法人资格的中小非金融企业，在银行间债券市场以统一产品设计、统一券种冠名、统一信用增进、统一发行注册方式共同发行的，约定在一定期限还本付息的债务融资工具。
   A. 2个（含）以上、10个（含）以下
   B. 2个（含）以上、20个（含）以下
   C. 5个（含）以上、10个（含）以下
   D. 5个（含）以上、20个（含）以下

6. 公司债券募集说明书自最后签署之日起（　　）个月内有效。
   A. 3　　　　　　B. 6
   C. 9　　　　　　D. 12

7. 我国政策性银行天然具备发行（　　）的条件，只要按年向中国人民银行报送发行申请，并经中国人民银行核准后便可发行。
   A. 金融债券
   B. 公司债券
   C. 企业债券
   D. 政府债券

8. （　　）年在上海、浙江、广州、深圳开展地方政府自行发债试点。
   A. 2012　　　　B. 2011
   C. 2010　　　　D. 2008

9. 中央政府发行的债券被称为（　　）。
   A. 国债　　　　B. 可转债
   C. 城投债　　　D. 信用债

10. 债券现券买卖的交易方式为（　　），结算方式为（　　）。
    A. 全价交易；净价结算
    B. 净价交易；全价结算
    C. 净价交易；净价结算
    D. 全价交易；全价结算

11. 在上市公司增资发行方式中，公司发行可转换债券的主要动因是（　　）。
    A. 募集到所需资金的同时完成股份有限公司的改立或转制
    B. 扩大股东人数，分散股权，增强股票的流动性，并可避免股份过度集中
    C. 保护原股东的权益及其对公司的控制权
    D. 增强证券对投资者的吸引力，能以比较低的成本筹集到所需要的资金

12. 目前，我国债券市场的主体部分是（　　）。
    A. 固定收益债券市场
    B. 全国银行间债券市场
    C. 交易所市场
    D. 企业债市场

13. 在公司债券有效存续期间，资信评级机构每年至少公告（　　）次跟踪评级报告。
    A. 1　　　　　　B. 2

C. 3　　　　　　D. 4

14. 负责受理短期融资券发行注册的机构是（　　）。
A. 中国银监会
B. 中国证监会
C. 中国人民银行
D. 中国银行间市场交易商协会

15. 回购交易通常在（　　）交易中运用。
A. 远期　　　　B. 现货
C. 债券　　　　D. 股票

16. 一般来说，中央银行在证券市场上买卖有价证券，影响货币供应量和市场利率的行为属于其（　　）业务。
A. 投资　　　　B. 融资
C. 公开市场　　D. 再贴现

17. 在我国，证券交易公司为满足承销股票、证券等特定业务流动性资金需求，借入期限在（　　）的次级债务为短期次级债务。
A. 3个月及以上，2年以下（不含2年）
B. 1个月及以上，1年以下（不含1年）
C. 1个月及以上，2年以下（不含2年）
D. 3个月及以上，1年以下（不含1年）

18. 证券公司借入的长期次级债，应当按一定比例计入（　　）。
A. 总资产　　　B. 总资本
C. 净资本　　　D. 净资产

19. 中国人民银行指定的银行间债券登记、托管和结算机构是（　　）。
A. 中央登记所
B. 中国结算所
C. 中国金融期货交易所
D. 中央结算公司

20. 金融债券是指（　　）依照法定程序发行并约定在一定期限内还本付息的有价证券。
A. 银行及非银行金融机构
B. 大型国有企业
C. 上市公司
D. 地方政府及其机构

21. 下列属于可交换债券与可转换债券的相似之处的是（　　）。
A. 发债主体
B. 转换条件
C. 发行要素
D. 所换股份的来源

二、组合型选择题

1. 政策性银行金融债券发行申请应包括（　　）。
Ⅰ. 发行数量
Ⅱ. 期限安排
Ⅲ. 发行方式
Ⅳ. 投资对象
A. Ⅱ、Ⅳ　　　　B. Ⅰ、Ⅲ、Ⅳ
C. Ⅰ、Ⅱ、Ⅲ　　D. Ⅰ、Ⅱ、Ⅲ、Ⅳ

2. 国际债券同国内债券相比具有一定的特殊性，主要表现在（　　）。
Ⅰ. 资金来源广、发行规模大
Ⅱ. 存在汇率风险
Ⅲ. 有国家主权保障
Ⅳ. 以外币作为主要计量货币
A. Ⅰ、Ⅲ、Ⅳ　　B. Ⅰ、Ⅱ、Ⅲ、Ⅳ
C. Ⅱ、Ⅳ　　　　D. Ⅰ、Ⅱ、Ⅲ

3. 在实际经济生活中，影响债券利率的因素包括（　　）。
Ⅰ. 债券的账面价值
Ⅱ. 借贷资金市场利率水平
Ⅲ. 筹资者的资信
Ⅳ. 债券期限长短
A. Ⅰ、Ⅱ、Ⅲ、Ⅳ　B. Ⅱ、Ⅲ、Ⅳ
C. Ⅰ、Ⅱ、Ⅳ　　　D. Ⅰ、Ⅲ

4. 我国混合资本债券的基本特征包括（　　）。
Ⅰ. 期限在15年以上，发行之日起10年内不得赎回
Ⅱ. 期限在15年以上，发行之日起5年内不得赎回

Ⅲ．到期前若发行人核心资本充足率低于4%，可以延期支付利息

Ⅳ．到期前若发行人核心资本充足率低于4%，不得延期支付利息

A．Ⅰ、Ⅳ　　　　　B．Ⅱ、Ⅲ
C．Ⅱ、Ⅳ　　　　　D．Ⅰ、Ⅲ

5．根据举借债务对筹集资金使用方向的规定，国债可以分为（　　）。

Ⅰ．赤字国债
Ⅱ．建设国债
Ⅲ．战争国债
Ⅳ．特种国债

A．Ⅰ、Ⅲ、Ⅳ　　　B．Ⅱ、Ⅲ
C．Ⅰ、Ⅱ、Ⅲ、Ⅳ　D．Ⅰ、Ⅱ、Ⅳ

6．下列关于国债销售价格的说法中，正确的是（　　）。

Ⅰ．在传统的行政分配和承购包销的发行方式下，国债按规定以面值出售

Ⅱ．在现行多种价格的公开招标方式下，每个承销商的中标价格与财政部按市场情况和投标情况确定的发售价格是有差异的

Ⅲ．财政要求国债承销商以中标价格分销国债

Ⅳ．财政部允许承销商在发行期内自定销售价格，随行就市发行

A．Ⅰ、Ⅲ　　　　　B．Ⅰ、Ⅱ、Ⅳ
C．Ⅱ、Ⅳ　　　　　D．Ⅰ、Ⅱ、Ⅲ

7．债券买断式回购和质押式回购的区别包括（　　）。

Ⅰ．买断式回购的初始交易中，债券持有人将债券卖给逆回购方，所有权转移至逆回购方

Ⅱ．质押式回购的初始交易中，债券持有人将债券卖给逆回购方，所有权转移至逆回购方

Ⅲ．买断式回购的逆回购方可以自由支配购入的债券

Ⅳ．质押式回购的逆回购方可以自由支配购入的债券

A．Ⅱ、Ⅳ　　　　　B．Ⅰ、Ⅳ
C．Ⅰ、Ⅲ　　　　　D．Ⅱ、Ⅲ

8．下列关于我国利用国际债券市场筹集资金的说法中，正确的是（　　）。

Ⅰ．我国发行国际债券始于20世纪初期

Ⅱ．我国政府曾经成功地在美国发行过扬基债券

Ⅲ．财政部在国外发行的债券，属于政府债券

Ⅳ．我国在国际债券市场发行的债券品种仅是政府债券

A．Ⅰ、Ⅱ、Ⅲ　　　B．Ⅰ、Ⅱ、Ⅲ、Ⅳ
C．Ⅱ、Ⅲ　　　　　D．Ⅰ、Ⅳ

9．目前我国发行的普通国债品种包括（　　）。

Ⅰ．记账式国债
Ⅱ．凭证式国债
Ⅲ．储蓄（电子式）国债
Ⅳ．联名国债

A．Ⅰ、Ⅲ、Ⅳ　　　B．Ⅰ、Ⅱ、Ⅲ、Ⅳ
C．Ⅰ、Ⅱ、Ⅲ　　　D．Ⅱ、Ⅳ

10．按照付息的方式分类，债券可以分为（　　）。

Ⅰ．附息债券
Ⅱ．贴现债券
Ⅲ．息票累积债券
Ⅳ．累进利率债券

A．Ⅰ、Ⅱ、Ⅲ　　　B．Ⅰ、Ⅱ
C．Ⅲ、Ⅳ　　　　　D．Ⅱ、Ⅲ、Ⅳ

11．我国的政策性银行包括（　　）。

Ⅰ．国家开发银行
Ⅱ．中国进出口银行
Ⅲ．中国人民银行
Ⅳ．中国农业发展银行

A．Ⅰ、Ⅲ、Ⅳ　　　B．Ⅰ、Ⅱ、Ⅲ、Ⅳ
C．Ⅰ、Ⅱ、Ⅲ　　　D．Ⅰ、Ⅱ、Ⅳ

12．转出证券营业部受理投资者证券转托管申请时，需核对投资者的（　　）。

Ⅰ．身份证

Ⅱ．资金账户
Ⅲ．证券账户
Ⅳ．转入证券营业部席位代码
A．Ⅱ、Ⅲ、Ⅳ   B．Ⅰ、Ⅱ、Ⅲ、Ⅳ
C．Ⅰ、Ⅱ   D．Ⅰ、Ⅲ、Ⅳ

13．证券公司申请次级债务展期的，应提交（   ）。
Ⅰ．证券公司次级债务展期的申请
Ⅱ．证券公司关于次级债务展期的决议
Ⅲ．证券公司次级债务展期的资金用途说明
Ⅳ．上市公司的风险控制指标情况及相关测算报告
A．Ⅰ、Ⅱ、Ⅲ   B．Ⅰ、Ⅱ、Ⅲ、Ⅳ
C．Ⅰ、Ⅳ   D．Ⅱ、Ⅲ、Ⅳ

14．金融机构发行债券的目的有（   ）。
Ⅰ．改善负债结构，增强负债的稳定性
Ⅱ．满足临时性资金需要
Ⅲ．扩大资产业务
Ⅳ．获得廉价资金来源
A．Ⅰ、Ⅱ、Ⅲ、Ⅳ   B．Ⅱ、Ⅳ
C．Ⅰ、Ⅲ   D．Ⅱ、Ⅲ、Ⅳ

15．下列属于外国债券的有（   ）。
Ⅰ．扬基债券
Ⅱ．熊猫债券
Ⅲ．武士债券
Ⅳ．欧洲债券
A．Ⅰ、Ⅱ、Ⅲ   B．Ⅲ、Ⅳ
C．Ⅰ、Ⅲ、Ⅳ   D．Ⅰ、Ⅱ、Ⅲ、Ⅳ

16．下列关于外国债券的说法，正确的有（   ）。
Ⅰ．在美国发行的外国债券称为扬基债券
Ⅱ．在日本发行的外国债券称为武士债券
Ⅲ．外国债券以借款人所在国的货币为面值
Ⅳ．外国债券的借款人与发行市场属于同一个国家
A．Ⅰ、Ⅱ、Ⅳ   B．Ⅰ、Ⅱ
C．Ⅰ、Ⅱ、Ⅲ   D．Ⅰ、Ⅱ、Ⅲ、Ⅳ

17．债券与股票的不同之处在于（   ）。
Ⅰ．风险不同
Ⅱ．目的不同
Ⅲ．发行主体不同
Ⅳ．收益不同
A．Ⅰ、Ⅱ、Ⅲ、Ⅳ   B．Ⅲ、Ⅳ
C．Ⅰ、Ⅱ、Ⅳ   D．Ⅰ、Ⅱ、Ⅲ

18．我国记账式国债的承销程序包括（   ）。
Ⅰ．招标发行   Ⅱ．债券托管
Ⅲ．包销   Ⅳ．远程投标
A．Ⅰ、Ⅱ、Ⅲ、Ⅳ   B．Ⅰ、Ⅲ、Ⅳ
C．Ⅱ、Ⅲ   D．Ⅰ、Ⅱ、Ⅲ

19．下列属于上海清算所托管债券的结算方式的有（   ）。
Ⅰ．全额双边清算
Ⅱ．中央对手方结算
Ⅲ．见券付款
Ⅳ．纯券过户
A．Ⅰ、Ⅱ、Ⅲ、Ⅳ   B．Ⅱ、Ⅲ
C．Ⅲ、Ⅳ   D．Ⅰ、Ⅳ

20．下列选项中，影响债券期限的因素包括（   ）。
Ⅰ．资金使用方向
Ⅱ．市场利率变化
Ⅲ．债券的变现能力
Ⅳ．筹资者的资信
A．Ⅱ、Ⅲ、Ⅳ   B．Ⅰ、Ⅱ、Ⅲ
C．Ⅱ、Ⅳ   D．Ⅰ、Ⅱ、Ⅲ、Ⅳ

21．债券的形式很多，按券面形态不同，可以分为（   ）。
Ⅰ．实物债券
Ⅱ．凭证式债券
Ⅲ．记账式债券
Ⅳ．贴现债券
A．Ⅰ、Ⅱ、Ⅲ   B．Ⅰ、Ⅱ、Ⅲ、Ⅳ
C．Ⅱ、Ⅲ   D．Ⅰ、Ⅲ、Ⅳ

22．关于企业集团财务公司发行金融债券的条件，下列说法正确的有（   ）。

Ⅰ．发行金融债券后，资本充足率不低于10%

Ⅱ．财务公司设立3年以上，经营状况良好

Ⅲ．近3年无重大违法违规记录

Ⅳ．申请前1年，不良资产率低于行业平均水平，资产损失准备拨备充足

A．Ⅰ、Ⅱ、Ⅲ　　B．Ⅰ、Ⅲ、Ⅳ
C．Ⅱ、Ⅲ、Ⅳ　　D．Ⅰ、Ⅱ、Ⅲ、Ⅳ

23．下列关于国际债券的说法中，正确的是（　　）。

Ⅰ．外国债券一般由发行地所在国的证券公司、金融机构承销

Ⅱ．外国债券在法律上所受的限制比欧洲债券严格

Ⅲ．欧洲债券和外国债券在发行纳税方面不存在差异

Ⅳ．欧洲债券由一家或几家大银行牵头，组成十几家或几十家国际性银行，在一个国家或几个国家同时承销

A．Ⅱ、Ⅲ　　　　B．Ⅰ、Ⅱ、Ⅳ
C．Ⅰ、Ⅱ、Ⅲ、Ⅳ D．Ⅰ、Ⅲ、Ⅳ

24．中小非金融企业发行集合票据应披露下列（　　）事项。

Ⅰ．集合票据债项评级

Ⅱ．各企业主体信用评级

Ⅲ．专业信用增进机构主体信用评级

Ⅳ．内幕信息

A．Ⅰ、Ⅱ、Ⅲ、Ⅳ B．Ⅰ、Ⅲ、Ⅳ
C．Ⅲ、Ⅳ　　　　D．Ⅰ、Ⅱ、Ⅲ

25．下列有关混合资本债券的说法中，正确的是（　　）。

Ⅰ．商业银行为补充附属资本发行

Ⅱ．期限一般在15年以上

Ⅲ．清偿顺序位于股权资本之前但列在一般债务和次级债务之后

Ⅳ．不可赎回

A．Ⅰ、Ⅱ、Ⅲ、Ⅳ B．Ⅰ、Ⅱ、Ⅲ
C．Ⅱ、Ⅲ、Ⅳ　　D．Ⅰ、Ⅳ

26．我国的企业债券和公司债券的不同之处在于（　　）。

Ⅰ．审批主体

Ⅱ．担保要求

Ⅲ．发行主体

Ⅳ．定价方式

A．Ⅰ、Ⅱ、Ⅲ、Ⅳ B．Ⅰ、Ⅱ、Ⅳ
C．Ⅰ、Ⅱ、Ⅲ　　D．Ⅱ、Ⅲ、Ⅳ

27．我国发行的债券品种主要有（　　）。

Ⅰ．政府债券

Ⅱ．金融债券

Ⅲ．公司债券

Ⅳ．可转换公司债券

A．Ⅰ、Ⅱ、Ⅳ　　B．Ⅰ、Ⅱ、Ⅲ、Ⅳ
C．Ⅲ、Ⅳ　　　　D．Ⅰ、Ⅱ、Ⅲ

真题精选答案及详解

选择题答案速查表

1	2	3	4	5	6	7	8	9	10
C	B	B	A	A	B	A	B	A	B
11	12	13	14	15	16	17	18	19	20
D	B	A	D	C	C	A	C	D	A
21									
C									

组合型选择题答案速查表

1	2	3	4	5	6	7	8	9	10
C	D	B	D	C	B	C	C	C	A
11	12	13	14	15	16	17	18	19	20
D	D	A	C	A	B	A	D	A	B
21	22	23	24	25	26	27			
A	B	B	D	B	A	A			

一、选择题

1. C【解析】本题主要考查债权的定义。债券是一种有价证券，是社会各类经济主体为筹集资金而向债券投资者出具的、承诺按一定利率定期支付利息并到期偿还本金的债权债务凭证。

2. B【解析】本题主要考查小微企业专项金融债的相关内容。小微企业专项金融债是指商业银行发行的、募集资金专项用于小微企业贷款的金融债券。

【易错警示】本题易误选D选项。应注意，对于小微企业专项金融债，商业银行是发债主体，而小微企业是筹资主体。

3. B【解析】本题主要考查地方政府债券的相关内容。2009年，为应对国际金融危机，增强地方安排配套资金和扩大政府投资的能力，根据预算法特别条款规定，国务院决定，在规模控制的前提下允许地方政府发行债券。

4. A【解析】本题主要考查公司债券的发行要求。公开发行公司债券，可以申请一次核准，分期发行。自中国证监会核准发行之日起，发行人应当在12个月内完成首期发行，剩余数量应当在24个月内发行完毕。

5. A【解析】本题主要考查集合票据的定义。集合票据是指2个（含）以上、10个（含）以下具有法人资格的中小非金融企业，在银行间债券市场以统一产品设计、统一券种冠名、统一信用增进、统一发行注册方式共同发行的，约定在一定期限还本付息的债务融资工具。

6. B【解析】本题主要考查公司债券募集说明书的时效。我国《公司债券发行试点办法》第十九条规定，债券募集说明书自最后签署之日起6个月内有效。

7. A【解析】本题主要考查金融证券发行的条件。政策性银行作为金融证券发行的载体，由国家开发银行、中国进出口银行、中国农业发展银行3家政策性银行作为发行主体，天然具备发行金融债券的条件，只要按年向中国人民银行报送发行申请，并经中国人民银行核准后便可发行。

8. B【解析】本题主要考查地方政府自行发债的发展。经国务院批准，2011年在上海、浙江、广州、深圳开展地方政府自行发债试点。

9. A【解析】本题主要考查国债的概念。中央政府发行的债券被称为国债。

10. B【解析】本题主要考查证券交易中的现券交易。现券交易也称债券的"即期交易"，是指交易双方以约定的价格在当日或次日转让债券所有权、办理券款交割的交易行为。债券现券买卖的交易方式为净价交易、全价结算。

11. D【解析】本题主要考查可转换公司债券的相关内容。可转换公司债券是指发行人依照法定程序发行，在一定期限内依据约定的条件可以转换成股份的公司债券。公司发行可转换债券的主要动因是为了增强证券对投资者的吸引力，能以较低的成本筹集到所需要的资金。

12. B【解析】本题主要考查银行间债券市场的发展现状。经过近几年的迅速发展，银行间债券市场已成为我国债券市场的主体部分。

13. A【解析】本题主要考查公司债券的管理规定。我国《公司债券发行试点办法》规定，公司与资信评级机构应当约定，在债券有效存续期间，资信评级机构每年至少公告1次跟踪评级报告。

14. D【解析】本题主要考查短期融资券的发行注册办法。根据规定，中国银行间市场交易商协会（简称"交易商协会"）负责受理短期融资券的发行注册。

15. C【解析】本题主要考查回购交易相关内容。回购交易是指资金融入方与资金融出方在进行证券交易的同时签订协议，约定在未来某一约定时间以约定价格将该笔债券购回的交易方式。回购交易通常在债券交易中运用。

16. C【解析】本题主要考查公开市场操作的概念。公开市场操作指中央银行在金融市场上买卖国债或中央银行票据等有价证券，影响货币供应量和市场利率的行为。

17. A【解析】本题主要考查证券公司次级债务中的短期次级债务。次级债务指证券公司经批准向股东或其他符合条件的机构投资者定向借入的清偿顺序在普通债务之后，先于证券公司股权资本的债务。次级债务有长期和短期之分，借入期限在3个月以上（含3个月），2年以下（不含2年）的次级债务为短期次级债务。

18. C【解析】本题主要考查证券公司次级债务的发行条件。证券公司次级债务的发行条件包括：（1）借入或募集资金有合理用途。（2）次级债应以现金或中国证监会认可的其他形式借入或融入。（3）借入或发行次级债数额应符合：①长期次级债计入净资本的数额不得超过净资本（不含长期次级债累计计入净资本的数额）的50%。②净资本与负债的比例、净资产与负债的比例等各项风险控制指标不触及预警标准的相关规定。（4）次级债务合同条款符合证券公司监管规定。故本题选C选项。

19. D【解析】本题主要考查债券托管方式的相关内容。在银行间债券市场，中央国债登记结算有限责任公司（简称"中央结算公司"）是指定的中央债券存款机构，负责对银行间债券市场发行和流通的国债、政策性金融债等券种进行登记与托管。故D选项为正确答案。

20. A【解析】本题主要考查金融债券的定义。金融债券是指银行及非银行金融机构依照法定程序发行并约定在一定期限内还本付息的有价证券。

21. C【解析】本题主要考查可交换公司债券与可转换公司债券的相同点。两者除了发行要素相似外，还包括相似之处：（1）面值相同。（2）期限相同。（3）发行利率较低。（4）都规定了转换期和转换比例。（5）都可约定赎回和回售条款。故C选项为正确答案。

二、组合型选择题

1. C【解析】本题主要考查金融债券的发行条件。政策性银行金融债券发行申请应包括发行数量、期限安排、发行方式等内容，如需调整，应及时报中国人民银行核准。

2. D【解析】本题主要考查国际债券的特点。国际债券的特点包括：（1）资金来源广、发行规模大。（2）存在汇率风险。（3）有国家主权保障。（4）以自由兑换货币作为主要计量货币。

3. B【解析】本题主要考查影响债券利率的因素。影响债券利率的因素有：（1）借贷资金市场利率水平。（2）筹资者的资信。（3）债券期限长短。

4. D【解析】本题主要考查混合资本债券的特征。我国混合资本债券的特征包括：(1)期限在15年以上，发行之日起10年内不得赎回。(2)混合资本债券到期前，如果发行人核心资本充足率低于4%，可以延期支付利息。(3)当发行人清算时，混合资本债券本金和利息的清偿顺序列于一般债务和次级债务之后、先于股权资本。(4)混合资本债券到期时，如果发行人无力支付清偿顺序在该债券之前的债务或支付该债券将导致无力支付清偿顺序在混合资本债券之前的债务，发行人可以延期支付该债券的本金和利息。

5. C【解析】本题主要考查国债的分类。根据举借债务对筹集资金使用方向不同，即资金用途不同，国债可以分为：(1)赤字国债。(2)建设国债。(3)战争国债。(4)特种国债。

6. B【解析】本题主要考查国债销售价格的相关内容。在传统的行政分配和承购包销的发行方式下，国债按规定以面值出售，不存在承销商确定销售价格的问题。故第Ⅰ项说法正确。在现行多种价格的公开招标方式下，每个承销商的中标价格与财政部按市场情况和投标情况确定的发售价格是有差异的。故第Ⅱ项说法正确。如果按发售价格向投资者销售国债，承销商就可能发生亏损。因此财政部允许承销商在发行期内自定销售价格，随行就市发行。故第Ⅲ项说法错误，第Ⅳ项说法正确。故本题选B选项。

7. C【解析】本题主要考查买断式回购与质押式回购的区别。债券买断式回购与质押式回购的区别在于：在买断式回购的初始交易中，债券持有人是将债券"卖"给逆回购方，所有权转移至逆回购方；而在质押式回购的初始交易中，债券所有权并不转移，逆回购方只享有质权。由于所有权发生转移，因此买断式回购的逆回购方可以自由支配购入的债券，如出售或用于回购质押等，只要在协议期满能够有相等数量同种债券返售给

债券持有人即可。故第Ⅰ、Ⅲ项说法正确，C选项为正确答案。

【易错警示】题干中的第Ⅰ、Ⅱ、Ⅲ、Ⅳ项只有名称上的区别，若考生对此知识点理解不够透彻，容易被误导，错选其他选项。

8. C【解析】本题主要考查我国国际债券的发行概况。我国发行国际债券始于20世纪80年代初期。故第Ⅰ项说法错误。1996年，我国政府成功地在美国发行4亿美元100年期扬基债券。故第Ⅱ项说法正确。财政部在国外发行的债券属于政府债券。故第Ⅲ项说法正确。我国在国际债券市场发行的债券品种包括政府债券、金融债券和可转换公司债券。故第Ⅳ项说法错误。本题宜采用排除法，只需排除Ⅰ项，就可得出正确答案为C选项。

9. C【解析】本题主要考查我国普通国债的种类。目前我国发行的普通国债包括：(1)记账式国债。(2)凭证式国债。(3)储蓄(电子式)国债。

10. A【解析】本题主要考查债券的分类。根据债券发行条款中是否规定在约定期限向债券持有人支付利息，债券可分为：(1)贴现债券。(2)附息债券。(3)息票累积债券。

11. D【解析】本题主要考查政策性银行的内容。目前，我国的政策性银行包括：(1)国家开发银行。(2)中国进出口银行。(3)中国农业发展银行。

12. D【解析】本题主要考查证券转托管的相关内容。投资者办理证券转托管时，转出证券营业部受理投资者申请时，需核对的内容包括：(1)投资者的身份证。(2)证券账户。(3)转入证券营业部席位代码等内容。故D选项为正确答案。

13. A【解析】本题主要考查证券公司申请次级债券展期的文件报送内容。证券公司申请次级债务展期的，应当在债务到期前至少10个工作日提交以下申请文件：(1)证券公司次级债务展期的申请。(2)证券公司关于次级债务展期的股东(大)会决议。(3)债

权人关于次级债务展期的决策权限的说明及相关决策文件。（4）证券公司与债权人签订的次级债务展期合同文本。（5）证券公司次级债务展期的资金用途说明。（6）证券公司展期次级债务前后风险控制指标计算（测算）情况说明及压力测试报告。（7）中国证监会要求的其他材料。

【易错警示】此题作为组合型选择题，容易将题干中的第Ⅳ项也归纳为正确答案，误选其他错误选项。

14. C【解析】本题主要考查金融债券发行的目的。金融债券发行的目的包括：（1）改善负债结构，增强负债的稳定性。（2）获得长期资金来源。（3）扩大资产业务等。故 C 选项为正确答案。

15. A【解析】本题主要考查外国债券的内容。常见的外国债券包括：（1）在美国发行的扬基债券。（2）在日本发行的武士债券。（3）在英国发行的猛犬债券。（4）在西班牙发行的斗牛士债券。（5）在中国发行的熊猫债券。欧洲债券是和外国债券并列的债券品种。

16. B【解析】本题主要考查外国债券的相关内容。外国债券是指外国借款人（政府、私人公司或国际金融机构）所在国与发行市场所在国具有不同的国籍并以发行市场所在国的货币为面值货币发行的债券。故本题选 B。

17. A【解析】本题主要考查债券与股票的区别。债券与股票的区别包括：（1）权利不同。（2）发行目的及主体不同。（3）期限不同。（4）收益不同。（5）风险不同。

18. D【解析】本题主要考查记账式国债的承销程序。我国记账式国债的承销程序包括：（1）招标发行。（2）远程投标。（3）债券托管。（4）分销。

19. A【解析】本题主要考查债券结算的方式。上海清算所托管采用债券现券交易净额结算机制（也称为"全额双边清算"）和引入

中央对手清算机制。其中，金额双边清算方式具体包括：（1）券款对付。（2）纯券过户。（3）见券付款。（4）见款付券等。

20. B【解析】本题主要考查影响债券期限的因素。影响债券期限的主要因素包括：（1）资金使用方向。（2）市场利率变化。（3）债券的变现能力。

21. A【解析】本题主要考查债券的分类。按照债券券面形态不同，债券分为实物债券、凭证式债券、记账式债券。

22. B【解析】本题主要考查企业集团财务公司发行金融债券的条件。企业集团财务公司发行金融债券的条件包括：（1）具有良好的公司治理结构、完善的投资决策机制、健全有效的内部管理和风险控制制度及相应的管理信息系统。（2）具有从事金融债券发行的合格专业人员。（3）依法合规经营，符合中国银监会有关审慎监管的要求，风险监管指标符合监管机构的有关规定。（4）财务公司已发行、尚未兑付的金融债券总额不得超过其净资产总额的100%，发行金融债券后，资本充足率不低于10%。（5）财务公司设立1年以上，经营状况良好，申请前1年利润率不低于行业平均水平，且有稳定的盈利预期。（6）申请前1年，不良资产率低于行业平均水平，资产损失准备拨备充足。（7）申请前1年，注册资本金不低于3亿元人民币，净资产不低于行业平均水平。（8）近3年无重大违法违规记录。（9）无到期不能支付债务。（10）中国人民银行和中国银监会规定的其他条件。

23. B【解析】本题主要考查国际债券的知识。欧洲债券和外国债券在发行纳税存在差异，具体表现为：外国债券受发行地所在国的税法管制；而欧洲债券预扣税通常可赦免，投资者的利息收入也免缴所得税。故第Ⅲ项说法错误，本题选 B 选项。

24. D【解析】本题主要考查中小非金融企业发行集合票据的披露事项。中小非金

融企业集合票据应在中国银行间市场交易商协会注册。中小非金融企业发行集合票据应披露以下内容：（1）集合票据债项评级。（2）各企业主体信用评级。（3）专业信用增进机构（若有）主体信用评级。

25. B【解析】本题主要考查混合资本债券的相关内容。混合资本债券指商业银行为补充附属资本发行的、清偿顺序位于一般债务和次级债务之后、股权资本之前，一般期限在15年以上、发行之日起10年之内不可赎回的债券。

【易错警示】混合资本债券发行之日起10年内不可赎回，而非一直不可赎回。

26. A【解析】本题主要考查我国公司债券和企业债券的区别。我国公司债券和企业债券的区别主要体现在以下几个方面：（1）发行主体不同。（2）审批主体不同。（3）审批制度不同。（4）担保要求不同。（5）发行定价方式不同。第Ⅰ、Ⅱ、Ⅲ、Ⅳ项都属于公司债券和企业债券的区别，故A选项为正确答案。

27. A【解析】本题主要考查我国发行的债券品种。我国主要的债券品种有以下几种：（1）政府债券。（2）金融债券。（3）可转换公司债券。

全真模拟测试题

一、选择题

1. 在公开招标里，投标量变动幅度为（　　）亿元的整数倍。
   A. 0.1　　　　　　B. 0.5
   C. 1　　　　　　　D. 10

2. 超短期融资券是指具有法人资格，信用评级较高的非金融企业在银行间证券市场发行的、期限在（　　）以内的短期融资券。
   A. 1年　　　　　　B. 9个月
   C. 3个月　　　　　D. 1个月

3. 企业公开发行企业债券的，累计债券余额不得超过企业净资产的（　　）。
   A. 40%　　　　　　B. 50%
   C. 60%　　　　　　D. 80%

4. 我国从（　　）开始发行凭证式国债。
   A. 20世纪60年代
   B. 21世纪初
   C. 1994年
   D. 1996年

5. 在我国，国债承销团甲类成员不可追加的记账式国债最高投标限额为当次国债竞争性招标额的（　　）。
   A. 20%　　　　　　B. 30%
   C. 40%　　　　　　D. 50%

6. 保险公司申请募集次级债的，募集后累计未偿付的次级债本息额应不超过上年度未经审计的净资产的（　　）。
   A. 20%　　　　　　B. 30%
   C. 50%　　　　　　D. 70%

7. 下列关于储蓄（电子式）国债和凭证式国债的说法中，错误的是（　　）。
   A. 储蓄（电子式）国债和凭证式国债都以国家信用为基础
   B. 储蓄（电子式）国债和凭证式国债都在网上银行出售
   C. 储蓄（电子式）国债发行期首日起息，凭证式国债则是从购买当日起息
   D. 储蓄（电子式）国债和凭证式国债利息都免税

8. 对于我国的混合资本债券来说，如果最近一期经审计的资产负债表中盈余公积与未分配利润之和为负，且最近（　　）内未向普通股东支付现金红利，则发行人必须延期支付利息。
   A. 6个月　　　　　B. 12个月

C. 2年　　　　　　D. 3年

9. 下列关于短期融资券的说法中，错误的是（　　）。

A. 短期融资券属于债务融资工具
B. 短期融资券在银行间债券市场发行
C. 短期融资券向社会发行
D. 短期融资券约定在1年期限内还本付息

10. 下列选项中，（　　）的形式是债权人认购债券的一种收款凭证，而非债券发行人制定的标准格式的债券。

A. 凭证式债券
B. 记账式债券
C. 储蓄式债券
D. 可转换债券

11. 由财政部面向全社会各类投资者、通过无纸化方式发行的、以电子记账方式记录债权并可以上市和流通转让的债券是（　　）。

A. 凭证式债券
B. 记账式国债
C. 储蓄国债
D. 建设国债

12. 下列关于债券票面价值与票面金额的说法中，正确的为（　　）。

A. 债券票面金额的确定要根据债券的发行对象、市场资金供给情况及债券发行费用等因素综合考虑
B. 在债券的票面价值中，只需要规定债券的票面金额
C. 票面金额定得较大，有利于小额投资者购买
D. 票面金额定得较小，发行成本也就较小

13. 根据相关规定，单一标位最低投标限额为（　　）。

A. 500万元　　　B. 0.5亿元
C. 200万元　　　D. 0.2亿元

14. 按照我国现行规定，金融债券发行人应在中国人民银行核准金融债券发行之日起（　　）个工作日内开始发行金融债券，并在规定期限内完成发行。

A. 15　　　　　　B. 30
C. 45　　　　　　D. 60

15. 下列债券品种中，商业银行为补充附属资本发行的、清偿顺序位于股权资本之前、但列在一般债务和次级债务之后、期限在15年以上、发行之日起10年内不可赎回的是（　　）。

A. 混合资本债券
B. 次级债务
C. 金融债券
D. 商业银行次级债券

16. 目前，我国国债的最长期限为（　　）年。

A. 20　　　　　　B. 40
C. 50　　　　　　D. 80

17. 通常情况下，回购交易只有（　　）小时，是一种超短期的金融工具。

A. 12　　　　　　B. 24
C. 36　　　　　　D. 72

18. 国债承销团甲类成员追加承销额上限为该成员当次国债竞争性中标额的（　　）。

A. 15%　　　　　B. 25%
C. 35%　　　　　D. 45%

19. 根据规定，托管机构在招标结束后（　　）分钟内，各中标承销团成员应通过招标系统填制"债权托管申请书"。

A. 8　　　　　　B. 10
C. 15　　　　　D. 30

20. 下列选项中，（　　）不属于债券的基本性质。

A. 债券属于有价证券
B. 债券的到期日不固定
C. 债券是一种虚拟资本
D. 债券是债权的表现

21. 中小非金融企业集合票据可在（　　）流通转让。

A. 银行间债券市场

B. 银行间柜台市场
C. 上海证券交易所
D. 深圳证券交易所

22．一般情况下，期限较长的债券票面利率定得较高。这是由于这类债券（　　）。
A. 流动性强，风险相对较大
B. 流动性差，风险相对较小
C. 流动性差，风险相对较大
D. 流动性强，风险相对较小

23．深圳证券交易所市场规定投资者若要办理债券转托管，需在买入成交的（　　）日交收过后才能办理。
A. T+2　　　　B. T+3
C. T+5　　　　D. T+7

24．根据发行主体不同，债券可以分为（　　）。
A. 国债和地方债券
B. 零息债券、附息债券和息票累积债券
C. 实物债券、凭证式债券和记账式债券
D. 政府债券、金融债券、公司债券和企业债券

25．下列关于债券成交原则的说法中，错误的是（　　）。
A. 价格优先就是要求在相同的价格申报时，应该与最早提出该价格的一方成交
B. 时间优先就是要求在相同的价格申报时，应该与最早提出该价格的一方成交
C. 客户委托优先主要是要求证券公司在自营买卖和代理买卖之间，首先进行代理买卖
D. 价格优先就是证券公司按照交易最有利于投资委托人的利益的价格买进或卖出债券

26．下列选项中，（　　）不属于债券评级程序中的前期准备阶段。
A. 评估客户向评估公司提出信用评级申请，双方签订《信用评级协议书》
B. 评估小组应向评估客户发出《评估调查资料清单》，要求评估客户在较短时间内把评估调查所需资料准备齐全
C. 评估小组要向主管部门、工商行政部门、银行、税务部门及有关单位进行调查了解、进行核实
D. 评估公司指派项目评估小组，并制定项目评估方案

27．下列关于债券与股票的说法中，错误的是（　　）。
A. 债券和股票都是无期证券
B. 债券和股票都是虚拟资本
C. 债券和股票都属于有价证券
D. 债券和股票的收益率是相互影响的

28．依照不同的发行本位，国债可分为（　　）。
A. 特种国债与货币债券
B. 流通国债与非流通国债
C. 实物债券与中长期国债
D. 实物国债与货币国债

29．下列对地方政府债券的说法中，正确的是（　　）。
A. 地方政府债券也可以称为"地方债券""地方公债"或"市政债券"
B. 地方政府债券通常可以分为一般债券和特殊债券
C. 美国地方政府债券是由一般地方公共团体和特殊地方公共团体发行
D. 收入债券是指地方政府为缓解资金紧张或解决临时经费不足而发行的债券

30．定向发行的公司债券应采用记账方式向合格投资者发行，每份面值（　　）万元，每一合格投资者认购的债券不得低于面值（　　）万元。
A. 1；5　　　　B. 10；50
C. 5；10　　　　D. 50；100

31．一国借款人在国际证券市场上以外国货币为面值、向外国投资者发行的债券是（　　）。
A. 欧洲债券　　　B. 政府债券
C. 国际债券　　　D. 外国债券

32. 关于凭证式国债，下列说法错误的是（　　）。
 A. 我国从 1994 年开始发行凭证式国债
 B. 凭证式国债可以记名
 C. 凭证式国债可以上市流通
 D. 凭证式国债可以挂失

33. 对保险公司次级债的募集、管理、还本付息和信息披露行为进行监督管理的是（　　）。
 A. 中国人民银行
 B. 中国证监会
 C. 中国保监会
 D. 中国银监会

34. 我国的公司债券是指公司依照法定程序发行的、约定在（　　）年以上期限内还本付息的有价证券。
 A. 1   B. 3
 C. 5   D. 6

35. 根据我国法律法规规定，在公司债券有效存续期间，资信评级机构每年至少公告（　　）次跟踪评级报告。
 A. 1   B. 3
 C. 5   D. 6

36. 企业发行的中期票据待偿还余额不得超过企业净资产的（　　）。
 A. 10%   B. 20%
 C. 40%   D. 50%

37. 关于中小非金融企业集合票据，下列说法错误的是（　　）。
 A. 任一企业单支集合票据注册金额不超过人民币 10 亿元
 B. 任一企业集合票据募集资金额不超过人民币 2 亿元
 C. 中小非金融企业的发行期限灵活
 D. 中小非金融企业采用集合负债、集合发行的方式

38. 关于债券与股票的区别，下列说法错误的是（　　）。
 A. 债券的收益一般较固定
 B. 债券是债权凭证，债权人无权参与公司决策
 C. 只有股份有限公司才能发行股票
 D. 股票的风险比债券小

39. 熊猫债券是最早在中国内地发行的人民币债券，其发行主体是（　　）。
 A. 国际货币基金组织和国际金融公司
 B. 国际金融公司和中国人民银行
 C. 国际金融公司和亚洲开发银行
 D. 亚洲开发银行和中国人民银行

二、组合型选择题

1. 企业集团财务公司发行金融债券需要提供的资料有（　　）。
 Ⅰ. 可行性研究报告
 Ⅱ. 近 1 年无重大违法违规记录
 Ⅲ. 发行金融债券申请书
 Ⅳ. 承销协议或意向书
 A. Ⅱ、Ⅲ、Ⅳ   B. Ⅰ、Ⅲ、Ⅳ
 C. Ⅰ、Ⅱ   D. Ⅰ、Ⅱ、Ⅲ、Ⅳ

2. 通过上海证券交易所集中竞价交易系统上市交易的公司债券出现（　　）情形时，上交所将对其实施风险警示。
 Ⅰ. 债券最近一次资信评级为 AA—级以下（含）
 Ⅱ. 发行人最近一个会计年度的前一年度经审计的财务报告显示为亏损，且最近一个会计年度业绩预告或更正业绩预告显示为亏损
 Ⅲ. 发行人被证券监管部门立案调查，严重影响其偿债能力
 Ⅳ. 发行人生产经营情况发生重大变化，严重影响其偿债能力
 A. Ⅰ、Ⅲ、Ⅳ   B. Ⅱ、Ⅲ、Ⅳ
 C. Ⅰ、Ⅳ   D. Ⅰ、Ⅱ、Ⅲ、Ⅳ

3. 流通国债是指可以在流通市场上交易的国债。流通国债的特点包括（　　）。
 Ⅰ. 主要吸纳储蓄资金

Ⅱ．通常不记名
Ⅲ．自由转让
Ⅳ．自由认购
A．Ⅰ、Ⅱ、Ⅲ   B．Ⅰ、Ⅱ、Ⅳ
C．Ⅱ、Ⅲ、Ⅳ   D．Ⅰ、Ⅱ、Ⅲ、Ⅳ

4．关于商业银行次级债务，下列说法正确的有（　　）。
Ⅰ．次级债务是商业银行发行的
Ⅱ．发行方式只能采用在全国银行间债券市场公开发行
Ⅲ．次级债券本金和利息的清偿顺序列于商业银行其他负债之后
Ⅳ．次级债券本金和利息的清偿顺序先于商业银行股权资本
A．Ⅰ、Ⅱ、Ⅲ、Ⅳ   B．Ⅰ、Ⅱ
C．Ⅱ、Ⅲ、Ⅳ   D．Ⅰ、Ⅲ、Ⅳ

5．目前，我国地方政府债券的发行模式包括（　　）。
Ⅰ．代发自还
Ⅱ．自发代还
Ⅲ．代发代还
Ⅳ．自发自还
A．Ⅰ、Ⅱ、Ⅲ   B．Ⅰ、Ⅱ、Ⅳ
C．Ⅱ、Ⅲ、Ⅳ   D．Ⅰ、Ⅱ、Ⅲ、Ⅳ

6．下列属于债券兑付方式的有（　　）。
Ⅰ．分期兑付
Ⅱ．债券替换
Ⅲ．到期兑付
Ⅳ．转换为普通股兑付
A．Ⅰ、Ⅱ、Ⅲ   B．Ⅰ、Ⅱ、Ⅳ
C．Ⅱ、Ⅲ、Ⅳ   D．Ⅰ、Ⅱ、Ⅲ、Ⅳ

7．下列属于债券交易方式的有（　　）。
Ⅰ．期货交易
Ⅱ．现券交易
Ⅲ．远期交易
Ⅳ．回购交易
A．Ⅰ、Ⅱ   B．Ⅰ、Ⅱ、Ⅳ
C．Ⅱ、Ⅲ、Ⅳ   D．Ⅰ、Ⅱ、Ⅲ、Ⅳ

8．下列关于可交换债券的说法中，正确的是（　　）。
Ⅰ．期限最长为6年
Ⅱ．面值为每张人民币100元
Ⅲ．自发行结束之日起12个月后，方可交换为预备交换
Ⅳ．公司债券交换为每股股份的价格，应当不低于公告募集说明书日前15个交易日公司股票均价和前一个交易日的均价
A．Ⅰ、Ⅱ、Ⅲ   B．Ⅱ、Ⅲ、Ⅳ
C．Ⅱ、Ⅲ、Ⅳ   D．Ⅰ、Ⅱ、Ⅲ、Ⅳ

9．下列国债类型中，属于按资金用途分类的是（　　）。
Ⅰ．建设国债
Ⅱ．战争国债
Ⅲ．特种国债
Ⅳ．赤字国债
A．Ⅱ、Ⅲ   B．Ⅰ、Ⅱ、Ⅳ
C．Ⅱ、Ⅲ、Ⅳ   D．Ⅰ、Ⅱ、Ⅲ、Ⅳ

10．下列属于公募债券特点的是（　　）。
Ⅰ．持有人数众多
Ⅱ．适合大型投资者
Ⅲ．对象不固定
Ⅳ．可以在证券市场上交易
A．Ⅱ、Ⅲ、Ⅳ   B．Ⅰ、Ⅲ、Ⅳ
C．Ⅲ、Ⅳ   D．Ⅰ、Ⅱ、Ⅲ

11．可转换债券的双重选择权包括（　　）。
Ⅰ．转债发行人拥有是否实施赎回条款的选择权
Ⅱ．转债发行人拥有是否转股的选择权
Ⅲ．投资者拥有是否转股的选择权
Ⅳ．投资者拥有是否实施赎回条款的选择权
A．Ⅰ、Ⅲ   B．Ⅱ、Ⅲ
C．Ⅰ、Ⅳ   D．Ⅱ、Ⅳ

12．政府债券的特征包括（　　）。
Ⅰ．流通性不强
Ⅱ．收益稳定
Ⅲ．免税待遇

Ⅳ．安全性高

A．Ⅰ、Ⅲ、Ⅳ　　B．Ⅰ、Ⅱ、Ⅳ
C．Ⅰ、Ⅱ、Ⅲ　　D．Ⅱ、Ⅲ、Ⅳ

13．根据发行主体和用途不同，政府债券可分为（　　）。

Ⅰ．抵押债券
Ⅱ．国库券
Ⅲ．企业债券
Ⅳ．公债

A．Ⅰ、Ⅲ、Ⅳ　　B．Ⅰ、Ⅱ、Ⅲ

C．Ⅲ、Ⅳ　　D．Ⅱ、Ⅳ

14．下列属于可交换公司债券与可转换公司债券的区别的有（　　）。

Ⅰ．交割方式不同
Ⅱ．股权稀释效应不同
Ⅲ．适用的法规不同
Ⅳ．发行目的不同

A．Ⅲ、Ⅳ　　B．Ⅰ、Ⅱ、Ⅲ
C．Ⅰ、Ⅱ、Ⅳ　　D．Ⅰ、Ⅱ、Ⅲ、Ⅳ

全真模拟测试题答案及详解

选择题答案速查表

1	2	3	4	5	6	7	8	9	10
A	B	A	C	B	C	B	B	C	A
11	12	13	14	15	16	17	18	19	20
B	A	D	D	A	C	B	B	C	B
21	22	23	24	25	26	27	28	29	30
A	C	B	D	A	C	A	D	A	D
31	32	33	34	35	36	37	38	39	
C	C	C	A	A	C	D	D	C	

组合型选择题答案速查表

1	2	3	4	5	6	7	8	9	10
B	D	C	D	C	D	D	A	D	B
11	12	13	14						
A	D	D	D						

一、选择题

1．A【解析】本题主要考查公开招标方式的相关内容。在公开招标里，投标量变动幅度为0.1亿元的整数倍。

2．B【解析】本题主要考查超短期融资券的概念。超短期融资券是指具有法人资格，信用评级较高的非金融企业在银行间证券市场发行的、期限在270天（九个月）以内的短期融资券。

3．A【解析】本题主要考查企业债券发行的相关内容。根据相关规定，公开发行企业债券，发行人累计债券余额不超过企业净资产（不包括少数股东权益）的40%。

4．C【解析】本题主要考查凭证式国债

的发行时间。凭证式国债是指由财政部发行的、有固定票面利率、通过纸质媒介记录债权债务关系的国债。我国从1994年开始发行凭证式国债。

5. B【解析】本题主要考查我国国债发行方式中的最高投标限额。在我国，国债承销团甲类成员不可追加的记账式国债最高投标限额为当次国债竞争性招标额的30%。

【易错警示】在我国，国债发行方式中最高投标限额中的内容还包括：可追加的记账式国债最高投标限额为当次国债竞争性招标额的25%；国债承销团乙类成员1年期（不含）以上最高投标限额为当次国债竞争性招标额的10%；1年期（含）以下最高投标限额为当次国债竞争性招标额的20%。

6. C【解析】本题主要考查保险公司申请募集次级债券的相关规定。根据《保险公司次级定期债务管理办法》的规定，保险公司申请募集次级债，募集后累计未偿付的次级债本息额不超过上年度未经审计的净资产的50%。

【易错警示】《保险公司次级定期债务管理办法》第十条规定，保险公司申请募集次级债应当符合下列条件：（1）开业时间超过3年。（2）经审计的上年度末净资产不低于人民币5亿元。（3）募集后累计未偿付的次级债本息额不超过上年度末经审计的净资产的50%。（4）具备偿债能力。（5）具有良好的公司治理结构。（6）内部控制制度健全且能得到严格遵循。（7）资产未被具有实际控制权的自然人法人或者其他组织及其关联方占用。（8）最近两年内未受到重大行政处罚。（9）中国保监会规定的其他条件。

7. B【解析】本题主要考查储蓄（电子式）国债和凭证式国债的相关内容。储蓄（电子式）国债和凭证式国债都以国家信用为基础，利息免税，且都需要个人实名制购买；两者不同点之一是：储蓄（电子式）国债发行期首日起息，凭证式国债则是从购买当日起息。凭证式国债不可在网上银行出售。

8. B【解析】本题主要考查混合资本债券的基本内容。对于混合资本债券来说，如果最近一期经审计的资产负债表中盈余公积与未分配利润之和为负，且最近12个月内未向普通股东支付现金红利，则发行人必须延期支付利息。

9. C【解析】本题主要考查短期融资券的概念。短期融资券指以短期融资为目的，具有法人资格的非金融企业在银行间债券市场发行（即由国内各金融机构购买，不向社会发行）和交易，并约定在1年期限内还本付息的债务融资工具。故本题选C选项。

10. A【解析】本题主要考查凭证式债券的含义。凭证式债券是债权人认购债券的一种收款凭证，而非债券发行人制定的标准格式的债券。故A选项为正确答案。

11. B【解析】本题主要考查记账式国债的含义。我国记账式国债是由财政部面向全社会各类投资者、通过无纸化方式发行的、以电子记账方式记录债权并可以上市和流通转让的债券。故B选项为正确答案。

12. A【解析】本题主要考查债券的票面价值与票面金额。债券的票面价值包括币种和票面金额两方面的内容，对票面金额而言：（1）票面金额定得较小，有利于小额投资者认购，费用可能较高。（2）票面金额定得较大，有利于少数大额投资者认购，但小额投资者无法参与。债券票面金额的确定也要根据债券的发行对象、市场资金供给情况及债券发行费用等因素综合考虑。故选项A说法正确。

13. D【解析】本题主要考查公开招标方式的相关内容。在公开招标里，投标额限定是指单一标位最低投标限额为0.2亿元，最高投标限额为30亿元。

14. D【解析】本题主要考查金融债券发行的要求。金融债券发行人应在中国人民银行核准金融债券发行之日起60个工作日内开始发行金融债券，并在规定期限内完成发行。

15. A【解析】本题主要考查混合资本债券的定义。我国的混合资本债券是指商业银行为补充附属资本发行的、清偿顺序位于股权资本之前、但列在一般债务和次级债务之后、期限在15年以上、发行之日起10年内不可赎回的债券。

【易错警示】混合资本债券是由商业银行发行的，字面上容易误选D选项。

16. C【解析】本题主要考查我国国债的特征。目前，我国国债的最长期限为50年。

17. B【解析】本题主要考查回购交易的时长。回购交易长的有几个月，但通常情况下只有24小时，是一种超短期的金融工具。

18. B【解析】本题主要考查追加投标的相关内容。国债承销团甲类成员追加承销额上限为该成员当次国债竞争性中标额的25%，计算至0.1亿元，0.1亿元以下四舍五入。

19. C【解析】本题主要考查托管机构的相关内容。根据规定，托管机构在招标结束后15分钟内，各中标机构应通过招标系统填制"债权托管申请书"，在中央国债登记结算有限责任公司，中国证券登记结算有限责任公司（简称证券登记公司）上海、深圳分公司托管。逾时未填制的，系统默认全部在中央国债登记结算有限责任公司托管。

20. B【解析】本题主要考查债券的基本性质。债券的基本性质包括：（1）债券属于有价证券。（2）债券是一种虚拟资本。（3）债券是债权的表现。债券有固定的到期日，故B选项说法错误。

21. A【解析】本题主要考查中小非金融企业的流通转让市场。中小非金融企业集合票据在债权债务登记日的次一工作日即可在银行间债券市场流通转让。故A选项为正确答案。

22. C【解析】本题主要考查债券的性质。债券的流动性受债券发行期限长短的影响，期限越长的债券，受市场利率影响越大，流动性就越弱，风险相对较大，票面利率应该定得高一些。

23. B【解析】本题主要考查债券转托管的相关内容。在办理转托管时，由于深市B股实行的是T+3交收，深市投资者需在买入成交的T+3日交收过后才能办理。故B选项为正确答案。

24. D【解析】本题主要考查债券的分类。按照发行主体分类，债券可分为：（1）政府债券。（2）金融债券。（3）企业债券。（4）公司债券。

25. A【解析】本题主要考查债券成交的原则。债券成交的原则主要包括：价格优先、时间优先、客户委托优先。（1）价格优先就是证券公司按照交易最有利于投资委托人的利益的价格买进或卖出债券。（2）时间优先就是要求在相同的价格申报时，应该与最早提出该价格的一方成交。（3）客户委托优先主要是要求证券公司在自营买卖和代理买卖之间，首先进行代理买卖。

26. C【解析】本题主要考查债券评级程序中的前期准备阶段。选项A、B、D属于前期准备阶段，选项C属于信息收集阶段。

27. A【解析】本题主要考查债券与股票的比较。债券和股票都属于有价证券，都属于虚拟资本。两者的收益率是相互影响的。股票是一种无期证券，或被称为"永久证券"，债券则是一种有期证券。故本题选A选项。

28. D【解析】本题主要考查中央政府债券的分类。国债依照不同的发行本位，可以分为实物国债和货币国债两类。

29. A【解析】本题主要考查地方政府债券的相关内容。地方政府债券简称"地方债券"，也可以称为"地方公债"或"市政债券"，地方政府债券通常可以分为一般债券和专项债券。故A选项正确，B选项错误。日本地方政府债券是由一般地方公共团体和特殊地方公共团体发行的。故C选项错误。一般债券主要是地方政府为缓解资金紧张或解决临时经费不足而发行的债券。故 D 选项错误。

30. D【解析】本题主要考查定向发行债券面值的相关内容。定向发行的公司债券应采用记账方式向合格投资者发行，每份面值 50 万元，每一合格投资者认购的债券不得低于面值 100 万元。

31. C【解析】本题主要考查国际债券的定义。国际债券是指一国借款人在国际证券市场上以外国货币为面值、向外国投资者发行的债券。

32. C【解析】本题主要考查凭证式国债的相关内容。凭证式国债指国家采取不印刷实物券，而用填制国库券收款凭证的方式发行的国债。我国从 1994 年开始发行该国债，该国债可记名、可挂失，但是不能上市流通。故本题选 C 选项。

【易错警示】凭证式国债因为没有实物印刷券，理解起来就可能有误区，认为该证券不可记名和挂失。因此，此题要注意避免误选 B、D 选项。

33. C【解析】本题主要考查保险公司次级债务的监管机构。中国保监会依法对保险公司次级债的募集、管理、还本付息和信息披露行为进行监督管理。

34. A【解析】本题主要考查公司债券的相关内容。公司依照法定程序发行的、约定在 1 年以上期限内还本付息的有价证券被称为公司债券。故 A 选项为正确答案。

35. A【解析】本题主要考查公司债券的管理规定。根据我国法律法规规定，公司与资信评级机构应当约定，在债券有效存续期间，资信评级机构每年至少公告 1 次跟踪评级报告。

36. C【解析】本题主要考查企业中期票据的管理。企业发行中期票据应遵守国家相关法律法规，中期票据待偿还余额不得超过企业净资产的 40%。

37. D【解析】本题主要考查中小非金融企业集合票据的相关内容。中小非金融企业的特点包括：（1）分别负债、集合发行。（2）发行主体和规模适中。（3）发行期限灵活。（4）引入信用增进机制。故本题选 D 选项。

38. D【解析】本题主要考查债券与股票的区别。债券与股票的区别之一是股票的风险比债券大。故 D 选项说法错误。

39. C【解析】本题主要考查外国债券的相关内容。熊猫债券是境外机构在中国发行的以人民币计价的债券，它与日本的"武士债券"、美国的"扬基债券"统属于外国债券的一种。2005 年 10 月，国际金融公司和亚洲开发银行在全国银行间债券市场分别发行人民币债券，是中国内地发行最早的人民币债券。

二、组合型选择题

1. B【解析】本题主要考查企业集团财务公司发行金融债券的相关内容。企业集团财务公司发行金融债券需提交的资料包括：（1）发行金融债券申请书。（2）可行性研究报告。（3）财务公司股东发行金融债券的决议。（4）募集说明书。（5）有关担保协议及担保人资信情况的说明。（6）财务公司和担保人近 3 年经审计的财务报告或审计报告。（7）发行公告或者发行章程。（8）信用评级报告和跟踪评级安排的说明。（9）承销协议或意向书。（10）律师出具的法律意见书。（11）中国银监会要求提交的其他资料。

2. D【解析】本题主要考查风险警示的情形。通过上海证券交易所集中竞价交易系统上市交易的公司债券出现以下情形之一的，上交所可以对其实施风险警示：（1）债券最近一次资信评级为 AA—级以下（含）。（2）发行人最近一个会计年度的前一年度经审计的财务报告显示为亏损，且最近一个会计年度业绩预告或更正业绩预告显示为亏损。（3）发行人发生严重违反法律、行政法规、部门规章或者合同约定的行为,或者被证券监管部门立案调查,严重影响其偿债能力。(4)发行人生产经营情况发生重大变化,严重影响其偿债能力。(5)证券交易所认定的其他情形。

3. C【解析】本题主要考查流通国债的特点。流通国债是指可以在流通市场上交易的国债,其特点包括:(1)自由认购。(2)自由转让。(3)通常不记名。

4. D【解析】本题主要考查商业银行次级债券的相关内容。商业银行次级债券是指商业银行发行的、本金和利息的清偿顺序列于商业银行其他负债之后、先于商业银行股权资本的债券。其发行方式包括全国银行间债券市场公开发行或私募发行。题干中,第Ⅰ、Ⅲ、Ⅳ项说法正确,第Ⅱ项说法错误。本题选D选项。

5. C【解析】本题主要考查我国地方政府债券的发行模式。2009年后,我国地方政府债券的发行模式包括:(1)代发代还。(2)自发代还。(3)自发自还。故本题选C选项。

6. D【解析】本题主要考查债券的兑付方式。债券的兑付方式包括:(1)到期兑付。(2)提前兑付。(3)债券替换。(4)分期兑付。(5)转换为普通股兑付。

7. D【解析】本题主要考查债券的交易方式。债券交易方式主要包括:(1)现券交易。(2)回购交易。(3)远期交易。(4)期货交易。

8. A【解析】本题主要考查可交换债券的知识。公司债券交换为每股股份的价格,应当不低于募集说明书公告日前20个交易日公司股票均价和前一个交易日的均价。故第Ⅳ项说法错误。

9. D【解析】本题主要考查按资金用途分类的国债种类。国债按照资金用途可分为:(1)赤字国债。(2)建设国债。(3)战争国债。(4)特种国债。

10. B【解析】本题主要考查公募债券的特点。公募债券是指发行人向不特定的社会公众投资者公开发行的债券。公募债券的发行量大,持有人数众多,可以在公开的证券市场上市交易,流动性好。

11. A【解析】本题主要考查可转换债券的双重选择权。可转换债券具有双重选择权,具体包括:一方面,投资者可自行选择是否转股,并为此承担转债利率较低的机会成本;另一方面,转债发行人拥有是否实施赎回条款的选择权,并为此要支付比没有赎回条款的转债更高的利率。

【易错警示】本题选项较接近,考生要分清投资者和转债发行人的不同权利。

12. D【解析】本题主要考查政府债券的特征。政府债券的特征包括:(1)安全性高。(2)流通性强。(3)收益稳定。(4)免税待遇。

13. D【解析】本题主要考查政府债券的分类。按照发行主体和用途不同,政府债券分为国库券和公债两大类。

14. D【解析】本题主要考查可交换债券与可转换债券的区别。可交换债券与可转换债券的区别包括:(1)发债主体和偿债主体不同。(2)适用的法规不同。(3)发行目的不同。(4)所换股份的来源不同。(5)股权稀释效应不同。(6)交割方式不同。(7)条款设置不同。

第九章 证券投资基金与衍生工具

考情分析

本章主要介绍证券投资基金的概念、分类、当事人以及基金利润的来源和分配,证券投资基金的风险及投资范围,金融衍生工具的基本概念,期权、期货、互换及结构化金融衍生产品等几种较常见的金融衍生工具。

与前两章一样,本章也是考试重点章节,且涉及的考点更多,记忆难度更大。根据大纲要求及历次考试情况,每节的重点内容为:

第一节考点主要包括证券投资基金概述(定义、特征等),证券投资基金的分类,基金份额持有人的权利与义务,证券投资基金当事人,基金的估值与费用、利润与分配,基金的投资风险与投资范围;第二节的考点集中在衍生工具概述(概念、特征、分类等),金融期货与金融期货合约,金融期权,互换与信用衍生品,可转换公司债券与可交换公司债券,资产证券化,结构化金融衍生品等内容上。

知 识 导 读

证券投资基金与衍生工具	一、证券投资基金	证券投资基金概述	★★★
		证券投资基金的分类	★★
		证券投资基金当事人	★★
		基金的估值与费用	★★
		基金利润与分配	★★
		基金的投资风险与投资范围	★★★
	二、衍生工具	衍生工具概述	★★★
		金融期货与金融期货合约	★★★
		金融期权	★★★
		互换与信用衍生品	★
		可转换公司债券与可交换公司债券	★★★
		资产证券化	★★★
		结构化金融衍生品	★
		金融衍生工具的发展趋势及外国衍生工具市场	★★★

真题精选

一、选择题

1. 某一证券投资基金的基金资产净值为21.8亿元，基金负债是3.2亿元，则该基金资产总值为（　　）亿元。
   A. 18.6　　　B. 21.8
   C. 25　　　　D. 27

2. 金融衍生工具市场参与者的动机是（　　）。
   A. 投机套利和提高收益
   B. 投机套利和套期保值
   C. 规避风险和提高收益
   D. 规避风险和套期保值

3. 日本《金融商品法》规定，禁止中介机构劝诱（　　）岁以上的人士从事期货交易。
   A. 55　　　　B. 60
   C. 75　　　　D. 65

4. 因证券市场波动、上市公司合并、基金规模变动等基金管理人之外的因素致使基金投资不符合有关投资比例的，基金管理人应当在（　　）个交易日内进行调整。
   A. 30　　　　B. 15
   C. 10　　　　D. 3

5. 由银行业金融机构作为发起机构，将信贷资产信托给受托机构，由受托机构发行的，以该财产所产生的现金支付其收益的证券是（　　）。
   A. 资产支持证券
   B. 商业银行次级债券
   C. 财务公司债券
   D. 中央银行票据

6. 按基金的投资标的不同，证券投资基金可分为（　　）。
   A. 债券基金、股票基金与货币市场基金
   B. 封闭式基金与开放式基金
   C. 成长型基金与收入型基金
   D. 契约型基金与公司型基金

7. 资产证券化最早起源于（　　）。
   A. 希腊　　　B. 英国
   C. 美国　　　D. 德国

8. 证券投资基金筹集的资金主要投向（　　）。
   A. 实业　　　B. 有价证券
   C. 房地产　　D. 第三产业

9. 下列选项中，（　　）不属于反映货币市场基金风险的指标。
   A. 投资组合平均剩余期限
   B. 投资组合的期望收益
   C. 融资比例
   D. 浮动利率债券投资情况

二、组合型选择题

1. 我国《证券投资基金法》规定，当基金托管人出现（　　）情形时，基金托管人职责终止。
   Ⅰ. 被依法取消基金托管资格
   Ⅱ. 被基金份额持有人大会解任
   Ⅲ. 依法解散、被依法撤销
   Ⅳ. 被依法宣告破产
   A. Ⅰ、Ⅳ　　　　B. Ⅰ、Ⅱ、Ⅲ、Ⅳ
   C. Ⅰ、Ⅱ、Ⅲ　　D. Ⅰ、Ⅱ

2. 下列有关金融期货主要交易制度的说法中，正确的是（　　）。
   Ⅰ. 期货交易所的会员经纪公司必须向交易所或结算所缴纳结算保证金
   Ⅱ. 大户报告制度便于交易所审查大户是否有过度投机和操纵市场行为
   Ⅲ. 交易所通常对每个交易时段允许的最大波动范围做出规定，一旦达到涨（跌）幅限制，则高于（低于）买入（卖出）委托无效
   Ⅳ. 结算所是期货交易的专门清算机构，通常并不附属于交易所
   A. Ⅱ、Ⅲ、Ⅳ　　B. Ⅰ、Ⅱ、Ⅲ

C. Ⅰ、Ⅲ、Ⅳ　　D. Ⅰ、Ⅱ、Ⅳ

3. 基金托管费的计提通常是（　　）。
Ⅰ. 逐日计提，按月支付
Ⅱ. 按月计提，一次支付
Ⅲ. 按基金资产净值的一定比率提取
Ⅳ. 按基金资产总值的一定比率提取
A. Ⅱ、Ⅲ　　B. Ⅰ、Ⅳ
C. Ⅰ、Ⅲ　　D. Ⅱ、Ⅳ

4. 对不存在活跃市场的投资品种进行基金资产估值，下列说法正确的是（　　）。
Ⅰ. 应采用市场参与者普遍认同的估值技术确定公允价值
Ⅱ. 应采用被以往市场实际交易价格验证具有可靠性的估值技术确定公允价值
Ⅲ. 如估值日有市价的，应采用市价确定公允价值
Ⅳ. 估值日无市价的，但最近交易日后经济环境未发生重大变化，应采用最近交易市价确定公允价值
A. Ⅰ、Ⅳ　　B. Ⅰ、Ⅱ
C. Ⅲ、Ⅳ　　D. Ⅰ、Ⅲ

5. 下列属于《证券投资基金管理办法》对证券投资基金利润分配要求的是（　　）。
Ⅰ. 封闭式基金的收益分配每年不得少于2次
Ⅱ. 开放式基金的基金合同应当约定每年基金利润分配的最少次数和基金利润分配的最低比例
Ⅲ. 按照规定，封闭式基金利润分配应当采用现金方式
Ⅳ. 开放式基金的基金份额持有人可以事先选择将所获分配的现金利润按照基金合同有关基金份额申购的约定转为基金份额
A. Ⅰ、Ⅱ、Ⅲ、Ⅳ　B. Ⅱ、Ⅲ
C. Ⅰ、Ⅱ　　D. Ⅲ、Ⅳ

6. 下列属于信用违约互换中的当事人的有（　　）。
Ⅰ. 信用担保出售方
Ⅱ. 信用担保购买方
Ⅲ. 中介管理机构
Ⅳ. 证券公司
A. Ⅰ、Ⅱ　　B. Ⅱ、Ⅳ
C. Ⅰ、Ⅱ、Ⅲ　D. Ⅰ、Ⅱ、Ⅲ、Ⅳ

7. 上市公司股东发行可交换公司债券的目的包括（　　）。
Ⅰ. 用于投资项目
Ⅱ. 投资退出
Ⅲ. 市值管理
Ⅳ. 资产流动性管理
A. Ⅰ、Ⅱ　　B. Ⅰ、Ⅲ、Ⅳ
C. Ⅱ、Ⅲ、Ⅳ　D. Ⅰ、Ⅱ、Ⅲ、Ⅳ

8. 根据投资理念不同，基金可分为（　　）。
Ⅰ. 主动型基金
Ⅱ. 被动型基金
Ⅲ. 股票型基金
Ⅳ. 债券型基金
A. Ⅰ、Ⅱ　　B. Ⅲ、Ⅳ
C. Ⅰ、Ⅱ、Ⅲ　D. Ⅰ、Ⅱ、Ⅲ、Ⅳ

9. 基金的作用包括（　　）。
Ⅰ. 为中小投资者拓宽了投资途径
Ⅱ. 扩大了证券市场的交易规模
Ⅲ. 有利于证券市场的稳定
Ⅳ. 丰富和活跃了证券市场
A. Ⅱ、Ⅳ　　B. Ⅱ、Ⅲ、Ⅳ
C. Ⅰ、Ⅱ、Ⅲ　D. Ⅰ、Ⅱ、Ⅲ、Ⅳ

10. 按照基础工具的种类，金融衍生工具可以分为（　　）。
Ⅰ. 信用衍生工具
Ⅱ. 股权类产品的衍生工具
Ⅲ. 货币衍生工具
Ⅳ. 利率衍生工具
A. Ⅰ、Ⅱ、Ⅲ、Ⅳ　B. Ⅲ、Ⅳ
C. Ⅱ、Ⅲ　　D. Ⅰ、Ⅱ、Ⅳ

11. 申请发行可交换公司债券，应该符合下列（　　）规定。
Ⅰ. 申请人应该是符合我国《公司法》《证券法》规定的有限责任公司或者股份有

限公司

 Ⅱ．公司最近1期末的净资产额不少于人民币5亿元

 Ⅲ．公司最近3个会计年度实现的年均可分配利率不少于公司债券1年的利息

 Ⅳ．本次发行后累计公司债券余额不超过最近1期末净资产额的40%

 A．Ⅰ、Ⅱ、Ⅲ、Ⅳ B．Ⅰ、Ⅲ、Ⅳ
 C．Ⅱ、Ⅳ D．Ⅰ、Ⅱ、Ⅲ

12．金融衍生工具伴随的风险主要包括（ ）。

 Ⅰ．汇率风险、利率风险
 Ⅱ．信用风险、法律风险
 Ⅲ．市场风险、操作风险
 Ⅳ．流动性风险、结算风险

 A．Ⅰ、Ⅱ、Ⅲ B．Ⅱ、Ⅲ、Ⅳ
 C．Ⅰ、Ⅳ D．Ⅰ、Ⅱ、Ⅲ、Ⅳ

13．证券投资基金所需支付的费用包括（ ）。

 Ⅰ．基金交易费
 Ⅱ．基金运作费
 Ⅲ．基金托管费
 Ⅳ．基金销售服务费

 A．Ⅲ、Ⅳ B．Ⅰ、Ⅱ、Ⅲ、Ⅳ
 C．Ⅱ、Ⅲ D．Ⅰ、Ⅱ、Ⅳ

14．利率衍生工具主要包括（ ）。

 Ⅰ．远期利率协议
 Ⅱ．利率期权
 Ⅲ．利率期货
 Ⅳ．利率互换

 A．Ⅱ、Ⅳ B．Ⅱ、Ⅲ
 C．Ⅰ、Ⅱ、Ⅲ、Ⅳ D．Ⅰ、Ⅱ、Ⅳ

15．下列符合基金资产估值规则的是（ ）。

 Ⅰ．基金管理人应于每个交易日当天对基金资产进行估值
 Ⅱ．遇到某些特殊情况，可以暂停估值
 Ⅲ．基金资产估值的目的是客观、准确地反映基金资产的价值

 Ⅳ．采用估值技术确定公允价值时，应尽可能使用市场参与者在定价时考虑的所有市场参数

 A．Ⅱ、Ⅲ、Ⅳ B．Ⅰ、Ⅲ
 C．Ⅰ、Ⅱ、Ⅳ D．Ⅰ、Ⅱ、Ⅲ、Ⅳ

16．证券投资基金是一种（ ）的集合投资方式。

 Ⅰ．利益共享
 Ⅱ．业余理财
 Ⅲ．风险自担
 Ⅳ．风险共担

 A．Ⅰ、Ⅱ B．Ⅰ、Ⅲ、Ⅳ
 C．Ⅰ、Ⅳ D．Ⅲ、Ⅳ

17．金融期货的交易制度主要包括（ ）。

 Ⅰ．限仓制度
 Ⅱ．大户报告制度
 Ⅲ．集中交易制度
 Ⅳ．每日价格波动限制及断路器规则

 A．Ⅰ、Ⅱ、Ⅲ B．Ⅰ、Ⅱ、Ⅲ、Ⅳ
 C．Ⅱ、Ⅳ D．Ⅱ、Ⅲ、Ⅳ

18．金融衍生工具市场的作用包括（ ）。

 Ⅰ．促进了资本垄断的形成
 Ⅱ．完善了现代金融市场的组织体系
 Ⅲ．提供了抵抗金融风险的市场基础和手段
 Ⅳ．促进了一个国家或地区金融市场国际竞争力的提高

 A．Ⅰ、Ⅱ、Ⅲ
 B．Ⅰ、Ⅱ、Ⅳ
 C．Ⅰ、Ⅱ、Ⅲ、Ⅳ
 D．Ⅱ、Ⅲ、Ⅳ

19．基金托管人的职责包括（ ）。

 Ⅰ．对基金财务会计报告、中期和年度基金报告出具意见
 Ⅱ．对所托管的不同基金财产分别设置账户
 Ⅲ．安全保管基金财产

Ⅳ．办理与基金托管业务活动有关的信息披露事项
A．Ⅰ、Ⅱ、Ⅲ B．Ⅰ、Ⅱ、Ⅳ
C．Ⅱ、Ⅲ、Ⅳ D．Ⅰ、Ⅱ、Ⅲ、Ⅳ

20．根据我国《企业会计准则第22号——金融工具确认和计量》的规定，衍生工具包括（　　）。
Ⅰ．远期合同
Ⅱ．投资合同
Ⅲ．期货合同
Ⅳ．互换和期权
A．Ⅱ B．Ⅰ、Ⅱ、Ⅲ、Ⅳ
C．Ⅰ、Ⅲ、Ⅳ D．Ⅰ、Ⅱ、Ⅳ

21．独立衍生工具的特征包括（　　）。
Ⅰ．在未来某一日期结算
Ⅱ．与对市场情况变化有类似反应的其他类型合同相比，要求较多的初始净投资
Ⅲ．不要求初始净投资，或与对市场情况变化有类似反应的其他类型合同相比，要求很少的初始净投资
Ⅳ．价值随特定利率、金融工具价格、商品价格、汇率、价格指数或其他类似变量的变动而变动，变量为非金融变量的，该变量与合同的任一方不存在特定关系
A．Ⅰ、Ⅱ、Ⅲ B．Ⅰ、Ⅱ、Ⅳ
C．Ⅰ、Ⅱ、Ⅲ、Ⅳ D．Ⅰ、Ⅲ、Ⅳ

22．金融期货交易与金融现货交易的区别包括（　　）。
Ⅰ．交易主体不同
Ⅱ．交易方式不同
Ⅲ．交易目的不同
Ⅳ．结算方式不同
A．Ⅰ、Ⅱ、Ⅲ B．Ⅰ、Ⅱ、Ⅲ、Ⅳ
C．Ⅱ、Ⅲ、Ⅳ D．Ⅰ、Ⅲ、Ⅳ

23．交易型开放式指数基金的特征包括（　　）。
Ⅰ．被动投资的指数型基金
Ⅱ．独特的实物申购、赎回机制
Ⅲ．独特的现金申购、赎回机制
Ⅳ．实行一级市场与二级市场并存的交易制度
A．Ⅰ、Ⅱ B．Ⅰ、Ⅱ、Ⅲ
C．Ⅱ、Ⅳ D．Ⅰ、Ⅱ、Ⅳ

24．金融期货与金融期权的区别包括（　　）。
Ⅰ．履约保证不同
Ⅱ．现金流转不同
Ⅲ．盈亏特点不同
Ⅳ．基础资产不同
A．Ⅰ、Ⅲ B．Ⅰ、Ⅱ、Ⅳ
C．Ⅰ、Ⅱ、Ⅲ D．Ⅰ、Ⅱ、Ⅲ、Ⅳ

25．金融期权的基本功能包括（　　）。
Ⅰ．套期保值 Ⅱ．投机
Ⅲ．套利 Ⅳ．价格转移
A．Ⅰ、Ⅲ B．Ⅰ、Ⅱ、Ⅲ、Ⅳ
C．Ⅰ、Ⅱ、Ⅲ D．Ⅱ、Ⅳ

26．信用违约互换中的参考信用工具包括（　　）。
Ⅰ．债券组合 Ⅱ．按揭贷款
Ⅲ．各国国债 Ⅳ．按揭支持证券
A．Ⅰ、Ⅲ B．Ⅰ、Ⅱ、Ⅳ
C．Ⅱ、Ⅲ、Ⅳ D．Ⅰ、Ⅱ、Ⅲ、Ⅳ

27．套期保值的基本做法是（　　）。
Ⅰ．持有现货空头，买入期货合约
Ⅱ．持有现货空头，卖出期货合约
Ⅲ．持有现货多头，卖出期货合约
Ⅳ．持有现货多头，买入期货合约
A．Ⅰ、Ⅳ B．Ⅱ、Ⅲ
C．Ⅱ、Ⅳ D．Ⅰ、Ⅲ

28．代表基金份额10%以上的基金份额持有人就同一事项要求召开基金份额持有人大会，而（　　）都不召集的，代表基金份额10%以上的基金份额持有人有权自行召集，并报国务院证券监督管理机构备案。
Ⅰ．基金管理人
Ⅱ．基金发起人
Ⅲ．基金托管人
Ⅳ．基金投资人

A．Ⅰ、Ⅱ　　　　B．Ⅰ、Ⅲ
C．Ⅱ、Ⅲ、Ⅳ　　D．Ⅰ、Ⅱ、Ⅲ、Ⅳ

29．金融衍生工具的基本特征包括（　　）。
　Ⅰ．跨期性　　Ⅱ．杠杆性
　Ⅲ．联动性　　Ⅳ．低风险
A．Ⅰ、Ⅲ、Ⅳ　　B．Ⅰ、Ⅱ、Ⅲ
C．Ⅱ、Ⅳ　　　　D．Ⅰ、Ⅱ、Ⅲ、Ⅳ

30．下列金融期权中，属于实值期权的有（　　）。
　Ⅰ．看涨期权的敲定价格低于相关期货合约的当时市场价格
　Ⅱ．看涨期权的敲定价格高于相关期货合约的当时市场价格
　Ⅲ．看跌期权的敲定价格高于相关期货合约的当时市场价格
　Ⅳ．看跌期权的敲定价格低于相关期货合约的当时市场价格
A．Ⅰ、Ⅱ　　　　B．Ⅰ、Ⅲ
C．Ⅱ、Ⅲ　　　　D．Ⅱ、Ⅳ

31．股权类期权包括（　　）。
　Ⅰ．单只股票期权
　Ⅱ．股票组合期权
　Ⅲ．认股权证期权
　Ⅳ．股票指数期权
A．Ⅱ、Ⅲ、Ⅳ　　B．Ⅰ、Ⅱ、Ⅲ、Ⅳ
C．Ⅰ、Ⅳ　　　　D．Ⅰ、Ⅱ、Ⅳ

32．证券投资基金可能面临的技术风险有（　　）。

　Ⅰ．经济因素和政治因素导致的市场价格变化
　Ⅱ．基金投资者大量赎回导致的风险
　Ⅲ．交易网络出现异常导致的风险
　Ⅳ．注册登记系统瘫痪导致的风险
A．Ⅰ、Ⅱ、Ⅲ　　B．Ⅲ、Ⅳ
C．Ⅱ、Ⅳ　　　　D．Ⅱ、Ⅲ、Ⅳ

33．货币市场基金利润分配的规定有（　　）。
　Ⅰ．每周一至周四进行分配时，仅对当日利润进行分配
　Ⅱ．货币市场基金每周五进行利润分配时，不包括周六和周日的利润
　Ⅲ．当日申购的基金份额自下一个工作日起享有基金的分配权益
　Ⅳ．当日赎回的基金份额自下一个工作日起不享有基金的分配权益
A．Ⅰ、Ⅱ、Ⅳ　　B．Ⅰ、Ⅲ、Ⅳ
C．Ⅲ、Ⅳ　　　　D．Ⅰ、Ⅱ、Ⅲ、Ⅳ

34．证券投资基金在投资组合管理过程中对所投资证券进行的深入研究与分析，有利于（　　）。
　Ⅰ．促进信息的有效利用和传播
　Ⅱ．市场合理定价
　Ⅲ．市场有效性的提高
　Ⅳ．资源的合理配置
A．Ⅰ、Ⅱ、Ⅲ、Ⅳ　B．Ⅰ、Ⅱ、Ⅲ
C．Ⅱ、Ⅲ、Ⅳ　　D．Ⅰ、Ⅱ、Ⅳ

真题精选答案及详解

选择题答案速查表

1	2	3	4	5	6	7	8	9
C	D	C	C	A	A	C	B	B

组合型选择题答案速查表

1	2	3	4	5	6	7	8	9	10
B	B	C	B	D	A	C	A	D	A
11	12	13	14	15	16	17	18	19	20
B	B	B	C	D	C	B	D	D	C
21	22	23	24	25	26	27	28	29	30
D	C	D	D	C	D	D	B	B	B
31	32	33	34						
D	B	B	A						

一、选择题

1. C【解析】本题主要考查基金资产总值的计算公式。基金资产总值 = 基金资产净值 + 基金负债 =21.8+3.2=25（亿元）。

2. D【解析】本题主要考查金融衍生工具的相关内容。金融衍生工具市场参与者的动机是套期保值和规避风险。

3. C【解析】本题主要考查期货交易的相关规定。日本《金融商品法》规定，禁止中介机构劝诱75岁以上的人士从事期货交易。

4. C【解析】本题主要考查基金管理人的相关职责。因证券市场波动、上市公司合并、基金规模变动等基金管理人之外的因素致使基金投资不符合有关投资比例的，基金管理人应当在10个交易日内进行调整。

5. A【解析】本题主要考查资产支持证券的含义。资产支持证券是指由银行业金融机构作为发起机构，将信贷资产信托给受托机构，由受托机构发行的，以该财产所产生的现金支付其收益的受益证券。

6. A【解析】本题主要考查基金的分类。按基金的投资标的不同，证券投资基金可分为：（1）债券基金。（2）股票基金。（3）货币市场基金等。

7. C【解析】本题主要考查资产证券化的起源。资产证券化作为一项金融技术，最早起源于美国的住宅抵押贷款类证券。

8. B【解析】本题主要考查基金所筹集资金的投向。发行证券投资基金筹集的资金主要投向有价证券等金融工具。

【易错警示】基金与股票、债券的区别作为高频考点，要求考生对此知识点进行充分理解。三者的主要区别体现在以下几点：（1）所反映的经济关系不同。（2）所筹集资金的投向不同。（3）收益风险水平不同。

9. B【解析】本题主要考查货币市场基金风险的指标。用于反映货币市场基金风险的指标主要有投资组合平均剩余期限、融资比例和浮动利率债券投资情况。

二、组合型选择题

1. B【解析】本题主要考查基金托管人更换的条件。我国《证券投资基金法》第四十一条规定，有下列情形之一的，基金托管人职责终止：（1）被依法取消基金托管资格。（2）被基金份额持有人大会解任。（3）依法解散、被依法撤销或者被依法宣告破产。（4）基金合同约定的其他情形。

2. B【解析】本题主要考查金融期货的相关内容。结算所是期货交易的专门清算机构，通常附属于交易所，但又以独立的公司形式组建。故第Ⅳ项说法错误。

3. C【解析】本题主要考查基金托管费的计提方法。基金托管费是指基金托管人为保管和处置基金资产而向基金收取的费用。基金托管费通常按照基金资产净值的一定比率提取，逐日计算并累计，按月支付给托管人。

4. B【解析】本题主要考查基金资产估值的规定。对不存在活跃市场的投资品种，应采用市场参与者普遍认同且被以往市场实际交易价格验证具有可靠性的估值技术确定公允价值。故第Ⅰ、Ⅱ项说法正确，本题选B选项。

【易错警示】根据相关规定，估值的基本原则包括：（1）对存在活跃市场的投资品种，如估值日有市价的，应采用市价确定公允价值。（2）对不存在活跃市场的投资品种，应采用市场参与者普遍认同且被以往市场实际交易价格验证具有可靠性的估值技术确定公允价值。（3）有充足理由表明按以上估值原则仍不能客观反映相关投资品种的公允价值的，基金管理公司应根据具体情况与托管银行进行商定，按最能恰当反映公允价值的价格估值。

5. D【解析】本题主要考查证券投资基金的利润分配要求。本题采用排除法解答。根据有关法律规定，封闭式基金的收益分配，每年不得少于1次。故第Ⅰ项说法错误。开放式基金的基金合同应当约定每年基金收益分配的最多次数和基金收益分配的最低比例。故第Ⅱ项说法错误。排除后得正确答案D选项。

6. A【解析】本题主要考查信用违约互换中的当事人。最基本的信用违约互换涉及2个当事人：信用担保出售方和信用担保购买方。

7. C【解析】本题主要考查上市公司股东发行可交换公司债券的目的。上市公司股东发行可交换公司债券的目的包括：（1）投资退出。（2）市值管理。（3）资产流动性管理等。

【易错警示】这里需要注意的是可交换债券不一定要用于投资项目，考生在答题过程中应注意避免误选D选项。

8. A【解析】本题主要考查基金的分类。按投资理念不同，基金可分为：（1）主动型基金。（2）被动型基金。

9. D【解析】本题主要考查基金的作用。基金的作用包括：（1）基金为中小投资者拓宽了投资途径。（2）有利于证券市场的稳定和发展。上述第（2）点具体表现为：第一，基金的发展有利于证券市场的稳定；第二，基金作为一种主要投资于证券市场的金融工具，它的出现和发展增加了证券市场的投资品种，扩大了证券市场的交易规模，起到了丰富和活跃证券市场的作用。

10. A【解析】本题主要考查金融衍生工具的分类。按照基础工具的种类不同，金融衍生工具可以划分为：（1）股权类产品的衍生工具。（2）货币衍生工具。（3）利率衍生工具。（4）信用衍生工具。（5）其他衍生工具。

11. B【解析】本题主要考查发行可交换公司债券的基本条件。申请发行可交换公司债券，应当符合下列规定：（1）申请人应当是符合《公司法》《证券法》规定的有限责任公司或者股份有限公司。（2）公司组织机构健全，运行良好，内部控制制度不存在重大缺陷。（3）公司最近1期末的净资产额不少于人民币3亿元。（4）公司最近3个会计年度实现的年均可分配利润不少于公司债券1年的利息。（5）本次发行后累计公司债券余额不超过最近1期末净资产额的40%。（6）当次发行债券的金额不超过预备用于交换的股票按募集说明书公告日前20个交易日均价计算的市值的70%，且应当将预备用于交换的股票设定为当次发行的公司债券的担保物。（7）经资信评级机构评级，债券信用级别良好。（8）不存在《公司债券发行试点办法》第8条规定的不得发行公司债券的情形。

12. B【解析】本题主要考查金融衍生工具的风险。金融衍生工具伴随的风险主要包括：（1）交易中对方违约，没有履行承诺造成损失的信用风险。（2）因资产或指数价格不利变动可能带来损失的市场风险。（3）因市场缺乏交易对手而导致投资者不能平仓或变现所带来的流动性风险。（4）因交易对手无法按时付款或交割可能带来的结算风险。（5）因交易或管理人员的人为错误或系统故障、控制失灵而造成的操作风险。（6）因合约不符合所在国法律，无法履行或合约条款遗漏及模糊导致的法律风险。利率风险可以概括在市场风险之内，但衍生工具不涉及汇率风险。故本题选B选项。

13. B【解析】本题主要考查证券投资基金的费用。证券投资基金的费用包括：（1）基金管理费。（2）基金托管费。（3）基金交易费。（4）基金运作费。（5）基金销售服务费。

14. C【解析】本题主要考查利率衍生工具的相关内容。利率衍生工具主要包括：（1）远期利率协议。（2）利率期货。（3）利率期权。（4）利率互换。（5）上述合约的混合交易合约。

15. D【解析】本题主要考查基金资产估值的规则。题干中的Ⅰ、Ⅱ、Ⅲ、Ⅳ都属于基金资产估值的规则，故D选项为正确答案。

16. C【解析】本题主要考查证券投资基金的定义。证券投资基金是指通过公开发售基金份额募集资金，由基金托管人托管，由基金管理人管理和运用资金，为基金份额持有人的利益，以资产组合方式进行证券投资的一种利益共享、风险共担的集合投资方式。故本题选C选项。

17. B【解析】本题主要考查金融期货的交易制度。金融期货的交易制度包括：（1）集中交易制度。（2）标准化的期货合约和对冲机制。（3）保证金制度。（4）结算所和无负债结算制度。（5）限仓制度。（6）大户报告制度。（7）每日价格波动限制及断路器规则。（8）强行平仓制度。（9）强制减仓制度。

18. D【解析】本题主要考查金融衍生工具市场的作用。金融衍生工具市场的作用包括以下几点：（1）对完善国家金融市场体系，提高金融运作效率，维护金融安全有重要意义。（2）金融衍生产品交易是现代金融市场的重要内容，金融衍生工具市场提供的金融衍生产品合约和交易平台，推动了现代金融市场的发展，对提高金融竞争力有重要意义。（3）金融衍生工具市场特有功能与提供的金融衍生产品是金融市场风险管理的基础和手段，对国内金融机构分散金融风险，提高风险管理能力，减缓国际金融风险的冲击有重要意义。总之，金融衍生产品的发展，完善了现代金融市场的组织体系，提供了抵抗金融风险的市场基础和手段，促进了一个国家或地区金融市场国际竞争力的提高。故第Ⅱ、Ⅲ、Ⅳ项符合题意，本题选D选项。

19. D【解析】本题主要考查基金托管人的职责。我国《证券投资基金法》第三十六条规定，基金托管人应当履行下列职责：（1）安全保管基金财产。（2）按照规定开设基金财产的资金账户和证券账户。（3）对所托管的不同基金财产分别设置账户，确保基金财产的完整与独立。（4）保存基金托管业务活动的记录、账册、报表和其他相关资料。（5）按照基金合同的约定，根据基金管理人的投资指令，及时办理清算、交割事宜。（6）办理与基金托管业务活动有关的信息披露事项。（7）对基金财务会计报告、中期和年度基金报告出具意见。（8）复核、审查基金管理人计算的基金资产净值和基金份额申购、赎回价格。（9）按照规定召集基金份额持有人大会。（10）按照规定监督基金管理人的投资运作。（11）国务院证券监督管理机构规定的其他职责。

【易错警示】考生要分清基金管理人、托管人、份额持有人的职责。我国《证券投资基金法》第十九条规定，公开募集基金的基金管理人应当履行下列职责：（1）依法募集资金，办理基金份额的发售和登记事宜。（2）办理基金备案手续。（3）对所管理的不同基金财产分别管理、分别记账，进行证券投资。（4）按照基金合同的约定确定基金收益分配方案，及时向基金份额持有人分配收益。（5）进行基金会计核算并编制基金财务会计报告。（6）编制中期和年度基金报告。（7）计算并公告基金资产净值，确定基金份额申购、赎回价格。（8）办理与基金财产管理业务活动有关的信息披露事项。（9）按照规定召集基金份额持有人大会。（10）保存基金财产管理业务活动的记录、账册、报表和其他相关资料。（11）以基金管理人名义，代表基金份额持有人利益行使诉讼权利或者实施其他法律行为。（12）国务院证券监督管理机构规定的其他职责。第四十六条规定，基金份额持有人享有下列权利：（1）分享基金财产收益。（2）参与分配清算后的剩余基金财产。（3）依法转让或者申请赎回其持有的基金份额。（4）按照规定要求召开基金份额持有人大会或者召集基金份额持有人大会。（5）对基金份额持有人大会审议事项行使表决权。（6）对基金管理人、基金托管人、基金服务机构损害其合法权益的行为依法提起诉讼。（7）基金合同约定的其他权利。

20. C【解析】本题主要考查衍生工具的种类。衍生工具包括远期合同、期货合同、互换和期权，以及具有远期合同、期货合同、互换和期权中一种或一种以上特征的工具。

21. D【解析】本题主要考查独立衍生工具的特征。独立衍生工具的特征包括：（1）价值随特定利率、金融工具价格、商品价格、汇率、价格指数、费率指数、信用等级、信用指数或其他类似变量的变动而变动，变量为非金融变量的，该变量与合同的任意一方不存在特定关系。（2）不要求初始净投资，或与对市场情况变化有类似反应的其他类型合同相比，要求很少的初始净投资。（3）在未来某一日期结算。

22. C【解析】本题主要考查金融期货交易与金融现货交易的区别。金融期货交易与金融现货交易的区别包括：（1）交易对象不同。（2）交易目的不同。（3）交易价格的含义不同。（4）交易方式不同。（5）结算方式不同。

23. D【解析】本题主要考查交易型开放式指数基金的特征。交易型开放式指数基金是以某一选定的指数所包含的成分证券为投资对象，依据构成指数的证券种类和比例，采用完全复制或抽样复制的方法进行被动投资的指数型基金。其最大的特点是具有独特的实物申购、赎回机制，实行一级、二级市场并存的交易制度。故第Ⅲ项说法错误。

24. D【解析】本题主要考查金融期货与金融期权的区别。金融期货与金融期权的区别主要体现在以下几个方面：（1）基础资产不同。（2）交易者权利与义务的对称性不同。（3）履约保证不同。（4）现金流转不同。（5）盈亏特点不同。（6）套期保值的作用与效果不同。

25. C【解析】本题主要考查金融期权的基本功能。金融期权的基本功能包括：（1）套期保值功能。（2）价格发现功能。（3）投机功能。（4）套利功能。

26. D【解析】本题主要考查信用违约互换的相关内容。常见的信用违约互换中的参考信用工具有按揭贷款、按揭支持证券、各国国债及公司债券或者债券组合、债券指数。

27. D【解析】本题主要考查套期保值的基本做法。套期保值的基本类型包括：（1）多头套期保值，是指持有现货空头（如持有股票空头）的交易者担心将来现货价格上涨（如股市大盘上涨）而给自己造成的经济损失，于是买入期货合约（建立期货多头）。（2）空头套期保值，是指持有现货多头（如持有股票多头）的交易者担心未来现货价格下跌，在期货市场卖出期货合约（建立期货空头），当现货价格下跌时，以期货市场的盈利来弥补现货市场的损失。由此可知，套期保值的基本做法是持有现货空头，买入期货合约或持有现货多头，卖出期货合约。

28. B【解析】本题主要考查基金份额持有人的相关内容。根据相关规定，代表基金份额 10% 以上的基金份额持有人就同一事项要求召开基金份额持有人大会，而基金管理人、基金托管人都不召集的，代表基金份额 10% 以上的基金份额持有人有权自行召集，并报国务院证券监督管理机构备案。

29. B【解析】本题主要考查金融衍生工具的基本特征。金融衍生工具的基本特征包括：（1）跨期性。（2）杠杆性。（3）联动性。（4）不确定性或高风险性。

30. B【解析】本题主要考查实值期权的含义。实值期权是指具有内在价值的期权。看涨、看跌期权与实值期权的关系包括：（1）当看涨期权的敲定价格低于相关期货合约的当时市场价格时，该看涨期权具有内在价值，为实值期权。（2）当看跌期权的敲定价格高于相关期货合约的当时市场价格时，该看跌期权具有内在价值，为实值期权。故第Ⅰ、Ⅲ项属于实值期权，本题选 B 选项。

31. D【解析】本题主要考查股权类期权的内容。股权类期权包括：（1）单只股票期权。（2）股票组合期权。（3）股票指数期权。

32. B【解析】本题主要考查基金投资风险中的技术风险。技术风险是指当计算机等技术保障系统或信息网络支持系统出现异常情况时，可能导致基金日常的申购或赎回无法按正常时限完成、登记注册系统瘫痪、审核系统无法按正常时限显示信息、交易指令无法及时传输等风险。第Ⅲ、Ⅳ项属于技术风险，故本题选 B 选项。

【易错警示】基金的投资风险作为高频考点，要求考生对市场风险、管理能力风险、技术风险和巨额赎回风险的内容进行理解和区分。题干中，第Ⅰ项属于市场风险的范围，第Ⅱ项属于巨额赎回风险。

33. B【解析】本题主要考查货币市场基金利润分配的规定。根据相关规定，当日申购的基金份额自下一个工作日起享有基金的分配权益，当日赎回的基金份额自下一个工作日起不享有基金的分配权益。也就是说，货币市场基金每周五进行利润分配时，将同时分配周六和周日的利润；每周一至周四进行分配时，则仅对当日利润进行分配。投资者于周五申购或转换转入的基金份额不享有周五和周六、周日的利润；投资者于周五赎回或转换转出的基金份额享有周五和周六、周日的利润。第Ⅰ、Ⅲ、Ⅳ项与题意相符，故 B 选项为正确答案。

34. A【解析】本题主要考查证券投资基金的作用。证券投资基金在投资组合管理过程中对所投资证券进行的深入研究与分析，有利于促进信息的有效利用和传播，有利于市场合理定价，有利于市场有效性的提高和资源的合理配置。题干中的四项都属于证券投资基金深入研究与分析所投资证券的优点。

全真模拟测试题

一、选择题

1. 下列金融衍生工具中，根据产品形态划分的有（　　）。
   A. 场外市场交易的衍生工具
   B. 货币衍生工具
   C. 嵌入式衍生工具
   D. 交易所交易的衍生工具

2. （　　）是指按照法律法规规定筹集形成的、在防范和处置证券公司风险中用于保护证券投资者利益的基金。
   A. 风险准备金
   B. 保障基金
   C. 保护基金
   D. 保证金

3. 交易所交易的开放式指数基金（ETF）最大的特点是（　　）。
   A. 被动操作
   B. 实物申购、购回机制
   C. 指数型基金
   D. 一级市场和二级市场并存交易

4. 根据运作方式不同，证券投资基金可以划分为（　　）。
   A. 封闭式基金和开放式基金
   B. 私募基金和公募基金
   C. 契约型基金和公司型基金
   D. 股票基金和债券基金

5. 基金资产净值等于基金资产总值减去（　　）。
   A. 负债
   B. 基金应收的申购基金款
   C. 银行存款本息
   D. 各类证券的价值

6. （　　）是以货币市场工具为投资对象的证券投资基金。
   A. 货币市场基金
   B. 债券基金
   C. 混合基金
   D. 债权基金值

7. 基金管理人和基金托管人是（　　）的关系。
   A. 相互促进　　B. 相互制衡
   C. 委托代理　　D. 替代

8. 按照选择权的性质划分，金融期权可以分为（　　）。
   A. 利率期权、货币期权、金融期货合约期权
   B. 美式期权和欧式期权
   C. 看涨期权和看跌期权
   D. 股权类期权和债券类期权

9. 下列属于根据自身交易的方式及特点进行分类的金融衍生工具是（　　）。
   A. 股票期权
   B. 货币期权
   C. 金融期权
   D. 货币期货

10. 下列金融期权中，属于按照合约所规定的履约时间不同进行分类的是（　　）。
    A. 美式期权
    B. 利率期权
    C. 货币期权
    D. 看涨期权

11. 可交换公司债券的期限最长为（　　）。
    A. 6个月　　　B. 1年
    C. 3年　　　　D. 6年

12. 偏股型基金作为混合基金的一种，对股票的配置一般为（　　）。
    A. 15%～30%　B. 30%～50%
    C. 50%～60%　D. 50%～70%

13. 交易双方在集中的交易场所，以公开竞价方式进行的标准化金融期货合约的交易被称为（　　）交易。
    A. 金融期货　　B. 金融期权
    C. 互换合约　　D. 远期合约

14. 下列金融期权中，属于按基础资产性质不同进行分类的是（   ）。
   A. 美式期权
   B. 看涨期权
   C. 货币期权
   D. 商品期权

15. 以追求稳定的经常性收入为基本目标，主要以大盘蓝筹股、公司债券、政府债券等稳定收益证券为投资对象的基金是（   ）。
   A. 货币市场基金
   B. 开放式基金
   C. 收入型基金
   D. 平衡型基金

16. 我国目前封闭式基金按照（   ）的比例计提基金托管费。
   A. 0.1%   B. 0.15%
   C. 0.2%   D. 0.25%

17. 下列金融衍生工具中，属于从基础工具角度划分的是（   ）。
   A. 利率衍生工具
   B. 嵌入式衍生工具
   C. 金融远期合约
   D. 交易所交易的衍生工具

18. （   ）是指买方在支付了期权费后，即取得在合约有效期内或到期时以约定的汇率购买或出售一定数额某种外汇资产的权利。
   A. 股权类期权
   B. 互换期权
   C. 货币期权
   D. 利率期权

19. 可交换债券交换为每股股份的价格应当不低于募集说明书公告日前 30 个交易日上市公司股票交易价格平均值的（   ）。
   A. 70%   B. 90%
   C. 95%   D. 100%

20. 下列属于按嵌入式衍生产品分类的结构化金融衍生产品的是（   ）。
   A. 基于互换的结构化产品
   B. 保证最低收益型产品
   C. 股权联结型产品
   D. 杠杆参与类产品

21. 根据美国相关法规，私募基金的投资者人数不得超过（   ）人，每个投资者的净资产必须在（   ）万美元以上。
   A. 60；100
   B. 80；200
   C. 100；100
   D. 200；200

22. 下列不属于金融期货的是（   ）。
   A. 货币期货
   B. 股票指数期货
   C. 利率期货
   D. 期权期货

23. 封闭式基金有固定的存续期，通常在（   ）年以上。
   A. 3   B. 5
   C. 8   D. 10

24. （   ）是指通过向社会公开发行一种凭证来筹集资金，并将资金用于证券投资的集合投资制度。
   A. 证券投资基金
   B. 股票
   C. 债券
   D. 公开市场业务

二、组合型选择题

1. 根据相关规定，出现下列（   ）情形时，会进行强行平仓。
   Ⅰ．会员结算准备金余额等于零
   Ⅱ．根据中金所紧急措施应予强行平仓的
   Ⅲ．因违规受到中金所强行平仓处罚的
   Ⅳ．持仓超出持仓限额标准，并未能在规定时间内平仓的
   A. Ⅱ、Ⅲ、Ⅳ   B. Ⅰ、Ⅲ
   C. Ⅰ、Ⅱ、Ⅳ   D. Ⅰ、Ⅱ、Ⅲ、Ⅳ

2. 下列属于基金分类标准的是（   ）。

Ⅰ．组织形式
Ⅱ．投资目标
Ⅲ．投资对象
Ⅳ．运作方式
A．Ⅰ、Ⅱ　　　　B．Ⅱ、Ⅲ、Ⅳ
C．Ⅰ、Ⅲ　　　　D．Ⅰ、Ⅱ、Ⅲ、Ⅳ

3．单位信托基金将（　　）作为信托关系的当事人，通过签订基金契约的形式发行受益凭证而设立。
Ⅰ．管理人　　　Ⅱ．发起人
Ⅲ．托管人　　　Ⅳ．投资人
A．Ⅰ、Ⅲ、Ⅳ　　B．Ⅱ、Ⅲ、Ⅳ
C．Ⅰ、Ⅲ　　　　D．Ⅰ、Ⅱ、Ⅲ、Ⅳ

4．下列属于金融期权特征的有（　　）。
Ⅰ．交易具有较强的时间性
Ⅱ．期权的购买者具有选择权
Ⅲ．金融期权的交易对象是金融工具
Ⅳ．期权投资具有杠杆效应
A．Ⅰ、Ⅱ、Ⅲ　　B．Ⅰ、Ⅱ、Ⅳ
C．Ⅰ、Ⅲ、Ⅳ　　D．Ⅰ、Ⅱ、Ⅲ、Ⅳ

5．银行业金融机构作为信贷资产证券化发起机构应当具备的条件包括（　　）。
Ⅰ．具有适当的特定目的信托受托机构选任标准和程序
Ⅱ．具有良好的公司治理、风险管理体系和内部控制
Ⅲ．对开办信贷资产证券化业务具有合理的目标定位和明确的战略规划，并且符合其总体经营目标和发展战略
Ⅳ．具有良好的社会信誉和经营业绩，最近3年内没有重大违法、违规行为
A．Ⅰ、Ⅱ、Ⅲ、Ⅳ　B．Ⅰ、Ⅱ、Ⅳ
C．Ⅰ、Ⅲ、Ⅳ　　D．Ⅰ、Ⅱ、Ⅲ

6．金融互换的特征包括（　　）。
Ⅰ．能满足交易者对非标准化交易的要求
Ⅱ．用互换套期保值风险转移较快
Ⅲ．可以省却对其他金融衍生工具所需头寸的日常管理
Ⅳ．互换具有杠杆效应
A．Ⅰ、Ⅱ、Ⅲ　　B．Ⅰ、Ⅱ、Ⅳ
C．Ⅰ、Ⅲ、Ⅳ　　D．Ⅰ、Ⅱ、Ⅲ、Ⅳ

7．在我国，申请取得基金托管资格，应具备的条件有（　　）。
Ⅰ．设有专门的基金托管部门
Ⅱ．有完善的内部稽核监控制度和风险控制制度
Ⅲ．有安全高效的清算、交割系统
Ⅳ．取得基金从业资格的专职人员达到法定人数
A．Ⅰ、Ⅱ、Ⅲ、Ⅳ　B．Ⅰ、Ⅱ、Ⅲ
C．Ⅰ、Ⅱ、Ⅳ　　D．Ⅰ、Ⅲ、Ⅳ

8．根据规定，基金财产不得用于下列（　　）活动。
Ⅰ．从事承担无限责任的投资
Ⅱ．违反规定向他人贷款或者提供担保
Ⅲ．向其基金管理人、基金托管人出资
Ⅳ．上市股票的交易、债券
A．Ⅰ、Ⅱ、Ⅲ、Ⅳ　B．Ⅰ、Ⅱ、Ⅲ
C．Ⅰ、Ⅱ、Ⅳ　　D．Ⅲ、Ⅳ

9．封闭式基金和开放式基金的区别包括（　　）。
Ⅰ．交易场所不同
Ⅱ．价格形成方式不同
Ⅲ．基金份额资产净值公布的时间不同
Ⅳ．激励约束机制与投资策略不同
A．Ⅱ、Ⅲ、Ⅳ　　B．Ⅰ、Ⅱ、Ⅲ
C．Ⅰ、Ⅱ、Ⅳ　　D．Ⅰ、Ⅱ、Ⅲ、Ⅳ

10．下列选项中，属于金融远期合约的有（　　）。
Ⅰ．远期外汇合约
Ⅱ．远期股票合约
Ⅲ．利率期货
Ⅳ．远期利率协议
A．Ⅰ、Ⅱ、Ⅲ、Ⅳ　B．Ⅰ、Ⅱ、Ⅲ
C．Ⅰ、Ⅱ、Ⅳ　　D．Ⅱ、Ⅲ、Ⅳ

11．关于金融衍生工具的发展现状，下列说法错误的有（　　）。
Ⅰ．金融衍生工具以场内交易为主

Ⅱ．金融危机发生后，衍生品交易的增长趋势、市场结构和品种结构并未改变

Ⅲ．远期和互换这两类具有对称性收益的衍生产品比收益不对称的期权类产品大得多

Ⅳ．利率衍生品无论在场内还是场外，均是名义金额最大的衍生品种类

A．Ⅲ、Ⅳ　　　　B．Ⅰ、Ⅱ
C．Ⅰ、Ⅱ、Ⅳ　　D．Ⅰ、Ⅱ、Ⅲ、Ⅳ

12．下列属于契约型基金与公司型基金区别的有（　　）。

Ⅰ．资金的性质不同
Ⅱ．投资者的地位不同
Ⅲ．资金的收益不同
Ⅳ．法律主体资格不同

A．Ⅱ、Ⅲ、Ⅳ　　B．Ⅰ、Ⅱ、Ⅲ
C．Ⅰ、Ⅱ、Ⅳ　　D．Ⅰ、Ⅱ、Ⅲ、Ⅳ

13．基金根据投资目标的不同，可分为（　　）。

Ⅰ．货币市场基金
Ⅱ．平衡型基金
Ⅲ．收入型基金
Ⅳ．增长型基金

A．Ⅱ、Ⅲ、Ⅳ　　B．Ⅰ、Ⅱ、Ⅲ
C．Ⅰ、Ⅱ、Ⅳ　　D．Ⅰ、Ⅱ、Ⅲ、Ⅳ

全真模拟测试题答案及详解

选择题答案速查表

1	2	3	4	5	6	7	8	9	10
C	C	B	A	A	A	B	C	C	A
11	12	13	14	15	16	17	18	19	20
D	D	A	C	C	D	A	C	B	A
21	22	23	24						
C	D	B	A						

组合型选择题答案速查表

1	2	3	4	5	6	7	8	9	10
A	D	A	B	A	A	A	B	D	C
11	12	13							
B	C	A							

一、选择题

1. C【解析】本题主要考查金融衍生工具的分类。根据产品形态，金融衍生工具可分为独立衍生工具和嵌入式衍生工具。

【易错警示】题干中，选项A、B、D也都属于金融衍生工具，需要区分的是A、D项是衍生工具按照交易场所进行的分类；B项属于按照基础工具种类进行分类的衍生工具。考生在答题过程中应注重分析理解，避免混淆知识点。

2. C【解析】本题主要考查保护基金的含义。保护基金是指按照《证券投资者保护基金管理办法》筹集形成的、在防范和处置证券公司风险中用于保护证券投资者利益的资金。

3. B【解析】本题主要考查特殊类型基金的相关内容。交易所交易的开放式指数基金（ETF）是特殊类型基金中的一种，其最大的特点是实物申购、购回机制。

4. A【解析】本题主要考查证券投资基金的分类。根据运作方式不同，证券投资基金可划分为封闭式基金和开放式基金。

【易错警示】证券投资基金的分类多种多样，题干中选项B是根据募集方式不同划分的；选项C是根据法律形式划分的；选项D是根据投资对象划分的。因此，考生在答题过程中应仔细审题，避免混淆知识点。

5. A【解析】本题主要考查基金资产净值的相关知识。基金资产净值是指基金资产总值减去负债后的价值。

6. A【解析】本题主要考查货币市场基金的含义。货币市场基金是以货币市场工具为投资对象，投资对象期限较短，包括银行短期存款、国库券等货币市场工具的证券投资基金。

7. B【解析】本题主要考查基金管理人和基金托管人的关系。基金管理人和基金托管人是相互制衡的关系。故本题选B选项。

8. C【解析】本题主要考查金融期权的分类。按照选择权的性质划分，金融期权可以分为看涨期权和看跌期权。

9. C【解析】本题主要考查金融衍生工具的分类。金融衍生工具根据其自身交易的方法和特点不同，可以分为：（1）金融远期合约。（2）金融期货。（3）金融期权。（4）金融互换。（5）结构化金融衍生工具。

10. A【解析】本题主要考查金融期权的分类。按照合约所规定的履约时间不同，金融期权可以分为：（1）欧式期权。（2）美式期权。（3）修正的美式期权。

11. D【解析】本题主要考查可交换公司债券的知识。可交换公司债券（EB）是成熟市场存在已久的固定收益类证券品种，它赋予债券投资人在一定期限内有权按照事先约定的条件将债券转换成发行人所持有的其他公司的股票。可交换公司债券的期限最短为1年，最长为6年。

12. D【解析】本题主要考查偏股型基金的相关内容。偏股型基金作为混合基金的一种，对股票的配置比例较高，一般为50%～70%。

13. A【解析】本题主要考查金融期货交易的概念。金融期货交易是指交易双方在集中的交易场所，以公开竞价方式进行的标准化金融期货合约的交易。故选项A符合题意。

14. C【解析】本题主要考查金融期权的分类。金融期权按照基础资产性质的不同，可以分为：（1）股权类期权。（2）利率期权。（3）货币期权。（4）金融期货合约期权。（5）互换期权等。

15. C【解析】本题主要考查收入型基金的定义。收入型基金是指以追求稳定的经常性收入为基本目标的基金，主要以大盘蓝筹股、公司债券、政府债券等稳定收益证券为投资对象。故C选项为正确答案。

16. D【解析】本题主要考查基金托管

费的相关内容。我国目前封闭式基金按照0.25%的比例计提基金托管费。故选项D为正确答案。

【易错警示】基金托管费在不同的地方收取比例有所差异。这里需要注意的是基金托管费在国际上通常为0.2%左右，考生在答题过程中应注意仔细分析题干，避免误选C选项。

17. A【解析】本题主要考查金融衍生工具的分类。金融衍生工具从基础工具角度，可以划分为：（1）股权类产品的衍生工具。（2）货币衍生工具。（3）利率衍生工具。（4）信用衍生工具。（5）其他衍生工具。

18. C【解析】本题主要考查货币期权的相关内容。货币期权又称"外币期权""外汇期权"，指买方在支付了期权费后，即取得在合约有效期内或到期时以约定的汇率购买或出售一定数额某种外汇资产的权利。

19. B【解析】本题主要考查可交换公司债券的相关内容。可交换公司债券转股价的确定方式为每股股份的价格应当不低于募集说明书公告日前30个交易日上市公司股票交易价格平均值的90%。

20. A【解析】本题主要考查结构化金融衍生产品的分类。按嵌入式衍生产品分类，结构化金融衍生产品可分为基于互换的结构化产品和基于期权的结构化产品。

【易错警示】按联结的基础产品分类，结构化金融衍生产品可分为股权联结型产品、利率联结型产品、汇率联结型产品、商品联结型产品等种类。按收益保障型分类，可分为收益保证型产品和非收益保证型产品两大类，其中前者又可进一步细分为保本型产品和保证最低收益型产品。按发行方式分类，可分为公开募集的结构化产品与私募结构化产品，前者通常可以在交易所交易。

21. C【解析】本题主要考查私募基金的相关内容。根据美国相关法规，私募基金的投资者人数不得超过100人，每个投资者

的净资产必须在100万美元以上。

22. D【解析】本题主要考查金融期货的相关内容。金融期货主要包括货币期货、利率期货、外汇期货、国债期货、股票指数期货等。

23. B【解析】本题主要考查封闭式基金的相关内容。封闭式基金有固定的存续期，通常在5年以上，一般为10年或15年，经受益人大会通过并经监管机构同意可以适当延长期限。

24. A【解析】本题主要考查证券投资基金的定义。证券投资基金是指通过公开发售基金份额募集资金，由基金托管人托管，由基金管理人管理和运用资金，为基金份额持有人的利益，以资产组合方式进行证券投资的一种利益共享、风险共担的集合投资方式。简单来说，证券投资基金是一种利益共享、风险共担的集合投资制度，即通过向社会公开发行一种凭证来筹集资金，并将资金用于证券投资。

二、组合型选择题

1. A【解析】本题主要考查强行平仓的相关内容。根据《中国金融期货交易所风险控制管理办法》的规定，下列情况下会出现强行平仓：（1）会员结算准备金余额小于零，并且不能在规定时间内补足的。（2）持仓超出持仓限额标准，且不能在规定时间内平仓的。（3）因违规受到中金所强行平仓处罚的。（4）根据中金所紧急措施应予强行平仓的。（5）其他应予平仓的。

2. D【解析】本题主要考查基金的分类标准。构成基金的要素有多种，因此可以依据以下标准对基金进行分类：（1）运作方式。（2）组织形式。（3）投资对象。（4）投资目标。（5）投资理念。（6）募集方式。（7）基金的资金来源和用途。（8）特殊类型基金。

3. A【解析】本题主要考查契约型基金

的当事人。单位信托基金又称契约型基金，是指将管理人、托管人和投资人作为信托关系的当事人，通过签订基金契约的形式发行受益凭证而设立的一种基金。

4. B【解析】本题主要考查金融期权的特征。金融期权的特征包括：（1）金融期权的交易对象是一种权利。（2）交易具有较强的时间性。（3）期权投资具有杠杆效应。（4）供求双方具有权利和义务的不对称。（5）期权购买者具有选择权。

5. A【解析】本题主要考查银行业金融机构作为信贷资产证券化发起机构的条件。我国《金融机构信贷资产证券化试点监督管理办法》第七条规定，银行业金融机构作为信贷资产证券化发起机构，通过设立特定目的信托转让信贷资产，应当具备以下条件：（1）具有良好的社会信誉和经营业绩，最近3年内没有重大违法、违规行为。（2）具有良好的公司治理、风险管理体系和内部控制。（3）对开办信贷资产证券化业务具有合理的目标定位和明确的战略规划，并且符合其总体经营目标和发展战略。（4）具有适当的特定目的信托受托机构选任标准和程序。（5）具有开办信贷资产证券化业务所需要的专业人员、业务处理系统、会计核算系统、管理信息系统以及风险管理和内部控制制度。（6）最近3年内没有从事信贷资产证券化业务的不良记录。（7）中国银监会规定的其他审慎性条件。

6. A【解析】本题主要考查金融互换的特征。金融互换具有以下特征：（1）互换交易集外汇市场、证券市场、短期货币市场和长期资本市场业务于一身，既是融资的创新工具，也可用于金融管理。（2）能满足交易者对非标准化交易的要求。（3）用互换套期保值可以省却对其他金融衍生工具所需头寸的日常管理，使用简便且风险转移较快。（4）互换交易设置灵活。第Ⅰ、Ⅱ、Ⅲ项属于金融互换的特征，故A选项为正确答案。

7. A【解析】本题主要考查基金托管人的相关内容。申请取得基金托管人的资格，应具备以下条件：（1）净资产和资本充足率符合有关规定。（2）设有专门的基金托管部门。（3）取得基金从业资格的专职人员达到法定人数。（4）有安全保管基金财产的条件。（5）有安全高效的清算、交割系统。（6）有符合要求的营业场所、安全防范设施和与基金托管业务有关的其他设施。（7）有完善的内部稽核监控制度和风险控制制度。（8）法律、行政法规规定的和经国务院批准的国务院证券监督管理机构、国务院银行业监督管理机构规定的其他条件。

8. B【解析】本题主要考查基金财产的投资范围。根据相关法规，基金财产不得用于以下几个方面：（1）承销证券。（2）违反规定向他人贷款或者提供担保。（3）从事承担无限责任的投资。（4）买卖其他基金份额，但是国务院另有规定的除外。（5）向其基金管理人、基金托管人出资。（6）从事内幕交易、操纵证券交易价格及其他不正当的证券交易活动。（7）依照法律、行政法规有关规定，由国务院证券监督管理机构规定禁止的其他活动。第Ⅰ、Ⅱ、Ⅲ项都属于基金财产投资的限制范围，故本题选B选项。

9. D【解析】本题主要考查封闭式基金和开放式基金的区别。封闭式基金和开放式基金的区别包括：（1）期限不同。（2）份额限制不同。（3）交易场所不同。（4）价格形成方式不同。（5）基金份额资产净值公布的时间不同。（6）交易费用不同。（7）激励约束机制与投资策略不同。

10. C【解析】本题主要考查金融远期合约的种类。金融远期合约包括：（1）远期利率协议。（2）远期外汇合约。（3）远期股票合约。

11. B【解析】本题主要考查金融衍生工具的发展现状。金融衍生工具以场外交易为主。故第Ⅰ项说法错误。金融危机发生后，衍生品交易的增长趋势并未改变,但市场结构和品种结构发生了较大变化。故第Ⅱ项说法错误。按基础产品比较,利率衍生品无论在场内还是场外,均是名义金额最大的衍生品种类。其中,场外交易的利率互换占所有衍生品名义金额的半数以上,是最大的单个衍生品种类。按产品形态比较,远期和互换这两类具有对称性收益的衍生产品比收益不对称的期权类产品大得多,但是,在交易所市场上则正好相反。

12. C【解析】本题主要考查契约型基金与公司型基金区别。契约型基金和公司型基金区别主要在于:(1)法律主体资格不同。(2)资金的性质不同。(3)投资者的地位不同。(4)基金的营运依据不同。

13. A【解析】本题主要考查基金的分类。根据投资目标不同,基金可分为:(1)增长型基金。(2)收入型基金。(3)平衡型基金。

第十章 金融风险管理

考情分析

本章主要介绍金融风险的基础知识，包括风险的概念、特征，风险的传导机制，风险的分类，风险管理的基本方法和管理过程，风险管理的发展趋势等。本章的重点和考点都主要集中在风险的特征、传导、分类及风险管理上。

本章内容不多，但就过往的考试来看，仍为必考章节。

知识导读

金融风险管理	一、风险概述	风险的概念与特征	★★★
		风险的传导机制	★★
		金融风险的分类	★★★
	二、风险管理	风险管理概述	★★★
		风险管理方法	★★
		风险管理过程	★★
		风险管理的发展趋势	★

真题精选

一、选择题

1. 金融市场的（　　）功能主要用于解决道德风险问题，即解决投资决策做出后的非对称问题。

　　A. 风险管理
　　B. 信息生产
　　C. 资本配置
　　D. 监控与激励机制

2. 经济单位和个人对所面临的以及潜在的风险加以判断、归类整理并对风险的性质进行鉴定的过程是（　　）。

　　A. 风险评价
　　B. 风险估测
　　C. 风险识别
　　D. 风险管理效果评估

3. 与证券投资相关的所有风险被称为总风险，可分为（　　）。

　　A. 政策风险和市场风险
　　B. 汇率风险和利率风险
　　C. 自然风险和人为风险
　　D. 系统风险和非系统风险

4. 金融风险的特征不包括（　　）。

　　A. 确定性
　　B. 周期性
　　C. 可管理性
　　D. 扩散性

5. 下列行为，不能将风险转移到其他主体的是（　　）。

　　A. 套期保值
　　B. 购买保险
　　C. 分散投资
　　D. 投机套利

二、组合型选择题

1. 以下属于套期保值的基本原则的有（　　）。
   Ⅰ. 买卖方向对应
   Ⅱ. 品种相同
   Ⅲ. 数量相等
   Ⅳ. 月份相同或相近
   A. Ⅰ、Ⅲ、Ⅳ　　B. Ⅰ、Ⅱ、Ⅲ、Ⅳ
   C. Ⅱ、Ⅲ　　　　D. Ⅱ、Ⅳ

2. 非系统性风险包括（　　）。
   Ⅰ. 信用风险
   Ⅱ. 财务风险
   Ⅲ. 经营风险
   Ⅳ. 市场风险
   A. Ⅰ、Ⅱ、Ⅲ　　B. Ⅱ、Ⅲ、Ⅳ
   C. Ⅰ、Ⅱ、Ⅳ　　D. Ⅰ、Ⅲ、Ⅳ

3. 一般而言，政府债券所面临的风险主要有（　　）。
   Ⅰ. 信用风险
   Ⅱ. 偿债财务风险
   Ⅲ. 利率风险
   Ⅳ. 购买力风险
   A. Ⅲ、Ⅳ　　　　B. Ⅱ、Ⅲ、Ⅳ
   C. Ⅰ、Ⅱ　　　　D. Ⅰ、Ⅲ、Ⅳ

4. 重要法律法规变动对金融市场的影响属于（　　）。
   Ⅰ. 宏观经济风险
   Ⅱ. 系统性风险
   Ⅲ. 流动性风险
   Ⅳ. 信用风险
   A. Ⅰ、Ⅱ　　　　B. Ⅰ、Ⅱ、Ⅲ
   C. Ⅰ、Ⅳ　　　　D. Ⅰ、Ⅲ

5. 下列行为中，可能引发操作风险的有（　　）。
   Ⅰ. 员工操作失误
   Ⅱ. 系统存在缺陷
   Ⅲ. 物价水平波动
   Ⅳ. 外部事件的影响
   A. Ⅰ、Ⅱ、Ⅲ　　B. Ⅰ、Ⅱ、Ⅳ
   C. Ⅱ、Ⅲ、Ⅳ　　D. Ⅰ、Ⅱ、Ⅲ、Ⅳ

真题精选答案及详解

选择题答案速查表

1	2	3	4	5					
A	C	D	A	D					

组合型选择题答案速查表

1	2	3	4	5					
B	A	A	A	B					

一、选择题

1. A【解析】本题主要考查金融风险管理的作用。金融风险管理是指金融企业在筹集和经营资金的过程中，对金融风险进行识别、衡量和分析，并在此基础上有效地控制与处置金融风险，用最低成本，即用最经济合理的方法来实现最大安全保障的科学管理方法。金融市场的风险管理功能主要用于解决道德风险问题，即解决投资决策做出后的非对称问题。

2. C【解析】本题主要考查风险管理过程中的风险识别。风险识别指经济单位和个人对所面临的以及潜在的风险加以判断、归类整理并对风险的性质进行鉴定的过程。

3. D【解析】本题主要考查金融风险的分类。与证券投资相关的所有风险被称为总风险。总风险按能否分散可分为系统风险和非系统风险。

4. A【解析】本题主要考查金融风险的特征。金融风险的特征包括以下几点：（1）隐蔽性。（2）扩散性。（3）加速性。（4）不确定性。（5）可管理性。（6）周期性。（7）危害性。（8）客观性。

5. D【解析】本题主要考查风险转移的种类。风险转移的种类包括保险、风险分散化和套期保值。故本题选 D 选项。

二、组合型选择题

1. B【解析】本题主要考查套期保值的基本原则。套期保值的基本原则包括：（1）买卖方向对应原则。（2）品种相同原则。（3）数量相等原则。（4）月份相同或相近原则。

2. A【解析】本题主要考查非系统性风险的内容。金融风险分为系统性风险和非系统性风险。其中，非系统性风险包括：（1）信用风险。（2）财务风险。（3）经营风险。（4）流动性风险。（5）操作风险。市场风险属于系统性风险。

【易错警示】这里要注意区分系统性风险和非系统性风险。第Ⅳ项，市场风险属于系统性风险。

3. A【解析】本题主要考查政府债券的风险。政府债券是政府发行的债券，由政府承担还本付息的责任，是国家信用的体现。在各类债券中，政府债券的信用等级是最高的，通常被称为"金边债券"。投资者购买政府债券，是一种较安全的投资选择。由国家信用做保证，其信用风险和偿债风险都极低。故排除第Ⅰ、Ⅱ项，A 选项为正确答案。

4. A【解析】本题主要考查金融风险的分类。重要法律法规变动属于宏观经济风险。同时，宏观经济风险属于系统性风险。故第Ⅰ、Ⅱ项符合题意。

5. B【解析】本题主要考查操作风险的相关内容。操作风险指的是由于不完善或有问题的内部操作过程、人员、系统或外部事件而导致的直接或间接损失的风险。第Ⅲ项属于市场风险。

全真模拟测试题

一、选择题

1. 一般来说，温和的通货膨胀是指每年物价上升的比例在（　　）以内。
   A．5%　　　　B．8%
   C．10%　　　D．12%

2. （　　）是金融风险传导的基础。
   A．信息技术发展
   B．资产配置活动
   C．金融市场联动性
   D．投资者心理与预期的变化

3. 操作风险的特征不包括（　　）。
   A．不对称性　　B．可控性
   C．全面性　　　D．广泛性

二、组合型选择题

1. 宏观经济风险的特征包括（　　）。
   Ⅰ．隐藏性　　　Ⅱ．主观性
   Ⅲ．累积性　　　Ⅳ．潜在性
   A．Ⅰ、Ⅱ、Ⅲ　　B．Ⅰ、Ⅲ、Ⅳ
   C．Ⅱ、Ⅳ　　　　D．Ⅰ、Ⅱ、Ⅲ、Ⅳ

2. 下列选项中，属于信用风险特征的有（　　）。
   Ⅰ．主观性　　　Ⅱ．周期性
   Ⅲ．传染性　　　Ⅳ．客观性
   A．Ⅰ、Ⅱ、Ⅲ、Ⅳ　B．Ⅰ、Ⅲ、Ⅳ
   C．Ⅰ、Ⅲ、Ⅳ　　D．Ⅰ、Ⅱ

3. 下列属于风险管理办法中的风险分散原则的是（　　）。
   Ⅰ．资金投资组合流行
   Ⅱ．分散投资各类资产
   Ⅲ．投资衍生工具市场
   Ⅳ．资金投向不同市场
   A．Ⅰ、Ⅱ、Ⅲ　　B．Ⅰ、Ⅱ、Ⅳ
   C．Ⅰ、Ⅲ、Ⅳ　　D．Ⅰ、Ⅱ、Ⅳ

4. 下列选项中，（　　）属于金融风险的特征。
   Ⅰ．可避免性
   Ⅱ．可确定性
   Ⅲ．可扩张性
   Ⅳ．可测定性
   A．Ⅰ、Ⅱ、Ⅲ　　B．Ⅰ、Ⅱ、Ⅲ、Ⅳ
   C．Ⅰ、Ⅲ、Ⅳ　　D．Ⅱ、Ⅳ

5. 下列属于宏观经济风险影响因素的有（　　）。
   Ⅰ．体制因素
   Ⅱ．经济接轨情况
   Ⅲ．政策因素
   Ⅳ．国际经济协调状况
   A．Ⅰ、Ⅱ、Ⅲ　　B．Ⅰ、Ⅳ
   C．Ⅱ、Ⅳ　　　　D．Ⅰ、Ⅱ、Ⅲ、Ⅳ

6. 信用风险的影响因素包括（　　）。
   Ⅰ．通货膨胀的高低
   Ⅱ．全球银行业面临重大危机
   Ⅲ．金融衍生品市场的膨胀带来新挑战
   Ⅳ．全球债务规模急剧扩张，信用暴露日益增大
   A．Ⅰ、Ⅱ、Ⅲ　　B．Ⅰ、Ⅱ、Ⅳ
   C．Ⅱ、Ⅲ、Ⅳ　　D．Ⅰ、Ⅱ、Ⅲ、Ⅳ

7. 下列属于风险对冲的种类的是（　　）。
   Ⅰ．套期保值
   Ⅱ．期权对冲
   Ⅲ．商品期货对冲
   Ⅳ．股指期货对冲
   A．Ⅰ、Ⅱ、Ⅲ、Ⅳ　B．Ⅰ、Ⅱ、Ⅲ
   C．Ⅱ、Ⅳ　　　　　D．Ⅱ、Ⅲ、Ⅳ

8. 在通货膨胀高涨时期，投资者可以采取（　　）措施，增强适应市场的能力。
   Ⅰ．购买创新的浮动收益证券
   Ⅱ．股票投资
   Ⅲ．适当地增加负债，享受通货膨胀导致货币贬值所带来的利得
   Ⅳ．投资最能涨价的商品
   A．Ⅰ、Ⅱ、Ⅲ、Ⅳ　B．Ⅰ、Ⅱ、Ⅲ

C．Ⅰ、Ⅱ、Ⅳ　　D．Ⅱ、Ⅲ、Ⅳ

9．下列属于流动性风险特征的有（　　）。

Ⅰ．流动性风险具有可预测性

Ⅱ．流动性的正负扰动对流动性风险的变化存在非对称效应

Ⅲ．流动性风险自身存在显著的"集聚"性

Ⅳ．流动性风险和股价运动的趋势存在显著的负相关性

A．Ⅱ、Ⅲ　　B．Ⅱ、Ⅲ、Ⅳ

C．Ⅰ、Ⅱ、Ⅳ　　D．Ⅰ、Ⅱ、Ⅲ、Ⅳ

10．风险对冲应遵循的原则有（　　）。

Ⅰ．商品种类相同原则

Ⅱ．数量相等或相近原则

Ⅲ．交易方向相反原则

Ⅳ．月份相同或相近原则

A．Ⅰ、Ⅱ、Ⅲ　　B．Ⅱ、Ⅲ、Ⅳ

C．Ⅰ、Ⅱ、Ⅳ　　D．Ⅰ、Ⅱ、Ⅲ、Ⅳ

11．下列选项中，属于风险管理常用工具的有（　　）。

Ⅰ．风险对冲

Ⅱ．风险规避

Ⅲ．风险补偿

Ⅳ．风险分散

A．Ⅰ、Ⅱ、Ⅲ　　B．Ⅱ、Ⅲ、Ⅳ

C．Ⅰ、Ⅱ、Ⅳ　　D．Ⅰ、Ⅱ、Ⅲ、Ⅳ

12．风险分散中，分散投资的方法包括（　　）。

Ⅰ．风险分散法

Ⅱ．地域分散法

Ⅲ．期限分散法

Ⅳ．时机分散法

A．Ⅰ、Ⅱ、Ⅲ　　B．Ⅱ、Ⅲ、Ⅳ

C．Ⅰ、Ⅱ、Ⅳ　　D．Ⅰ、Ⅱ、Ⅲ、Ⅳ

全真模拟测试题答案及详解

选择题答案速查表

1	2	3							
C	C	C							

组合型选择题答案速查表

1	2	3	4	5	6	7	8	9	10
B	B	D	C	D	C	A	D	B	D
11	12								
D	B								

一、选择题

1．C【解析】本题主要考查购买力风险的相关内容。温和的通货膨胀是指每年物价上升的比例在10%以内。

2．C【解析】本题主要考查金融风险影响因素的相关内容。金融市场联动性是金融风险传导的基础。

3．C【解析】本题主要考查操作风险的特征。操作风险的特征包括：（1）可控性。（2）广泛性。（3）不对称性。

【易错警示】题干中C选项属于财务风险的特征，考生在答题过程中应仔细审题，在C、D选项中选出正确答案。

二、组合型选择题

1. B【解析】本题主要考查宏观经济风险的特征。宏观经济风险的特征包括：（1）潜在性。（2）隐藏性。（3）累积性。

2. B【解析】本题主要考查信用风险的特征。信用风险的特征包括：（1）客观性。（2）传染性。（3）可控性。（4）周期性。

3. D【解析】本题主要考查风险分散的原则。风险管理办法中，风险分散的原则有：（1）资金投向不同市场。（2）资金投资组合流行。（3）分散投资各类资产。

4. C【解析】本题主要考查金融风险的特征。金融风险的特征包括：（1）可避免性。（2）可测定性。（3）可控性。（4）可扩张性。

5. D【解析】本题主要考查宏观经济风险的影响因素。宏观经济风险的影响因素包括：（1）体制因素。（2）经济运行机制因素。（3）经济素质因素。（4）政策因素。（5）政治因素。（6）对外开放程度。（7）管制情况。（8）经济接轨情况。（9）国际经济传递渠道。（10）国际经济体系。（11）国际经济环境。（12）国际经济协调状况。（13）国际政治环境等。

6. C【解析】本题主要考查信用风险的影响因素。信用风险的影响因素包括：（1）全球债务规模急剧扩张，信用暴露日益增大。（2）全球银行业面临重大危机。（3）金融衍生品市场的膨胀带来新挑战。

7. A【解析】本题主要考查风险对冲的种类。风险对冲的种类包括：（1）股指期货对冲。（2）商品期货对冲。（3）套期保值。（4）期权对冲。

8. D【解析】本题主要考查购买力风险的相关内容。在通货膨胀高涨时期，投资主体的应对策略是选择适当的金融创新产品，从而增强适应市场的能力，具体可从以下几个方面入手：（1）投资最能涨价的商品，才能最大地分享通货膨胀的收益。（2）股票投资在普通的金融工具中被认为在适度通货膨胀下，能规避通货膨胀的风险，实现保值增值的最佳投资产品。（3）购买创新的固定收益证券。（4）各经济主体可以适当地增加负债，特别是增加低利率、固定利率的负债，享受通货膨胀导致货币贬值所带来的利得。

【易错警示】在通货膨胀高涨时期，投资主体应购买创新的固定收益证券。

9. B【解析】本题主要考查流动性风险的特征。流动性风险的特征包括：（1）流动性风险自身存在显著的"集聚"性。（2）流动性的正负扰动对流动性风险的变化存在非对称效应。（3）流动性风险和股价运动的趋势存在显著的负相关性。

10. D【解析】本题主要考查风险对冲的运用机制。风险对冲须遵守下列操作原则：（1）交易方向相反原则。（2）商品种类相同原则。（3）数量相等或相近原则。（4）月份相同或相近原则。

11. D【解析】本题主要考查风险管理的常用工具。风险管理的常用工具包括：（1）风险分散。（2）风险对冲。（3）风险转移。（4）风险规避。（5）风险补偿。

12. B【解析】本题主要考查风险分散的方法。证券市场中分散投资的方法包括：（1）对象分散法。（2）时机分散法。（3）地域分散法。（4）期限分散法。

第三部分 证券市场基本法律法规

第十一章 证券市场基本法律法规

考情分析

本章为全书的基础性内容，共六节。主要通过介绍我国证券市场的法律法规体系，以及在体系中比较重要的公司法、证券法、基金法、期货交易管理条例、证券公司监督管理条例的相关规定来理解我国证券市场的基本法律法规。

公司法、证券法、基金法、期货交易管理条例、证券公司监督管理条例是我国证券市场法律法规体系的重要内容，而其中的公司法、证券法更是其核心部分。鉴于其法律地位的重要性，在历次考试中，对公司法、证券法、基金法和证券公司监督管理条例的考查频率较多，其中，公司法和证券法的相关规定更是考查的重中之重。

知识导读

证券市场基本法律法规	一、证券市场的法律法规体系	证券市场法律法规体系的主要层次	★★
		证券市场各层级的主要法律、法规	★
	二、公司法	公司的种类	★★★
		公司法人财产权的概念	★★
		关于公司经营原则的规定	★★
		分公司和子公司的法律地位	★★
		公司的设立方式及设立登记的要求	★
		公司章程的内容	★
		公司对外投资和担保的规定	★★
		关于禁止公司股东滥用权利的规定	★★
		有限责任公司的设立和组织机构	★
		有限责任公司注册资本制度	★★
		有限责任公司股东会、董事会、监事会的职权	★★
		有限责任公司股权转让的相关规定	★★★
		股份有限公司的设立方式与程序	★★★
		股份有限公司的组织机构	★★
		股份有限公司的股份发行和转让	★★

续表

证券市场基本法律法规	三、证券法	上市公司组织机构的特别规定	★★
		董事、监事和高级管理人员的义务和责任	★
		公司财务会计制度的基本要求和内容	★★★
		公司合并、分立的种类及程序	★
		高级管理人员、控股股东、实际控制人、关联关系的概念	★★
		关于虚报注册资本、欺诈取得公司登记、虚假出资、抽逃出资、另立账簿、财务会计报告虚假记载等法律责任	★★
		证券法的适用范围	★★
		证券发行和交易的"三公"原则	★★★
		发行交易当事人的行为准则	★★★
		证券发行、交易活动禁止行为的规定	★★★
		公开发行证券的有关规定	★★★
		证券承销业务的种类、承销协议的主要内容	★★
		承销团及主承销人	★★
		证券的销售期限	★★
		代销制度	★★
		证券交易的条件及方式等一般规定	★★★
		股票上市的条件、申请和公告	★★★
		债券上市的条件和申请	★★★
		证券交易暂停和终止的情形	★★
		信息公开制度及信息公开不实的法律后果	★★
		内幕交易行为	★★★
		操纵证券市场行为	★★
		虚假陈述、信息误导行为和欺诈客户行为	★★★
		上市公司收购的概念和方式	★★★
		上市公司收购的程序和规则	★★
		违反证券发行规定的法律责任	★★
		违反证券交易规定的法律责任	★★
		上市公司收购的法律责任	★★★
		违反证券机构管理、人员管理相关规定的法律责任及证券机构的法律责任	★★
	四、基金法	基金管理人、基金托管人和基金份额持有人的概念、权利和义务	★★★
		设立基金管理公司的条件	★

续表

证券市场基本法律法规	四、基金法	基金管理人的禁止行为	★★
		公募基金运作的方式	★
		基金财产的独立性要求	★★★
		基金财产债权债务独立性的意义	★★★
		基金公开募集与非公开募集的区别	★★
		非公开募集基金的合格投资者的要求	★
		非公开募集基金的投资范围	★
		非公开募集基金管理人的登记及非公开募集基金的备案要求	★
		非公开募集基金管理人的登记及非公开募集基金的备案相关的法律责任	★
	五、期货交易管理条例	期货的概念、特征及其种类	★★★
		期货交易所的职责	★★
		期货交易所会员管理、内部管理制度的相关规定	★
		期货公司设立的条件	★
		期货公司的业务许可制度	★
		期货交易的基本规则	★
		期货监督管理的基本内容	★
		期货相关法律责任的规定	★
	六、证券公司监督管理条例	证券公司依法审慎经营、履行诚信义务的规定	★★
		禁止证券公司股东和实际控制人滥用权利、损害客户权益的规定	★★
		证券公司股东出资的规定	★
		关于成为持有证券公司5%以上股权的股东、实际控制人资格的规定	★
		证券公司设立时业务范围的规定	★★★
		证券公司变更公司章程重要条款的规定	★★
		证券公司合并、分立、停业、解散或者破产的相关规定	★
		证券公司及其境内分支机构的设立、变更、注销登记的规定	★
		有关证券公司组织机构的规定	★★
		证券公司及其境内分支机构经营业务的规定	★★★
		证券公司为客户开立证券账户管理的有关规定	★★★
		关于客户资产保护的相关规定	★★
		证券公司客户交易结算资金管理的规定	★★
		证券公司信息报送的主要内容和要求	★

续表

证券市场基本法律法规	六、证券公司监督管理条例	证券监督管理机构对证券公司进行监督管理的主要措施（月度、年度报告、信息披露、检查、责令限期整改的情形及可采取的措施）	★
		证券公司主要违法违规情形及其处罚措施	★

真题精选

一、选择题

1. 下列关于公司的说法中，不正确的是（　　）。
   A. 凡是依法设立的企业都是公司
   B. 凡是依法设立的公司都是法人
   C. 公司享有法人财产权
   D. 公司是依照《中华人民共和国公司法》设立的企业法人

2. 下列不属于监事会职权的是（　　）。
   A. 提议召开临时股东会会议
   B. 检查公司财务
   C. 向董事会会议提出提案
   D. 对董事、高级管理人员执行公司职务的行为进行监督

3. 证券公司的（　　）应当对证券公司年度报告签署确认意见。
   A. 财务负责人
   B. 董事、高级管理人员
   C. 业务负责人
   D. 经营管理的主要负责人

4. 由承销商先将发行人债券全部认购下来，然后再向投资者发售，由承销商承担全部风险的承销方式是（　　）。
   A. 全额包销
   B. 余额包销
   C. 全额代销
   D. 余额代销

5. 有限责任公司董事会的成员人数可能为（　　）人。
   A. 2
   B. 5
   C. 15
   D. 20

6. 期货保证金安全存管监控机构依照有关规定对保证金安全（　　）监管。
   A. 每日稽核
   B. 每周稽核
   C. 每月稽核
   D. 每年稽核

7. 股份有限公司发行新股时，（　　）应当对新股种类、数额及发行价格等作出决议。
   A. 股东大会
   B. 监事会
   C. 董事会
   D. 经理

8. 证券发行与交易的"三公原则"是指（　　）。
   A. 公正、公平、公开
   B. 公信、公平、公开
   C. 公共、公平、公开
   D. 公正、公信、公平

9. 以募集设立方式设立股份有限公司的，发起人认购的股份不得少于公司股份总数的（　　），法律、行政法规另有规定的，从其规定。
   A. 35%
   B. 30%
   C. 20%
   D. 40%

10. 为了保证基金资产的安全，基金应

按照资产管理和保管分开的原则进行运作，并由专门的（　　）保管基金资产。

A. 基金管理人
B. 基金托管人
C. 基金份额持有人
D. 基金份额登记机构

11．公司的发起人在公司成立后抽逃其出资的，由公司登记机关责令改正，处以（　　）的罚款。

A. 所抽逃出资金额 5% 以上 10% 以下
B. 所抽逃出资金额 10% 以上 15% 以下
C. 所抽逃出资金额 5% 以上 15% 以下
D. 所抽逃出资金额 1% 以上 15% 以下

12．公司债券上市交易的公司，应当在每一会计年度结束之日起（　　）个月内，向证监会和证券交易所报送年度报告，并予公告。

A. 1　　　　　　B. 3
C. 4　　　　　　D. 6

13．净资产低于实收资本（　　）的单位，不得成为持有证券公司 5% 以上股权的股东、实际控制人。

A. 50%　　　　　B. 55%
C. 65%　　　　　D. 70%

14．我国《证券法》明文列示的证券公司操纵市场行为是（　　）。

A. 在自己实际控制的账户之间进行证券交易，影响证券交易价格或者证券交易量
B. 依法拓宽资金入市渠道，禁止资金违规流入股市
C. 证券内幕信息的知情人和非法获取证券内幕信息的人，在内幕信息公开前，不能买卖该公司的证券
D. 经客户的委托为客户买卖

15．股份有限公司发行无记名股票的，公司应当记载的事项不包括（　　）。

A. 股票发行日期
B. 股东所持股份数
C. 股东取得股份的日期
D. 股东所持股票的编号

16．下列对于上市公司的监督及相关信息披露的描述中，错误的是（　　）。

A. 监督的内容包括上市公司分派或者配售新股的情况
B. 监督的内容包括上市公司年度报告、临时报告以及公告的情况
C. 监督的内容包括上市公司控股股东和信息披露义务人的行为
D. 证券交易所对上市公司年度报告、中期报告、临时报告以及公告的情况进行监督

17．下列关于公开发行证券的说法中，错误的是（　　）。

A. 申请文件置备于指定场所供公众查阅
B. 改变招股说明书所列资金用途，必须经股东大会作出决议
C. 股票依法发行后，发行人经营与收益的变化，由发行人自行负责
D. 公开发行公司债券筹集的资金可以用于弥补亏损和非生产性支出

18．未经（　　）批准，任何单位和个人不得委托或者接受他人委托持有或者管理期货公司的股权。

A. 工商管理部门
B. 人民银行
C. 国务院期货监督管理机构
D. 财政部

19．国有独资公司属于（　　）。

A. 有限责任公司
B. 股份有限公司
C. 个人独资企业
D. 一人有限公司

20．证券公司停业、解散或者破产的，应当经（　　）批准，并按照有关规定安置客户、处理未了结的业务。

A. 证券业协会
B. 证券交易所
C. 证券登记结算机构
D. 国务院证券监督管理机构

21. 下列机构的董事会中，必须有职工代表的是（　　）。
    A. 2个以上的国有企业投资设立的有限责任公司
    B. 1个国有投资主体投资设立的有限责任公司
    C. 合伙企业
    D. 外商独资企业

22. 上市公司董事、监事、高级管理人员、持有上市公司股份5%以上的股东，将其持有的该公司的股票在买入后6个月内又卖出，公司董事会应当收回其所得收益，股东亦有权要求董事会在30日内执行，董事会未在上述期限内执行的，股东可采取下列（　　）措施。
    A. 股东有权为了公司的利益以自己的名义直接向人民法院提起诉讼
    B. 股东有权为了公司的利益以公司的名义直接向人民法院提起诉讼
    C. 股东必须先提起仲裁，再提起诉讼
    D. 股东必须先向证券交易所报告，再提起诉讼

23. 公司剩余财产优先支付的是（　　）。
    A. 普通股股东
    B. 优先股股东
    C. 债权人
    D. 员工工资

24. 依据我国《证券投资基金法》的相关规定，违反法律、行政法规或者国务院证券监督管理机构的有关规定，情节严重的，国务院证券监督管理机构可以对有关责任人员采取（　　）的措施。
    A. 羁押
    B. 治安管理
    C. 行政拘留
    D. 证券市场禁入

25. 公开披露的基金信息不包括（　　）。
    A. 基金托管协议
    B. 基金招募说明书
    C. 股东会决议
    D. 临时报告

26. 下列关于上市交易申请的说法中，错误的是（　　）。
    A. 申请证券上市的公司应与证券交易所签订上市协议
    B. 中国证监会根据国务院授权的部门的决定安排政府债券上市交易
    C. 申请证券上市交易，应当向证券交易所提出申请
    D. 证券交易所根据国务院授权的部门的决定安排政府债券上市交易

27. 下列选项中，说法正确的是（　　）。
    A. 证券公司可以根据实际需要，将列入限制名单的时点前移，但不应造成内幕信息的泄露和不当流动
    B. 某公司约定收购要约的收购期限为20日
    C. 股东大会的所有决议，只要出席会议的股东所持表决权过半数就能通过
    D. 有限责任公司成立后，发现作为设立公司出资的非货币财产的实际价额显著低于公司章程所定价额的，公司设立时的其他股东应补足其差额

28. 下列关于证券交易暂停和终止情形的说法中，错误的是（　　）。
    A. 公司解散或者被宣告破产的，由证券交易所决定终止其股票上市交易
    B. 公司有重大违法行为，由证券交易所决定暂停其股票上市交易
    C. 发行公司债券所募集的资金不按照核准的用途使用，由证券交易所决定暂停其公司债券上市交易
    D. 公司最近1年发生亏损，由证券交易所决定终止其股票上市交易

29. 我国《证券法》规定的证券公司的组织形式为（　　）。
    A. 私营合伙企业
    B. 私营独资企业

C. 有限责任公司或股份有限公司
D. 非法人组织形式

30. 封闭式基金的基金份额总额在基金合同期限内（　　），可以在依法设立的证券交易场所交易，但基金份额持有人（　　）。
A. 逐渐增加；可以申请赎回
B. 逐渐减少；可以申请赎回
C. 处于变动中；不得申请赎回
D. 固定不变；不得申请赎回

31. 基金财产的债务由基金财产本身承担，基金份额持有人以（　　）为限对基金财产的债务承担责任。但基金合同依照本法另有约定的，从其约定。
A. 银行储蓄存款和持有的证券资产
B. 持有的证券资产
C. 出资
D. 银行储蓄存款

32. 基金财产的债权不得与基金管理人、基金托管人固有财产的债务相抵销，不同基金财产的债权债务不得相互抵销，这体现了基金财产的（　　）。
A. 独立性　　　　B. 相对性
C. 绝对性　　　　D. 混用性

33. 甲股份有限公司的公司章程规定董事会成员为9人，但截至2015年4月25日时，该公司董事会成员实际为5人，下列说法正确的是（　　）。
A. 该公司应当在2015年6月25日前召开临时股东大会
B. 该公司应当在2015年5月25日前召开临时股东大会
C. 该公司可以不召开临时股东大会
D. 该公司的公司章程规定的董事会人数不符合我国《公司法》的规定

34. 有限责任公司股东会会议作出修改公司章程、增加或减少注册资本的协议，以及公司合并、分立、解散或者变更公司形式的决议，必须经代表（　　）表决权的股东通过。
A. 1/3以上　　　　B. 2/3以上
C. 1/2以上　　　　D. 全部

35. 股东大会一般每（　　）定期召开一次。
A. 2年　　　　B. 1年
C. 半年　　　　D. 1月

36. 某公司在3月1日委托证券公司承销，则其最迟应在（　　）承销结束。
A. 3月29日　　　　B. 5月29日
C. 5月1日　　　　D. 5月31日

37. 股份有限公司申请股票上市，其股本总额应不少于（　　）。
A. 人民币3000万元
B. 人民币5000万元
C. 人民币1亿元
D. 人民币4000万元

38. 非法设立期货公司或其他期货经营机构，或者擅自从事期货业务的，予以取缔，没收违法所得，并处违法所得1倍以上5倍以下罚款；没有违法所得或者违法所得小于20万元的，应当处以（　　）的罚款。
A. 20万元以上100万元以下
B. 15万元以上120万元以下
C. 25万元以上120万元以下
D. 20万元以上120万元以下

39. 下列证券发行业务应当由承销团承销的是（　　）。
A. 向不特定对象发行票面总值为人民币5千万元的证券
B. 向不特定对象发行票面总值为人民币1千万元的证券
C. 向特定对象发行票面总值为人民币5千万元的证券
D. 向特定对象发行票面总值为人民币1千万元的证券

二、组合型选择题

1. 下列选项中，可以担任公司法定代表人的有（　　）。

Ⅰ．董事长　　　　Ⅱ．执行董事
Ⅲ．经理　　　　　Ⅳ．监事长
A．Ⅰ、Ⅱ、Ⅲ　　　B．Ⅰ、Ⅱ、Ⅳ
C．Ⅰ、Ⅱ、Ⅲ　　　D．Ⅱ、Ⅲ、Ⅳ

2．下列属于证券公司章程中重要条款的是（　　）。
Ⅰ．证券公司的解散事由
Ⅱ．证券公司的清算办法
Ⅲ．证券公司的组织机构及其产生办法
Ⅳ．聘任律师事务所程序
A．Ⅰ、Ⅱ、Ⅲ、Ⅳ　B．Ⅰ、Ⅱ、Ⅲ
C．Ⅰ、Ⅱ　　　　　D．Ⅲ、Ⅳ

3．在融资融券业务中，如果相关主体违反我国《证券公司监督管理条例》的规定，有下列（　　）情形之一的，没有违法所得或者违法所得不足10万元的，处以10万元以上60万元以下的罚款。
Ⅰ．证券公司、资产托管机构、证券登记结算机构违反规定动用客户担保账户内的资金、证券
Ⅱ．资产托管机构、证券登记结算机构发现客户担保账户内的资金、证券被违法动用而未向国务院证券监督管理机构报告
Ⅲ．证券公司未按照规定编制并向客户送交对账单，或者未按照规定建立并有效执行信息查询制度
Ⅳ．资产托管机构、证券登记结算机构对违反规定动用客户担保账户内的资金、证券的申请、指令予以同意、执行
A．Ⅱ、Ⅲ、Ⅳ　　　B．Ⅰ、Ⅱ、Ⅲ
C．Ⅰ、Ⅱ、Ⅲ、Ⅳ　D．Ⅰ、Ⅱ、Ⅳ

4．包销与代销的区别包括（　　）。
Ⅰ．代销承销期结束时，将未售出的股票承销商自己购买
Ⅱ．包销承销期结束时，将未售出的股票承销商自己购买
Ⅲ．采用代销方式时，证券发行风险由发行人自行承担
Ⅳ．全额包销的承销商承担全部发行风险
A．Ⅰ、Ⅱ　　　　　B．Ⅱ、Ⅲ、Ⅳ
C．Ⅲ、Ⅳ　　　　　D．Ⅰ、Ⅱ、Ⅲ、Ⅳ

5．设立管理公开募集基金的基金管理公司，应当具备的条件有（　　）。
Ⅰ．注册资本不低于1亿元人民币
Ⅱ．最近5年没有违法记录
Ⅲ．有良好的风险控制制度
Ⅳ．取得基金从业资格的人员达到法定人数
A．Ⅰ、Ⅲ、Ⅳ　　　B．Ⅰ、Ⅱ、Ⅳ
C．Ⅰ、Ⅲ　　　　　D．Ⅱ

6．期货交易所应当及时公布上市品种合约的（　　）和其他应当公布的即时行情，并保证即时行情的真实、准确。
Ⅰ．成交量、成交价
Ⅱ．持仓明细
Ⅲ．最高价与最低价
Ⅳ．开盘价与收盘价
A．Ⅰ、Ⅱ、Ⅲ　　　B．Ⅱ、Ⅲ、Ⅳ
C．Ⅰ、Ⅱ、Ⅳ　　　D．Ⅰ、Ⅲ、Ⅳ

7．非法开设证券交易场所的，可采取的处罚措施有（　　）。
Ⅰ．由县级以上人民政府予以取缔
Ⅱ．处以违法所得1倍以上5倍以下的罚款
Ⅲ．违法所得不足10万元的，处以10万元以上50万元以下的罚款
Ⅳ．对直接负责的主管人员给予警告，并处以3万元以上30万元以下的罚款
A．Ⅰ、Ⅳ　　　　　B．Ⅱ、Ⅲ、Ⅳ
C．Ⅰ、Ⅱ、Ⅲ　　　D．Ⅰ、Ⅱ、Ⅲ、Ⅳ

8．股份有限公司章程应当载明的事项有（　　）。
Ⅰ．公司设立方式
Ⅱ．监事会的组成、职权和议事规则
Ⅲ．公司利润分配办法
Ⅳ．公司的通知和公告办法
A．Ⅰ、Ⅱ、Ⅲ　　　B．Ⅰ、Ⅲ、Ⅳ
C．Ⅰ、Ⅱ、Ⅲ、Ⅳ　D．Ⅱ、Ⅳ

9. 证券交易具有（　　）特征，决定了广大投资者只能委托证券经纪商代理买卖证券交易过程。

Ⅰ．交易过程的保密性
Ⅱ．交易方式的特殊性
Ⅲ．交易规则的严密性
Ⅳ．操作程序的复杂性
A．Ⅱ、Ⅲ、Ⅳ　　B．Ⅰ、Ⅱ、Ⅲ、Ⅳ
C．Ⅰ、Ⅱ、Ⅲ　　D．Ⅱ、Ⅳ

10. 私募基金运行期间，发生下列（　　）事项的，私募基金管理人应当在5个工作日内向基金业协会报告。

Ⅰ．基金合同发生重大变化
Ⅱ．投资者数量超过法律法规规定
Ⅲ．基金发生清盘或清算
Ⅳ．基金托管人数量范围发生变更
A．Ⅰ、Ⅱ、Ⅲ　　B．Ⅰ、Ⅱ、Ⅳ
C．Ⅰ、Ⅲ、Ⅳ　　D．Ⅰ、Ⅱ、Ⅲ、Ⅳ

11. 下列属于我国《证券法》适用范围的有（　　）。

Ⅰ．股票的发行
Ⅱ．公司债券的交易
Ⅲ．政府债券的上市交易
Ⅳ．证券投资基金份额的上市交易
A．Ⅰ、Ⅱ、Ⅲ、Ⅳ　B．Ⅱ、Ⅲ
C．Ⅰ、Ⅱ　　D．Ⅱ、Ⅳ

12. 下列属于内幕信息的是（　　）。

Ⅰ．上市公司收购的有关方案
Ⅱ．公司股权结构的重大变化
Ⅲ．公司分配股利或者增资的计划
Ⅳ．公司营业用主要资产的抵押、出售或者报废一次超过该资产的20%
A．Ⅰ、Ⅱ　　B．Ⅰ、Ⅱ、Ⅲ
C．Ⅱ、Ⅲ　　D．Ⅰ、Ⅲ、Ⅳ

13. 下列选项中，签订上市协议的公司应公告的事项有（　　）。

Ⅰ．股票获准在证券交易所交易的日期
Ⅱ．持有公司股份最多的前10名股东的名单
Ⅲ．公司的实际控制人
Ⅳ．高级管理人员持有本公司股票和债券的情况
A．Ⅰ、Ⅲ　　B．Ⅰ、Ⅱ、Ⅳ
C．Ⅱ、Ⅲ、Ⅳ　　D．Ⅰ、Ⅱ、Ⅲ、Ⅳ

14. 下列属于担任基金托管人的条件的有（　　）。

Ⅰ．设有专门的基金托管部门
Ⅱ．净资产符合有关规定
Ⅲ．取得基金从业资格的专职人员达到法定人数
Ⅳ．注册资本不低于1亿元人民币
A．Ⅰ、Ⅱ、Ⅲ　　B．Ⅰ、Ⅱ、Ⅳ
C．Ⅲ、Ⅳ　　D．Ⅱ、Ⅳ

15. 公司需向公司登记机关办理变更登记的行为有（　　）。

Ⅰ．公司合并　　Ⅱ．公司分立
Ⅲ．公司解散　　Ⅳ．公司新设
A．Ⅰ、Ⅳ　　B．Ⅰ、Ⅱ
C．Ⅱ、Ⅳ　　D．Ⅰ、Ⅱ、Ⅲ

16. 若发行人不符合发行条件，以欺骗手段骗取发行核准，可采取的处罚措施有（　　）。

Ⅰ．尚未发行证券的，处以30万元以上60万元以下的罚款
Ⅱ．已经发行证券的，处以非法所募资金金额1%以上5%以下的罚款
Ⅲ．对直接负责的主管人员和其他直接责任人员处3万元以上30万元以下的罚款
Ⅳ．吊销发行人营业执照
A．Ⅰ、Ⅱ、Ⅲ　　B．Ⅰ、Ⅱ、Ⅲ、Ⅳ
C．Ⅱ、Ⅳ　　D．Ⅰ、Ⅲ、Ⅳ

17. 外资持有股权的期货公司，应当按照法律、行政法规的规定，向（　　）申请办理外商投资企业批准证书，并向（　　）申请办理外汇登记、资本金账户开立以及有关资金结购汇手续。

Ⅰ．国务院商务主管部门
Ⅱ．证监会

Ⅲ．外汇管理部门
Ⅳ．人民银行
A．Ⅰ、Ⅲ B．Ⅰ、Ⅳ
C．Ⅱ、Ⅲ D．Ⅰ、Ⅱ

18．下列属于有限责任公司经理职权的有（　　）。
Ⅰ．组织实施公司年度经营计划和投资方案
Ⅱ．提请聘任或者解聘公司副经理
Ⅲ．决定公司财务负责人的报酬
Ⅳ．组织实施董事会决议
A．Ⅰ、Ⅱ B．Ⅱ、Ⅳ
C．Ⅰ、Ⅱ、Ⅳ D．Ⅰ、Ⅱ、Ⅲ、Ⅳ

19．根据我国《证券法》的规定，公开发行公司债券，应当符合的条件包括（　　）。
Ⅰ．股份有限公司的净资产不低于人民币3000万元，有限责任公司的净资产不低于人民币6000万元
Ⅱ．累计债券余额不超过公司净资产的40%
Ⅲ．最近3年平均可分配利润足以支付公司债券1年的利息
Ⅳ．债券的利率不超过国务院限定的利率水平
A．Ⅰ、Ⅱ、Ⅲ、Ⅳ B．Ⅱ、Ⅲ、Ⅳ
C．Ⅰ、Ⅱ D．Ⅰ、Ⅲ、Ⅳ

20．下列关于股份有限公司高级管理人员股份转让的说法中，正确的有（　　）。
Ⅰ．应当向公司申报所持有的本公司股份及其变动情况
Ⅱ．所持本公司股份自公司股票上市交易之日起1年内不得转让
Ⅲ．离职后1年内，不得转让其所持有的本公司股份
Ⅳ．在任职期间每年转让的股份不得超过其所持有本公司股份总数的30%
A．Ⅰ、Ⅱ B．Ⅲ、Ⅳ
C．Ⅰ、Ⅱ、Ⅲ D．Ⅰ、Ⅱ、Ⅳ

21．下列关于公司合并的说法中，正确的有（　　）。
Ⅰ．公司合并可以采取吸收合并或新设合并
Ⅱ．吸收合并，合并的各方解散
Ⅲ．新设合并，被吸收的公司解散
Ⅳ．公司合并时，合并各方的债权、债务，应当由合并后存续的公司或者新设的公司承继
A．Ⅰ、Ⅳ B．Ⅱ、Ⅲ
C．Ⅰ、Ⅲ D．Ⅱ、Ⅳ

22．证券发行、交易活动的当事人具有平等的法律地位，应当遵守（　　）的原则。
Ⅰ．自愿 Ⅱ．有偿
Ⅲ．无偿 Ⅳ．诚实信用
A．Ⅰ、Ⅳ B．Ⅰ、Ⅱ、Ⅳ
C．Ⅰ、Ⅲ D．Ⅱ、Ⅳ

23．证券公司对客户买卖证券的收益作出承诺的，可采取的处罚措施有（　　）。
Ⅰ．没收违法所得，并处以5万元以上20万元以下的罚款
Ⅱ．暂停或者撤销证券公司相关业务许可
Ⅲ．对直接负责的主管人员给予警告
Ⅳ．可以撤销直接负责的主管人员的任职资格
A．Ⅱ、Ⅲ、Ⅳ B．Ⅰ、Ⅲ、Ⅳ
C．Ⅰ、Ⅱ、Ⅲ D．Ⅰ、Ⅱ、Ⅲ、Ⅳ

24．下列有关有限责任公司股东出资责任的说法，错误的是（　　）。
Ⅰ．公司成立后发现作为设立公司出资的非货币财产的实际价额显著低于公司章程所定价额的，股东补足其差额，其他股东无须承担连带责任
Ⅱ．公司注册资本为在公司登记机关登记的全体股东实缴的出资额
Ⅲ．股东不按照规定缴纳出资的，向公司足额缴纳出资额后，无须承担其他责任
Ⅳ．股东以非货币财产出资的，该非货币财产应当评估作价，核实财产，不得高估或低估作价
A．Ⅰ、Ⅱ、Ⅲ B．Ⅱ、Ⅲ、Ⅳ

C.Ⅰ、Ⅱ、Ⅳ　　D.Ⅰ、Ⅲ、Ⅳ

25．证券交易所可以决定停牌的情况有（　　）。
Ⅰ．证券交易出现异常波动的
Ⅱ．对涉嫌违法违规交易的证券
Ⅲ．证券上市期届满
Ⅳ．上市公司披露定期报告、临时公告
A.Ⅰ、Ⅱ、Ⅳ　　B.Ⅰ、Ⅲ、Ⅳ
C.Ⅰ、Ⅱ、Ⅲ、Ⅳ　D.Ⅰ、Ⅲ

26．下列关于公司的设立和变更的说法，正确的有（　　）。
Ⅰ．设立公司，应当依法向公司登记机关申请设立登记
Ⅱ．依法设立的公司，由公司登记机关发给公司营业执照
Ⅲ．公众不得随意向公司登记机关申请查询公司登记事项
Ⅳ．有限责任公司变更为股份有限公司的，或者股份有限公司变更为有限责任公司的，公司变更前的债权、债务由变更后的公司承继
A.Ⅱ、Ⅲ、Ⅳ　　B.Ⅰ、Ⅱ、Ⅲ
C.Ⅰ、Ⅱ、Ⅲ、Ⅳ　D.Ⅰ、Ⅱ、Ⅳ

27．证券登记结算机构挪用客户的资金的，可采取的处罚措施有（　　）。
Ⅰ．没收违法所得，并处以违法所得1倍以上5倍以下的罚款
Ⅱ．没有违法所得，并给予警告
Ⅲ．违法所得不足10万元的，处以30万元以上60万元以下的罚款
Ⅳ．情节严重的，责令关闭或者撤销相关业务许可
A.Ⅰ、Ⅳ　　B.Ⅰ、Ⅱ、Ⅲ、Ⅳ
C.Ⅰ、Ⅱ、Ⅲ　D.Ⅱ、Ⅲ、Ⅳ

真题精选答案及详解

选择题答案速查表

1	2	3	4	5	6	7	8	9	10
A	C	B	A	B	A	A	A	A	B
11	12	13	14	15	16	17	18	19	20
C	C	A	A	C	D	D	C	A	D
21	22	23	24	25	26	27	28	29	30
A	A	D	D	C	B	A	D	C	D
31	32	33	34	35	36	37	38	39	
C	A	A	B	B	D	A	A	A	

组合型选择题答案速查表

1	2	3	4	5	6	7	8	9	10
A	B	D	B	A	D	D	C	A	A
11	12	13	14	15	16	17	18	19	20
A	B	D	A	B	A	A	C	A	A
21	22	23	24	25	26	27			
A	B	D	A	A	D	A			

一、选择题

1. A【解析】本题主要考查公司及其法人财产权。我国《公司法》第三条规定，公司是企业法人，有独立的法人财产，享有法人财产权。

【易错警示】公司是企业的一种形式，它也属于企业的范畴，而企业不一定是公司，除了公司外，还包含独资企业和合伙企业。换句话说，公司一定是法人，而企业不一定是法人（如合伙企业、个人独资企业不具有法人资格），公司是比企业小的一个概念。

2. C【解析】本题主要考查监事会职权。我国《公司法》第五十三条规定，监事会、不设监事会的公司的监事行使下列职权：（1）检查公司财务。（2）对董事、高级管理人员执行公司职务的行为进行监督，对违反法律、行政法规、公司章程或者股东会决议的董事、高级管理人员提出罢免建议。（3）当董事、高级管理人员的行为损害公司的利益时，要求董事、高级管理人员予以纠正。（4）提议召开临时股东会会议，在董事会不履行本法规定的召集和主持股东会会议职责时召集和主持股东会会议。（5）向股东会会议提出提案。（6）依照本法第一百五十二条的规定，对董事、高级管理人员提起诉讼。（7）公司章程规定的其他职权。

【易错警示】C选项应为：向股东会会议提出提案。考生应能正确区分股东大会、董事会、监事会及其各自职权。

3. B【解析】本题主要考查证券公司高级管理人员的义务和责任。我国《证券公司监督管理条例》第六十四条规定，证券公司的董事、高级管理人员应当对证券公司年度报告签署确认意见；经营管理的主要负责人和财务负责人应当对月度报告签署确认意见。

4. A【解析】本题主要考查全额包销的概念。全额包销是指证券公司作为承销商先全额买断发行人该次发行的证券，再向投资者发售，由承销商承担全部风险的承销方式。而余额包销是指承销商（承销团）按照规定的发行额和发行条件，在约定期限内向投资者发售股票，到销售截止日，如投资者实际认购总额低于预定发行总额，未售出的股票由承销商负责，并按约定时间向发行人支付全部证券款项。

5. B【解析】本题主要考查有限责任公司董事会的人数。我国《公司法》第四十四条规定，有限责任公司设董事会，除本法另有规定外，其成员为3人至13人。故本题选B选项。

6. A【解析】本题主要考查对期货保证金的监管。我国《期货交易管理条例》第五十三条规定，期货保证金安全存管监控机构依照有关规定对保证金安全实施监控，进行每日稽核，发现问题应当立即报告国务院期货监督管理机构。国务院期货监督管理机构应当根据不同情况，依照本条例有关规定

7. A【解析】本题主要考查公司发行新股需要股东大会决议的事项。我国《公司法》第一百三十三条规定，股份有限公司发行新股时，股东大会应当对下列事项作出决议：（1）新股种类及数额。（2）新股发行价格。（3）新股发行的起止日期。（4）向原有股东发行新股的种类及数额。

8. A【解析】本题主要考查证券交易的"三公"原则。我国《证券法》第三条规定，证券的发行、交易活动，必须实行公开、公平、公正的原则，即"三公"原则。

9. A【解析】本题主要考查发起人以募集设立方式设立股份有限公司的出资规定。我国《公司法》第八十四条规定，以募集设立方式设立股份有限公司的，发起人认购的股份不得少于公司股份总数的35%；但是，法律、行政法规另有规定的，从其规定。

10. B【解析】本题主要考查基金托管人的职责。为了保证基金资产的安全，基金应按照资产管理和保管分开的原则进行运作，并由专门的基金托管人保管基金资产。

11. C【解析】本题主要考查抽逃出资的法律责任。我国《公司法》第二百条规定，公司的发起人、股东在公司成立后，抽逃其出资的，由公司登记机关责令改正，处以所抽逃出资金额5%以上15%以下的罚款。

12. C【解析】本题主要考查上市公司和公司债券上市交易的公司的信息公开制度。我国《证券法》第六十六条规定，上市公司和公司债券上市交易的公司，应当在每一会计年度结束之日起4个月内，向国务院证券监督管理机构和证券交易所报送记载规定内容的年度报告，并予公告。

13. A【解析】本题主要考查持有证券公司5%以上股权的股东、实际控制人。我国《证券公司监督管理条例》第十条规定，有下列情形之一的单位或者个人，不得成为持有证券公司5%以上股权的股东、实际控制人：（1）因故意犯罪被判处刑罚，刑罚执行完毕未逾3年。（2）净资产低于实收资本的50%，或者或有负债达到净资产的50%。（3）不能清偿到期债务。（4）国务院证券监督管理机构认定的其他情形。

14. A【解析】本题主要考查操纵证券市场行为。我国《证券法》第七十七条规定，禁止任何人以下列手段操纵证券市场：（1）单独或者通过合谋，集中资金优势、持股优势或者利用信息优势联合或者连续买卖，操纵证券交易价格或者证券交易量。（2）与他人串通，以事先约定的时间、价格和方式相互进行证券交易，影响证券交易价格或者证券交易量。（3）在自己实际控制的账户之间进行证券交易，影响证券交易价格或者证券交易量。（4）以其他手段操纵证券市场。故本题选A选项。

15. C【解析】本题主要考查无记名股票的记载事项。我国《公司法》第一百三十条规定，发行无记名股票的，公司应当记载其股票数量、编号及发行日期。

【易错警示】我国《公司法》第一百三十条规定，公司发行记名股票的，应当置备股东名册，记载下列事项：（1）股东的姓名或者名称及住所。（2）各股东所持股份数。（3）各股东所持股票的编号。（4）各股东取得股份的日期。此处为常考知识点，需要考生准确区分记名股票和无记名股票的记载事项。

16. D【解析】本题主要考查信息公开制度及其监督。我国《证券法》第七十一条规定，国务院证券监督管理机构对上市公司年度报告、中期报告、临时报告以及公告的情况进行监督，对上市公司分派或者配售新股的情况进行监督，对上市公司控股股东及其他信息披露义务人的行为进行监督。

17. D【解析】本题主要考查公开发行证券的相关规定。我国《证券法》第十六条规定，公开发行公司债券筹集的资金，必须用于核准的用途，不得用于弥补亏损和非生产性支出。

18. C【解析】本题主要考查期货公司设立的相关规定。根据我国《期货交易管理条例》第十六条的规定，未经国务院期货监督管理机构批准，任何单位和个人不得委托或者接受他人委托持有或者管理期货公司的股权。故本题选 C 选项。

19. A【解析】本题主要考查国有独资公司。我国《公司法》第六十四条规定，本法所称国有独资公司，是指国家单独出资、由国务院或者地方人民政府授权本级人民政府国有资产监督管理机构履行出资人职责的有限责任公司。

20. D【解析】本题主要考查证券公司停业、解散、破产的相关规定。我国《证券公司监督管理条例》第十五条规定，证券公司合并、分立的，涉及客户权益的重大资产转让应当经具有证券相关业务资格的资产评估机构评估。证券公司停业、解散或者破产的，应当经国务院证券监督管理机构批准，并按照有关规定安置客户、处理未了结的业务。

21. A【解析】本题主要考查有限责任公司董事会对职工代表的要求。我国《公司法》第四十四条规定，2 个以上的国有企业或者 2 个以上的其他国有投资主体投资设立的有限责任公司，其董事会成员中应当有公司职工代表；其他有限责任公司董事会成员中可以有公司职工代表。故 A 选项正确，B 选项错误。另外，《公司法》对 C、D 两选项的职工代表未作要求。综上 A 选项为正确答案。

22. A【解析】本题主要考查证券交易的一般规定。我国《证券法》第四十七条规定，上市公司董事、监事、高级管理人员、持有上市公司股份 5% 以上的股东，将其持有的该公司的股票在买入后 6 个月内又卖出，或者在卖出后 6 个月内又买入，由此所得收益归该公司所有，公司董事会应当收回其所得收益。但是，证券公司因包销购入售后剩余股票而持有 5% 以上股份的，卖出该股票不受 6 个月时间限制。公司董事会不按照前款规定执行的，股东有权要求董事会在 30 日内执行。公司董事会未在上述期限内执行的，股东有权为了公司的利益以自己的名义直接向人民法院提起诉讼。公司董事会不按照规定执行的，负有责任的董事依法承担连带责任。

23. D【解析】本题主要考查公司剩余财产的分配顺序。我国《公司法》规定，公司剩余资产的分配顺序为：清算费用、职工的工资、社会保险费用和法定补偿金、缴纳所欠税款、清偿公司债务、发放优先股股利、发放普通股股利等。

24. D【解析】本题主要考查违反基金法的法律责任。我国《证券投资基金法》第一百四十九条规定，违反法律、行政法规或者国务院证券监督管理机构的有关规定，情节严重的，国务院证券监督管理机构可以对有关责任人员采取证券市场禁入的措施。

25. C【解析】本题主要考查公开披露基金信息的内容。我国《证券投资基金法》第七十七条规定，公开披露的基金信息包括：（1）基金招募说明书、基金合同、基金托管协议。（2）基金募集情况。（3）基金份额上市交易公告书。（4）基金资产净值、基金份额净值。（5）基金份额申购、赎回价格。（6）基金财产的资产组合季度报告、财务会计报告及中期和年度基金报告。（7）临时报告。（8）基金份额持有人大会决议。（9）基金管理人、基金托管人的专门基金托管部门的重大人事变动。（10）涉及基金财产、基金管理业务、基金托管业务的诉讼或者仲裁。（11）国务院证券监督管理机构规定应予披露的其他信息。

26. B【解析】本题主要考查证券的上市申请。我国《证券法》第四十八条规定，申请证券上市交易，应当向证券交易所提出申请，由证券交易所依法审核同意，并由双方签订上市协议。证券交易所根据国务院授权的部门的决定安排政府债券上市交易。

27. A【解析】本题主要考查《证券法》和《公司法》的相关规定。我国《证券法》第九十条规定，收购要约约定的收购期限不得少于30日，且不得超过60日。故B选项说法错误。我国《公司法》第一百零三条规定，股东大会作出决议，必须经出席会议的股东所持表决权过半数通过。但是，股东大会作出修改公司章程、增加或者减少注册资本的决议，以及公司合并、分立、解散或者变更公司形式的决议，必须经出席会议的股东所持表决权的2/3以上通过。故C选项说法错误。我国《公司法》第三十条规定，有限责任公司成立后，发现作为设立公司出资的非货币财产的实际价额显著低于公司章程所定价额的，应当由交付该出资的股东补足其差额；公司设立时的其他股东承担连带责任。故D选项说法错误。

【易错警示】本题要求考生整体把握《证券法》和《公司法》的相关规定。此类题目考查范围较大，对考生知识面的要求较高。

28. D【解析】本题主要考查证券交易暂停和终止的情形。我国《证券法》第五十六条规定，上市公司有下列情形之一的，由证券交易所决定终止其股票上市交易：（1）公司股本总额、股权分布等发生变化不再具备上市条件，在证券交易所规定的期限内仍不能达到上市条件。（2）公司不按照规定公开其财务状况，或者对财务会计报告作虚假记载，且拒绝纠正。（3）公司最近3年连续亏损，且在其后一个年度内未能恢复盈利。（4）公司解散或者被宣告破产。（5）证券交易所上市规则规定的其他情形。

29. C【解析】本题主要考查我国证券公司的组织形式。我国《证券法》第一百二十三条规定，本法所称证券公司是指依照《中华人民共和国公司法》和本法规定设立的经营证券业务的有限责任公司或者股份有限公司。

30. D【解析】本题主要考查封闭式基金的知识。封闭式基金是指经核准的基金份额总额在基金合同期限内固定不变，基金份额可以在依法设立的证券交易场所交易，但基金份额持有人不得申请赎回的基金。

31. C【解析】本题主要考查基金财产债券的承担规定。我国《证券投资基金法》第五条规定，基金财产的债务由基金财产本身承担，基金份额持有人以其出资为限对基金财产的债务承担责任。但基金合同依照本法另有约定的，从其约定。

32. A【解析】本题主要考查基金财产的独立性要求。基金财产的独立性要求，表现之一在于：基金财产的债权不得与基金管理人、基金托管人固有财产的债务相抵销，不同基金财产的债权债务不得相互抵销。

33. A【解析】本题主要考查股份有限公司董事会的相关知识。我国《公司法》规定，股份有限公司设董事会，其成员为5人至19人。董事人数不足本法规定人数或者公司章程所定人数的2/3时，应当在2个月内召开临时股东大会。甲股份有限公司的公司章程规定的董事会成员为9人，2015年4月25日董事会成员的实际人数少于公司章程的规定人数的2/3，应当在该情形发生之日起2个月内召开临时股东大会，即在2015年6月25日前召开。

34. B【解析】本题主要考查有限责任公司股东会的决策程序。我国《公司法》第四十三条规定，有限责任公司股东会会议作出修改公司章程、增加或减少注册资本的协议，以及公司合并、分立、解散或者变更公司形式的决议，必须经代表2/3以上表决权的股东通过。

【易错警示】有限责任公司对于一般的决议事项，代表半数以上表决权的股东同意即为通过；对与涉及需要修改公司章程、增加或者减少注册资本的决议，以及公司合并、分立、解散或者变更公司形式的决议必须经过代表2/3表决权的股东同意才为通过。

35. B【解析】本题主要考查股东大会的召开。我国《公司法》第一百条规定，股东大会一般每年定期召开一次。

36. D【解析】本题主要考查证券承销的期限。证券承销包括代销和包销两种。我国《证券法》第三十三条规定，证券的代销、包销期限最长不得超过90日。故本题选D选项。

37. A【解析】本题主要考查股票上市的条件。我国《证券法》第五十条规定，股份有限公司申请股票上市，应当符合下列条件：（1）股票经国务院证券监督管理机构核准已公开发行。（2）公司股本总额不少于人民币3000万元。（3）公开发行的股份达到公司股份总数的25%以上；公司股本总额超过人民币4亿元的，公开发行股份的比例为10%以上。（4）公司最近3年无重大违法行为，财务会计报告无虚假记载。（5）证券交易所可以规定高于前款规定的上市条件，并报国务院证券监督管理机构批准。

38. A【解析】本题主要考查期货相关法律责任的规定。我国《期货交易管理条例》第七十五条规定，非法设立期货公司或其他期货经营机构，或者擅自从事期货业务的，予以取缔，没收违法所得，并处违法所得1倍以上5倍以下罚款；没有违法所得或者违法所得不满20万元的，处20万元以上100万元以下的罚款。对单位直接负责的主管人员和其他直接责任人员给予警告，并处1万元以上10万元以下的罚款。

39. A【解析】本题主要考查证券承销的知识。我国《证券法》第三十二条规定，向不特定对象公开发行的证券票面总值超过人民币5千万元的，应当由承销团承销。承销团应当由主承销和参与承销的证券公司组成。故本题选A选项。

二、组合型选择题

1. A【解析】本题主要考查公司的法定代表人。我国《公司法》第十三条规定，公司法定代表人依照公司章程的规定，由董事长、执行董事或者经理担任，并依法登记。

2. B【解析】本题主要考查证券公司章程中的重要条款。我国《证券公司监督管理条例》第十三条规定，证券公司章程中的重要条款，是指规定下列事项的条款：（1）证券公司的名称、住所。（2）证券公司的组织机构及其产生办法、职权、议事规则。（3）证券公司对外投资、对外提供担保的类型、金额和内部审批程序。（4）证券公司的解散事由与清算办法。（5）国务院证券监督管理机构要求证券公司章程规定的其他事项。

3. D【解析】本题主要考查证券公司违法违规情形及其处罚。我国《证券公司监督管理条例》第八十三条规定，在融资融券业务中，违反本条例的规定，有下列情形之一的，责令改正，给予警告，没收违法所得，并处以违法所得1倍以上5倍以下的罚款；没有违法所得或者违法所得不足10万元的，处以10万元以上60万元以下的罚款；情节严重的，撤销相关业务许可。对直接负责的主管人员和其他直接责任人员给予警告，撤销任职资格或者证券从业资格，并处以3万元以上30万元以下的罚款：（1）未经批准，委托他人或者接受他人委托持有或者管理证券公司的股权，或者认购、受让或实际控制证券公司的股权。（2）证券公司股东、实际控制人强令、指使、协助、接受证券公司以证券经纪客户或者证券资产管理客户的资产提供融资或者担保。（3）证券公司、资产托管机构、证券登记结算机构违反规定动用客户的交易结算资金、委托资金和客户担保账户内的资金、证券。（4）资产托管机构、证券登记结算机构对违反规定动用委托资金和客户担保账户内的资金、证券的申请、指令予以同意、执行。（5）资产托管机构、证券登记结算机构发现委托资金和客户担保账户内的资金、证券被违法动用而未向国务院证券监督管理机构报告。

4. B【解析】本题主要考查包销和代销的区别。根据承销期结束时，承销商是否将未售出的股票自己购买，可将承销方式分为包销和代销两种。如果自己购买了未出售部分，就是包销，反之不购买则是代销。

【易错警示】承销方式有包销和代销两种。包销是指证券公司将发行人的证券按照协议全部购入或者在承销期结束时将售后剩余证券全部自行购入的承销方式。采用这种方式，当实际招募额达不到预定发行额时，剩余部分由承销商全部承购下来，并由承销商承担股票发行风险。全额包销是指由承销商（承销团）先全额购买发行人该次发行的股票，然后再向投资者发售。全额包销的承销商承担全部发行风险，可以保证发行人及时得到所需资金。余额包销，也称助销，是指承销商（承销团）按照规定的发行额和发行条件，在约定期限内向投资者发售股票，到销售截止日，如投资者实际认购总额低于预定发行总额，未售出的股票由承销商负责，并按约定时间向发行人支付全部证券款项。余额包销的承销商要承担部分发行风险。代销是指证券公司代发行人发售证券，在承销期结束时，将未售出的证券全部退还给发行人的承销方式。在代销方式下，在承销协议规定的承销期结束后，如果投资者实际认购总额低于发行人的预定发行总额，承销商（承销团）将未出售的证券全部退还给发行人。采用代销方式时，证券发行风险由发行人自行承担。

5. A【解析】本题主要考查设立基金管理公司的条件。我国《证券投资基金法》第十三条规定，设立管理公开募集基金的基金管理公司，应当具备下列条件，并经国务院证券监督管理机构批准：（1）有符合本法和《公司法》规定的章程。（2）注册资本不低于1亿元人民币，且必须为实缴货币资本。（3）主要股东应当具有经营金融业务或者管理金融机构的良好业绩、良好的财务状况和社会信誉。资产规模达到国务院规定的标准，最近3年没有违法记录。（4）取得基金从业资格的人员达到法定人数。（5）董事、监事、高级管理人员具备相应的任职条件。（6）有符合要求的营业场所、安全防范设施和与基金管理业务有关的其他设施。（7）有良好的内部治理结构、完善的内部稽核监控制度、风险控制制度。（8）法律、行政法规规定的和经国务院批准的国务院证券监督管理机构规定的其他条件。

6. D【解析】本题主要考查期货交易的基本规则。我国《期货交易管理条例》第二十八条规定，期货交易所应当及时公布上市品种合约的成交量、成交价、持仓量、最高价与最低价、开盘价与收盘价和其他应当公布的即时行情，并保证即时行情的真实、准确。期货交易所不得发布价格预测信息。未经期货交易所许可，任何单位和个人不得发布期货交易即时行情。

7. D【解析】本题主要考查非法开设证券交易场所的法律责任。我国《证券法》第一百九十六条规定，非法开设证券交易场所的，由县级以上人民政府予以取缔，没收违法所得，并处以违法所得1倍以上5倍以下的罚款；没有违法所得或者违法所得不足10万元的，处以10万元以上50万元以下的罚款。对直接负责的主管人员和其他直接责任人员给予警告，并处以3万元以上30万元以下的罚款。

8. C【解析】本题主要考查股份有限公司章程的记载事项。我国《公司法》第八十一条规定，股份有限公司章程应当载明下列事项：（1）公司名称和住所。（2）公司经营范围。（3）公司设立方式。（4）公司股份总数、每股金额和注册资本。（5）发起人的姓名或者名称、认购的股份数、出资方式和出资时间。（6）董事会的组成、职权和议事规则。（7）公司法定代表人。（8）监事会的组成、职权和议事规则。（9）公司利润分配办法。（10）公司的解散事由与清算办法。（11）公司的通知和公告办法。（12）股东大会会议认为需要规定的其他事项。

9. A【解析】本题主要考查证券交易的特征。证券交易具有方式的特殊性、交易规则的严密性和操作程序的复杂性等特征，这决定了广大投资者不能直接进入证券交易所买卖证券，而只能委托证券经纪商代理买卖来完成交易过程。

10. A【解析】本题主要考查私募基金的知识。我国《私募投资基金管理人登记和基金备案办法（试行）》第二十三条规定，私募基金运行期间，发生以下重大事项的，私募基金管理人应当在5个工作日内向基金业协会报告：（1）基金合同发生重大变化。（2）投资者数量超过法律法规规定。（3）基金发生清盘或清算。（4）私募基金管理人、基金托管人发生变更。（5）对基金持续运行、投资者利益、资产净值产生重大影响的其他事件。

11. A【解析】本题主要考查证券法的适用范围。我国《证券法》第二条规定，在中华人民共和国境内，股票、公司债券和国务院依法认定的其他证券的发行和交易，适用本法；本法未规定的，适用《公司法》和其他法律、行政法规的规定。政府债券、证券投资基金份额的上市交易，适用本法；其他法律、行政法规另有规定的，适用其规定。证券衍生品种发行、交易的管理办法，由国务院依照本法的原则规定。故本题选A选项。

12. B【解析】本题主要考查内幕信息的内容。我国《证券法》第七十五条规定，下列信息皆属内幕信息：（1）我国《证券法》第六十七条第二款所列重大事件。（2）公司分配股利或者增资的计划。（3）公司股权结构的重大变化。（4）公司债务担保的重大变更。（5）公司营业用主要资产的抵押、出售或者报废一次超过该资产的30%。（6）公司的董事、监事、高级管理人员的行为可能依法承担重大损害赔偿责任。（7）上市公司收购的有关方案。（8）国务院证券监督管理机构认定的对证券交易价格有显著影响的其他重要信息。

13. D【解析】本题主要考查股票上市应公告的内容。我国《证券法》第五十三条规定，股票上市交易申请经证券交易所审核同意后，签订上市协议的公司应当在规定的期限内公告股票上市的有关文件，并将该文件置备于指定场所供公众查阅。第五十四条规定，签订上市协议的公司除公告前条规定的文件外，还应当公告下列事项：（1）股票获准在证券交易所交易的日期。（2）持有公司股份最多的前10名股东的名单和持股数额。（3）公司的实际控制人。（4）董事、监事、高级管理人员的姓名及其持有本公司股票和债券的情况。

14. A【解析】本题主要考查担任基金托管人的条件。我国《证券投资基金法》第三十三条规定，担任基金托管人，应具备下列条件：（1）净资产和风险控制指标符合有关规定。（2）设有专门的基金托管部门。（3）取得基金从业资格的专职人员达到法定人数。（4）有安全保管基金财产的条件。（5）有安全高效的清算、交割系统。（6）有符合要求的营业场所、安全防范设施和与基金托管业务有关的其他设施。（7）有完善的内部稽核监控制度和风险控制制度。（8）法律、行政法规规定的和经国务院批准的国务院证券监督管理机构、国务院银行业监督管理机构规定的其他条件。

【易错警示】Ⅳ项为设立管理公开募集基金的基金管理公司应具备的条件之一。考生应能正确判断担任基金管理人、基金托管人和设立管理公开募集基金的基金管理公司所需具备的不同条件。

15. B【解析】本题主要考查公司合并、分立中的相关登记事项。我国《公司法》第一百七十九条规定，公司合并或者分立，登记事项发生变更的，应当依法向公司登记机关办理变更登记；公司解散的，应当依法办理公司注销登记；设立新公司的，应当依法办理公司设立登记。公司增加或者减少注册资本，应当依法向公司登记机关办理变更登记。

16. A【解析】本题主要考查违反证券发行规定的法律责任。我国《证券法》第一百八十九条规定，发行人不符合发行条件，以欺骗手段骗取发行核准，尚未发行证券的，处以30万元以上60万元以下的罚款；已经发行证券的，处以非法所募资金金额1%以上5%以下的罚款。对直接负责的主管人员和其他直接责任人员处以3万元以上30万元以下的罚款。

17. A【解析】本题主要考查外资持股权期货公司的知识。我国《期货公司监督管理办法》第十二条规定，外资持有股权的期货公司，应当按照法律、行政法规的规定，向国务院商务主管部门申请办理外商投资企业批准证书，并向外汇管理部门申请办理外汇登记、资本金账户开立以及有关资金结购汇手续。

18. C【解析】本题主要考查有限责任公司经理的职权。我国《公司法》第四十九条规定，有限责任公司可以设经理，由董事会决定聘任或者解聘。经理对董事会负责，行使下列职权：（1）主持公司的生产经营管理工作，组织实施董事会决议。（2）组织实施公司年度经营计划和投资方案。（3）拟订公司内部管理机构设置方案。（4）拟订公司的基本管理制度。（5）制定公司的具体规章。（6）提请聘任或者解聘公司副经理、财务负责人。（7）决定聘任或者解聘除应由董事会决定聘任或者解聘以外的负责管理人员。（8）董事会授予的其他职权。

【易错警示】第Ⅲ项是董事会的职权之一。考生应分清董事会和经理的职权。

19. A【解析】本题主要考查公开发行公司债券的条件。我国《证券法》第十六条规定，公开发行公司债券，应当符合下列条件：（1）股份有限公司的净资产不低于人民币3000万元，有限责任公司的净资产不低于人民币6000万元。（2）累计债券余额不超过公司净资产的40%。（3）最近3年平均可分配利润足以支付公司债券1年的利息。（4）筹集的资金投向符合国家产业政策。（5）债券的利率不超过国务院限定的利率水平。（6）国务院规定的其他条件。

20. A【解析】本题主要考查股份有限公司股份转让及不得转股的情形。我国《公司法》第一百四十一条规定，公司董事、监事、高级管理人员应当向公司申报所持有的本公司的股份及其变动情况，在任职期间每年转让的股份不得超过其所持有本公司股份总数的25%；所持本公司股份自公司股票上市交易之日起1年内不得转让。上述人员离职后半年内，不得转让其所持有的本公司股份。公司章程可以对公司董事、监事、高级管理人员转让其所持有的本公司股份作出其他限制性规定。

21. A【解析】本题主要考查公司合并的知识。一个公司吸收其他公司为吸收合并，被吸收的公司解散。2个以上公司合并设立一个新的公司为新设合并，合并各方解散。故第Ⅱ、Ⅲ项说法错误。

22. B【解析】本题主要考查证券发行交易当事人的行为准则。我国《证券法》第四条规定，证券发行、交易活动的当事人具有平等的法律地位，应当遵守自愿、有偿、诚实信用的原则。

23. D【解析】本题主要考查违反证券机构管理的法律责任。我国《证券法》第二百一十二条规定，证券公司办理经纪业务，接受客户的全权委托买卖证券的，或者证券公司对客户买卖证券的收益或者赔偿证券买卖的损失作出承诺的，责令改正，没收违法所得，并处以5万元以上20万元以下的罚款，可以暂停或者撤销相关业务许可。对直接负责的主管人员和其他直接责任人员给予警告,并处以3万元以上10万元以下的罚款,可以撤销任职资格或者证券从业资格。

24. A【解析】本题主要考查有限责任公司的注册资本制度。我国《公司法》第三十条规定,有限责任公司成立后,发现作为设立公司出资的非货币财产的实际价额显著低于公司章程所定价额的,应当由交付该出资的股东补足其差额;公司设立时的其他股东承担连带责任。故第Ⅰ项说法错误。第二十六条规定,有限责任公司的注册资本为在公司登记机关登记的全体股东认缴的出资额。故第Ⅱ项说法错误。第二十八条规定,股东不按规定缴纳出资的,除应当向公司足额缴纳外,还应当向已按期足额缴纳出资的股东承担违约责任。故第Ⅲ项说法错误。

25. A【解析】本题主要考查证券市场的特别交易规则。证券上市期届满或依法不再具备上市条件的,证券交易所要终止其上市交易,予以摘牌。故第Ⅲ项说法错误。

【易错警示】证券交易所对上市证券实施挂牌交易。挂牌是指证券被列入证券牌价表,并允许进行交易。摘牌是指将证券从证券牌价表中剔除,不允许再进行交易,如上市期届满或不再具备上市条件的,证券交易所要予以摘牌。停牌是指证券依然位于证券牌价表中,但停止进行交易,如出现异常波动的、上市公司披露定期报告、临时公告、涉嫌违法违规等,证券交易所要予以停牌。复牌是指处于停牌中的证券恢复进行交易。

26. D【解析】本题主要考查公司的设立和变更。我国《公司法》第六条规定,公众可以向公司登记机关申请查询公司登记事项,公司登记机关应当提供查询服务。因此,第Ⅲ项说法错误。

27. A【解析】本题主要考查证券登记结算机构挪用客户的资金的法律责任。我国《证券法》第二百一十一条规定,证券公司、证券登记结算机构挪用客户的资金或者证券,或者未经客户的委托,擅自为客户买卖证券的,责令改正,没收违法所得,并处以违法所得1倍以上5倍以下的罚款;没有违法所得或者违法所得不足10万元的,处以10万元以上60万元以下的罚款;情节严重的,责令关闭或者撤销相关业务许可。对直接负责的主管人员和其他直接责任人员给予警告,撤销任职资格或者证券从业资格,并处以3万元以上30万元以下的罚款。

全真模拟测试题

一、选择题

1. 根据规定,任何单位或个人认购或者受让证券公司的股权后,其持股比例达到证券公司注册资本的( ),应事先报告证券公司,由证券公司向国务院证券监督管理机构申请批准。

A. 10%   B. 3%
C. 1%   D. 5%

2. 未经批准,擅自设立证券公司的,由( )予以取缔。

A. 证券交易所
B. 证券监督管理机构
C. 工商管理机关
D. 公安机关

3. 根据我国现行法律法规规定,下列说法中,错误的是( )。

A. 设立管理公开募集基金的基金管理公司,注册资本必须为实缴货币资本
B. 客户的交易结算资金和证券资产管理客户的委托资产应当与证券公司、指定商业银行、资产托管机构的自有资产相互独立、分别管理
C. 任何单位或者个人不得对客户的交

易结算资金、委托资产申请查封、冻结或者强制执行

D．董事因故不能出席董事会会议的，可以书面委托其他董事代为出席

4．关于私募基金财产投资范围，下列说法错误的是（   ）。

A．私募基金财产可以买卖期权

B．私募基金财产可以买卖基金份额

C．私募基金财产不可以买卖股权

D．私募基金财产不可以买卖基金合同约定以外的其他投资标的

5．要约收购方式下，收购人公告要约收购报告书摘要后（   ）日内未能发出要约的，财务顾问应当督促收购人立即公告未能如期发出要约的原因及中国证监会提出的反馈意见。

A．3   B．7
C．15   D．30

6．我国《证券法》规定，证券代销、包销的期限最长不得超过（   ）日。

A．10   B．30
C．60   D．90

7．下列关于我国各类公司职工代表的说法中，错误的是（   ）。

A．国有独资公司监事会成员中应当包括公司职工代表

B．股份有限公司监事会成员中应当包括公司职工代表

C．国有独资公司董事会成员中可以包括公司职工代表

D．股份有限公司董事会成员中可以有公司职工代表

8．我国《证券投资基金法》规定，非公开募集基金募集完毕，基金管理人应当向（   ）备案。

A．中国人民银行

B．证券业协会

C．中国证监会

D．基金行业协会

9．我国《证券法》适用的区域包括（   ）。

A．中华人民共和国境内

B．中华人民共和国境内外华人区

C．香港、澳门特别行政区

D．台湾地区

10．下列不属于有限责任公司股东会职权的是（   ）。

A．审议批准董事会的报告

B．选举和更换非由职工代表担任的董事、监事，决定有关董事、监事的报酬事项

C．对公司合并、分立、解散、清算或者变更公司形式作出决议

D．制定公司的基本管理制度

11．基金管理人或者基金托管人不按照规定召集基金份额持有人大会的，责令改正，可以处（   ）万元以下罚款；对直接负责的主管人员和其他直接责任人员给予警告，暂停或者撤销基金从业资格。

A．5   B．10
C．15   D．30

12．非公开募集基金应当向合格投资者募集，合格投资者累计不得超过（   ）人。

A．50   B．100
C．200   D．500

13．证券公司从事证券资产管理业务不得采取的行为不包括（   ）。

A．使用客户资产进行不必要的证券交易

B．接受一个客户的单笔委托资产价值，低于国务院证券监督管理机构规定的最低限额

C．向客户作出保证其资产本金不受损失或者保证其取得最低收益的承诺

D．在证券自营账户与证券资产管理账户之间或者不同的证券资产管理账户之间进行交易，但有充分证据证明已依法实现有效隔离

14．上市公司负责股东会和董事会会议筹备、文件保管以及公司股东资料管理的是（   ）。

A. 合规负责人
B. 董事会秘书
C. 审计委员会委员
D. 独立董事

15. 股份有限公司的股东对公司承担（　　）。
A. 经营责任
B. 无限责任
C. 有限责任
D. 连带责任

16. 根据我国相关法律法规的规定，下列说法正确的是（　　）。
A. 股份有限公司采取发起设立方式设立的，在发起人认购的股份缴足前，不得向他人募集股份
B. 期货交易所负责每日发布价格预测信息
C. 副董事长必须由董事长任命
D. 证券公司可以对客户买卖证券损失的赔偿作出承诺

17. 担任因违法被吊销营业执照公司的法定代表人，并负有个人责任的，自该公司被吊销执照之日起未逾（　　）年，不得担任公司的董事、监事、高级管理人员。
A. 1　　　　B. 3
C. 5　　　　D. 10

18. 公司合并的，应当自作出合并决议之日起（　　）日内通知债权人，并于（　　）日内在报纸上公告。
A. 5；20　　　B. 15；20
C. 10；30　　　D. 20；30

19. 在期货交易所进行期货交易的应当是（　　）。
A. 期货交易所会员
B. 证券交易所会员
C. 机构投资者
D. 合格投资者

20. 下列对《期货交易管理条例》相关用语的表述中，错误的是（　　）。
A. 结算是指根据期货交易所公布的结算价格对交易双方的交易结果进行的资金清算和划转
B. 交割是指合约到期时，按照期货交易所的规则和程序，交易双方通过该合约所载标的物所有权的转移，或者按照规定结算价格进行现金差价结算，了结到期未平仓合约的过程
C. 平仓是指期货交易者买入或者卖出与其所持合约的品种、数量和交割月份相同但交易方向相反的合约，了结期货交易的行为
D. 持仓量是指期货交易者所持有的已平仓合约的数量

21. 我国《证券法》规定，证券交易当事人买卖的证券可以采用（　　）或者国务院证券监督管理机构规定的其他形式。
A. 纸面形式
B. 口头形式
C. 证券业协会规定的形式
D. 证券交易所规定的形式

22. 证券公司、资产托管机构、证券登记结算机构违反规定动用客户的交易结算资金和证券的，应给予的处罚不包括（　　）。
A. 责令改正
B. 给予警告
C. 没收违法所得，并处以违法所得1倍以上5倍以下的罚款
D. 没有违法所得或者违法所得不足10万元的，处10万元以上30万元以下的罚款

23. 证券公司的股东有虚假出资、抽逃出资行为的，（　　）应当责令其限期改正，并可责令其转让所持证券公司的股权。
A. 证券交易所
B. 中国证监会
C. 中国证券业协会
D. 国务院证券监督管理机构

24. 下列公司人员中，属于高级管理人员的是（　　）。
A. 董事长　　　B. 股东

C．董事会秘书　　D．监事

25．下列关于股份公司发行股份的表述中，错误的是（　　）。

A．任何单位或者个人所认购的股份，每股应当支付相同价额

B．公司发行新股，可以根据公司经营情况和财务状况，确定其作价方案

C．股份的发行，实行公平、公正的原则，同种类的每一股份应当具有同等权利

D．同次发行的同种类股票，每股的发行条件和价格不相同

26．根据相关规定，我国期货交易所的职责不包括（　　）。

A．组织并监督交易、结算和交割

B．提供交易的场所、设施和服务

C．为期货交易提供集中履约担保

D．直接参与期货交易

27．根据规定，下列说法错误的是（　　）。

A．股东人数较少或者规模较小的有限责任公司，可以设一名执行董事，执行董事可以兼任公司经理

B．公司章程是公司设立的最基本条件和最重要的法律文件，公司一旦制定公司章程，便不得再进行变更

C．未经国务院期货监督管理机构审核并报国务院批准，期货交易所不得从事信托投资、股票投资、非自用不动产投资等与其职责无关的业务

D．证券交易当事人依法买卖的证券，必须是依法发行并交付的证券

28．下列关于股份有限公司股东会、董事会和监事会会议记录的说法中，错误的是（　　）。

A．对于股东大会来说，主持人、已经出席会议的董事应当在会议记录上签名

B．对于股东大会来说，出席会议的股东应当在会议记录上签名

C．对于监事会来说，出席会议的监事应当在会议记录上签名

D．对于董事会来说，出席会议的董事应当在会议记录上签名

29．下列说法正确的是（　　）。

A．分公司是具有法人资格的独立机构

B．有限责任公司股东以货币出资的，应当将货币出资足额存入有限责任公司在银行开设的账户；以非货币财产出资的，应当依法办理其财产权的转移手续

C．采取要约收购方式的，收购人在收购期限内，可以卖出被收购公司的股票

D．证券公司成立后，自行停业连续3个月以上的，应处以3万元以上30万元以下的罚款

30．下列关于有限责任公司组织机构的说法中，错误的是（　　）。

A．董事会会议由董事长召集和主持

B．公司股东会可以决定本公司的经营方针和投资计划

C．监事会主席由全体监事过半数选举产生

D．公司董事会应负责检查公司财务

31．下列关于证券公司的说法中，正确的是（　　）。

A．证券公司章程中的重要条款包括证券公司股东大会召集程序的条款

B．经中国证监会批准的证券公司分支机构不包括从事业务经营活动的分公司

C．证券公司的股东可以约定不按照出资比例行使表决权

D．证券公司在境外设立证券经营机构，应当经国务院证券监督管理机构批准

32．根据我国《公司法》的规定，有限责任公司的权力机构是（　　）。

A．总经理

B．理事会

C．董事会

D．股东会

33．股份有限公司公开发行股份前已发

行的股份，自公司股票在证券交易所上市交易之日起（　　）内不得转让。
A．半年　　　　B．1 年
C．3 年　　　　D．6 年

34．证券公司未按照规定为客户开立账户且情节严重的，处以（　　）的罚款。
A．10 万元以上 30 万元以下
B．20 万元以上 50 万元以下
C．30 万元以上 100 万元以下
D．10 万元以上 60 万元以下

35．下列选项中，（　　）有权召集持有人大会。
A．证券公司
B．证券交易所
C．基金托管人
D．基金管理人

36．公司的经营范围由（　　）规定，并依法登记。
A．股东大会
B．工商局
C．公司章程
D．董事会

37．下列关于虚假取得公司登记的说法中，错误的是（　　）。
A．对虚报注册资本的公司，处以虚报注册资本金额 5% 以上 15% 以下的罚款
B．对提交虚假材料或者采取其他欺诈手段隐瞒重要事实的公司，处以 5 万元以上 50 万元以下的罚款
C．虚报注册资本、提交虚假材料或者采取其他欺诈手段隐瞒重要事实取得公司登记的，由公司登记机关责令改正
D．虚报注册资本取得公司登记的，一律撤销公司登记或者吊销营业执照

38．一般来说，涉及证券市场的部门规章及规范性文件由（　　）制定。
A．中国证监会
B．中国银监会
C．中国保监会
D．国务院

39．证券公司不得动用客户的交易结算资金或者委托资金的情形包括（　　）。
A．客户进行证券的申购、证券交易的结算
B．客户支付与证券交易有关的佣金、费用或者税款
C．证券公司借用客户资金，并于 30 日内还清
D．客户提款

40．持仓限额是指期货交易所对期货交易者的（　　）规定的最高数额。
A．持仓量
B．持仓品种
C．持仓价值
D．持仓成本

二、组合型选择题

1．根据我国现行规定，封闭式基金上市交易需要满足的条件包括（　　）。
Ⅰ．基金募集金额不低于 1 亿元人民币
Ⅱ．基金募集金额不低于 2 亿元人民币
Ⅲ．基金合同期限为 5 年以上
Ⅳ．基金份额持有人不少于 1000 人
A．Ⅱ、Ⅲ　　　B．Ⅱ、Ⅲ、Ⅳ
C．Ⅰ、Ⅲ、Ⅳ　D．Ⅱ、Ⅳ

2．下列情形中，不得担任公司董事的有（　　）。
Ⅰ．无民事行为能力或者限制民事行为能力
Ⅱ．因贪污、贿赂、侵占财产、挪用财产或者破坏社会主义市场经济秩序，被判处刑罚，执行期满未逾 5 年
Ⅲ．担任破产清算公司的董事，自该公司破产清算完结之日起未逾 5 年
Ⅳ．个人所负数额较大的债务到期未清偿
A．Ⅰ、Ⅱ、Ⅳ　B．Ⅰ、Ⅲ、Ⅳ
C．Ⅱ、Ⅲ　　　D．Ⅰ、Ⅱ、Ⅲ、Ⅳ

3. 《上海证券交易所股票上市规则》规定，上市公司应披露的定期报告包括（　　）。
  Ⅰ. 年度报告
  Ⅱ. 中期报告
  Ⅲ. 季度报告
  Ⅳ. 月度报告
  A. Ⅰ、Ⅱ、Ⅲ、Ⅳ　　B. Ⅰ、Ⅱ、Ⅲ
  C. Ⅰ、Ⅱ　　　　　　D. Ⅲ、Ⅳ

4. 关于召开股东会会议通知的时间，下列说法正确的有（　　）。
  Ⅰ. 全体股东若约定召开股东会会议应当于会议召开20日前通知全体股东，则从其约定
  Ⅱ. 公司章程若约定召开股东会会议应当于会议召开10日前通知全体股东，则从其约定
  Ⅲ. 召开股东会会议，应当于会议召开15日前通知全体股东
  Ⅳ. 召开股东会会议，应当于会议召开15日前通知全体股东，不能自行约定
  A. Ⅱ、Ⅳ　　　　　B. Ⅰ、Ⅲ、Ⅳ
  C. Ⅰ、Ⅱ、Ⅲ　　　D. Ⅰ、Ⅱ、Ⅲ、Ⅳ

5. 下列关于公司登记的表述中，错误的有（　　）。
  Ⅰ. 设立新公司的，应当依法办理公司设立登记
  Ⅱ. 公司解散的，应当依法办理公司注销登记
  Ⅲ. 公司合并或者分立，登记事项发生变更的，应当依法向公司登记机关办理设立登记
  Ⅳ. 公司增加或者减少注册资本，应当依法向公司登记机关办理注销登记
  A. Ⅰ、Ⅳ　　　　　B. Ⅰ、Ⅱ、Ⅳ
  C. Ⅱ、Ⅲ　　　　　D. Ⅲ、Ⅳ

6. 根据我国《证券法》的规定，下列说法正确的有（　　）。
  Ⅰ. 上市公司董事、监事、高级管理人员、持有上市公司股份5%以上的股东，将其持有的该公司的股票在买入后6个月内卖出，或者在卖出后6个月内又买入，由此所得收益归该公司所有，公司董事会应当收回其所得收益
  Ⅱ. 证券公司因包销购入售后剩余股票而持有5%以上股份的，卖出该股票不受6个月时间限制
  Ⅲ. 非法开设证券交易场所的，由县级以上人民政府予以取缔，没收违法所得，并处以违法所得1倍以上5倍以下的罚款；没有违法所得或者违法所得不足10万元的，处以10万元以上50万元以下的罚款
  Ⅳ. 非法开设证券交易场所的，对直接负责的主管人员和其他直接责任人员给予警告，并处以3万元以上30万元以下的罚款
  A. Ⅲ、Ⅳ　　　　　B. Ⅰ、Ⅲ
  C. Ⅰ、Ⅱ、Ⅳ　　　D. Ⅰ、Ⅱ、Ⅲ、Ⅳ

7. 下列（　　）可以担任证券公司实际控制人。
  Ⅰ. 因故意犯罪被判处刑罚，距刑罚执行完毕已过5年
  Ⅱ. 净资产为实收资本的80%
  Ⅲ. 不能清偿到期债务
  Ⅳ. 或有负债为净资产的60%
  A. Ⅰ、Ⅱ　　　　　B. Ⅰ、Ⅱ、Ⅲ、Ⅳ
  C. Ⅲ、Ⅳ　　　　　D. Ⅱ、Ⅲ

8. 下列关于股票上市交易的说法中，正确的是（　　）。
  Ⅰ. 上市交易申请应经证券交易所审核同意
  Ⅱ. 上市交易申请应经证券业协会审核同意
  Ⅲ. 签订上市协议的公司应当在规定的期限内公告股票上市的有关文件
  Ⅳ. 公告文件置备于指定场所供公众查阅
  A. Ⅰ、Ⅲ　　　　　B. Ⅰ、Ⅲ、Ⅳ
  C. Ⅱ、Ⅲ、Ⅳ　　　D. Ⅰ、Ⅳ

9. 下列属于证券承销业务种类的有（　　）。

Ⅰ．自销　　　　　Ⅱ．包销
Ⅲ．经销　　　　　Ⅳ．代销
A．Ⅰ、Ⅱ　　　　B．Ⅲ、Ⅳ
C．Ⅰ、Ⅲ　　　　D．Ⅱ、Ⅳ

10．设立股份有限公司公开发行股票的，需要向国务院证券监督管理机构报送的材料有（　　）。
Ⅰ．代收股款银行的名称及地址
Ⅱ．发起人协议
Ⅲ．承销机构名称及有关的协议
Ⅳ．营业执照
A．Ⅰ、Ⅱ、Ⅲ　　B．Ⅰ、Ⅳ
C．Ⅱ、Ⅲ、Ⅳ　　D．Ⅰ、Ⅲ、Ⅳ

11．下列属于甲上市公司证券交易内幕信息知情人的有（　　）。
Ⅰ．甲上市公司董事于某
Ⅱ．持有甲上市公司 10% 股份的股东、乙公司的普通员工王某
Ⅲ．甲上市公司的实际控制人赵某
Ⅳ．为甲上市公司交易涉及的资产进行评估的注册评估师方某
A．Ⅰ、Ⅱ、Ⅲ、Ⅳ　B．Ⅰ、Ⅱ、Ⅲ
C．Ⅰ、Ⅱ、Ⅳ　　D．Ⅱ、Ⅲ、Ⅳ

12．根据我国《证券法》的规定，公司申请公司债券上市交易应符合的条件包括（　　）。
Ⅰ．公司债券的期限为 1 年以上
Ⅱ．公司申请债券上市时仍符合法定的公司债券发行条件
Ⅲ．公司债券实际发行额不少于人民币 5000 万元
Ⅳ．公司净资产不少于人民币 3000 万元
A．Ⅰ、Ⅱ　　　　B．Ⅰ、Ⅱ、Ⅲ
C．Ⅲ、Ⅳ　　　　D．Ⅰ、Ⅳ

13．对证券公司报送的（　　），国务院证券监督管理机构应当指定专人进行审核。
Ⅰ．年度报告
Ⅱ．月度报告
Ⅲ．季度报告
Ⅳ．临时报告
A．Ⅰ、Ⅲ、Ⅳ　　B．Ⅰ、Ⅳ
C．Ⅱ、Ⅲ、Ⅳ　　D．Ⅰ、Ⅱ

14．根据《上海证券交易所会员客户证券交易行为管理实施细则》的相关规定，会员应重点监控（　　）的交易行为。
Ⅰ．被上海证券交易所列为限制交易账户
Ⅱ．在最近一季度被交易所列为监管关注账户
Ⅲ．其他需要重点监控的账户
Ⅳ．持续盈利的账户
A．Ⅱ、Ⅲ、Ⅳ　　B．Ⅰ、Ⅱ、Ⅲ
C．Ⅰ、Ⅱ、Ⅲ、Ⅳ　D．Ⅰ、Ⅱ、Ⅳ

15．下列选项中，属于出资证明书必须记载的事项的有（　　）。
Ⅰ．股东的姓名或者名称
Ⅱ．公司注册资本
Ⅲ．出资证明书的核发日期
Ⅳ．股东缴纳的出资额
A．Ⅰ、Ⅲ、Ⅳ　　B．Ⅰ、Ⅱ、Ⅳ
C．Ⅱ、Ⅲ、Ⅳ　　D．Ⅰ、Ⅱ、Ⅲ、Ⅳ

16．下列情形中，（　　）属于公开发行证券。
Ⅰ．向不特定对象发行证券
Ⅱ．向累计 100 人的特定对象发行证券
Ⅲ．向累计 300 人的特定对象发行证券
Ⅳ．向累计 500 人的特定对象发行证券
A．Ⅰ、Ⅲ、Ⅳ　　B．Ⅰ、Ⅳ
C．Ⅲ、Ⅳ　　　　D．Ⅱ、Ⅲ、Ⅳ

17．下列选项中，属于设立股份有限公司必须具备的条件的是（　　）。
Ⅰ．建立符合股份有限公司要求的组织机构
Ⅱ．符合最低注册资本要求
Ⅲ．发起人符合法定人数
Ⅳ．股份发行、筹办事项符合法律规定
A．Ⅰ、Ⅱ、Ⅲ　　B．Ⅰ、Ⅱ、Ⅳ
C．Ⅰ、Ⅲ、Ⅳ　　D．Ⅱ、Ⅲ、Ⅳ

18．上市公司可转债的具体转股期限应

由发行人根据（　　）确定。

Ⅰ．流通股价格
Ⅱ．可转债的存续期
Ⅲ．持有人要求
Ⅳ．公司财务情况

A．Ⅱ、Ⅲ、Ⅳ　　B．Ⅰ、Ⅲ、Ⅳ
C．Ⅱ、Ⅳ　　　　D．Ⅰ、Ⅲ

19．下列属于证券公司应当依法向社会公开披露的事项有（　　）。

Ⅰ．证券公司人均薪酬情况
Ⅱ．证券公司负债及或有负债情况
Ⅲ．证券公司高级管理人员薪酬
Ⅳ．证券公司参股及控股情况

A．Ⅰ、Ⅱ、Ⅲ　　B．Ⅱ、Ⅲ、Ⅳ
C．Ⅰ、Ⅳ　　　　D．Ⅰ、Ⅱ、Ⅲ、Ⅳ

20．下列关于监事会会议的说法中，正确的有（　　）。

Ⅰ．监事可以提议召开临时监事会会议
Ⅱ．监事会会议应当于股东大会结束后召开
Ⅲ．监事会会议应当于每年下半年召开
Ⅳ．监事会会议每年至少召开一次

A．Ⅰ、Ⅱ、Ⅳ　　B．Ⅰ、Ⅳ
C．Ⅲ、Ⅳ　　　　D．Ⅱ、Ⅲ

21．我国《证券法》规定发行人不得再次公开发行公司债券的情形有（　　）。

Ⅰ．前一次公开发行的公司债券尚未募足
Ⅱ．对已公开发行的公司债券或者其他债务有违约事实，且仍处于继续状态
Ⅲ．违反《证券法》规定，改变公开发行公司债券所募资金的用途
Ⅳ．对已公开发行的公司债券或者其他债务延迟支付本息，且仍处于继续状态

A．Ⅰ、Ⅱ、Ⅲ　　B．Ⅰ、Ⅳ
C．Ⅲ、Ⅳ　　　　D．Ⅰ、Ⅱ、Ⅲ、Ⅳ

22．下列关于有限责任公司注册资本最低限额的说法中，错误的有（　　）。

Ⅰ．以生产经营为主的公司的注册资本为人民币100万元
Ⅱ．以商品批发为主的公司的注册资本为人民币50万元
Ⅲ．以商业零售为主的公司的注册资本为人民币10万元
Ⅳ．科技开发、咨询、服务性公司的注册资本为人民币30万元

A．Ⅰ、Ⅱ、Ⅲ、Ⅳ　B．Ⅱ、Ⅲ
C．Ⅰ、Ⅲ、Ⅳ　　　D．Ⅱ、Ⅳ

23．证券公司代销金融产品的，应当遵循的原则有（　　）。

Ⅰ．平等原则
Ⅱ．自愿原则
Ⅲ．适当性原则
Ⅳ．诚实信用原则

A．Ⅰ、Ⅱ、Ⅲ、Ⅳ　B．Ⅰ、Ⅱ、Ⅲ
C．Ⅱ、Ⅲ、Ⅳ　　　D．Ⅱ、Ⅳ

全真模拟测试题答案及详解

选择题答案速查表

1	2	3	4	5	6	7	8	9	10
D	B	C	C	C	D	C	D	A	D
11	12	13	14	15	16	17	18	19	20
A	C	D	B	C	A	B	C	A	D
21	22	23	24	25	26	27	28	29	30
A	D	D	C	D	D	B	B	B	D
31	32	33	34	35	36	37	38	39	40
D	D	B	B	D	C	D	A	C	A

组合型选择题答案速查表

1	2	3	4	5	6	7	8	9	10
B	A	B	C	D	D	A	B	D	A
11	12	13	14	15	16	17	18	19	20
A	B	D	B	D	A	C	C	B	B
21	22	23							
D	C	A							

一、选择题

1. D【解析】本题主要考查应当事先告知证券公司，由证券公司报国务院证券监督管理机构批准的情形。我国《证券公司监督管理条例》第十四条规定，任何单位或者个人有下列情形之一的，应当事先告知证券公司，由证券公司报国务院证券监督管理机构批准：（1）认购或者受让证券公司的股权后，其持股比例达到证券公司注册资本的5%。（2）以持有证券公司股东的股权或者其他方式，实际控制证券公司5%以上的股权。

2. B【解析】本题主要考查擅自设立证券公司的法律责任。我国《证券法》第一百九十七条规定，未经批准，擅自设立证券公司或者非法经营证券业务的，由证券监督管理机构予以取缔，没收违法所得，并处以违法所得1倍以上5倍以下的罚款；没有违法所得或者违法所得不足30万元的，处以30万元以上60万元以下的罚款。对直接负责的主管人员和其他直接责任人员给予警告，并处以3万元以上30万元以下的罚款。

3. C【解析】本题主要考查对证券基本法律法规的综合掌握情况。我国《证券公司监督管理条例》第五十九条规定，客户的交易结算资金、证券资产管理客户的委托资产属于客户，应当与证券公司、指定商业银行、资产托管机构的自有资产相互独立、分别管理。非因客户本身的债务或者法律规定的其他情形，任何单位或者个人不得对客户的交易结算资金、委托资产申请查封、冻结或者强制执行。故选项 C 不正确。

【易错警示】本题属于综合型题目，考查的知识点较多，对考生要求也较高。根据法律规定，"非因客户本身的债务或者法律规定的其他情形，任何单位或者个人不得对客户的交易结算资金、委托资产申请查封或者冻结或者强制执行"。作答时考生很容易忽略"非因客户本身的债务或者法律规定的其他情形"这一前提，而导致判断出错。

4. C【解析】本题主要考查私募基金财产的投资范围。我国《证券投资基金法》第九十五条规定，非公开募集基金财产的证券投资，包括买卖公开发行的股份有限公司的股票、债券、基金份额，以及国务院证券监督管理机构规定的其他证券及其衍生品种。

5. C【解析】本题主要考查要约收购的规定。我国《上市公司并购重组财务顾问业务管理办法》第二十四条规定，收购人公告要约收购报告书摘要后 15 日内未能发出要约的，财务顾问应当督促收购人立即公告未能如期发出要约的原因及中国证监会提出的反馈意见。

6. D【解析】本题主要考查证券销售的期限。我国《证券法》第三十三条规定，证券的代销、包销期限最长不得超过 90 日。

7. C【解析】本题主要考查不同公司及其组织机构对职工代表的不同要求。我国《公司法》第六十七条规定国有独资公司设董事会，依照本法第四十七条、第六十七条的规定行使职权。董事每届任期不得超过 3 年。董事会成员中应当有公司职工代表。

8. D【解析】本题主要考查非公开募集基金备案要求。我国《证券投资基金法》第九十四条规定，非公开募集基金募集完毕，基金管理人应当向基金行业协会备案。对募集的资金总额或者基金份额持有人的人数达到规定标准的基金，基金行业协会应当向国务院证券监督管理机构报告。

9. A【解析】本题主要考查证券法的适用范围。我国《证券法》第二条规定，在中华人民共和国境内，股票、公司债券和国务院依法认定的其他证券的发行和交易，适用本法，但证券法不适用于香港和澳门两个特别行政区，也不适用于台湾地区。综上，本题选 A 选项。

10. D【解析】本题主要考查有限责任公司股东会职权。我国《公司法》第三十七条规定，有限责任公司股东会行使下列职权：（1）决定公司的经营方针和投资计划。（2）选举和更换非由职工代表担任的董事、监事，决定有关董事、监事的报酬事项。（3）审议批准董事会的报告。（4）审议批准监事会或者监事的报告。（5）审议批准公司的年度财务预算方案、决算方案。（6）审议批准公司的利润分配方案和弥补亏损方案。（7）对公司增加或者减少注册资本作出决议。（8）对发行公司债券作出决议。（9）对公司合并、分立、解散、清算或者变更公司形式作出决议。（10）修改公司章程。（11）公司章程规定的其他职权。D 选项属于董事会的职权。

11. A【解析】本题主要考查基金管理人、基金托管人不按照规定召集基金份额持有人大会的法律责任。我国《证券投资基金法》第一百三十三条规定，基金管理人或者基金托管人不按照规定召集基金份额持有人大会的，责令改正，可以处 5 万元以下罚款；对直接负责的主管人员和其他直接责任人员给予警告，暂停或者撤销基金从业资格。

12. C【解析】本题主要考查非公开募集基金的合格投资者要求。我国《证券投资基金法》第八十八条第一款规定，非公开募集基金应当向合格投资者募集，合格投资者累计不得超过 200 人。

13. D【解析】本题主要考查《证券公司监督管理条例》对证券公司从事证券资产管理业务的规定。我国《证券公司监督管理条例》第四十六条规定，证券公司从事证券资产管理业务，不得有下列行为：（1）向客户作出保证其资产本金不受损失或者保证其取得最低收益的承诺。(2)接受一个客户的单笔委托资产价值,低于国务院证券监督管理机构规定的最低限额。(3)使用客户资产进行不必要的证券交易。(4)在证券自营账户与证券资产管理账户之间或者不同的证券资产管理账户之间进行交易,且无充分证据证明已依法实现有效隔离。(5)法律、行政法规或者国务院证券监督管理机构禁止的其他行为。

【易错警示】本题主要考查考生对知识点的精确把握程度。证券公司从事证券资产管理业务时,不得在证券自营账户与证券资产管理账户之间或者不同的证券资产管理账户之间进行交易,且无充分证据证明已依法实现有效隔离。

14. B【解析】本题主要考查董事会秘书的职责。我国《公司法》第一百二十三条规定,上市公司设董事会秘书,负责公司股东大会和董事会会议的筹备、文件保管以及公司股东资料的管理,办理信息披露等事宜。

15. C【解析】本题主要考查股份有限公司股东的责任。我国《公司法》第三条规定,公司是企业法人,有独立的法人财产,享有法人财产权。公司以其全部财产对公司的债务承担责任。有限责任公司的股东以其认缴的出资额为限对公司承担责任;股份有限公司的股东以其认购的股份为限对公司承担责任。

16. A【解析】本题主要考查对公司、证券、期货相关法律法规的综合理解。我国《期货交易管理条例》第二十八条规定,期货交易所应当及时公布上市品种合约的成交量、成交价、持仓量、最高价与最低价、开盘价与收盘价和其他应当公布的即时行情,并保证即时行情的真实、准确。期货交易所不得发布价格预测信息。未经期货交易所许可,任何单位和个人不得发布期货交易即时行情。故B选项说法错误。《公司法》第四十四条规定,董事会设董事长一人,可以设副董事长。董事长、副董事长的产生办法由公司章

程规定。故C选项说法错误。《证券法》第二百一十二条规定,证券公司办理经纪业务,接受客户的全权委托买卖证券的,或者证券公司对客户买卖证券的收益或者赔偿证券买卖的损失作出承诺的,责令改正,没收违法所得,并处以5万元以上20万元以下的罚款,可以暂停或者撤销相关业务许可。对直接负责的主管人员和其他直接责任人员给予警告,并处以3万元以上10万元以下的罚款,可以撤销任职资格或者证券从业资格。故D选项说法错误。

17. B【解析】本题主要考查不得担任公司的董事、监事、高级管理人员的情形。我国《公司法》第一百四十六条规定,担任因违法被吊销营业执照、责令关闭公司或企业的法定代表人,并负有个人责任的,自该公司、企业被吊销执照之日起未逾3年,不得担任公司的董事、监事、高级管理人员。

18. C【解析】本题主要考查公司合并的程序。我国《公司法》第一百七十三条规定,公司应当自作出合并决议之日起10日内通知债权人,并于30日内在报纸上公告。

19. A【解析】本题主要考查期货交易的基本规则。在期货交易所进行期货交易的,应当是期货交易所会员。

20. D【解析】本题主要考查《期货交易管理条例》的相关用语。D选项:持仓量是指期货交易者所持有的未平仓合约的数量。

21. A【解析】本题主要考查交易证券的形式。我国《证券法》第四十一条规定,证券交易当事人买卖的证券可以采用纸面形式或者国务院证券监督管理机构规定的其他形式。

22. D【解析】本题主要考查证券公司主要违法违规情形及其处罚措施。我国《证券公司监督管理条例》第八十六条规定,有下列情形之一的,责令改正,给予警告,没收违法所得,并处以违法所得1倍以上5倍以下的罚款;没有违法所得或者违法所得不足10万元的,处以10万元以上60万元以下

的罚款；情节严重的，撤销相关业务许可。对直接负责的主管人员和其他直接责任人员给予警告，撤销任职资格或者证券从业资格，并处以3万元以上30万元以下的罚款：（1）未经批准，委托他人或者接受他人委托持有或者管理证券公司的股权，或者认购、受让或者实际控制证券公司的股权。（2）证券公司股东、实际控制人强令、指使、协助、接受证券公司证券经纪客户或者以证券资产管理客户的资产提供融资或者担保。（3）证券公司、资产托管机构、证券登记结算机构违反规定动用客户的交易结算资金、委托资金和客户担保账户内的资金、证券。（4）资产托管机构、证券登记结算机构对违反规定动用委托资金和客户担保账户内的资金、证券的申请及指令予以同意、执行。（5）资产托管机构、证券登记结算机构发现委托资金和客户担保账户内的资金、证券被违法动用而未向国务院证券监督管理机构报告。

23. D【解析】本题主要考查对虚假出资、抽逃出资行为进行处罚的主体。我国《证券法》第一百五十一条规定，证券公司的股东有虚假出资、抽逃出资行为的，国务院证券监督管理机构应当责令其限期改正，并可责令其转让所持证券公司的股权。

24. C【解析】本题主要考查高级管理人员的概念。高级管理人员是指公司的经理、副经理、财务负责人、上市公司董事会秘书和公司章程规定的其他人员。

25. D【解析】本题主要考查股份发行。我国《公司法》第一百二十六条规定，股份的发行，实行公平、公正的原则，同种类的每一股份应当具有同等权利。同次发行的同种类股票，每股的发行条件和价格应当相同；任何单位或者个人所认购的股份，每股应当支付相同价额。

26. D【解析】本题主要考查期货交易所的职责。我国《期货交易管理条例》第十条规定，期货交易所履行下列职责：（1）提供交易的场所、设施和服务。（2）设计合约，安排合约上市。（3）组织并监督交易、结算和交割。（4）为期货交易提供集中履约担保。（5）按照章程和交易规则对会员进行监督管理。（6）国务院期货监督管理机构规定的其他职责。

【易错警示】期货交易所不得直接或者间接参与期货交易。未经国务院期货监督管理机构审核并报国务院批准，期货交易所不得从事信托投资、股票投资、非自用不动产投资等与其职责无关的业务。

27. B【解析】本题主要考查对《公司法》《证券法》和《期货交易管理条例》的理解。我国《公司法》第十二条规定，公司的经营范围由公司章程规定，并依法登记。公司可以修改公司章程，改变经营范围，但是应当办理变更登记。故选项B错误。

【易错警示】我国《公司法》第五十条规定，股东人数较少或者规模较小的有限责任公司，可以设一名执行董事，不设董事会。执行董事可以兼任公司经理。故A选项正确。《期货交易管理条例》第十条规定，期货交易所不得直接或者间接参与期货交易。未经国务院期货监督管理机构审核并报国务院批准，期货交易所不得从事信托投资、股票投资、非自用不动产投资等与其职责无关的业务。故C选项正确。《证券法》第三十七条规定，证券交易当事人依法买卖的证券，必须是依法发行并交付的证券。非依法发行的证券，不得买卖。故D选项正确。本题考查的知识点较多，内容较细，要求考生精确把握《公司法》《证券法》和《期货交易管理条例》的相关规定。

28. B【解析】本题主要考查关于会议记录的相关规定。本题宜采用排除法，在A、B两选项中作出选择。我国《公司法》第一百零七条规定，股东大会应当把所议事项的决定作成会议记录，主持人、出席会议的董事应当在会议记录上签名。故A选项正确、B选项错误。

29. B【解析】本题主要考查对《公司法》和《证券法》的综合把握。我国《公司法》第十四条规定，分公司不具有法人资格，其民事责任由公司承担。故A选项说法错误。《证券法》第九十三条规定，采取要约收购方式的，收购人在收购期限内，不得卖出被收购公司的股票，也不得采取要约规定以外的形式和超出要约的条件买入被收购公司的股票。故C选项说法错误。《证券法》第二百一十七条规定，证券公司成立后，无正当理由超过3个月未开始营业的，或者开业后自行停业连续3个月以上的，由公司登记机关吊销其公司营业执照。故D选项说法错误。

【易错警示】分公司是总公司的分支机构，不具备独立法人资格，不能独立地行使权力及履行义务（属于非独立核算），分公司的权限要看总公司授权的范围有多大。而子公司则不然，它是独立法人，可以独立行使权力及义务（属于独立核算）。

30. D【解析】本题主要考查有限责任公司各组织机构的职权。检查公司财务是监事会的职权之一。

31. D【解析】本题主要考查证券公司在境外参股证券经营机构的规定。我国《证券法》第一百二十九条规定，证券公司在境外设立、收购或者参股证券经营机构，必须经国务院证券监督管理机构批准。

32. D【解析】本题主要考查有限责任公司的权力机构。我国《公司法》第三十六条规定，有限责任公司股东会由全体股东组成。股东会是公司的权力机构，依照本法行使职权。

33. B【解析】本题主要考查股份有限公司股份不得转让的情形。我国《公司法》第一百四十一条规定，发起人持有的本公司股份，自公司成立之日起1年内不得转让。公司公开发行股份前已发行的股份，自公司股票在证券交易所上市交易之日起1年内不得转让。

34. B【解析】本题主要考查证券公司未按照规定为客户开立账户的法律责任。我国《证券公司监督管理条例》第八十五条规定，证券公司未按照规定为客户开立账户的，责令改正；情节严重的，处以20万元以上50万元以下的罚款，并对直接负责的董事、高级管理人员和其他直接责任人员，处以1万元以上5万元以下的罚款。

35. D【解析】本题主要考查基金份额持有人的权利。我国《证券投资基金法》第八十四条规定，基金份额持有人大会由基金管理人召集。

36. C【解析】本题主要考查公司章程的作用。我国《公司法》第十二条规定，公司的经营范围由公司章程规定，并依法登记。

37. D【解析】本题主要考查虚假取得公司登记的法律责任。我国《公司法》第一百九十八条规定，违反本法规定，虚报注册资本、提交虚假材料或者采取其他欺诈手段隐瞒重要事实取得公司登记的，由公司登记机关责令改正，对虚报注册资本的公司，处以虚报注册资本金额5%以上15%以下的罚款；对提交虚假材料或者采取其他欺诈手段隐瞒重要事实的公司，处以5万元以上50万元以下的罚款；情节严重的，撤销公司登记或者吊销营业执照。故D选项说法错误。

38. A【解析】本题主要考查我国证券市场的法律体系。对于我国来说，涉及证券市场的部门规章及规范性文件由中国证监会根据法律和国务院行政法规制定，其法律效力次于法律和行政法规。

39. C【解析】本题主要考查证券公司不得动用客户的交易结算资金或者委托资金的情形。我国《证券公司监督管理条例》第六十条规定，除下列情形外，不得动用客户的交易结算资金或者委托资金：（1）客户进行证券的申购、证券交易的结算或者客户提款。（2）客户支付与证券交易有关的佣金、费用或者税款。（3）法律规定的其他情形。

40. A【解析】持仓限额是指期货交易所对期货交易者的持仓量规定的最高数额。

二、组合型选择题

1. B【解析】本题主要考查封闭式基金上市交易的条件。封闭式基金上市交易应符合的条件有：（1）基金的募集符合《中华人民共和国证券投资基金法》的规定。（2）基金合同期限为5年以上。（3）基金募集金额不低于2亿元人民币。（4）基金份额持有人不少于1000人。（5）基金份额上市交易规则规定的其他条件。

2. A【解析】本题主要考查不得担任公司董事的情形。第Ⅲ项应为：担任破产清算公司的董事，对该公司的破产负有个人责任的，自该公司破产清算完结之日起未逾3年。

【易错警示】我国《公司法》第一百四十六条规定，有下列情形之一的，不得担任公司的董事、监事、高级管理人员：（1）无民事行为能力或者限制民事行为能力。（2）因贪污、贿赂、侵占财产、挪用财产或者破坏社会主义市场经济秩序，被判处刑罚，执行期满未逾5年，或者因犯罪被剥夺政治权利，执行期满未逾5年。（3）担任破产清算公司、企业的董事或者厂长、经理，对该公司、企业的破产负有个人责任的，自该公司、企业破产清算完结之日起未逾3年。（4）担任因违法被吊销营业执照、责令关闭的公司、企业的法定代表人，并负有个人责任的，自该公司、企业被吊销营业执照之日起未逾3年。（5）个人所负数额较大的债务到期未清偿。

3. B【解析】本题主要考查上市公司的信息披露要求。根据我国《上海证券交易所股票上市规则》的规定，上市公司披露的定期报告包括年度报告、中期报告和季度报告。

4. C【解析】本题主要考查召开股东会会议通知时间的规定。我国《公司法》第四十一条规定，召开股东会会议，应当于会议召开15日前通知全体股东；但是，公司章程另有规定或者全体股东另有约定的除外。

5. D【解析】本题主要考查公司合并、分立等事项的登记。我国《公司法》第一百七十九条规定，公司合并或者分立，登记事项发生变更的，应当依法向公司登记机关办理变更登记；公司解散的，应当依法办理公司注销登记；设立新公司的，应当依法办理公司设立登记。公司增加或者减少注册资本，应当依法向公司登记机关办理变更登记。

6. D【解析】本题主要考查对我国证券法的综合掌握。我国《证券法》第四十七条规定，上市公司董事、监事、高级管理人员、持有上市公司股份5%以上的股东，将其持有的该公司的股票在买入后6个月内卖出，或者在卖出后6个月内又买入，由此所得收益归该公司所有，公司董事会应当收回其所得收益。但是，证券公司因包销购入售后剩余股票而持有5%以上股份的，卖出该股票不受6个月时间限制。公司董事会不按照上述规定执行的，股东有权要求董事会在30日内执行。公司董事会未在上述期限内执行的，股东有权为了公司的利益以自己的名义直接向人民法院提起诉讼。公司董事会不按照第一款的规定执行的，负有责任的董事依法承担连带责任。故第Ⅰ、Ⅱ项正确。《证券法》第一百九十六条规定，非法开设证券交易场所的，由县级以上人民政府予以取缔，没收违法所得，并处以违法所得1倍以上5倍以下的罚款；没有违法所得或者违法所得不足10万元的，处以10万元以上50万元以下的罚款。对直接负责的主管人员和其他直接责任人员给予警告，并处以3万元以上30万元以下的罚款。故第Ⅲ、Ⅳ项说法正确，本题选D选项。

7. A【解析】本题主要考查关于成为持有证券公司5%以上股权的股东、实际控制人资格的规定。我国《证券公司监督管理条例》第十条规定，有下列情形之一的单位或者个人,不得成为持有证券公司5%以上股权的股东、实际控制人:(1)因故意犯罪被判处刑罚,刑罚执行完毕未逾3年。(2)净资产低于实收资本的50%,或者或有负债达到净资产的50%。(3)不能清偿到期债务。(4)国务院证券监督管理机构认定的其他情形。

【易错警示】因故意犯罪被判处刑罚,距刑罚执行完毕已过5年的,超过了刑罚执行完毕未逾3年的规定,可以成为持有证券公司5%以上股权的股东、实际控制人。同理,净资产为实收资本的80%时,也超过了净资产低于实收资本的50%的规定,可以成为持有证券公司5%以上股权的股东、实际控制人。

8. B【解析】本题主要考查股票上市的条件、申请和公告。我国《证券法》第五十三条规定,股票上市交易申请经证券交易所审核同意后,签订上市协议的公司应当在规定的期限内公告股票上市的有关文件,并将该文件置备于指定场所供公众查阅。

9. D【解析】本题主要考查证券承销业务的种类。我国《证券法》第二十八条的规定,证券承销业务采取代销或者包销方式。

10. A【解析】本题主要考查公开发行股票应报送的文件。我国《证券法》第十二条规定,设立股份有限公司公开发行股票,应当符合我国《公司法》规定的条件和经国务院批准的国务院证券监督管理机构规定的其他条件,向国务院证券监督管理机构报送募股申请和下列文件:(1)公司章程。(2)发起人协议。(3)发起人姓名或者名称,发起人认购的股份数、出资种类及验资证明。(4)招股说明书。(5)代收股款银行的名称及地址。(6)承销机构名称及有关的协议。依照本法规定聘请保荐人的,还应当报送保荐人出具的发行保荐书。法律、行政法规规定设立公司必须报经批准的,还应当提交相应的批准文件。

11. A【解析】本题主要考查证券交易内幕信息的知情人。我国《证券法》第七十四条规

定,证券交易内幕信息的知情人包括:(1)发行人的董事、监事、高级管理人员。(2)持有公司5%以上股份的股东及其董事、监事、高级管理人员,公司的实际控制人及其董事、监事、高级管理人员。(3)发行人控股的公司及其董事、监事、高级管理人员。(4)由于所任公司职务可以获取公司有关内幕信息的人员。(5)证券监督管理机构工作人员以及由于法定职责对证券的发行、交易进行管理的其他人员。(6)保荐人、承销的证券公司、证券交易所、证券登记结算机构、证券服务机构的有关人员。(7)国务院证券监督管理机构规定的其他人。

【易错警示】本题易漏选第Ⅳ项。根据规定显示,第Ⅳ项应属于上述(4)规定的情形。

12. B【解析】本题主要考查公司申请公司债券上市交易的条件。我国《证券法》第五十七条规定,公司申请公司债券上市交易,应当符合下列条件:(1)公司债券的期限为1年以上。(2)公司债券实际发行额不少于人民币5000万元。(3)公司申请债券上市时仍符合法定的公司债券发行条件。

【易错警示】我国《证券法》第十六条规定,公开发行公司债券,应当符合下列条件:(1)股份有限公司的净资产不低于人民币3000万元,有限责任公司的净资产不低于人民币6000万元。(2)累计债券余额不超过公司净资产的40%。(3)最近3年平均可分配利润足以支付公司债券1年的利息。(4)筹集的资金投向符合国家产业政策。(5)债券的利率不超过国务院限定的利率水平。(6)国务院规定的其他条件。考生应区分公开发行公司债券和申请公司债券上市交易所需的不同条件。

13. D【解析】本题主要考查证券公司信息报送的要求。我国《证券公司监督管理条例》第六十五条规定,对证券公司报送的年度报告、月度报告,国务院证券监督管理机构应当指定专人进行审核,并制作审核报告。

14. B【解析】本题主要考查上海证券交

易所会员应重点监控的证券账户。我国《上海证券交易所会员客户证券交易行为管理实施细则》第二十一条规定，会员应当重点监控下列证券账户的交易行为：（1）被本所列为限制交易账户。（2）在最近一季度被本所列为监管关注账户。（3）其他需要重点监控的账户。

15. D【解析】本题主要考查出资证明书的记载事项。我国《公司法》第三十一条规定，有限责任公司成立后，应当向股东签发出资证明书。出资证明书应当载明下列事项：（1）公司名称。（2）公司成立日期。（3）公司注册资本。（4）股东的姓名或者名称、缴纳的出资额和出资日期。（5）出资证明书的编号和核发日期。出资证明由公司盖章。

16. A【解析】本题主要考查公开发行证券的情形。我国《证券法》第十条规定，公开发行证券，必须符合法律、行政法规规定的条件，并依法报经国务院证券监督管理机构或者国务院授权的部门核准。未经依法核准，任何单位和个人不得公开发行证券。有下列情形之一的，为公开发行：（1）向不特定对象发行证券的。（2）向特定对象发行证券累计超过200人的。（3）法律、行政法规规定的其他发行行为。

17. C【解析】本题主要考查设立股份有限公司应具备的条件。我国《公司法》第七十六条规定，设立股份有限公司，应当具备下列条件：（1）发起人符合法定人数。（2）有符合公司章程规定的全体发起人认购的股本总额或者募集的实收股本总额。（3）股份发行、筹办事项符合法律规定。（4）发起人制订公司章程，采用募集方式设立的经创立大会通过。（5）有公司名称，建立符合股份有限公司要求的组织机构。（6）有公司住所。

【易错警示】我国《公司法》规定，股份有限公司注册资本的最低限额为500万元，但可以分期缴纳，而不必一次性缴足，只是要求全体股东的首次出资额不得低于注册资本的20%，而其余部分必须在2年内缴足，其中投资公司可以在5年内缴足。故第Ⅱ项错误。

18. C【解析】本题主要考查可转债转股期限的规定。我国《上市公司发行可转换公司债券实施办法》规定，可转债的具体转股期限应由发行人根据可转债的存续期及公司财务情况确定。

19. B【解析】本题主要考查证券公司信息报送的内容。我国《证券公司监督管理条例》第六十六条规定，证券公司应当依法向社会公开披露其基本情况、参股及控股情况、负债及或有负债情况、经营管理状况、财务收支状况、高级管理人员薪酬和其他有关信息。

20. B【解析】本题主要考查监事会会议的召开。我国《公司法》第五十五条规定，监事会每年度至少召开一次会议，监事可以提议召开临时监事会会议。

21. D【解析】本题主要考查不得再次公开发行公司债券的情形。我国《证券法》第十八条规定，有下列情形之一的，不得再次公开发行公司债券：（1）前一次公开发行的公司债券尚未募足。（2）对已公开发行的公司债券或者其他债务有违约或者延迟支付本息的事实，仍处于继续状态。（3）违反本法规定，改变公开发行公司债券所募资金的用途。

22. C【解析】本题主要考查有限责任公司注册资本的最低限额。有限责任公司注册资本的最低限额为：（1）以生产经营为主的公司的注册资本为人民币50万元。（2）以商品批发为主的公司的注册资本为人民币50万元。（3）以商业零售为主的公司的注册资本为人民币30万元。（4）科技开发、咨询、服务性公司的注册资本为人民币10万元。

23. A【解析】本题主要考查代销的原则。证券公司代销金融产品，应当遵守法律、行政法规和中国证监会的规定，遵循平等、自愿、公平、诚实信用和适当性原则，避免利益冲突，不得损害客户合法权益。

第十二章 证券从业人员管理

考 情 分 析

本章共两节,在考试中,分别围绕证券从业人员从业资格和执业行为两个方面进行命题。在从业人员从业资格方面,考查的重点包括专业人员从事证券业务的资格条件,违反从业人员资格管理相关规定的法律责任,证券经纪业务营销人员和投资基金销售人员从业资格管理的有关规定,证券投资咨询人员分类及其从业资格管理的有关规定,证券投资顾问和证券分析师的注册登记要求,保荐代表人的资格管理规定和客户资产管理业务投资主办人执业注册的有关要求等;在执业行为方面,考查的重点包括证券业从业人员执业行为准则,证券市场禁入措施的实施对象、内容、期限及程序,证券公司对证券经纪业务营销人员管理的有关规定,证券经纪业务营销人员执业行为范围、禁止性规定,证券投资咨询人员的禁止性行为规定和法律责任,保荐代表人违反有关规定的法律责任或被采取的监管措施等。

知 识 导 读

证券从业人员管理	一、从业资格	从事证券业务的专业人员范围	★
		专业人员从事证券业务的资格条件	★
		从业人员申请执业证书的条件和程序	★★
		从业人员监督管理的相关规定	★
		违反从业人员资格管理相关规定的法律责任	★★
		证券经纪业务营销人员执业资格管理的有关规定	★★★
		证券投资基金销售人员从业资格管理的有关规定	★★★
		证券投资咨询人员分类及其从业资格管理的有关规定	★★★
		证券投资顾问的注册登记要求	★★★
		证券分析师的注册登记要求	★★★
		保荐代表人的资格管理规定	★★
		客户资产管理业务投资主办人执业注册的有关要求	★★★
		财务顾问主办人应当具备的条件	★★
	二、执业行为	证券业从业人员执业行为准则	★★★
		中国证券业协会诚信管理的有关规定	★★
		证券市场禁入措施的实施对象、内容、期限及程序	★★★
		证券经纪人与证券公司之间的委托关系	★
		证券公司对证券经纪业务营销人员管理的有关规定	★★★
		证券经纪业务营销人员执业行为范围、禁止性规定	★★★
		销售证券投资基金、代销金融产品的行为规范	★★★
		证券投资咨询人员的禁止性行为规定和法律责任	★★★

证券从业人员管理	二、执业行为	投资顾问相关人员发布证券研究报告应遵循的执业规范	★★★
		保荐代表人执业行为规范	★★★
		保荐代表人违反有关规定的法律责任或被采取的监管措施	★★★
		资产管理投资主办人执业行为管理的有关要求	★★
		财务顾问主办人执业行为规范	★★
		证券业财务与会计人员执业行为规范	★★

真题精选

一、选择题

1. （　　）负责建立保荐信用监管系统，对保荐代表人进行持续动态的注册登记管理。
   A. 中国证监会
   B. 中国银监会
   C. 财政部
   D. 中国人民银行

2. 取得证券证书的证券业从业人员，连续3年不在机构从业的，由（　　）注销其证书。
   A. 证券交易所
   B. 当地证监局
   C. 证券业协会
   D. 中国证监会

3. 保荐人的资格及其管理办法由（　　）规定。
   A. 中国证监会
   B. 中国银监会
   C. 中国保监会
   D. 中国人民银行

4. 参加证券业从业人员资格考试的人员，违反考试规则，扰乱考场秩序的，（　　）年内不得参加资格考试。
   A. 2　　　　B. 3
   C. 4　　　　D. 5

5. 下列属于证券、期货投资咨询人员申请取得其从业资格，应当提交的文件是（　　）。
   A. 参加证券、期货从业人员资格考试的成绩单
   B. 银行开具的信用证明
   C. 硕士学位证
   D. 个人简历

6. 下列关于证券分析师的说法中，错误的是（　　）。
   A. 投资分析师可以同时注册为证券投资顾问
   B. 申请成为证券分析师必须具有2年以上证券从业经历
   C. 在发布的证券研究报告上署名的人员，应在中国证券业协会注册登记为证券分析师
   D. 在发布的证券研究报告上署名的人员，应当具有证券投资咨询执业资格

7. 下列关于发布证券研究报告的说法中，错误的是（　　）。
   A. 对证券及证券相关产品提出投资评级的，应当披露所使用的投资评级分类及其含义
   B. 证券公司、证券投资咨询机构制作证券研究报告应当坚持客观原则，避免使用夸大、诱导性的标题或者用语，不得对证券估值、投资评级作出任何形式的保证

C. 证券公司、证券投资咨询机构制作证券研究报告应当秉承专业的态度，采用严谨的研究方法和分析逻辑，基于合理的数据基础和事实依据，审慎提出研究结论

D. 证券公司、证券投资咨询机构在证券研究报告发布前，可以就证券研究报告涉及上市公司相关信息的真实性向该上市公司进行确认，同时透露该证券研究报告的发布时间、观点和结论

8．财务与会计人员应当正确处理财务会计工作与业务发展、客户利益保护与所在单位利益之间的关系，对存在潜在冲突的情形（　　）。

A. 应持续关注
B. 暂不需关注
C. 应主动向监管机关报告
D. 应主动向所在机构的管理层说明

9．中国证券业协会每（　　）年检查一次证券从业人员执业证书。

A. 1　　　　　　B. 2
C. 3　　　　　　D. 5

10．诚信信息的查询记录自该记录生成之日起保存（　　）年。

A. 2　　　　　　B. 3
C. 5　　　　　　D. 10

11．下列说法中，正确的是（　　）。

A. 公开发行公司债券筹集的资金，可以用于弥补亏损
B. 发行人申请公开发行可转换债券，依法采取承销方式的，应当聘请具有保荐资格的机构担任保荐人
C. 人民法院依照法律规定的强制执行程序转让股东的股权时，应当通知公司及全体股东，其他股东可随时行使优先购买权
D. 公司连续3年不向股东分配利润，投反对票的异议股东可以请求公司按照合理的价格收购其股权

12．证券公司受托投资管理等业务部门的专业人员在离开原岗位后的（　　）个月内不得从事面向社会公众开展的证券投资咨询业务。

A. 2　　　　　　B. 3
C. 6　　　　　　D. 12

13．根据我国《证券市场禁入规定》的规定，违反法律、行政法规或者中国证监会有关规定，行为恶劣、严重扰乱证券市场秩序、严重损害投资者利益或者在重大违法活动中起主要作用等情节较为严重的，可以对有关责任人员采取（　　）的证券市场禁入措施。

A. 3～5年　　　　B. 5～10年
C. 10～15年　　　D. 终身

14．注册登记为证券投资顾问的人员和注册登记为证券分析师的人员分别申请从事的证券业务类别为（　　）。

A. 证券一般业务和证券咨询类业务
B. 证券投资业务和证券投资咨询业务
C. 证券承销业务和证券投资业务
D. 证券投资咨询业务（投资顾问）和证券投资咨询业务（分析师）

15．下列选项中，说法正确的是（　　）。

A. 参加证券从业资格考试的人员，违反考试规则，扰乱考场秩序的，3年内不得参加资格考试
B. 取得从业资格的人员提供虚假材料，已颁发执业证书的，由协会注销其执业证书
C. 证券公司向客户融资融券，应当向客户收取一定比例的保证金。保证金只能以标的证券充抵
D. 证券公司应建立健全自营决策机构和决策程序，重点防范规模失控、决策失误、超越授权、变相自营、账外自营、操纵市场、内幕交易等风险

16．证券公司终止与证券经纪人的委托关系的，应当收回其证券经纪人证书，并自委托关系终止之日起（　　）个工作日内向协会注销该人员的执业注册登记。

A. 3　　　　　　B. 5
C. 10　　　　　D. 15

17. 在持续督导期间，财务顾问解除委托协议的，应当及时向中国证监会派出机构作出书面报告，说明无法继续履行持续督导职责的理由，并予以公告。委托人应当在（ ）个月内另行聘请财务顾问对其进行持续督导。

A. 1　　　　　　　B. 3
C. 6　　　　　　　D. 12

二、组合型选择题

1. 《中国证券业协会诚信管理办法》规定的处罚处分信息包括（   ）。

Ⅰ. 受处罚处分机构或个人名称
Ⅱ. 受处罚处分机构责任人
Ⅲ. 处罚处分时间
Ⅳ. 处罚处分类别

A. Ⅰ、Ⅱ、Ⅲ、Ⅳ　B. Ⅰ、Ⅱ、Ⅲ
C. Ⅰ、Ⅱ、Ⅳ　　　D. Ⅲ、Ⅳ

2. 我国《证券发行上市保荐业务管理办法》规定，发行人出现以下（   ）情况之一的，中国证监会自确认之日起暂停保荐机构的保荐机构资格3个月，撤销相关人员的保荐代表人资格。

Ⅰ. 证券发行募集文件等申请文件存在虚假记载、误导性陈述或者重大遗漏
Ⅱ. 公开发行证券上市当年即亏损
Ⅲ. 公开发行证券上市当年净利润比上年下滑50%以上
Ⅳ. 持续督导期间信息披露文件存在虚假记载、误导性陈述或者重大遗漏

A. Ⅰ、Ⅱ、Ⅳ　　　B. Ⅰ、Ⅲ、Ⅳ
C. Ⅰ、Ⅱ、Ⅲ　　　D. Ⅱ、Ⅲ、Ⅳ

3. 证券从业人员不得从事下列（   ）活动。

Ⅰ. 从事与其履行职责有利益冲突的业务
Ⅱ. 违规向客户作出投资不受损失或保证最低收益的承诺
Ⅲ. 隐匿、伪造、篡改或者毁损交易记录
Ⅳ. 利用资金优势、持股优势和信息优势，单独或者合谋串通，影响证券交易价格或交易量，误导和干扰市场

A. Ⅰ、Ⅲ　　　　　B. Ⅰ、Ⅱ、Ⅲ、Ⅳ
C. Ⅱ、Ⅲ、Ⅳ　　　D. Ⅰ、Ⅱ、Ⅳ

4. 下列情形中，可以对有关责任人员采取终身证券市场禁入措施的有（   ）。

Ⅰ. 严重违反法律、行政法规或者中国证监会有关规定，构成犯罪的
Ⅱ. 违反法律、行政法规或者中国证监会有关规定，从事欺诈发行、内幕交易、操纵市场等违法行为，或者致使投资者利益遭受特别严重损害的
Ⅲ. 违反法律、行政法规或者中国证监会有关规定，5年内被中国证监会给予除警告之外的行政处罚3次以上，或者5年内曾经被采取证券市场禁入措施的
Ⅳ. 组织、策划、领导或者实施重大违反法律、行政法规或者中国证监会有关规定的活动的

A. Ⅱ、Ⅲ　　　　　B. Ⅰ、Ⅱ、Ⅲ、Ⅳ
C. Ⅱ、Ⅳ　　　　　D. Ⅰ、Ⅱ、Ⅲ

5. 证券投资顾问可通过广播、电视、网络、报刊等公众媒体对（   ）宣传并发表评论意见。

Ⅰ. 宏观经济
Ⅱ. 行业状况
Ⅲ. 证券市场变动情况
Ⅳ. 具体证券投资建议

A. Ⅲ、Ⅳ　　　　　B. Ⅰ、Ⅱ、Ⅲ
C. Ⅰ、Ⅱ　　　　　D. Ⅰ、Ⅱ、Ⅲ、Ⅳ

6. 证券业从业人员取得执业证书后，发生下列（   ）情形的，原聘用机构应当在情形发生后10日内向协会报告，由证券业协会变更该人员执业注册登记。

Ⅰ. 辞职
Ⅱ. 变更聘用机构的

Ⅲ．不为原聘用机构所聘用的
Ⅳ．与原聘用机构解除劳动合同的
A．Ⅲ、Ⅳ　　　　B．Ⅰ、Ⅱ、Ⅳ
C．Ⅰ、Ⅲ、Ⅳ　　D．Ⅰ、Ⅱ

7．证券公司、证券投资咨询机构及其人员从事证券投资顾问业务，违反相关法律法规的，中国证监会及其派出机构可以采取责令改正、监管谈话、出具警示函、责令增加内部合规检查次数并提交合规检查报告、（　　）等监管措施。
Ⅰ．责令停业整顿
Ⅱ．责令清理违规业务
Ⅲ．责令处分有关人员
Ⅳ．责令暂停新增客户
A．Ⅱ、Ⅳ　　　　B．Ⅱ、Ⅲ、Ⅳ
C．Ⅰ、Ⅱ、Ⅲ、Ⅳ　D．Ⅰ、Ⅲ

8．下列属于奖励信息的有（　　）。
Ⅰ．受奖励单位或个人
Ⅱ．表彰单位
Ⅲ．表彰内容
Ⅳ．奖励等级
A．Ⅱ、Ⅲ　　　　B．Ⅰ、Ⅱ、Ⅳ
C．Ⅱ、Ⅲ、Ⅳ　　D．Ⅰ、Ⅱ、Ⅲ、Ⅳ

9．证券业协会依据《证券业从业人员资格管理办法》及中国证监会的有关规定制定的（　　），应当报中国证监会核准。
Ⅰ．证券业从业资格考试办法
Ⅱ．考试大纲
Ⅲ．执业证书管理办法
Ⅳ．执业行为准则
A．Ⅱ、Ⅲ、Ⅳ　　B．Ⅱ、Ⅳ
C．Ⅰ、Ⅲ、Ⅳ　　D．Ⅰ、Ⅱ、Ⅲ、Ⅳ

10．参加证券业从业资格考试的人员，应当符合的条件包括（　　）。
Ⅰ．年满18周岁
Ⅱ．年满20周岁
Ⅲ．具有高中以上文化程度
Ⅳ．具有完全民事行为能力
A．Ⅰ、Ⅲ、Ⅳ　　B．Ⅱ、Ⅲ、Ⅳ
C．Ⅱ、Ⅳ　　　　D．Ⅰ、Ⅱ、Ⅲ、Ⅳ

11．证券公司从事上市公司并购重组财务顾问业务，应当具备的条件包括（　　）。
Ⅰ．公司控股股东、实际控制人信誉良好且最近3年无重大违法违规记录
Ⅱ．公司注册资本和净资产不低于人民币500万元
Ⅲ．建立健全尽职调查制度，具备良好的项目风险评估和内核机制
Ⅳ．公司财务会计信息真实、准确、完整
A．Ⅱ、Ⅳ　　　　B．Ⅱ、Ⅲ、Ⅳ
C．Ⅰ、Ⅱ、Ⅲ　　D．Ⅰ、Ⅲ、Ⅳ

真题精选答案及详解

选择题答案速查表

1	2	3	4	5	6	7	8	9	10
A	C	A	A	A	A	D	D	B	C
11	12	13	14	15	16	17			
B	C	B	D	B	B	A			

组合型选择题答案速查表

1	2	3	4	5	6	7	8	9	10
A	A	B	B	B	C	B	D	D	A
11									
D									

一、选择题

1. A【解析】本题主要考查保荐代表人的相关规定。我国《证券发行上市保荐业务管理办法》第六十三条规定，中国证监会建立保荐信用监管系统，对保荐机构和保荐代表人进行持续动态的注册登记管理，记录其执业情况、违法违规行为、其他不良行为以及对其采取的监管措施等，必要时可以将记录予以公布。

2. C【解析】本题主要考查证券业从业人员资格管理。我国《证券从业人员资格管理办法》第十三条规定，取得执业证书的人员，连续3年不在机构从业的，由协会注销其执业证书；重新执业的，应当参加协会组织的执业培训，并重新申请执业证书。

3. A【解析】本题主要考查保荐人资格管理。我国《证券法》第十一条规定，保荐人应当遵守业务规则和行业规范，诚实守信，勤勉尽责，对发行人的申请文件和信息披露资料进行审慎核查，督导发行人规范运作。保荐人的资格及其管理办法由国务院证券监督管理机构（中国证监会）规定。

4. A【解析】本题主要考查证券业从业人员资格管理。我国《证券业从业人员资格管理办法》第二十条规定，参加证券业从业人员资格考试的人员，违反考试规则，扰乱考场秩序的，2年内不得参加证券业从业人员资格考试。

5. A【解析】本题主要考查证券、期货投资咨询人员申请取得其从业资格应提交的文件。《证券、期货投资咨询管理暂行办法》第十五条规定，证券、期货投资咨询人员申请取得证券、期货投资咨询从业资格，应当提交下列文件：（1）中国证监会统一印制的申请表。（2）身份证。（3）学历证书。（4）参加证券、期货从业人员资格考试的成绩单。（5）所在单位或者户口所在地街道办事处开具的以往行为说明材料。（6）中国证监会要求报送的其他材料。

6. A【解析】本题主要考查证券分析师的相关规定。同一人员不得同时申请注册登记为证券投资顾问和证券分析师。

7. D【解析】本题主要考查证券研究报告应遵循的职业规范。我国《发布证券研究报告执业规范》第十八条规定，证券公司、证券投资咨询机构在证券研究报告发布前，可以就证券研究报告涉及上市公司相关信息的真实性向该上市公司进行确认，但不得透露该证券研究报告的发布时间、观点和结论。

8. D【解析】本题主要考查证券业财务与会计人员处理冲突的办法。我国《证券业财务与会计人员执业行为规范》第十六条规定，财务与会计人员应当正确处理财务会计工作与业务发展、客户利益保护与所在单位利益之间的关系，对存在潜在冲突的情形，应主动向所在机构的管理层说明，并提出合理处理利益冲突的建议。

9. B【解析】本题主要考查证券业协会对证券业从业人员资格的管理。我国《证券业从业人员资格管理实施细则（试行）》第二十一条规定，协会对执业人员自取得执业证书之日起每2年检查一次。

10. C【解析】本题主要考查诚信信息的保存。我国《中国证券业协会诚信管理办法》第二十三条规定,诚信信息的查询记录自该记录生成之日起保存5年。

11. B【解析】本题主要考查证券发行、转让及其利润分配的规定。我国《证券法》第十六条规定,公开发行公司债券筹集的资金,必须用于核准的用途,不得用于弥补亏损和非生产性支出。故A选项说法错误。《公司法》第七十二条规定,人民法院依照法律规定的强制执行程序转让股东的股权时,应当通知公司及全体股东,其他股东在同等条件下有优先购买权。其他股东自人民法院通知之日起满20日不行使优先购买权的,视为放弃优先购买权。故C选项说法错误。第七十四条规定,公司连续5年不向股东分配利润,而公司该5年连续盈利,并且符合本法规定的分配利润条件的,对股东会该项决议投反对票的股东可以请求公司按照合理的价格收购其股权。故D选项说法错误。

12. C【解析】本题主要考查证券投资咨询业务相关人员的从业规定。证券公司的自营、受托投资管理、财务顾问和投资银行等业务部门的专业人员在离开原岗位后的6个月内不得从事面向社会公众开展的证券投资咨询业务。

13. B【解析】本题主要考查证券市场禁入措施。我国《证券市场禁入规定》第五条规定,违反法律、行政法规或者中国证监会有关规定,情节严重的,可以对有关责任人员采取3~5年的证券市场禁入措施;行为恶劣、严重扰乱证券市场秩序、严重损害投资者利益或者在重大违法活动中起主要作用等情节较为严重的,可以对有关责任人员采取5~10年的证券市场禁入措施;有下列情形之一的,可以对有关责任人员采取终身的证券市场禁入措施:(1)严重违反法律、行政法规或者中国证监会有关规定,构成犯罪的;(2)从事保荐、承销、资产管理、融资融券等证券业务及其他证券服务业务,负有法定职责的人员,故意不履行法律、行政法规或者中国证监会规定的义务,并造成特别严重后果的;(3)违反法律、行政法规或者中国证监会有关规定,采取隐瞒、编造重要事实等特别恶劣手段,或者涉案数额特别巨大的;(4)违反法律、行政法规或者中国证监会有关规定,从事欺诈发行、内幕交易、操纵市场等违法行为,严重扰乱证券、期货市场秩序并造成严重社会影响,或者获取违法所得等不当利益数额特别巨大,或者致使投资者利益遭受特别严重损害的;(5)违反法律、行政法规或者中国证监会有关规定,情节严重,应当采取证券市场禁入措施,且存在故意出具虚假重要证据,隐瞒、毁损重要证据等阻碍、抗拒证券监督管理机构及其工作人员依法行使监督检查、调查职权行为的;(6)因违反法律、行政法规或者中国证监会有关规定,5年内被中国证监会给予除警告之外的行政处罚3次以上,或者5年内曾经被采取证券市场禁入措施的;(7)组织、策划、领导或者实施重大违反法律、行政法规或者中国证监会有关规定的活动的;(8)其他违反法律、行政法规或者中国证监会有关规定,情节特别严重的。

14. D【解析】本题主要考查证券公司、证券投资咨询机构的证券投资咨询执业人员分类管理。证券公司、证券投资咨询机构应当按照我国《证券投资顾问业务暂行规定》和《发布证券研究报告暂行规定》的要求,根据选择的证券投资顾问、发布证券研究报告业务类别,做好证券投资咨询执业人员分类管理,并向中国证券业协会(简称证券业协会)申请办理证券投资顾问、证券分析师的注册登记。注册登记为证券投资顾问的人员,其申请从事的证券业务类别为证券投资咨询业务(投资顾问);注册登记为证券分析师的人员,其申请从事的证券业务类别为证券投资咨询业务(分析师)。

15. B【解析】本题主要考查证券从业资格管理、证券融资融券业务、证券自营业务的相关规定。我国《证券业从业人员资格管理办法》第二十二条规定，参加资格考试的人员，违反考试规则，扰乱考场秩序的，2年内不得参加资格考试。故A选项说法错误。证券公司向客户融资融券，应当向客户收取一定比例的保证金。保证金可以标的证券以及交易所认可的其他证券充抵。故C选项说法错误。《证券公司内部控制指引》第四十七条规定，证券公司应建立健全自营决策机构和决策程序，加强对自营业务的投资策略、规模、品种、结构、期限等的决策管理。故D选项说法错误。

16. B【解析】本题主要考查证券公司与证券经纪人委托关系的知识。我国《证券经纪人管理暂行规定》第九条规定，证券公司终止与证券经纪人的委托关系的，应当收回其证券经纪人证书，并自委托关系终止之日起5个工作日内向协会注销该人员的执业注册登记。

17. A【解析】本题主要考查对财务顾问持续督导的要求。我国《上市公司并购重组财务顾问业务管理办法》第三十二条规定，在持续督导期间，财务顾问解除委托协议的，应当及时向中国证监会派出机构作出书面报告，说明无法继续履行持续督导职责的理由，并予以公告。委托人应当在1个月内另行聘请财务顾问对其进行持续督导。

二、组合型选择题

1. A【解析】本题主要考查处分信息的内容。《中国证券业协会诚信管理办法》第十条规定，处罚处分信息包括受处罚处分机构或个人名称、受处罚处分机构责任人、处罚处分时间、效力期限、处罚处分原因、作出处罚处分决定的机构、处罚处分类别、文号等。

2. A【解析】本题主要考查保荐代表人的资格管理规定。我国《证券发行上市保荐业务管理办法》第七十一条规定，发行人出现下列情形之一的，中国证监会自确认之日起暂停保荐机构的保荐机构资格3个月，撤销相关人员的保荐代表人资格：（1）证券发行募集文件等申请文件存在虚假记载、误导性陈述或者重大遗漏。（2）公开发行证券上市当年即亏损。（3）持续督导期间信息披露文件存在虚假记载、误导性陈述或者重大遗漏。

3. B【解析】本题主要考查证券从业人员不得从事的行为。根据《证券从业人员执业行为准则》的规定，从业人员不得从事以下活动：（1）从事内幕交易或利用未公开信息交易活动，泄露利用工作便利获取的内幕信息或其他未公开信息，或明示、暗示他人从事内幕交易活动。（2）利用资金优势、持股优势和信息优势，单独或者合谋串通，影响证券交易价格或交易量，误导和干扰市场。（3）编造、传播虚假信息或做出虚假陈述或信息误导，扰乱证券市场。（4）损害社会公共利益、所在机构或者他人的合法权益。（5）从事与其履行职责有利益冲突的业务。（6）接受利益相关方的贿赂或对其进行贿赂，如接受或赠送礼物、回扣、补偿或报酬等，或从事可能导致与投资者或所在机构之间产生利益冲突的活动。（7）买卖法律明文禁止买卖的证券。（8）利用工作之便向任何机构和个人输送利益，损害客户和所在机构利益。（9）违规向客户作出投资不受损失或保证最低收益的承诺。（10）隐匿、伪造、篡改或者毁损交易记录。（11）中国证监会、协会禁止的其他行为。

4. B【解析】本题主要考查证券市场禁入的相关规定。我国《证券市场禁入规定》第五条规定，有下列情形之一的，可以对有关责任人员采取终身证券市场禁入措施：（1）严重违反法律、行政法规或者中国证监会有关规定，构成犯罪的。（2）从事保荐、承销、资产管理、融资融券等证券业务及其他证券服务业务，负有法定职责的人员，故意不履行法律、行政法规或者中国证监会规定的义务，并造成特别严重后果的。（3）违反法律、行政法规或者中国证监会有关规定，采取隐瞒、编造重要事实等特别恶劣手段，或者涉案数额特别巨大的。（4）违反法律、行政法规或者中国证监会有关规定，从事欺诈发行、内幕交易、操纵市场等违法行为，严重扰乱证券、期货市场秩序并造成严重社会影响，或者获取违法所得等不当利益数额特别巨大，或者致使投资者利益遭受特别严重损害的。（5）违反法律、行政法规或者中国证监会有关规定，情节严重，应当采取证券市场禁入措施，且存在故意出具虚假重要证据，隐瞒、毁损重要证据等阻碍、抗拒证券监督管理机构及其工作人员依法行使监督检查、调查职权行为的。（6）因违反法律、行政法规或者中国证监会有关规定，5年内被中国证监会给予除警告之外的行政处罚3次以上，或者5年内曾经被采取证券市场禁入措施的。（7）组织、策划、领导或者实施重大违反法律、行政法规或者中国证监会有关规定的活动的。（8）其他违反法律、行政法规或者中国证监会有关规定，情节特别严重的。

【易错警示】我国《证券市场禁入规定》第五条还规定，违反法律、行政法规或者中国证监会有关规定，情节严重的，可以对有关责任人员采取3～5年的证券市场禁入措施；行为恶劣、严重扰乱证券市场秩序、严重损害投资者利益或者在重大违法活动中起主要作用等情节较为严重的，可以对有关责任人员采取5～10年的证券市场禁入措施。

5. B【解析】本题主要考查证券投资顾问宣传和发表评论意见的内容和途径。我国《证券投资顾问业务暂行规定》第三十一条规定，鼓励证券公司、证券投资咨询机构组织安排证券投资顾问，按照证券信息传播的有关规定，通过广播、电视、网络、报刊等公众媒体，客观、专业、审慎地对宏观经济、行业状况、证券市场变动情况发表评论意见，为公众投资者提供证券资讯服务，传播证券知识，揭示投资风险，引导理性投资。

【易错警示】通过本题考生还需要注意证券投资顾问不得通过广播、电视、网络、报刊等公众媒体，作出买入、卖出或者持有具体证券的投资建议。

6. C【解析】本题主要考查证券业协会变更证券业从业人员执业注册登记的情形。我国《证券业从业人员资格管理办法》第十四条规定，证券业从业人员取得执业证书后，辞职或者不为原聘用机构所聘用的，或者其他原因与原聘用机构解除劳动合同的，原聘用机构应当在上述情形发生后10日内向协会报告，由证券业协会变更该人员执业注册登记。

7. B【解析】本题主要考查对证券公司、证券投资咨询机构及其人员从事证券投资顾问业务违法违规行为的处罚措施。我国《证券投资顾问业务暂行规定》第三十三条规定，证券公司、证券投资咨询机构及其人员从事证券投资顾问业务，违反相关法律、行政法规和本规定的，中国证监会及其派出机构可以采取责令改正、监管谈话、出具警示函、责令增加内部合规检查次数并提交合规检查报告、责令清理违规业务、责令暂停新增客户、责令处分有关人员等监管措施；情节严重的，中国证监会依照法律、行政法规和有关规定作出行政处罚；涉嫌犯罪的，依法移送司法机关。

8. D【解析】本题主要考查奖励信息的内容。《中国证券业协会诚信管理办法》第九条规定，奖励信息包括受奖励单位或个人、表彰单位、表彰内容、荣誉称号或奖励等级、表彰时间和文号等。

9. D【解析】本题主要考查证券业协会应当报中国证监会核准的内容。我国《证券业从业人员资格管理办法》第十八条规定，证券业协会依据本办法及中国证监会有关规定制定的从业资格考试办法、考试大纲、执业证书管理办法及执业行为准则等，应当报中国证监会核准。

10．A【解析】本题主要考查参加证券业从业资格考试的人员要求。我国《证券业从业人员资格管理办法》第七条规定，参加证券业从业人员资格考试的人员，应当年满18周岁，具有高中以上文化程度和完全民事行为能力。

11．D【解析】本题主要考查证券公司从事上市公司并购重组财务顾问业务应具备的条件。我国《上市公司并购重组财务顾问业务管理办法》第六条规定，证券公司从事上市公司并购重组财务顾问业务，应当具备下列条件：（1）公司净资本符合中国证监会的规定。（2）具有健全且运行良好的内部控制机制和管理制度，严格执行风险控制和内部隔离制度。（3）建立健全的尽职调查制度，具备良好的项目风险评估机制。（4）公司财务会计信息真实、准确、完整。（5）公司控股股东、实际控制人信誉良好且最近3年无重大违法违规记录。（6）财务顾问主办人不少于5人。（7）中国证监会规定的其他条件。

全真模拟测试题

一、选择题

1．财务顾问接受上市公司并购重组当事人委托的，应当指定（　　）名财务顾问主办人负责，同时，可以安排（　　）名项目协办人参与。
A．1；1　　　B．2；1
C．3；2　　　D．5；2

2．因证券期货违法行为被行政处罚、市场禁入的信息，其效力期限为（　　）年。
A．3　　　B．5
C．10　　　D．15

3．我国《证券法》规定的对发行人应当聘请具有保荐资格的机构担任保荐人的情形不包括（　　）。
A．申请公开发行可转换为股票的公司债券，依法采取承销方式的
B．申请公开发行公司债券，依法采取承销方式的
C．申请公开发行法律、行政法规规定实行保荐制度的其他证券的
D．申请公开发行股票，依法采取承销方式的

4．取得证券、期货投资咨询从业资格，但是未在证券、期货投资咨询机构执业的，其从业资格自取得之日起满（　　）个月后自动失效。
A．6　　　B．12
C．18　　　D．24

5．下列关于中国证监会对保荐机构和保荐代表人资格核准的说法中，错误的是（　　）。
A．中国证监会对保荐代表人资格的申请，自受理之日起20个工作日内作出核准或者不予核准的书面决定
B．中国证监会对保荐机构资格的申请，自受理之日起30个工作日内作出核准或者不予核准的书面决定
C．中国证监会依法受理、审查申请文件
D．中国证监会对保荐机构资格的申请，自受理之日起45个工作日内作出核准或者不予核准的书面决定

6．从事期货投资咨询业务的其他期货经营机构，应当取得（　　）批准的业务资格，具体管理办法由（　　）制定。
A．期货业协会；国务院期货监督管理机构

B. 证券交易所；证券业协会
C. 国务院期货监督管理机构；国务院期货监督管理机构
D. 中国人民银行；中国证监会

7. 向客户提供证券投资顾问服务的人员，应当具有证券投资咨询执业资格，并在中国证券业协会注册登记为（　　）。
A. 证券投资顾问
B. 证券咨询师
C. 理财规划师
D. 证券分析师

8. 我国《上市公司并购重组财务顾问业务管理办法》规定，财务顾问的工作档案和工作底稿应当真实、准确、完整，保存期不少于（　　）年。
A. 5   B. 10
C. 15   D. 20

9. 证券公司应对证券经纪人进行不少于（　　）小时的执业前培训，其中法律法规和职业道德的培训时间不少于（　　）小时。
A. 40；20   B. 60；20
C. 40；10   D. 60；30

10. 证券投资顾问或者证券分析师变更岗位，不再从事原业务的，所在证券公司、证券投资咨询机构应在（　　）个工作日内，向证券业协会办理注销。
A. 3   B. 10
C. 15   D. 30

11. 机构办理执业证书申请过程中，弄虚作假、徇私舞弊、故意刁难有关当事人的，或者不按规定履行报告义务的，可采取的处罚措施不包括（　　）。
A. 由中国证监会责令改正
B. 拒不改正的，由证券业协会对其机构给予纪律处分
C. 拒不改正的，由证券业协会对其直接责任人员给予纪律处分
D. 情节严重的，由中国证监会单处或并处警告、3万元以下罚款

12. 下列关于证券从业人员的说法中，正确的是（　　）。
A. 中国证券业协会应当建立证券从业人员资格管理数据库，进行资格公示和执业注册登记管理
B. 被中国证监会依法吊销执业证书或者因违反本办法被协会注销执业证书的人员，协会可在2年内不受理其执业证书申请
C. 证券业从业人员取得执业证书后，辞职或者不为原聘用机构所聘用的，原聘用机构应当在上述情形发生后30日内向协会报告，由协会变更该人员执业注册登记
D. 证券业从业人员在执业过程中违反有关证券法律、行政法规以及中国证监会有关规定，受到聘用机构处分的，该机构应当在处分后30日内向协会报告

13. 个人申请保荐代表人资格，应当通过所任职的保荐机构向中国证监会提交的材料不包括（　　）。
A. 申请报告
B. 证券业从业人员资格考试、保荐代表人胜任能力考试成绩合格的证明
C. 证券业执业证书
D. 工作情况说明

14. 我国证券业从业人员资格考试由（　　）统一组织。
A. 中国证监会
B. 证券业协会
C. 证券投资基金业协会
D. 银行业协会

二、组合型选择题

1. 证券公司、证券投资咨询机构应当实行留痕管理的环节有（　　）。
Ⅰ. 服务提供   Ⅱ. 客户回访
Ⅲ. 投诉处理   Ⅳ. 注册登记
A. Ⅰ、Ⅱ、Ⅲ   B. Ⅰ、Ⅱ、Ⅳ
C. Ⅲ、Ⅳ   D. Ⅱ、Ⅳ

2. 证券公司、证券投资咨询机构发布证券研究报告,应当遵循的原则有（　　）。
Ⅰ. 客观原则
Ⅱ. 审慎原则
Ⅲ. 独立原则
Ⅳ. 公平原则
A. Ⅱ、Ⅲ　　　　B. Ⅰ、Ⅳ
C. Ⅰ、Ⅱ、Ⅲ、Ⅳ　D. Ⅰ、Ⅱ、Ⅲ

3. 对在证券公司办理经纪业务过程中,接受客户全权委托买卖证券的直接负责的主管人员和其他直接责任人员可采取的措施有（　　）。
Ⅰ. 给予警告
Ⅱ. 撤销证券从业资格
Ⅲ. 撤销任职资格
Ⅳ. 处3万元以上10万元以下的罚款
A. Ⅰ、Ⅱ、Ⅲ　　B. Ⅰ、Ⅱ
C. Ⅲ、Ⅳ　　　　D. Ⅰ、Ⅱ、Ⅲ、Ⅳ

4. 证券业协会对从业人员拒绝协会调查或者检查,或者所聘用机构拒绝配合调查的处罚包括（　　）。
Ⅰ. 由证券业协会责令改正
Ⅱ. 拒不改正的,给予行政处分
Ⅲ. 对机构单处或者并处警告、5万元以下罚款
Ⅳ. 情节严重的,由中国证监会给予从业人员暂停执业3～12个月,或吊销其执业证书的处罚
A. Ⅰ、Ⅱ、Ⅲ、Ⅳ　B. Ⅰ、Ⅱ、Ⅲ
C. Ⅱ、Ⅲ　　　　D. Ⅰ、Ⅳ

5. 我国《证券、期货投资咨询管理暂行办法》规定,申请证券、期货投资咨询从业资格的机构应当提交的文件包括（　　）。
Ⅰ. 企业法人营业执照
Ⅱ. 开展投资咨询业务的方式和内部管理规章制度
Ⅲ. 经注册会计师审计的财务会计报表
Ⅳ. 中国证监会统一印制的申请表
A. Ⅲ、Ⅳ　　　　B. Ⅲ、Ⅳ
C. Ⅰ、Ⅱ、Ⅳ　　D. Ⅰ、Ⅱ、Ⅲ

6. 下列关于证券从业人员资格管理的相关规定中,正确的是（　　）。
Ⅰ. 证券从业资格不实行专业分类考试
Ⅱ. 证券业协会建立执业人员诚信信息库,对信息进行分级管理
Ⅲ. 基金销售人员应当具备从事基金销售活动所必须的法律法规、金融、财务等专业知识和技能,并根据有关规定取得协会认可的证券从业资格
Ⅳ. 诚信信息以纸质文件形式保存
A. Ⅰ、Ⅱ、Ⅲ、Ⅳ　B. Ⅱ、Ⅲ
C. Ⅰ、Ⅳ　　　　D. Ⅰ、Ⅱ、Ⅲ

7. 申请从事证券投资咨询业务应具备的条件包括（　　）。
Ⅰ. 已取得证券从业资格
Ⅱ. 具有大学本科以上学历
Ⅲ. 具有从事证券业务3年以上的经历
Ⅳ. 未被中国证监会认定为证券市场禁入者
A. Ⅲ、Ⅳ　　　　B. Ⅱ、Ⅲ、Ⅳ
C. Ⅰ、Ⅱ、Ⅳ　　D. Ⅰ、Ⅱ、Ⅲ、Ⅳ

8. 下列说法中,正确的有（　　）。
Ⅰ. 证券业从业人员在从业期间,应保守国家秘密、所在机构的商业秘密、客户的商业秘密及个人隐私
Ⅱ. 证券从业人员应主动倡导理性成熟的投资理念,坚持长期投资、价值投资导向,自觉弘扬行业文化
Ⅲ. 证券经纪人只能接受一家证券公司的委托,并应当专门代理证券公司从事客户招揽和客户服务等活动
Ⅳ. 证券经纪人应当通过证券从业人员资格考试,并具备规定的证券从业人员执业条件
A. Ⅰ、Ⅱ、Ⅲ、Ⅳ　B. Ⅰ、Ⅲ
C. Ⅱ、Ⅲ、Ⅳ　　D. Ⅰ、Ⅱ、Ⅲ

9. 下列人员中,属于证券业务专业人员的有（　　）。

Ⅰ．基金管理公司、基金托管机构中从事基金销售、研究分析、投资管理、交易、监察稽核等业务的专业人员

Ⅱ．除基金托管机构相关部门管理人员外，基金销售机构中从事基金宣传、推销的专业人员

Ⅲ．证券公司中从事自营、经纪、承销、投资咨询、受托投资管理等业务的专业人员

Ⅳ．证券资信评估机构中从事证券资信评估业务的管理人员

A．Ⅱ、Ⅲ B．Ⅰ、Ⅲ、Ⅳ
C．Ⅰ、Ⅱ、Ⅲ、Ⅳ D．Ⅰ、Ⅱ、Ⅲ

10．证券、期货投资咨询人员申请取得证券、期货投资咨询从业资格，必须具备的条件包括（　　）。

Ⅰ．期货投资咨询人员具有从事期货业务2年以上的经历

Ⅱ．证券投资咨询人员具有从事证券业务2年以上的经历

Ⅲ．具有高中以上学历的中国公民

Ⅳ．通过中国证监会统一组织的证券、期货从业人员资格考试

A．Ⅰ、Ⅲ、Ⅳ B．Ⅱ、Ⅲ
C．Ⅰ、Ⅱ、Ⅲ、Ⅳ D．Ⅰ、Ⅱ、Ⅳ

11．下列属于证券公司申请保荐机构资格应具备的条件的有（　　）。

Ⅰ．注册资本不低于人民币5000万元

Ⅱ．从业人员不少于35人，其中最近3年从事保荐相关业务的人员不少于20人

Ⅲ．符合保荐代表人资格条件的从业人员不少于4人

Ⅳ．最近3年内未因重大违法违规行为受到行政处罚

A．Ⅱ、Ⅲ、Ⅳ B．Ⅱ、Ⅲ
C．Ⅰ、Ⅱ、Ⅲ、Ⅳ D．Ⅰ、Ⅱ、Ⅳ

12．下列各选项中，证券投资者保护基金的资金可以用于（　　）。

Ⅰ．银行存款

Ⅱ．购买国债

Ⅲ．购买中央银行债券

Ⅳ．购买中央级金融机构发行的金融债券

A．Ⅱ、Ⅲ、Ⅳ B．Ⅰ、Ⅱ、Ⅲ、Ⅳ
C．Ⅱ、Ⅲ D．Ⅰ、Ⅱ、Ⅲ

13．根据《上市公司并购重组财务顾问业务管理办法》财务顾问主办人应当具备下列（　　）条件。

Ⅰ．参加中国证监会认可的财务顾问主办人胜任能力考试且成绩合格

Ⅱ．所任职机构同意推荐其担任本机构的财务顾问主办人

Ⅲ．最近36个月未因执业行为违反行业规范而受到行业自律组织的纪律处分

Ⅳ．未负有数额较大到期未清偿的债务

A．Ⅲ、Ⅳ B．Ⅰ、Ⅲ、Ⅳ
C．Ⅱ、Ⅲ D．Ⅰ、Ⅱ、Ⅲ、Ⅳ

14．有下列（　　）情形的人员，不得注册为投资主办人。

Ⅰ．被监管机构采取重大行政监管措施已满2年

Ⅱ．未通过证券从业人员年检

Ⅲ．尚处于法律法规规定或劳动合同约定的竞业禁止期内

Ⅳ．被协会采取纪律处分未满2年

A．Ⅰ、Ⅳ B．Ⅰ、Ⅱ、Ⅲ、Ⅳ
C．Ⅰ、Ⅱ、Ⅲ D．Ⅱ、Ⅲ、Ⅳ

全真模拟测试题答案及详解

选择题答案速查表

1	2	3	4	5	6	7	8	9	10
B	B	B	C	B	C	A	B	B	B
11	12	13	14						
A	A	D	B						

组合型选择题答案速查表

1	2	3	4	5	6	7	8	9	10
A	C	D	D	C	D	C	C	B	D
11	12	13	14						
A	B	B	D						

一、选择题

1. B【解析】本题主要考查财务顾问主办人的执业行为规范。我国《上市公司并购重组财务顾问业务管理办法》第二十条规定，财务顾问应当与委托人签订委托协议，明确双方的权利和义务，就委托人配合财务顾问履行其职责的义务、应提供的材料和责任划分、双方的保密责任等事项做出约定。财务顾问接受上市公司并购重组多方当事人委托的，不得存在利益冲突或者潜在的利益冲突。接受委托的，财务顾问应当指定2名财务顾问主办人负责，同时，可以安排1名项目协办人参与。

2. B【解析】本题主要考查期货违法处罚的效力期限。《中国证券业协会诚信管理办法》第十七条规定，诚信信息的效力期限为：（1）基本信息长期有效。（2）奖励信息、处罚处分信息效力期限为3年，但因证券期货违法行为被行政处罚、市场禁入的信息，效力期限为5年。

3. B【解析】本题主要考查发行人聘请具有保荐资格的机构担任保荐人的情形。我国《证券法》第十一条规定，发行人申请公开发行股票、可转换为股票的公司债券，依法采取承销方式的，或者公开发行法律、行政法规规定实行保荐制度的其他证券的，应当聘请具有保荐资格的机构担任保荐人。

4. C【解析】本题主要考查取得证券、期货投资咨询从业资格的时效。我国《证券、期货投资咨询管理暂行办法》第十七条规定，取得证券、期货投资咨询执业资格的人员，应当在所参加的证券、期货投资咨询机构年检时间同时办理执业年检。取得证券、期货投资咨询从业资格，但是未在证券、期货投资咨询机构执业的，其从业资格自取得之日起满18个月后自动失效。

5. B【解析】本题主要考查中国证监会对保荐机构和保荐代表人资格核准的规定。我国《证券发行上市保荐业务管理办法》第十四条规定，中国证监会依法受理、审查申请文件。对保荐机构资格的申请，自受理之日起45个工作日内作出核准或者不予核准的书面决定；对保荐代表人资格的申请，自受理之日起20个工作日内作出核准或者不予核准的书面决定。

6. C【解析】本题主要考查期货投资咨询业务从业人员的资格审批机关。我国《期货交易管理条例》第二十三条规定，从事期货投资咨询业务的其他期货经营机构，应当取得国务院期货监督管理机构批准的业务资格，具体管理办法由国务院期货监督管理机构制定。

7. A【解析】本题主要考查证券投资顾问服务人员的资格要求。我国《证券投资顾问业务暂行规定》第七条规定，向客户提供证券投资顾问服务的人员，应当具有证券投资咨询执业资格，并在中国证券业协会注册登记为证券投资顾问。

8. B【解析】本题主要考查财务顾问的工作档案和工作底稿的保存期限。我国《上市公司并购重组财务顾问业务管理办法》第三十三条规定，财务顾问应当建立并购重组工作档案和工作底稿制度，为每一项目建立独立的工作档案。财务顾问的工作档案和工作底稿应当真实、准确、完整，保存期不少于10年。

9. B【解析】本题主要考查证券公司对证券经纪人的培训时间。我国《证券经纪人管理暂行规定》第七条规定，证券公司应对证券经纪人进行不少于60小时的执业前培训，其中法律法规和职业道德的培训时间不少于20小时。

10. B【解析】本题主要考查证券投资顾问和证券分析师的注册登记要求。证券投资顾问或者证券分析师变更岗位，不再从事原业务的，所在证券公司、证券投资咨询机构应在10个工作日内，向证券业协会办理注销。证券投资顾问变更岗位从事发布证券研究报告业务，或者证券分析师变更岗位从事证券投资顾问业务，所在证券公司、证券投资咨询机构应在10个工作日内，向证券业协会办理申请注销有关人员的原注册登记，并办理新的注册登记。

11. A【解析】本题主要考查对机构办理执业证书申请过程中违法行为的处罚。我国《证券业从业人员资格管理办法》第二十二条规定，机构办理执业证书申请过程中，弄虚作假、徇私舞弊、故意刁难有关当事人的，或者不按规定履行报告义务的，由协会责令改正；拒不改正的，由协会对该机构及其直接责任人员给予纪律处分；情节严重的，由中国证监会单处或者并处警告、3万元以下罚款。

【易错警示】机构办理执业证书申请过程中，弄虚作假、徇私舞弊、故意刁难有关当事人的，或者不按规定履行报告义务的，应由证券业协会责令改正，而不是中国证监会。

12. A【解析】本题主要考查证券业从业人员资格管理的相关规定。我国《证券业从业人员资格管理办法》第二十五条规定，被中国证监会依法吊销执业证书或者因违反本办法被协会注销执业证书的人员，协会可在3年内不受理其执业证书申请。故B选项说法错误。第十四条规定，从业人员取得执业证书后，辞职或者不为原聘用机构所聘用的，或者其他原因与原聘用机构解除劳动合同的，原聘用机构应当在上述情形发生后10日内向协会报告，由协会变更该人员执业注册登记；第十六条规定，从业人员在执业过程中违反有关证券法律、行政法规以及中国证监会有关规定，受到聘用机构处分的，该机构应当在处分后10日内向协会报告。故C、D选项说法错误。

13. D【解析】本题主要考查个人申请保荐代表人资格应提交的文件。个人申请保荐代表人资格，应当通过所任职的保荐机构向中国证监会提交的材料包括：（1）申请报告。（2）个人简历、身份证明文件和学历学位证书。（3）证券业从业人员资格考试、保荐代表人胜任能力考试成绩合格的证明。（4）证券业执业证书。（5）从事保荐相关业务的详细情况说明，以及最近3年内担任

《管理办法》规定的境内证券发行项目协办人的工作情况说明。(6)保荐机构出具的推荐函,其中应当说明申请人遵纪守法、业务水平、组织能力等情况。(7)保荐机构对申请文件真实性、准确性、完整性承担责任的承诺函,并应由其董事长或者总经理签字。(8)中国证监会要求的其他材料。故本题选D选项。

14. B【解析】本题主要考查中国证券业从业人员资格管理。中国证券业实行从业人员资格管理制度,由中国证券业协会在中国证监会指导监督下对证券业从业人员实施资格管理。我国证券业从业人员资格考试由证券业协会统一组织。

二、组合型选择题

1. A【解析】本题主要考查留痕管理的内容。我国《证券投资顾问业务暂行规定》第二十八条规定,证券公司、证券投资咨询机构应当对证券投资顾问业务推广、协议签订、服务提供、客户回访、投诉处理等环节实行留痕管理。

2. C【解析】本题主要考查发布证券研究报告的原则。我国《发布证券研究报告执业规范》第二条规定,证券公司、证券投资咨询机构发布证券研究报告,应当遵循独立、客观、公平、审慎原则,加强合规管理,提升研究质量和专业服务水平。

3. D【解析】本题主要考查对证券公司办理经纪业务违法行为的处罚措施。我国《证券法》第二百一十二条规定,证券公司办理经纪业务,接受客户的全权委托买卖证券的,或者证券公司对客户买卖证券的收益或者赔偿证券买卖的损失作出承诺的,责令改正,没收违法所得,并处以5万元以上20万元以下的罚款,可以暂停或者撤销相关业务许可。对直接负责的主管人员和其他直接责任人员给予警告,并处以3万元以上10万元以下的罚款,可以撤销任职资格或者证券从业资格。

4. D【解析】本题主要考查证券业从业人员违反调查或者检查要求的法律责任。我国《证券业从业人员资格管理办法》第二十四条规定,证券从业人员拒绝协会调查或者检查的,或者所聘用机构拒绝配合调查的,由协会责令改正;拒不改正的,给予纪律处分;情节严重的,由中国证监会给予从业人员暂停执业3~12个月,或吊销其执业证书的处罚;对机构单处或者并处警告、3万元以下罚款。

5. C【解析】本题主要考查申请证券、期货投资咨询从业资格应提交的文件。我国《证券、期货投资咨询管理暂行办法》第九条规定,申请证券、期货投资咨询从业资格的机构,应当提交下列文件:(1)中国证监会统一印制的申请表。(2)公司章程。(3)企业法人营业执照。(4)机构高级管理人员和从事证券、期货投资咨询业务人员名单及其学历、工作经历和从业资格证书。(5)开展投资咨询业务的方式和内部管理规章制度。(6)业务场所使用证明文件、机构通讯地址、电话和传真机号码。(7)由注册会计师提供的验资报告。(8)中国证监会要求提供的其他文件。

6. D【解析】本题主要考查诚信信息的保存形式。《中国证券业协会诚信管理办法》第十五条规定,诚信信息以电子文档形式保存。诚信信息有纸质证明文件的,证明文件以电子和纸质两种形式保存。故第Ⅳ项说法错误。

7. C【解析】本题主要考查申请从事证券投资咨询业务的条件。申请从事证券投资咨询业务应具备的条件之一是:具有从事证券业务2年以上的经历。故第Ⅲ项说法错误。

【易错警示】申请从事证券投资咨询业务应当具备下列条件:(1)已取得证券从业资格。(2)被证券投资咨询机构或可从事证券投资咨询业务的证券公司聘用。(3)具有中华人民共和国国籍。(4)具有完全民事行为能力。(5)具有大学本科以上学历。(6)具有从事证券业务2年以上的经历。(7)未受过刑事处罚;未被中国证监会认定为证券市场禁入者,或者已过禁入期的。(8)品行良好、正直诚实,具有良好的职业道德。(9)法律、行政法规和中国证监会规定的其他条件。

8. C【解析】本题主要考查证券从业人员行为准则。我国《证券业从业人员执业行为准则》第五条规定,从业人员应保守国家秘密、所在机构的商业秘密、客户的商业秘密及个人隐私,对客户服务结束或者离开所在机构后,仍应按照有关规定或合同约定承担上述保密义务。故本题选C选项。

【易错警示】本题易误选A项。答题时,考生应仔细审题,注意第Ⅰ项中"从业期间"的限制,即可正确排除第Ⅰ项,从而得出正确答案为C选项。

9. B【解析】本题主要考查证券业务专业人员的范围。我国《证券业从业人员资格管理办法》第四条规定,从事证券业务的专业人员是指:(1)证券公司中从事自营、经纪、承销、投资咨询、受托投资管理等业务的专业人员,包括相关业务部门的管理人员。(2)基金管理公司、基金托管机构中从事基金销售、研究分析、投资管理、交易、监察稽核等业务的专业人员,包括相关业务部门的管理人员;基金销售机构中从事基金宣传、推销、咨询等业务的专业人员,包括相关业务部门的管理人员。(3)证券投资咨询机构中从事证券投资咨询业务的专业人员及其管理人员。(4)证券资信评估机构中从事证券资信评估业务的专业人员及其管理人员。(5)中国证监会规定需要取得从业资格和执业证书的其他人员。

【易错警示】从事证券业务的专业人员既包括相关业务部门的管理人员,也包括基金销售机构中从事基金宣传、推销、咨询等业务的专业人员。基金托管机构的相关部门管理人员也属于证券业专业人员。

10. D【解析】本题主要考查证券、期货投资咨询人员申请取得其从业资格的条件。我国《证券、期货投资咨询管理暂行办法》第十五条规定,证券、期货投资咨询人员申请取得证券、期货投资咨询从业资格,必须具备下列条件:(1)具有中华人民共和国国籍。(2)具有完全民事行为能力。(3)品行良好、正直诚实,具有良好的职业道德。(4)未受过刑事处罚或者与证券、期货业务有关的严重行政处罚。(5)具有大学本科以上学历。(6)证券投资咨询人员具有从事证券业务2年以上的经历,期货投资咨询人员具有从事期货业务2年以上的经历。(7)通过中国证监会统一组织的证券、期货从业人员资格考试。(8)中国证监会规定的其他条件。

11. A【解析】本题主要考查证券公司申请保荐机构资格的条件。《证券发行上市保荐业务管理办法》第九条规定,证券公司申请保荐机构资格,应当具备下列条件:(1)注册资本不低于人民币1亿元,净资本不低于人民币5000万元。(2)具有完善的公司治理和内部控制制度,风险控制指标符合相关规定。(3)保荐业务部门具有健全的业务规程、内部风险评估和控制系统,内部机构设置合理,具备相应的研究能力、销售能力等后台支持。(4)具有良好的保荐业务团队且专业结构合理,从业人员不少于35人,其中最近3年从事保荐相关业务的人员不少于20人。(5)符合保荐代表人资格条件的从业人员不少于4人。(6)最近3年内未因重大违法违规行为受到行政处罚。(7)中国证监会规定的其他条件。

12. B【解析】本题主要考查证券投资者保护基金的资金用途。证券投资者保护基金的资金运用限于银行存款或购买国债、中央银行债券(包括中央银行票据)、中央级金融机构发行的金融债券以及国务院批准的其他资金运用形式。

13. B【解析】本题主要考查财务顾问

主办人应具备的条件。我国《上市公司并购重组财务顾问业务管理办法》第十条规定，财务顾问主办人应当具备的条件如下：（1）具有证券从业资格。（2）具备中国证监会规定的投资银行业务经历。（3）参加中国证监会认可的财务顾问主办人胜任能力考试且成绩合格。（4）所任职机构同意推荐其担任本机构的财务顾问主办人。（5）未负有数额较大到期未清偿的债务。（6）最近24个月无违反诚信的不良记录。（7）最近24个月未因执业行为违反行业规范而受到行业自律组织的纪律处分。（8）最近36个月未因执业行为违法违规受到处罚。（9）中国证监会规定的其他条件。

【易错警示】上述第（6）、（7）、（8）三条中的月份容易记错，需要考生注意。

14. D **【解析】**本题主要考查不得注册为投资主办人的情形。《证券公司客户资产管理业务规范》第三十三条规定，有下列情形之一的人员，不得注册为投资主办人：（1）不符合本规范第三十一条规定的条件。（2）被监管机构采取重大行政监管措施未满2年。（3）被协会采取纪律处分未满2年。（4）未通过证券从业人员年检。（5）尚处于法律法规规定或劳动合同约定的竞业禁止期内。（6）其他情形。

第十三章 证券公司业务规范

考情分析

本章一共七节，为《证券市场基本法律法规》科目的重点和难点章节，也是第一、二章内容的延伸和具体应用。

在历次考试中，本章涉及的考点较多，考查的内容较细，题目设置也相对较难。具体来说，题目设置主要围绕我国相关法律法规对证券公司证券经纪业务，证券投资咨询业务，与证券交易、证券投资活动有关的财务顾问业务，证券承销与保荐业务，证券自营业务，证券资产管理业务以及其他证券业务这七种业务监督管理规定等，从业务和人员两个方面进行出题。考生需灵活掌握法律法规对上述证券业务的规定，并联系实际，正确解答相关题目。

知识导读

证券公司业务规范	一、证券经纪	证券公司经纪业务的主要法律法规	★
		证券经纪业务的特点	★★
		证券公司建立健全经纪业务管理制度的相关规定	★★★
		证券公司经纪业务中账户管理、三方存管、交易委托、交易清算、指定交易及托管、查询及咨询等环节的基本规则、业务风险及规范要求	★★
		经纪业务的禁止行为	★★★
		监管部门对经纪业务的监管措施	★★
	二、证券投资咨询	证券投资咨询、证券投资顾问、证券研究报告的概念和基本关系	★★★
		证券、期货投资咨询业务的管理规定	★★★
		证券公司、证券咨询机构及其执业人员向社会公众开展证券投资咨询业务活动的有关规定	★★★
		利用"荐股软件"从事证券投资咨询业务的相关规定	★★★
		监管部门和自律组织对证券投资咨询业务的监管措施和自律管理措施	★
		证券公司证券投资顾问业务的内部控制规定	★★★
		监管部门对证券投资顾问业务的有关规定	★★★
		监管部门对发布证券研究报告业务的有关规定	★★★
	三、与证券交易、证券投资活动有关的财务顾问	上市公司收购以及上市公司重大资产重组等主要法律法规	★
		证券公司不得担任财务顾问及独立财务顾问的情形	★★★
		从事上市公司并购重组财务顾问业务的业务规则	★★
		财务顾问的监管和法律责任	★★

续表

证券公司业务规范	四、证券承销与保荐	证券公司发行与承销业务的主要法律法规	★
		证券发行保荐业务的一般规定	★★
		证券发行与承销信息披露的有关规定	★
		证券公司发行与承销业务的内部控制规定	★★★
		监管部门对证券发行与承销的监管措施	★★
		违反证券发行与承销有关规定的处罚措施	★★★
	五、证券自营	证券公司自营业务的主要法律法规	★
		证券公司自营业务管理制度、投资决策机制和风险监控体系的一般规定	★
		证券自营业务决策与授权的要求	★
		证券自营业务操作的基本要求	★
		证券公司自营业务投资范围的规定	★★★
		证券自营业务持仓规模的要求	★★★
		自营业务的禁止性行为	★★★
		证券自营业务的监管措施和违反有关法规的法律责任	★★
	六、证券资产管理	证券公司开展资产管理业务的基本原则要求	★★
		证券公司客户资产管理业务类型及基本要求	★★★
		开展资产管理业务，投资主办人数的最低要求	★
		资产管理合同应当包括的必备内容	★
		办理定向资产管理业务，接受客户资产最低净值要求	★★★
		办理集合资产管理业务接受的资产形式	★★★
		合格投资者要求	★★
		关联交易的要求	★★
		资产管理业务禁止行为的有关规定	★★★
		资产管理业务的风险控制要求	★★
		资产管理业务了解客户、对客户信息披露及揭示风险的有关规定	★★★
		资产管理业务客户资产托管的基本要求	★★★
		监管部门对资产管理业务的监管措施及后续监管要求	★★★
		资产管理业务违反有关规定的法律责任	★★★
		合格境外机构投资者境内证券投资、合格境内机构投资者境外证券投资的相关监管规定	★

续表

证券公司业务规范	七、其他业务	融资融券业务管理的基本原则	★★★
		证券公司申请融资融券业务资格应具备的条件	★
		融资融券业务的账户体系	★★★
		融资融券业务客户的申请、客户征信调查、客户的选择标准	★★
		融资融券业务合同的基本内容	★★★
		融资融券业务所形成的债权担保的有关规定	★★
		标的证券、保证金和担保物的管理规定	★★★
		融券业务所涉及证券的权益处理规定	★
		监管部门对融资融券业务的监管规定	★★★
		转融通业务规则	★
		监管部门对转融通业务的监督管理规定	★★
		代销金融产品适当性原则	★★
		代销金融产品的规范和禁止性行为	★★
		违反代销金融产品有关规定的法律责任	★★★
		证券公司中间介绍业务的业务范围	★★
		证券公司开展中间介绍业务的有关规定	★★★
		中间介绍业务的禁止行为	★★★
		中间介绍业务的监管要求	★★
		股票质押回购、约定式回购业务、报价回购、直接投资、证券公司参与区域性股权交易市场相关规则	★★

真题精选

一、选择题

1. 证券公司、资产托管机构应当为集合资产管理计划单独开立证券账户和资金账户。其中，证券账户名称应当是（   ）。
   A. "集合资产管理计划名称"
   B. "资产托管机构名称—证券公司名称—集合资产管理计划名称"
   C. "证券公司名称—资产托管机构名称—集合资产管理计划名称"
   D. "集合资产管理计划名称—证券公司名称—资产托管机构名称"

2. 证券公司经营证券自营业务的，自营权益类证券及证券衍生品的合计额不得超过净资本的（   ）。
   A. 30%   B. 50%
   C. 100%   D. 500%

3. 证券公司违反我国《证券法》的规定，为客户买卖证券提供融资融券的，可以对直接负责的主管人员和其他直接责任人员给予警告，撤销任职资格或者证券从业资格，并处以（   ）的罚款。
   A. 3万元以上20万元以下
   B. 3万元以上30万元以下
   C. 5万元以上20万元以下
   D. 5万元以上30万元以下

4. 证券经纪商要严格按照委托人的要求办理委托事务，这是证券经纪商对委托人的首要义务。委托人的指令具有（　　），证券经纪商必须严格地按照委托人指定的证券、数量、价格和有效时间买卖证券，不能自作主张，擅自改变委托人的意愿。

　　A．保密性　　　　B．权威性
　　C．广泛性　　　　D．客观性

5. 建立集合资产管理计划的投资主办人员须具有（　　）年以上证券自营、资产管理或证券投资基金从业经历。

　　A．1　　　　　　B．2
　　C．3　　　　　　D．5

6. 下列关于证券登记结算的说法中，错误的是（　　）。

　　A．证券登记结算机构可以直接为投资者开立证券账户

　　B．证券以协议转让、继承、捐赠、强制执行、行政划拨等方式转让的，证券登记结算机构根据业务规则变更相关证券账户的余额，并相应办理证券持有人名册的变更登记

　　C．证券和资金结算实行分级结算原则

　　D．证券登记结算机构采取多边净额结算方式的，应当根据业务规则作为结算参与人的共同对手方，按照见券付款的原则，以结算参与人为结算单位办理清算交收

7. 证券公司办理经纪业务，接受客户的全权委托买卖证券的，责令改正，没收违法所得，并处以（　　）的罚款，可以暂停或者撤销相关业务许可。

　　A．3万元以上10万元以下
　　B．3万元以上20万元以下
　　C．5万元以上20万元以下
　　D．5万元以上30万元以下

8. 证券公司应当至少（　　）向客户提供一次准确、完整的资产管理报告，对报告期内客户资产的配置状况、价值变动等情况作出详细说明。

　　A．每季度　　　　B．每月度

　　C．每半年　　　　D．每年

9. 我国的《证券发行与承销管理办法》属于（　　）。

　　A．法律
　　B．行政法规
　　C．部门规章及规范性文件
　　D．自律性规则

10. 下列关于保荐期间的说法中，错误的是（　　）。

　　A．主板上市公司发行新股、可转换公司债券的，持续督导的期间为证券上市当年剩余时间及其后1个完整会计年度

　　B．首次公开发行股票并在主板上市的，持续督导的期间为证券上市当年剩余时间及其后2个完整会计年度

　　C．首次公开发行股票并在创业板上市的，持续督导的期间为证券上市当年剩余时间及其后3个完整会计年度

　　D．创业板上市公司发行新股、可转换公司债券的，持续督导的期间为证券上市当年剩余时间及其后1个完整会计年度

11. 发行人、证券公司、证券服务机构、投资者及其直接负责的主管人员和其他直接责任人员有失诚信、违反法律法规规定的，中国证监会可以视情节轻重对其采取的措施不包括（　　）。

　　A．责令改正
　　B．监管谈话
　　C．出具警示函
　　D．移送司法机关

12. 证券公司持有或者通过协议、其他安排与他人共同持有上市公司的股份达到或超过（　　），不得担任该上市公司的独立财务顾问。

　　A．3%　　　　　　B．5%
　　C．8%　　　　　　D．10%

13. 证券公司办理定向资产管理业务，接受单个客户的资产净值不得低于人民币（　　）万元。

167

A. 500　　　　B. 300
C. 200　　　　D. 100

14. 客户融资买入证券的,应当以（　　）方式偿还向证券公司融入的资金。
A. 买券还券
B. 买券还款
C. 直接还款
D. 直接还券

15. 下列关于上市公司收购的说法中,错误的是（　　）
A. 实施收购行为的投资者称为收购人
B. 作为被收购目标的上市公司称为被收购公司
C. 收购上市公司中由国家授权投资的机构持有的股份,未经国家授权的主管部门批准,不得转让
D. 收购期限届满,被收购公司向社会公众发行的股份数达到该公司发行的股份总数的75%以上的,该上市公司的股票应当在证券交易所终止上市交易

16. 证券公司申请融资融券业务资格应具备的条件不包括（　　）。
A. 已建立完善的客户投诉处理机制
B. 有拟负责融资融券业务的高级管理人员和适当数量的专业人员
C. 客户资产安全、完整,客户交易结算资金第三方存管有效实施
D. 经营证券经纪业务已满2年

17. 证券公司从事证券自营业务的,其投资决策机构的职责是（　　）。
A. 负责具体投资项目的决策和执行工作
B. 负责确定具体的资产配置策略、投资事项和投资品种等
C. 对自营业务人员的投资能力、业绩水平等情况进行评价
D. 根据公司资产、负债、损益和资本充足等情况确定自营业务规模、可承受的风险限额等

18. 证券公司对客户融资融券的保证金比例不得低于（　　）。
A. 10%　　　　B. 20%
C. 30%　　　　D. 50%

19. 下列关于客户资产保护规定的说法中,错误的是（　　）。
A. 证券公司不得将客户的资金账户、证券账户提供给他人使用
B. 证券公司为证券资产管理客户开立的证券账户,应当自开户之日起3个交易日内报证券交易所备案
C. 证券公司应当根据所了解的客户情况推荐适当的产品或者服务,具体规则由中国证监会制定
D. 业务合同的必备条款和风险揭示书的标准格式,由中国证券业协会制定,并报国务院证券监督管理机构备案

20. 证券公司融资融券的金额不得超过其（　　）。
A. 净资本的2倍
B. 净资本的4倍
C. 日交易量的10倍
D. 客户保证金总额的5倍

21. 下列不属于证券公司从事证券经纪业务的禁止性行为的是（　　）。
A. 泄露客户资料
B. 贬损同行或以其他不正当竞争手段争揽业务
C. 向客户传递由所在证券公司统一提供的研究报告及与证券投资有关的信息
D. 在批准的营业场所之外私下接受客户委托买卖证券

22. 下列选项中,说法错误的是（　　）。
A. 任何单位和个人不得利用重大资产重组损害上市公司及其股东的合法权益
B. 未了结相关融券交易前,客户融券卖出所得价款除买券还券外不得挪作他用
C. 证券登记结算机构的有关人员属于证券交易内幕信息的知情人
D. 债券质押式回购交易是指债券持有

人将一笔债券卖给债券购买方的同时，交易双方约定在未来某一日期，再由卖方以约定价格从买方购回相等数量同种债券的交易行为

23．在融资融券交易中，标的股票交易被实施特别处理的，证券交易所自该股票被实施特别处理（　　）起将其调整出标的证券范围。

A．当日
B．次日
C．下一交易日
D．2个交易日后

24．证券公司、证券投资咨询机构和其他财务顾问机构不得担任财务顾问的情形不包括（　　）。

A．最近24个月内存在违反诚信的不良记录
B．最近24个月内因执业行为违反行业规范而受到行业自律组织的纪律处分
C．最近36个月内因违法违规经营受到处罚或者因涉嫌违法违规经营正在被调查
D．最近48个月内因违法违规经营受到处罚或者因涉嫌违法违规经营正在被调查

25．下列选项中，说法正确的是（　　）。

A．证券公司从事融资融券业务的，在以证券公司名义开立的客户证券担保账户和客户资金担保账户内，应当为同类客户统一设置授信账户
B．具备证券信息汇总或者证券投资品种历史数据统计功能的软件产品、软件工具或者终端设备，属于"荐股软件"
C．在从事融资融券交易期间，如果中国人民银行规定的同期金融机构贷款基准利率调高，证券公司将相应调低融资利率或融券费率
D．证券公司办理集合资产管理业务，只能接受货币资金形式的资产

26．经营单项证券承销与保荐业务的，注册资本最低限额为人民币（　　）；经营证券承销与保荐业务且经营证券自营、证券资产管理、其他证券业务中2项以上的，注册资本最低限额为人民币（　　）。

A．3000万元；5000万元
B．5000万元；8000万元
C．8000万元；1亿元
D．1亿元；5亿元

27．按照我国现行做法，投资者到证券经纪商处委托买卖证券之前，证券经纪商与投资者必须签订（　　）。

A．《网上买卖规则》
B．《证券交易委托规则》
C．《证券全权买卖协议书》
D．《证券交易委托代理协议书》

28．下列选项中，说法正确的是（　　）。

A．证券公司违规为客户买卖证券提供融资融券的，应当撤销相关业务许可
B．证券交易的收费标准应该保密
C．未经国务院期货监督管理机构审核并报国务院批准，期货交易所不得从事非自用不动产投资业务
D．证券公司向客户提供投资建议时，可以预测证券价格的涨跌

29．下列关于证券公司合规负责人的说法中，错误的是（　　）。

A．可由财务负责人担任
B．合规负责人经董事会决定聘任后立即生效
C．合规负责人应对证券公司经营管理行为的合法合规性进行审查、监督或者检查
D．证券公司解聘合规负责人，应自解聘之日起3个工作日内将解聘的事实和理由书面报告国务院证券监督管理机构

30．下列关于证券承销业务的说法中，错误的是（　　）。

A．证券承销业务采取代销或者包销方式
B．中国证监会应当为发行人指定承销的证券公司
C．包销的特点是承销期结束时，证券公司将售后剩余证券全部自行购入

D. 代销的特点是承销期结束时，未售出的证券将被全部退还给发行人

31. 上市公司应当立即向证监会和证券交易所报送临时报告并予公告的重大事件不包括（   ）。
A. 公司的重大投资行为和重大的购置财产的决定
B. 公司发生重大债务和未能清偿到期重大债务的违约情况
C. 公司减资、合并、分立的决定
D. 公司的监事发生变动

32. 证券公司承销证券，采用误导投资者的广告进行虚假宣传，可采取的处罚措施不包括（   ）。
A. 没收违法所得
B. 对直接负责的主管人员处以1万元以上10万元以下的罚款
C. 情节严重的，暂停或者撤销相关业务许可
D. 给其他证券承销机构或者投资者造成损失的，依法承担赔偿责任

33. 下列关于证券公司融资融券业务客户担保物的说法中，错误的是（   ）。
A. 证券公司应当逐日计算客户担保物价值与其债务的比例
B. 当该比例低于规定的最低维持担保比例时，证券公司应当通知客户在一定的期限内补交差额
C. 客户到期未偿还融资融券债务的，证券公司应当立即按照约定处分其担保物
D. 客户未能按期交足差额的，证券公司应当责令其在限制时间内交足，否则按照约定处分其担保物

34. 用于记录投资者委托证券公司持有、担保证券公司因向投资者融资融券所生债权的证券的账户是（   ）。
A. 融券专用证券账户
B. 信用交易证券交收账户
C. 客户信用交易担保证券账户
D. 客户信用交易担保资金账户

35. 证券公司在证券自营账户与证券资产管理账户之间或者不同的证券资产管理账户之间进行交易，且无充分证据证明已依法实现有效隔离的，没收违法所得，并处以（   ）的罚款。
A. 10万元以上60万元以下
B. 30万元以上60万元以下
C. 20万元以上60万元以下
D. 40万元以上60万元以下

36. 账户存续期间证券公司营业部应每（   ）年对自然人客户信息进行一次全面核查。
A. 1   B. 2
C. 3   D. 5

37. 除不含发行价格、筹集金额以外，其内容与格式应当与招股说明书一致，并与招股说明书具有同等法律效力的是（   ）。
A. 招股说明书（预披露稿）
B. 招股说明书（申报稿）
C. 招股意向书
D. 招股意向书（申报稿）

二、组合型选择题

1. 证券公司经营融资融券业务，应当以自己的名义，在证券登记结算机构分别开立（   ）。
Ⅰ. 融券专用证券账户
Ⅱ. 客户信用交易担保证券账户
Ⅲ. 信用交易资金交收账户
Ⅳ. 信用交易证券交收账户
A. Ⅰ、Ⅱ、Ⅳ   B. Ⅰ、Ⅱ、Ⅲ、Ⅳ
C. Ⅰ、Ⅱ、Ⅲ   D. Ⅰ、Ⅲ、Ⅳ

2. 投资者存在尚未了结的融券交易的，在（   ）情形下，应当按照融券数量对证券公司进行补偿。
Ⅰ. 证券发行人派发现金红利的，融券投资者应当向证券公司补偿对应金额的现金

红利

Ⅱ．证券发行人向原股东配售股份的，由证券公司和融券投资者根据双方约定处理

Ⅲ．证券发行人派发股票红利或权证等证券的，融券投资者应当根据双方约定向证券公司补偿对应数量的股票红利或权证等证券

Ⅳ．证券发行人增发新股以及发行权证、可转债等证券时原股东有优先认购权的，由证券公司和融券投资者根据双方约定处理

A．Ⅰ、Ⅱ　　　　B．Ⅲ、Ⅳ
C．Ⅰ、Ⅲ　　　　D．Ⅰ、Ⅱ、Ⅲ、Ⅳ

3．按风险起因的不同，证券经纪业务的风险主要包括（　　）。

Ⅰ．合规风险
Ⅱ．管理风险
Ⅲ．技术风险
Ⅳ．市场风险

A．Ⅰ、Ⅱ、Ⅲ　　B．Ⅰ、Ⅲ
C．Ⅲ、Ⅳ　　　　D．Ⅰ、Ⅱ、Ⅲ、Ⅳ

4．证券公司在进行期货交易的中间介绍业务时，应当在其经营场所显著位置或者其网站公开的信息包括（　　）。

Ⅰ．受托从事的介绍业务范围
Ⅱ．从事介绍业务的管理人员和业务人员的名单和照片
Ⅲ．期货市场行情
Ⅳ．期货公司期货保证金账户信息、期货保证金安全存管方式

A．Ⅰ、Ⅱ、Ⅳ　　B．Ⅰ、Ⅱ、Ⅲ
C．Ⅱ、Ⅲ、Ⅳ　　D．Ⅰ、Ⅲ

5．上市公司的股东违反《上市公司信息披露管理办法》，中国证监会可以采取的监管措施包括（　　）。

Ⅰ．监管谈话
Ⅱ．罚款
Ⅲ．出具警示函
Ⅳ．责令改正

A．Ⅰ、Ⅲ、Ⅳ　　B．Ⅰ、Ⅱ、Ⅳ
C．Ⅱ、Ⅲ、Ⅳ　　D．Ⅰ、Ⅱ、Ⅲ

6．根据我国《上海证券交易所融资融券交易实施细则》的规定，融资融券标的证券为交易型开放式指数基金的，应当符合的条件有（　　）。

Ⅰ．上市交易超过5个交易日
Ⅱ．最近5个交易日内的日平均资产规模不低于5亿元
Ⅲ．基金持有户数不少于1000户
Ⅳ．基金持有户数不少于2000户

A．Ⅲ、Ⅳ　　　　B．Ⅰ、Ⅱ、Ⅲ
C．Ⅱ、Ⅳ　　　　D．Ⅰ、Ⅱ、Ⅳ

7．限定性集合资产管理计划的资产主要投资于（　　）。

Ⅰ．国债
Ⅱ．债券型证券投资基金
Ⅲ．股票型证券投资基金
Ⅳ．上市企业债券

A．Ⅰ、Ⅱ、Ⅲ、Ⅳ　B．Ⅱ、Ⅲ、Ⅳ
C．Ⅰ、Ⅲ、Ⅳ　　　D．Ⅰ、Ⅱ、Ⅳ

8．客户融资买入、融券卖出的标的证券为股票的，应当符合（　　）条件。

Ⅰ．在交易所上市交易满3个月
Ⅱ．股票发行公司已完成股权分置改革
Ⅲ．股票交易未被交易所实行特别处理
Ⅳ．股东人数不少于1000人

A．Ⅰ、Ⅱ、Ⅲ　　B．Ⅰ、Ⅱ、Ⅲ、Ⅳ
C．Ⅲ、Ⅳ　　　　D．Ⅰ、Ⅱ、Ⅳ

9．证券公司应建立健全适当性管理制度，其内容包括（　　）。

Ⅰ．了解客户的标准、程序和方法
Ⅱ．了解金融产品或金融服务的标准、程序和方法
Ⅲ．评估适当性的标准、程序和方法
Ⅳ．执行投资者适当性制度的保障措施

A．Ⅰ、Ⅱ　　　　B．Ⅰ、Ⅱ、Ⅲ
C．Ⅰ、Ⅱ、Ⅲ、Ⅳ　D．Ⅲ、Ⅳ

10．下列关于上海证券交易所在债券回购交易集中竞价时的要求的说法，正确的有（　　）。

Ⅰ．100 元标准券为 1 手

Ⅱ．计价单位为每百元资金到期年收益

Ⅲ．申报价格最小变动单位为 0.005 元或其整数倍

Ⅳ．单笔申报最大数量不超过 1 万手

A．Ⅰ、Ⅱ、Ⅳ　　B．Ⅱ、Ⅲ
C．Ⅰ、Ⅳ　　　　D．Ⅰ、Ⅲ、Ⅳ

11．证券公司从事资产管理业务应遵守的原则有（　　）。

Ⅰ．约定运作

Ⅱ．集中管理

Ⅲ．风险匹配

Ⅳ．公平公正

A．Ⅰ、Ⅱ、Ⅲ、Ⅳ　B．Ⅰ、Ⅲ、Ⅳ
C．Ⅱ、Ⅲ、Ⅳ　　　D．Ⅰ、Ⅳ

12．证券投资咨询是指从事证券投资咨询业务的机构及其投资咨询人员以（　　）形式为证券投资人或者客户提供证券、期货投资分析、预测或者建议等直接或者间接有偿咨询服务的活动。

Ⅰ．举办有关证券、期货投资咨询的讲座、报告会、分析会等

Ⅱ．接受投资人或者客户委托，提供证券、期货投资咨询服务

Ⅲ．通过电话、传真、电脑网络等电信设备系统，提供证券、期货投资咨询服务

Ⅳ．中国证监会认定的其他形式

A．Ⅱ、Ⅲ　　　　B．Ⅰ、Ⅲ、Ⅳ
C．Ⅰ、Ⅳ　　　　D．Ⅱ、Ⅲ

13．下列关于证券公司从事金融衍生品交易的说法中，正确的是（　　）。

Ⅰ．证券公司进行衍生品交易业务，应当向非专业交易对手方提供相关交易的信息或报告

Ⅱ．证券公司应评估交易对手方的衍生品交易经验、专业能力、风险承受能力等，对交易对手方进行相应分类，并至少每 2 年复核一次

Ⅲ．证券公司应当根据非专业交易对手方提交的书面材料判断交易对手方的法律地位、交易资格、风险承受能力、专业能力等，评估非专业交易对手方参与衍生品交易的适当性

Ⅳ．证券公司应评估衍生品交易的风险及复杂程度，对衍生品交易进行相应分类，并定期复核

A．Ⅰ、Ⅲ、Ⅳ　　B．Ⅰ、Ⅱ、Ⅳ
C．Ⅰ、Ⅱ、Ⅲ　　D．Ⅰ、Ⅱ、Ⅲ、Ⅳ

14．证券金融公司的资金可以用于（　　）。

Ⅰ．银行存款

Ⅱ．购买国债

Ⅲ．购置自用不动产

Ⅳ．证监会认可的其他用途

A．Ⅱ、Ⅲ、Ⅳ　　B．Ⅱ、Ⅲ
C．Ⅰ、Ⅱ、Ⅲ、Ⅳ　D．Ⅰ、Ⅱ、Ⅳ

15．证券投资咨询机构利用"荐股软件"从事证券投资咨询业务时，应当在（　　）等各个业务环节中，加强投资者教育和客户权益保护。

Ⅰ．合同签订

Ⅱ．产品销售

Ⅲ．服务提供

Ⅳ．投诉处理

A．Ⅰ、Ⅱ、Ⅲ、Ⅳ　B．Ⅰ、Ⅲ、Ⅳ
C．Ⅰ、Ⅱ、Ⅳ　　　D．Ⅱ、Ⅲ、Ⅳ

16．设立证券登记结算机构应当具备的条件有（　　）。

Ⅰ．自有资金不少于人民币 1 亿元

Ⅱ．具有证券登记、存管和结算服务所必需的场所和设施

Ⅲ．主要管理人员和从业人员必须具有证券从业资格

Ⅳ．国务院证券监督管理机构规定的其他条件

A．Ⅰ、Ⅲ　　　　B．Ⅰ、Ⅱ、Ⅳ
C．Ⅱ、Ⅲ、Ⅳ　　D．Ⅰ、Ⅱ、Ⅲ、Ⅳ

17．在融资融券交易中，（　　）可作

为客户对证券公司债权的担保物。
Ⅰ．客户交纳的保证金
Ⅱ．客户的银行存款
Ⅲ．客户融资买入的全部证券
Ⅳ．客户融券卖出所得的全部资金
A．Ⅰ、Ⅲ、Ⅳ B．Ⅱ、Ⅲ
C．Ⅰ、Ⅱ、Ⅲ、Ⅳ D．Ⅰ、Ⅱ

18．证券公司建立客户选择与授信制度，应采取的措施有（　　）。
Ⅰ．制定融资融券业务客户选择标准和开户审查制度，明确客户从事融资融券交易应当具备的条件和开户申请材料的审查要点与程序
Ⅱ．建立客户信用评估制度
Ⅲ．明确客户征信的内容、程序和方式，验证客户资料的真实性、准确性，了解客户的资信状况，评估客户的风险承担能力和违约的可能性
Ⅳ．记录和分析客户持仓品种及其交易情况
A．Ⅱ、Ⅲ、Ⅳ B．Ⅰ、Ⅲ、Ⅳ
C．Ⅱ、Ⅳ D．Ⅰ、Ⅱ、Ⅲ、Ⅳ

19．下列关于证券公司保证集合资产管理计划独立性的说法中，正确的有（　　）。
Ⅰ．集合资产管理计划资产与其自有资产相互独立
Ⅱ．集合资产管理计划资产与其他客户的资产相互独立
Ⅲ．不同集合资产管理计划的资产相互独立
Ⅳ．单独设置账户，独立核算，分账管理
A．Ⅰ、Ⅱ、Ⅲ、Ⅳ B．Ⅰ、Ⅲ、Ⅳ
C．Ⅰ、Ⅱ、Ⅳ D．Ⅰ、Ⅱ

20．根据中国证券登记结算有限责任公司证券账户管理规则，投资者证券子账户可以包括（　　）。
Ⅰ．人民币普通股票账户（A股账户）
Ⅱ．人民币特种股票账户（B股账户）
Ⅲ．全国中小企业股份转让系统账户（简称股转系统账户）
Ⅳ．开放式基金账户
A．Ⅰ、Ⅱ、Ⅲ、Ⅳ B．Ⅲ、Ⅳ
C．Ⅱ、Ⅲ、Ⅳ D．Ⅰ、Ⅱ

21．证券公司证券自营业务的内部控制中重点防范的风险包括（　　）。
Ⅰ．操纵市场、内幕交易
Ⅱ．变相自营、账外自营
Ⅲ．规模失控、决策失误
Ⅳ．信用交易
A．Ⅱ、Ⅲ、Ⅳ B．Ⅰ、Ⅱ、Ⅲ
C．Ⅰ、Ⅱ、Ⅲ、Ⅳ D．Ⅰ、Ⅱ、Ⅳ

22．根据我国《上海证券交易所异常情况处理实施细则》的规定，引发交易异常情况的技术问题有（　　）。
Ⅰ．交易所交易、通信系统在开市前无法正常启动
Ⅱ．交易所交易、通信系统中的网络、硬件设备、应用软件等无法正常运行
Ⅲ．交易所交易、通信系统被非法侵入或遭受其他人为破坏等情形
Ⅳ．交易所交易、通信系统在运行、主备系统切换、软硬件系统及相关程序升级、上线时出现意外
A．Ⅱ、Ⅲ、Ⅳ B．Ⅰ、Ⅱ、Ⅲ、Ⅳ
C．Ⅰ、Ⅲ、Ⅳ D．Ⅰ、Ⅱ

23．意向申报、定价申报和成交申报的指令都包括（　　）。
Ⅰ．证券账号
Ⅱ．对手方交易单元代码
Ⅲ．买卖方向
Ⅳ．证券代码
A．Ⅱ、Ⅲ、Ⅳ B．Ⅰ、Ⅲ、Ⅳ
C．Ⅰ、Ⅱ、Ⅲ、Ⅳ D．Ⅰ、Ⅲ

24．根据我国《首次公开发行股票承销业务规范》的规定，网下投资者在参与网下询价时存在下列（　　）情形的，主承销商应当及时向协会报告。
Ⅰ．利用他人账户资金

Ⅱ．与发行人或承销商串通报价

Ⅲ．故意压低或抬高价格

Ⅳ．提供有效报价但未参与申购

A．Ⅰ、Ⅲ、Ⅳ   B．Ⅰ、Ⅱ、Ⅲ、Ⅳ
C．Ⅰ、Ⅱ、Ⅲ   D．Ⅱ、Ⅲ、Ⅳ

25．使用中国证券登记结算有限责任公司网络投票系统进行投票的具体流程包括（   ）。

Ⅰ．登录中国证券登记结算有限责任公司网站注册，取得用户名和身份确认码

Ⅱ．向结算公司提交网络申请

Ⅲ．到身份验证机构办理身份验证，激活网上用户名

Ⅳ．使用用户名、密码及附加码登录网站并进行投票

A．Ⅱ、Ⅲ   B．Ⅰ、Ⅲ、Ⅳ
C．Ⅰ、Ⅱ、Ⅲ、Ⅳ   D．Ⅰ、Ⅲ

26．深圳证券交易所根据会员的申请和业务许可范围，为其设立的交易单元设定的交易或其他业务权限包括（   ）。

Ⅰ．大宗交易

Ⅱ．协议转让

Ⅲ．特定证券品种的交易

Ⅳ．融资融券交易

A．Ⅰ、Ⅱ、Ⅲ   B．Ⅲ、Ⅳ
C．Ⅰ、Ⅱ、Ⅲ、Ⅳ   D．Ⅱ、Ⅲ、Ⅳ

27．证券公司自营业务部门的职责不包括（   ）。

Ⅰ．自营账户开户

Ⅱ．自营账户销户

Ⅲ．自营账户使用登记

Ⅳ．自营业务所需资金的调度

A．Ⅰ、Ⅲ、Ⅳ   B．Ⅰ、Ⅱ、Ⅲ、Ⅳ
C．Ⅱ、Ⅲ   D．Ⅱ、Ⅲ、Ⅳ

28．在证券公司自营业务的运作过程中，应明确自营部门在日常经营中（   ）等原则。

Ⅰ．自营总规模的控制

Ⅱ．资产配置比例控制

Ⅲ．项目集中度控制

Ⅳ．单个项目规模控制

A．Ⅰ、Ⅱ、Ⅲ   B．Ⅰ、Ⅲ、Ⅳ
C．Ⅰ、Ⅱ、Ⅲ、Ⅳ   D．Ⅱ、Ⅲ、Ⅳ

29．证券公司向客户融资融券可以使用（   ）。

Ⅰ．融资专用资金账户内的资金

Ⅱ．融资专用资金账户内的证券

Ⅲ．融券专用证券账户内的证券

Ⅳ．融券专用证券账户内的资金

A．Ⅰ、Ⅲ   B．Ⅱ、Ⅳ
C．Ⅰ、Ⅳ   D．Ⅱ、Ⅲ

30．财务顾问从事上市公司并购重组财务顾问业务，应当履行的职责包括（   ）。

Ⅰ．接受并购重组当事人的委托，对上市公司并购重组活动进行尽职调查。全面评估相关活动所涉及的风险

Ⅱ．就上市公司并购重组活动向委托人提供专业服务

Ⅲ．帮助委托人分析并购重组相关活动所涉及的法律、财务、经营风险，提出对策和建议，设计并购重组方案，并指导委托人按照上市公司并购重组的相关规定制作申报文件

Ⅳ．在对上市公司并购重组活动及申报文件的真实性、准确性、完整性进行充分核查和验证的基础上，依据中国证监会的规定和监管要求，客观、公正地发表专业意见

A．Ⅰ、Ⅱ、Ⅲ、Ⅳ   B．Ⅰ、Ⅱ、Ⅳ
C．Ⅱ、Ⅲ   D．Ⅱ、Ⅲ、Ⅳ

31．关于集合资产管理计划的估值，证券公司应该做到的是（   ）。

Ⅰ．制定健全、有效的估值政策和程序

Ⅱ．定期对估值政策和程序执行效果进行评估

Ⅲ．保证计划估值公平、合理

A．Ⅰ、Ⅲ   B．Ⅱ、Ⅲ
C．Ⅰ、Ⅱ、Ⅲ   D．Ⅰ、Ⅱ

32．中国证监会应当对财务顾问及其财务顾问主办人采取监管谈话、出具警示函、

责令改正等监管措施的情形包括（　　）。

Ⅰ．未按照《上市公司并购重组财务顾问业务管理办法》的规定向中国证监会报告或者公告的

Ⅱ．违反保密制度或者未履行保密责任的

Ⅲ．未依法履行持续督导义务的

Ⅳ．未按照《上市公司并购重组财务顾问业务管理办法》规定发表专业意见的

A．Ⅰ、Ⅱ、Ⅲ、Ⅳ　　B．Ⅰ、Ⅱ、Ⅲ
C．Ⅰ、Ⅳ　　　　　　D．Ⅱ、Ⅲ

33．在证券自营业务监管中，禁止内幕交易的主要措施不包括（　　）。

Ⅰ．加强自律管理

Ⅱ．严格把关

Ⅲ．完善法制

Ⅳ．定期检查

A．Ⅰ、Ⅱ　　　　　　B．Ⅰ、Ⅱ、Ⅲ
C．Ⅱ、Ⅲ、Ⅳ　　　　D．Ⅰ、Ⅱ、Ⅲ、Ⅳ

34．在营业部经纪业务主要环节的操作规程方面，证券账户管理包括（　　）等内容。

Ⅰ．证券账户的开立

Ⅱ．证券账户信息变更

Ⅲ．证券账户挂失补办

Ⅳ．证券账户注销

A．Ⅱ、Ⅲ、Ⅳ　　　　B．Ⅰ、Ⅱ、Ⅲ
C．Ⅰ、Ⅱ、Ⅲ、Ⅳ　　D．Ⅰ、Ⅱ、Ⅳ

35．自营业务投资比例违反规定的，应（　　）。

Ⅰ．责令改正，给予警告，没收违法所得

Ⅱ．没有违法所得或者违法所得不足10万元的，处以10万元以上30万元以下的罚款

Ⅲ．对直接负责的主管人员和其他直接责任人员，给予警告，并处3万元以上30万元以下的罚款

Ⅳ．对直接负责的主管人员和其他直接责任人员，情节严重的，撤销任职资格或者证券从业资格

A．Ⅰ、Ⅱ　　　　　　B．Ⅰ、Ⅱ、Ⅲ
C．Ⅰ、Ⅱ、Ⅳ　　　　D．Ⅲ、Ⅳ

36．上市公司及其控股或者控制的公司购买、出售资产，达到以下（　　）情形之一的，构成重大资产重组。

Ⅰ．购买、出售的资产总额占上市公司最近一个会计年度经审计的合并财务会计报告期末资产总额的比例达到50%以上

Ⅱ．购买、出售的资产在最近一个会计年度所产生的营业收入占上市公司同期经审计的合并财务会计报告营业收入的比例达到50%以上

Ⅲ．购买、出售的资产净额占上市公司最近一个会计年度经审计的合并财务会计报告期末净资产额的比例达到50%以上，且超过6000万元人民币

Ⅳ．购买、出售的资产净额占上市公司最近一个会计年度经审计的合并财务会计报告期末净资产额的比例达到50%以上，且超过5000万元人民币

A．Ⅱ、Ⅲ、Ⅳ　　　　B．Ⅰ、Ⅱ、Ⅲ
C．Ⅰ、Ⅱ、Ⅲ、Ⅳ　　D．Ⅰ、Ⅱ、Ⅳ

37．某证券公司办理集合资产管理业务，不可以接受（　　）的资产。

Ⅰ．客户A现金100万元人民币

Ⅱ．客户B股票和债券市值1000万元人民币

Ⅲ．初次参与的客户C货币资金50万元人民币

Ⅳ．客户D现金20万元人民币、证券投资基金份额500万元人民币

A．Ⅱ、Ⅳ　　　　　　B．Ⅱ、Ⅲ、Ⅳ
C．Ⅰ、Ⅲ、Ⅳ　　　　D．Ⅱ、Ⅲ

38．证券公司集合计划销售结算资金（　　）。

Ⅰ．由证券公司及其推广机构归集

Ⅱ．集合计划份额参与、退出、现金分红等资金

Ⅲ．用于支付集合计划销售费用

Ⅳ．在客户结算账户、集合计划份额登记机构指定的专用账户和集合计划资产托管

账户之间划转

A．Ⅰ、Ⅱ、Ⅳ　　B．Ⅰ、Ⅱ、Ⅲ
C．Ⅲ、Ⅳ　　　D．Ⅰ、Ⅱ、Ⅲ、Ⅳ

39．证券公司、证券投资咨询机构从事证券投资顾问业务，应当保证证券投资顾问（　　）与服务方式、业务规模相适应。

Ⅰ．人员数量
Ⅱ．业务能力
Ⅲ．合规管理
Ⅳ．风险控制

A．Ⅰ、Ⅲ　　　B．Ⅰ、Ⅱ、Ⅳ
C．Ⅱ、Ⅳ　　　D．Ⅰ、Ⅱ、Ⅲ、Ⅳ

40．首次公开发行股票的发行人和主承销商应当在发行和承销过程中公开披露的信息包括（　　）。

Ⅰ．网上申购前披露每位网下投资者的详细报价情况
Ⅱ．招股意向书刊登首日在发行公告中披露发行定价方式
Ⅲ．在发行结果公告中披露获配机构投资者名称
Ⅳ．招股意向书刊登首日在发行公告中披露发行定价程序

A．Ⅱ、Ⅲ　　　B．Ⅰ、Ⅱ、Ⅲ、Ⅳ
C．Ⅰ、Ⅲ、Ⅳ　　D．Ⅰ、Ⅱ

41．全国银行间同业拆借中心开办了国债、政策性金融债等债券的回购业务，参与主体有（　　）。

Ⅰ．商业银行
Ⅱ．保险公司
Ⅲ．财务公司
Ⅳ．证券投资基金

A．Ⅰ、Ⅱ、Ⅲ　　B．Ⅰ、Ⅳ
C．Ⅱ、Ⅲ　　　D．Ⅰ、Ⅱ、Ⅲ、Ⅳ

42．证券金融公司应建立风险控制机制，下列说法中，正确的有（　　）。

Ⅰ．净资本与各项风险资本准备之和的比例不得低于100%
Ⅱ．证券金融公司应当每年按照税后利润的10%提取风险准备金
Ⅲ．充抵保证金的每种证券余额不得超过该证券总市值的15%
Ⅳ．融出的每种证券余额不得超过该证券上市可流通市值的15%

A．Ⅰ、Ⅱ、Ⅲ、Ⅳ　B．Ⅰ、Ⅱ、Ⅲ
C．Ⅱ、Ⅳ　　　D．Ⅰ、Ⅱ

真题精选答案及详解

选择题答案速查表

1	2	3	4	5	6	7	8	9	10
C	C	B	B	C	D	C	A	C	D
11	12	13	14	15	16	17	18	19	20
D	B	D	C	D	D	B	D	C	B
21	22	23	24	25	26	27	28	29	30
C	D	A	D	D	D	C	C	B	B
31	32	33	34	35	36	37			
D	B	D	C	B	C	C			

组合型选择题答案速查表

1	2	3	4	5	6	7	8	9	10
B	D	A	A	A	D	D	A	C	B
11	12	13	14	15	16	17	18	19	20
A	B	A	C	A	C	A	D	A	A
21	22	23	24	25	26	27	28	29	30
B	A	B	D	B	C	B	C	A	A
31	32	33	34	35	36	37	38	39	40
C	A	C	C	C	D	A	A	D	B
41	42								
D	B								

一、选择题

1. C【解析】本题主要考查集合资产管理计划中证券账户的名称。根据我国现行规定，证券公司办理集合资产管理业务，应当将集合资产管理计划资产交由资产托管机构进行托管。证券公司、资产托管机构应当为集合资产管理计划单独开立证券账户和资金账户。其中，资金账户名称为"集合资产管理计划名称"；证券账户名称为"证券公司名称—资产托管机构名称—集合资产管理计划名称"。

2. C【解析】本题主要考查证券公司经营证券自营业务的条件。我国《证券公司风险控制指标管理办法》第二十二条规定，证券公司经营证券自营业务的，必须符合下列规定：（1）自营权益类证券及证券衍生品的合计额不得超过净资本的100%。（2）自营固定收益类证券的合计额不得超过净资本的500%。（3）持有一种权益类证券的成本不得超过净资本的30%。（4）持有一种权益类证券的市值与其总市值的比例不得超过5%，但因包销导致的情形和中国证监会另有规定的除外。

3. B【解析】本题主要考查违法提供融资融券的法律责任。我国《证券法》第二百零五条规定，证券公司违反本法规定，为客户买卖证券提供融资融券的，没收违法所得，暂停或者撤销相关业务许可，并处以非法融资融券等值以下的罚款。对直接负责的主管人员和其他直接责任人员给予警告，撤销任职资格或者证券从业资格，并处以3万元以上30万元以下的罚款。

4. B【解析】本题主要考查证券经纪业务的特点。委托人的指令具有权威性，证券经纪商必须严格按照委托人指定的证券、数量、价格和有效时间买卖证券，不能自作主张，擅自改变委托人的意愿。

5. C【解析】本题主要考查对集合资产管理计划投资主办人的从业年限要求。我国《关于证券公司开展集合资产管理业务有关问题的通知》规定，证券公司应建立集合资产管理计划投资主办人员制度，投资主办人员须具有3年以上证券自营、资产管理或证券投资基金从业经历，且应当具备良好的职业道德，无不良行为记录。

6. D【解析】本题主要考查证券登记结算的相关规定。我国《证券登记结算管理办法》第四十五条规定，证券登记结算机构采取多边净额结算方式的,应当根据业务规则作为结算参与人的共同对手方,按照货银对付的原则,以结算参与人为结算单位办理清算交收。

【易错警示】常见的证券交收方式有:纯券过户、见券付款、见款付券、券款对付四种。纯券过户只用于现券买卖的结算;见券付款用于现券买卖和封闭式回购首期的结算;见款付券用于现券买卖和封闭式回购到期的结算;券款对付则是目前我国大部分金融机构使用的结算方式。

7. C【解析】本题主要考查与证券经纪业务相关的法律责任。我国《证券法》第二百一十二条规定,证券公司办理经纪业务,接受客户的全权委托买卖证券的,或者证券公司对客户买卖证券的收益或者赔偿证券买卖的损失作出承诺的,责令改正,没收违法所得,并处以5万元以上20万元以下的罚款,可以暂停或者撤销相关业务许可。对直接负责的主管人员和其他直接责任人员给予警告,并处以3万元以上10万元以下的罚款,可以撤销任职资格或者证券从业资格。

8. A【解析】本题主要考查证券公司提供资产管理报告的频率。为了控制风险,我国《证券公司客户资产管理业务试行办法》和《证券公司集合资产管理业务实施细则》要求证券公司、托管机构应当至少每3个月向客户提供一次准确、完整的资产管理报告、资产托管报告,对报告期内客户资产的配置状况、价值变动等情况做出详细说明。故本题选A选项。

9. C【解析】本题主要考查我国证券发行与承销的部门规章及规范性文件。证券公司发行与承销的部门规章及规范性文件具体包括《证券发行与承销管理办法》《首次公开发行股票并在创业板上市管理暂行办法》《上市公司信息披露管理办法》《证券公司融资融券业务试点管理办法》和《证券市场禁入规定》等。

10. D【解析】本题主要考查保荐期间的相关知识。我国《证券发行上市保荐业务管理办法》第三十六条规定,首次公开发行股票并在主板上市的,持续督导的期间为证券上市当年剩余时间及其后2个完整会计年度;主板上市公司发行新股、可转换公司债券的,持续督导的期间为证券上市当年剩余时间及其后1个完整会计年度。首次公开发行股票并在创业板上市的,持续督导的期间为证券上市当年剩余时间及其后3个完整会计年度;创业板上市公司发行新股、可转换公司债券的,持续督导的期间为证券上市当年剩余时间及其后2个完整会计年度。

11. D【解析】本题主要考查违反证券发行与承销有关规定的处罚措施。我国《证券发行与承销管理办法》第三十五条规定,发行人、证券公司、证券服务机构、投资者及其直接负责的主管人员和其他直接责任人员有失诚信、违反法律、行政法规或者本办法规定的,中国证监会可以视情节轻重采取责令改正、监管谈话、出具警示函、责令公开说明、认定为不适当人选等监管措施,并记入诚信档案;依法应予行政处罚的,依照有关规定进行处罚;涉嫌犯罪的,依法移送司法机关,追究其刑事责任。

12. B【解析】本题主要考查证券公司不得担任独立财务顾问的情形。我国《上市公司并购重组财务顾问业务管理办法》第十七条规定,证券公司、证券投资咨询机构或者其他财务顾问机构受聘担任上市公司独立财务顾问的,应当保持独立性,不得与上市公司存在利害关系。存在下列情形之一的,不得担任独立财务顾问:(1)持有或者通过协议、其他安排与他人共同持有上市公司股份达到或者超过5%,或者选派代表担任上市公司董事。(2)上市公司持有或者通过协议、其他安排与他人共同持有财务顾问的股份达到或者超过5%,或者选派代表担任财务顾问的董事。(3)最近2年财务顾问与上市公司存在资产委托管理关系、相互提供担保，或者最近一年财务顾问为上市公司提供融资服务。（4）财务顾问的董事、监事、高级管理人员、财务顾问主办人或者其直系亲属有在上市公司任职等影响公正履行职责的情形。（5）在并购重组中为上市公司的交易对方提供财务顾问服务。（6）与上市公司存在利害关系、可能影响财务顾问及其财务顾问主办人独立性的其他情形。

13. D【解析】本题主要考查证券公司办理定向资产管理业务，接受单个客户的资产净值要求。我国《证券公司客户资产管理业务管理办法》第二十一条规定，证券公司办理定向资产管理业务，接受单个客户的资产净值不得低于人民币 100 万元。

14. C【解析】本题主要考查证券公司融资融券业务规则。客户融资买入证券的，应当以卖券还款或者直接还款的方式偿还向证券公司融入的资金。选项中，只有 C 选项符合题意。

【易错警示】我国《证券公司融资融券业务管理办法》第二十一条规定，客户融资买入证券的，应当以卖券还款或者直接还款的方式偿还向证券公司融入的资金。客户融券卖出的，应当以买券还券或者直接还券的方式偿还向证券公司融入的证券。客户融券卖出的证券暂停交易的，可以按照约定以现金等方式偿还向证券公司融入的证券。

15. D【解析】本题主要考查上市公司收购的相关规定。据我国《证券法》的规定，收购期限届满，被收购公司股权分布不符合上市条件的，应当在证券交易所终止该股票的上市交易，依法变更企业形式。这里所说的"股权分布的条件"即"公开发行的股份达到公司股份总数的25%以上"。本题中，向社会公众发行的股份数已达到发行股份总数的75%以上，符合上市条件，不应终止上市交易。故 D 选项所发错误。

16. D【解析】本题主要考查证券公司申请融资融券业务资格的条件。我国《证券公司融资融券业务管理办法》第七条规定，证券公司申请融资融券业务资格，应当具备下列条件：（1）具有证券经纪业务资格。（2）公司管理机制健全，内部控制有效，能有效识别、控制和防范业务经营风险和内部管理风险。（3）公司最近 2 年内不存在因涉嫌违法违规正被证监会立案调查或者正处于整改期间的情形。（4）财务状况良好，最近 2 年各项风险控制指标持续符合规定，注册资本和净资本符合增加融资融券业务后的规定。（5）客户资产安全、完整，客户交易结算资金第三方存管有效实施，客户资料完整真实。（6）已建立完善的客户投诉处理机制，能够及时、妥善处理与客户之间的纠纷。（7）已建立符合监管规定和自律要求的客户适当性制度，实现客户与产品的适当性匹配管理。（8）信息系统安全稳定运行，最近 1 年未发生因公司管理问题导致的重大事件，融资融券业务技术系统已通过证券交易所、证券登记结算机构组织的测试。（9）有拟负责融资融券业务的高级管理人员和适当数量的专业人员。（10）证监会规定的其他条件。

17. B【解析】本题主要考查证券自营业务中投资决策机构的职责。我国《证券公司证券自营业务指引》第五条规定，投资决策机构是自营业务投资运作的最高管理机构，负责确定具体的资产配置策略、投资事项和投资品种等。

18. D【解析】本题主要考查客户融资融券的保证金比例。证券公司对客户融资融券的保证金比例不得低于50%。

19. C【解析】本题主要考查客户资产保护的相关规定。我国《证券公司监督管理条例》第二十九条规定，证券公司从事证券资产管理业务、融资融券业务，销售证券类金融产品，应当按照规定程序，了解客户的身份、财产与收入状况、证券投资经验和风险偏好，并以书面和电子方式予以记载、保存。

证券公司应当根据所了解的客户情况推荐适当的产品或者服务,具体规则由中国证券业协会制定。

【易错警示】依照法律规定,证券公司向客户推荐产品或者服务的具体规则应由中国证券业协会制定,而不是由中国证监会制定。这类题除了考查考生的知识掌握情况外,还极其考查考生的认真程度,稍一马虎,很容易混淆弄错。

20. B【解析】本题主要考查证券公司融资融券的金额限制。我国《证券公司融资融券业务管理办法》第二十条规定,证券公司融资融券的金额不得超过其净资本的4倍。

21. C【解析】本题主要考查证券公司从事证券经纪业务的禁止性行为。根据相关法律法规和中国证券业协会《证券业从业人员执业行为准则》的规定,证券公司在从事证券经纪业务过程中禁止出现下列行为:(1)挪用客户所委托买卖的证券或者客户账户上的资金;或将客户的资金和证券借与他人,或者作为担保物或质押物;或违规向客户提供资金或有价证券。(2)侵占、损害客户的合法权益。(3)未经客户的委托,擅自为客户买卖证券,或者假借客户的名义买卖证券;违背客户的委托为其买卖证券;接受客户的全权委托而决定证券买卖、选择证券种类、决定买卖数量或者买卖价格;代理买卖法律规定不得买卖的证券。(4)以任何方式对客户证券买卖的收益或者赔偿证券买卖的损失作出承诺。(5)为牟取佣金收入,诱使客户进行不必要的证券买卖。(6)在批准的营业场所之外私下接受客户委托买卖证券。(7)编造、传播虚假或者误导投资者的信息;散布、泄露或利用内幕信息。(8)从事或协同他人从事欺诈、内幕交易、操纵证券交易价格等非法活动。(9)贬损同行或以其他不正当竞争手段争揽业务。(10)隐匿、伪造、篡改或者毁损交易记录。(11)泄露客户资料。

【易错警示】证券经纪人在所服务证券公司授权范围内从事客户招揽和客户服务等活动时,应符合的要求之一是:如实向客户传递所服务证券公司统一提供的研究报告及与证券投资有关的信息、证券类金融产品推介材料及有关信息,不夸大、歪曲、隐瞒、遗漏有关内容。因此,C选项不但不是证券公司从事证券经纪业务的禁止性行为,反而是证券经纪人应当满足的条件。

22. D【解析】本题主要考查证券公司相关业务规范。债券买断式回购交易是指债券持有人将一笔债券卖给债券购买方的同时,交易双方约定在未来某一日期,再由卖方(正回购方)以约定价格从买方(逆回购方)购回相等数量同种债券的交易行为。故D选项说法错误。

【易错警示】债券质押式回购交易是指正回购方(卖出回购方、资金融入方)在将债券出质给逆回购方(买入返售方、资金融出方)融入资金的同时,双方约定在将来某一指定日期,由正回购方按约定回购利率计算的资金额向逆回购方返回资金,逆回购方向正回购方返回原出质债券的融资行为。本题要求考生分清债券买断式回购与债券质押式回购的概念。

23. A【解析】本题主要考查证券交易的特别处理规定。《上海证券交易所融资融券交易试点实施细则》第二十七条规定,标的股票交易被实施特别处理的,本所自该股票被实施特别处理当日起将其调整出标的证券范围。

24. D【解析】本题主要考查证券公司、证券投资咨询机构和其他财务顾问机构不得担任财务顾问的情形。我国《上市公司并购重组财务顾问业务管理办法》第九条规定,证券公司、证券投资咨询机构和其他财务顾问机构有下列情形之一的,不得担任财务顾问:(1)最近24个月内存在违反诚信的不良记录。(2)最近24个月内因执业行为违反行业规范而受到行业自律组织的纪律处分。

（3）最近36个月内因违法违规经营受到处罚或者因涉嫌违法违规经营正在被调查。

25. D【解析】本题主要考查证券公司的相关业务规范。我国《证券公司监督管理条例》第五十条规定，在以证券公司名义开立的客户证券担保账户和客户资金担保账户内，应当为每一客户单独开立授信账户。故A选项说法错误。根据我国《关于加强对利用"荐股软件"从事证券投资咨询业务监管的暂行规定》的规定，"荐股软件"是指具备下列一项或多项证券投资咨询服务功能的软件产品、软件工具或者终端设备：（1）提供涉及具体证券投资品种的投资分析意见，或者预测具体证券投资品种的价格走势。（2）提供具体证券投资品种选择建议。（3）提供具体证券投资品种的买卖时机建议。（4）提供其他证券投资分析、预测或者建议。具备证券信息汇总或证券投资品种历史数据统计功能，但不具备上述第（1）项至第（4）项所列功能的软件产品、软件工具或者终端设备，不属于"荐股软件"。故B选项说法错误。在从事融资融券交易期间，如果中国人民银行规定的同期金融机构贷款基准利率调高，证券公司将相应调高融资利率或融券费率，客户将面临融资融券成本增加的风险。故C选项说法错误。逐一排除后，本题选D选项。

26. D【解析】本题主要考查证券公司经营证券承销与保荐、证券自营等业务的注册资本要求。我国《证券法》第一百二十七条规定，证券公司经营证券承销与保荐、证券自营、证券资产管理、其他证券业务之一的，注册资本最低限额为人民币1亿元；经营证券承销与保荐、证券自营、证券资产管理、其他证券业务中2项以上的，注册资本最低限额为人民币5亿元。

27. D【解析】本题主要考查建立证券经纪关系的过程。证券经纪商向客户讲解有关业务规则、协议内容和揭示风险，并请客户签署《风险揭示书》和《客户须知》；客户与证券经纪商签订《证券交易委托代理协议书》，与其指定存管银行、证券经纪商签订《客户交易结算资金第三方存管协议书》。

【易错警示】投资者与证券经济商签订委托代理协议并开立了资金账户，就与证券经纪商建立特定的经纪关系，成为该经纪商的客户。这一关系的建立过程有：（1）证券经纪商向客户讲解有关业务规则、协议内容，揭示风险，并请客户签署《风险揭示书》和《客户须知》。（2）客户与证券经纪商签订《证券交易委托代理协议书》，与其选择的指定商业银行、证券经纪商签订客户交易结算资金第三方存管协议书》。（3）客户在证券营业部开立证券交易资金账户等。

28. C【解析】本题主要考查证券交易的相关规定。我国《证券法》第二零五条规定，证券公司违反本法规定，为客户买卖证券提供融资融券的，没收违法所得，暂停或者撤销相关业务许可，并处以非法融资融券等值以下的罚款。故A选项说法错误。第四十六条规定，证券交易的收费必须合理，并公开收费项目、收费标准和收费办法。故B选项说法错误。我国《证券公司监督管理条例》第三十四条规定，证券公司向客户提供投资建议，不得对证券价格的涨跌或者市场走势做出确定性的判断。故D选项说法错误。

【易错警示】证券公司不得对证券价格的涨跌或者市场走势做出确定性的判断，而证券交易的收费项目、收费标准和收费办法应当公开。

29. B【解析】本题主要考查证券公司合规负责人。我国《证券公司监督管理条例》第二十三条规定，合规负责人为证券公司高级管理人员，由董事会决定聘任，并应当经国务院证券监督管理机构认可。

【易错警示】本题中，易忽略"经国务院证券监督管理机构认可"而将B选项判断为正确选项，考生在作答时，应认真推敲，才可判断正确。

30. B【解析】本题主要考查证券承销业务的知识。我国《证券法》第二十九条规定，公开发行证券的发行人有权依法自主选择承销的证券公司。故 B 选项说法有误。

31. D【解析】本题主要考查对重大事件的界定。我国《证券法》第六十七条规定，发生可能对上市公司股票交易价格产生较大影响的重大事件，投资者尚未得知时，上市公司应当立即将有关该重大事件的情况向国务院证券监督管理机构和证券交易所报送临时报告，并予公告，说明事件的起因、目前的状态和可能产生的法律后果。下列情况为前款所称重大事件：（1）公司的经营方针和经营范围的重大变化。（2）公司的重大投资行为和重大的购置财产的决定。（3）公司订立重要合同，可能对公司的资产、负债、权益和经营成果产生重要影响。（4）公司发生重大债务和未能清偿到期重大债务的违约情况。（5）公司发生重大亏损或者重大损失。（6）公司生产经营的外部条件发生的重大变化。（7）公司的董事、1/3 以上监事或者经理发生变动。（8）持有公司 5% 以上股份的股东或者实际控制人，其持有股份或者控制公司的情况发生较大变化。（9）公司减资、合并、分立、解散及申请破产的决定。（10）涉及公司的重大诉讼，股东大会、董事会决议被依法撤销或者宣告无效。（11）公司涉嫌犯罪被司法机关立案调查，公司董事、监事、高级管理人员涉嫌犯罪被司法机关采取强制措施。（12）国务院证券监督管理机构规定的其他事项。

【易错警示】D 选项说法不够准确。只有在公司的董事、1/3 以上监事或者经理发生变动时，才能被视为是重大事件。

32. B【解析】本题主要考查违反证券发行与承销有关规定的具体行为及其处罚。我国《证券法》第一百九十一条规定，证券公司承销证券，有下列行为之一的，责令改正，给予警告，没收违法所得，可以并处 30 万元以上 60 万元以下的罚款；情节严重的，暂停或者撤销相关业务许可。给其他证券承销机构或者投资者造成损失的，依法承担赔偿责任。对直接负责的主管人员和其他直接责任人员给予警告，可以并处 3 万元以上 30 万元以下的罚款；情节严重的，撤销任职资格或者证券从业资格：（1）进行虚假的或者误导投资者的广告或者其他宣传推介活动。（2）以不正当竞争手段招揽承销业务。（3）其他违反证券承销业务规定的行为。

33. D【解析】本题主要考查融资融券业务客户担保物的规定。我国《证券公司监督管理条例》第五十四条规定，证券公司应当逐日计算客户担保物价值与其债务的比例。当该比例低于规定的最低维持担保比例时，证券公司应当通知客户在一定的期限内补交差额。客户未能按期交足差额或者到期未偿还融资融券债务的，证券公司应当立即按照约定处分其担保物。故 D 选项说法错误。

34. C【解析】本题主要考查客户信用交易担保证券账户。客户信用交易担保证券账户用于记录投资者委托证券公司持有、担保证券公司因向投资者融资融券所生债权的证券。

【易错警示】本题要求考生掌握各证券账户的作用：（1）融券专用证券账户——用于记录证券公司持有的拟向客户融出的证券和客户归还的证券，不得用于证券买卖。（2）融资专用资金账户——用于存放证券公司拟向客户融出的资金及客户归还的资金。（3）信用交易证券交收账户——用于客户融资融券交易的证券结算。（4）信用交易资金交收账户——用于客户融资融券交易的资金结算。（5）客户信用交易担保证券账户——用于记录客户委托证券公司持有、担保证券公司因向客户融资融券所生债权的证券。（6）客户信用证券账户——证券公司客户信用交易担保证券账户的二级账户，用于记载客户委托证券公司持有的担保证券的明细数据，投资者用于一家证券交易所上市证券交易的信用证券账户只能有一个。（7）客户信用交易担保资金账户——用于存放客户交存的，担保证券公司因向客户融资融券所生债权的资金。（8）客户信用资金账户——证券公司客户信用交易担保资金账户的二级账户，用于记载客户交存的担保资金的明细数据。

35. B【解析】本题主要考查证券公司自营业务违反有关法规的法律责任。依照我国《证券公司监督管理条例》第八十二条、《证券法》第二百二十条的规定，证券公司在证券自营账户与证券资产管理账户之间或者不同的证券资产管理账户之间进行交易，且无充分证据证明已依法实现有效隔离的，责令改正，没收违法所得，并处以30万元以上60万元以下的罚款；情节严重的，撤销相关业务许可。对直接负责的主管人员和其他直接责任人员给予警告，并处以3万元以上10万元以下的罚款；情节严重的，撤销任职资格或者证券从业资格。

36. C【解析】本题主要考查证券公司营业部对自然人客户的核查要求。账户存续期间证券公司营业部应每3年对自然人客户信息进行一次全面核查，每年对法人客户信息进行全面核查。

37. C【解析】本题主要考查招股意向书与招股说明书的法律效力。我国《证券发行与承销管理办法》第三十三条规定，发行人披露的招股意向书除不含发行价格、筹资金额以外，其内容与格式应当与招股说明书一致，并与招股说明书具有同等法律效力。

二、组合型选择题

1. B【解析】本题主要考查融资融券业务的账户体系。我国《证券公司融资融券业务管理办法》第十条规定，证券公司经营融资融券业务，应当以自己的名义，在证券登记结算机构分别开立融券专用证券账户、客户信用交易担保证券账户、信用交易证券交收账户和信用交易资金交收账户。

2. D【解析】本题主要考查投资者应对证券公司进行补偿的情形。题干所述的四项都是《中国证券登记结算有限责任公司融资融券登记结算业务实施细则》第五十四条规定的，投资者应当按照融券数量对证券公司进行补偿的情况。

3. A【解析】本题主要考查证券经纪业务风险的分类。按风险起因不同，证券经纪业务的风险主要包括合规风险、管理风险和技术风险等。

4. A【解析】本题主要考查证券公司开展中间介绍业务应公开的信息。我国《证券公司为期货公司提供中间介绍业务试行办法》第十七条规定，从事中间介绍业务的证券公司应当在其经营场所显著位置或者其网站公开下列信息：（1）受托从事的介绍业务范围。（2）从事介绍业务的管理人员和业务人员的名单和照片。（3）期货公司期货保证金账户信息、期货保证金安全存管方式。（4）客户开户和交易流程、出入金流程。（5）交易结算结果查询方式。（6）中国证监会规定的其他信息。

5. A【解析】本题主要考查中国证监会对上市公司的监管措施。我国《上市公司信息披露管理办法》第五十九条规定，信息披露义务人及其董事、监事、高级管理人员，上市公司的股东、实际控制人、收购人及其董事、监事、高级管理人员违反本办法的，中国证监会可以采取以下监管措施：（1）责令改正。（2）监管谈话。（3）出具警示函。（4）将其违法违规、不履行公开承诺等情况记入诚信档案并公布。（5）认定为不适当人选。（6）依法可以采取的其他监管措施。

6. D【解析】本题主要考查融资融券标的证券为交易型开放式指数基金时应满足的条件。我国《上海证券交易所融资融券交易实施细则》第二十五条规定，标的证券为交易型开放式指数基金的,应当符合下列条件:(1)上市交易超过5个交易日。(2)最近5个交易日内的日平均资产规模不低于5亿元。(3)基金持有户数不少于2000户。(4)本所规定的其他条件。

7. D【解析】本题主要考查限定性集合资产管理计划的资产投向。限定性集合资产管理计划的投资范围主要为国债、债券型证券投资基金、在证券交易所上市的企业债券、其他信用度高且流动性强的固定收益类金融产品。

8. A【解析】本题主要考查股票作为融资买入、融券卖出标的证券的条件。客户融资买入、融券卖出的标的证券为股票的,股东人数应不少于4000人。故第Ⅳ项说法错误。

【易错警示】股票作为融资买入、融券卖出标的证券的,应当符合下列条件:(1)在交易所上市交易满3个月。(2)融资买入标的股票的流通股本不少于1亿股或流通市值不低于5亿元,融券卖出标的股票的流通股本不少于2亿股或流通市值不低于8亿元。(3)股东人数不少于4000人。(4)在过去3个月内没有出现下列情形之一:①日均换手率低于基准指数日均换手率的20%。②日均涨跌幅平均值与基准指数涨跌幅平均值的偏离值超过4%。③波动幅度达到基准指数波动幅度的5倍以上。(5)股票发行公司已完成股权分置改革。(6)股票交易未被交易所实行特别处理。(7)交易所所规定的其他条件。考生应根据标的证券的不同判断所需条件。

9. C【解析】本题主要考查投资者适当性制度的内容。我国《证券公司投资者适当性制度指引》第三条规定,证券公司制定的投资者适当性制度至少包括以下内容:(1)了解客户的标准、程序和方法。(2)了解金融产品或金融服务的标准、程序和方法。(3)评估适当性的标准、程序和方法。(4)执行投资者适当性制度的保障措施。

10. B【解析】本题主要考查上海证券交易所债券回购交易集中竞价申报应当符合的要求。我国《上海证券交易所债券交易实施细则》第十五条规定,债券回购交易集中竞价时,其申报应当符合下列要求:(1)申报单位为手,1000元标准券为1手。(2)计价单位为每百元资金到期年收益。(3)申报价格最小变动单位为0.005元或其整数倍。(4)申报数量为100手或其整数倍,单笔申报最大数量不超过10万手。(5)申报价格限制按照交易规则的规定执行。故第Ⅰ、Ⅳ项错误,Ⅱ、Ⅲ项正确,本题选B选项。

【易错警示】本题考查了知识点中对数字记忆的准确度。由于选项中数字较多,且有一定的相似度,因此要求考生准确掌握。

11. A【解析】本题主要考查证券公司从事资产管理业务应遵守的原则。我国《证券公司客户资产管理业务管理办法》第三条规定,证券公司从事客户资产管理业务,应当遵守法律、行政法规和中国证监会的规定,遵循公平、公正的原则,维护客户的合法权益,诚实守信,勤勉尽责,避免利益冲突。证券公司从事客户资产管理业务,应当充分了解客户,对客户进行分类,遵循风险匹配原则,向客户推荐适当的产品或服务,禁止误导客户购买与其风险承受能力不相符合的产品或服务。客户应当独立承担投资风险,不得损害国家利益、社会公共利益和他人合法权益。第五条规定,证券公司从事客户资产管理业务,应当依照本办法的规定与客户签订资产管理合同,根据资产管理合同约定的方式、条件、要求及限制,对客户资产进行经营运作,为客户提供证券及其他金融产品的投资管理服务。第六条规定,证券公司从事客户资产管理业务,应当实行集中运营管理,对外统一签订资产管理合同。故本题选A选项。

12. B【解析】本题主要考查证券投资咨询的定义。根据我国《证券、期货投资咨询管理暂行办法》的相关规定,证券投资咨询是指从事证券投资咨询业务的机构及其投资咨询人员以下列形式为证券投资人或者客户提供证券投资分析、预测或者建议等直接或者间接有偿咨询服务的活动：（1）接受投资人或者客户委托，提供证券、期货投资咨询服务。（2）举办有关证券、期货投资咨询的讲座、报告会、分析会等。（3）在报刊上发表证券、期货投资咨询的文章、评论、报告，以及通过电台、电视台等公众传播媒体提供证券、期货投资咨询服务。（4）通过电话、传真、电脑网络等电信设备系统，提供证券、期货投资咨询服务。（5）中国证券监督管理委员会认定的其他形式。

13. A【解析】本题主要考查证券公司从事金融衍生品交易的相关规定。我国《证券公司金融衍生品柜台交易业务规范》第十二条规定，证券公司应评估交易对手方的衍生品交易经验、专业能力、风险承受能力等，对交易对手方进行相应分类，并至少每年复核一次。故第Ⅱ项说法错误。

14. C【解析】本题主要考查证券金融公司资金的用途。证券金融公司的资金，除用于履行证监会规定的转融通职责和维持公司正常运转外，只能用于以下用途：（1）银行存款。（2）购置国债、证券投资基金份额等经证监会认可的高流动性金融产品。（3）购置自用不动产。（4）证监会认可的其他用途。

15. A【解析】本题主要考查证券投资咨询机构利用"荐股软件"从事证券投资咨询业务的规定。证券投资咨询机构利用"荐股软件"从事证券投资咨询业务，应当在合同签订、产品销售、服务提供、客户回访、投诉处理等各个业务环节中，加强投资者教育和客户权益保护。

16. C【解析】本题主要考查设立证券登记结算机构应当具备的条件。我国《证券法》第一百五十六条规定，设立证券登记结算机构应当具备下列条件：（1）自有资金不少于人民币2亿元。（2）具有证券登记、存管和结算服务所必需的场所和设施。（3）主要管理人员和从业人员必须具有证券从业资格。（4）国务院证券监督管理机构规定的其他条件。

17. A【解析】本题主要考查融资融券交易中的担保物。我国《上海证券交易所融资融券交易实施细则》规定，证券公司向客户融资、融券，应当向客户收取一定比例的保证金。保证金可以由标的证券以及交易所认可的其他证券充抵。证券公司向客户收取的保证金以及客户融资买入的全部证券和融券卖出所得的全部资金，整体作为客户对证券公司融资融券债务的担保物。

18. D【解析】本题主要考查证券公司建立客户选择与授信制度的措施。我国《证券公司融资融券业务内部控制指引》第九条规定，证券公司应当建立客户选择与授信制度，明确规定客户选择与授信的程序和权限：（1）制定本公司融资融券业务客户选择标准和开户审查制度，明确客户从事融资融券交易应当具备的条件和开户申请材料的审查要点与程序。（2）建立客户信用评估制度，根据客户身份、财产与收入状况、证券投资经验、风险偏好等因素，将客户划分为不同类别和层次，确定每一类别和层次客户获得授信的额度、利率或费率。（3）明确客户征信的内容、程序和方式，验证客户资料的真实性、准确性，了解客户的资信状况，评估客户的风险承担能力和违约的可能性。（4）记录和分析客户持仓品种及其交易情况，根据客户的操作情况与资信变化等因素，适时调整其授信等级。

19. A【解析】本题主要考查集合资产管理计划的独立性要求。证券公司应当对集合计划资产独立核算、分账管理，保证集合计划资产与资产托管机构自有资产相互独立，集合计划资产与其他客户资产相互独立，不同集合计划资产相互独立。

20. A【解析】本题主要考查投资者证券子账户的内容。子账户包括人民币普通股票账户（A股账户）、人民币特种股票账户（B

股账户)、全国中小企业股份转让系统账户(简称股转系统账户)、封闭式基金账户、开放式基金账户以及中国证券登记结算有限责任公司根据业务需要设立的其他证券账户。

21. B【解析】本题主要考查证券自营业务的内部控制的重点。证券公司证券自营业务的内部控制重点防范规模失控、决策失误、超越授权、变相自营、账外自营、操纵市场、内幕交易等的风险。信用交易是被允许的。

22. A【解析】本题主要考查引发交易异常情况的技术问题。《上海证券交易所交易异常情况处理实施细则（试行）》第六条规定，引发交易异常情况的技术故障是指：（1）本所交易、通信系统中的网络、硬件设备、应用软件等无法正常运行。（2）本所交易、通信系统在运行、主备系统切换、软硬件系统及相关程序升级、上线时出现意外。（3）本所交易、通信系统被非法侵入或遭受其他人为破坏等情形。

【易错警示】根据规定，交易异常情况是指导致或可能导致证券交易全部或者部分不能正常进行（简称"交易不能进行"）的情形。而交易所交易、通信系统在开市前无法正常启动，并没有说开市后依然无法启动，因此可能不会影响证券交易的进行。

23. B【解析】本题主要考查申报指令的内容。意向申报指令应当包括证券账号、证券代码、买卖方向和本方交易单元代码等内容。定价申报指令应当包括证券账号、证券代码、买卖方向、交易价格、交易数量和本方交易单元代码等内容。成交申报指令包括证券账号、证券代码、买卖方向、交易价格、交易数量和对手方交易单元代码等内容。故本题选B选项。

24. D【解析】本题主要考查网下询价的相关规定。我国《首次公开发行股票承销业务规范》第四十五条规定，网下投资者在参与网下询价时存在下列情形的，主承销商应当及时向协会报告：（1）使用他人账户报价。（2）投资者之间协商报价。（3）同一投资者使用多个账户报价。（4）网上网下同时申购。（5）与发行人或承销商串通报价。（6）委托他人报价。（7）无真实申购意图进行人情报价。（8）故意压低或抬高价格。（9）提供有效报价但未参与申购。（10）不具备定价能力，或没有严格履行报价评估和决策程序、未能审慎报价。（11）机构投资者未建立估值模型。（12）其他不独立、不客观、不诚信的情形。

【易错警示】使用他人账户报价并非使用他人账户资金，二者是两个完全不同的概念。

25. B【解析】本题主要考查中国证券登记结算有限责任公司网络投票系统的投票流程。投资者办理股东大会网络投票等网络服务业务，须首先登录中国结算公司网站注册，然后到证券公司营业部（"身份验证机构"）办理身份验证。投资者办理身份验证，须遵循"先注册、后激活"的程序。投资者办理身份验证并激活网上用户名后，即可参加今后各有关上市公司股东大会网络投票。具体流程如下：登录网站 www.chinaclear.cn → 输入网上用户名、密码及附加码→点击"投票表决"下的"网上行权"→浏览股东大会列表，选择具体的投票参与方式→进行投票。

26. C【解析】本题主要考查深圳证券交易所为其交易单元设定的交易和其他业务权限。深圳证券交易所根据会员的申请和业务许可范围，为其设立的交易单元设定下列交易或其他业务权限：（1）一类或多类证券品种或特定证券品种的交易。（2）大宗交易。（3）协议转让。（4）ETF、LOF及非上市开放式基金的申购与赎回。（5）融资融券交易。（6）特定证券的主交易商报价。（7）其他交易或业务权限。

27. B【解析】本题主要考查证券公司自营业务部门的职责。我国《证券公司证券自营业务指引》第九条规定，自营业务必须以证券公司自身名义、通过专用自营席位进行，并由非自营业务部门负责自营账户的管理，包括开户、销户、使用登记等。第十条规定，加强自营业务资金的调度管理和自营业务的会计核算，由非自营业务部门负责自营业务所需资金的调度。

28. C【解析】本题主要考查证券公司自营部门运作的原则。在证券公司自营业务的运作过程中，应明确自营部门在日常经营中自营总规模的控制、资产配置比例控制、项目集中度控制和单个项目规模控制等原则。

29. A【解析】本题主要考查融资融券业务的账户体系。根据《证券公司融资融券业务管理办法》第十条、十一条的规定，证券公司开立的融券专用证券账户，用于记录证券公司持有的拟向客户融出的证券和客户归还的证券，不得用于证券买卖；开立融资专用资金账户，用于存放证券公司拟向客户融出的资金及客户归还的资金。证券公司向客户融资，只能使用融资专用资金账户内的资金；向客户融券，只能使用融券专用证券账户内的证券。本题的四个选项看似复杂、难以判断，实际上，考生只需记住：资金账户内是资金，证券账户内是证券即可。

30. A【解析】本题主要考查从事上市公司并购重组的财务顾问业务的职责。我国《上市公司并购重组财务顾问业务管理办法》第十九条规定，财务顾问从事上市公司并购重组财务顾问业务，应当履行以下职责：（1）接受并购重组当事人的委托，对上市公司并购重组活动进行尽职调查，全面评估相关活动所涉及的风险。（2）就上市公司并购重组活动向委托人提供专业服务，帮助委托人分析并购重组相关活动所涉及的法律、财务、经营风险，提出对策和建议，设计并购重组方案，并指导委托人按照上市公司并购重组的相关规定制作申报文件。（3）对委托人进行证券市场规范化运作的辅导，使其熟悉有关法律、行政法规和中国证监会的规定，充分了解其应承担的义务和责任，督促其依法履行报告、公告和其他法定义务。（4）在对上市公司并购重组活动及申报文件的真实性、准确性、完整性进行充分核查和验证的基础上，依据中国证监会的规定和监管要求，客观、公正地发表专业意见。（5）接受委托人的委托，向中国证监会报送有关上市公司并购重组的申报材料，并根据中国证监会的审核意见，组织和协调委托人及其他专业机构进行答复。（6）根据中国证监会的相关规定，持续督导委托人依法履行相关义务。（7）中国证监会要求的其他事项。综上，本题选A选项。

31. C【解析】本题主要考查集合资产管理计划的估值。我国《证券公司客户资产管理业务管理办法》第二十条规定，证券公司应当根据有关法规，制定健全、有效的估值政策和程序，并定期对其执行效果进行评估，保证集合资产管理计划估值的公平、合理。

32. A【解析】本题主要考查中国证监会对财务顾问及其财务顾问主办人采取监管措施的情形。我国《上市公司并购重组财务顾问业务管理办法》第三十九条规定，财务顾问及其财务顾问主办人出现下列情形之一的，中国证监会对其采取监管谈话、出具警示函、责令改正等监管措施：（1）内部控制机制和管理制度、尽职调查制度以及相关业务规则存在重大缺陷或者未得到有效执行的。（2）未按照本办法规定发表专业意见的。（3）在受托报送申报材料过程中，未切实履行组织、协调义务，申报文件制作质量低下的。（4）未依法履行持续督导义务的。（5）未按照本办法的规定向中国证监会报告或者公告的。（6）违反其就上市公司并购重组相关业务活动所作承诺的。（7）违反保密制度或者未履行保密责任的。（8）采取不正当竞争手段进行恶性竞争的。（9）唆使、协助或者伙同委托人干扰中国证监会审核工作的。（10）中国证监会认定的其他情形。故正确答案为A选项。

33. C【解析】本题主要考查证券自营业务中禁止内幕交易的措施。在证券自营业务中，禁止内幕交易的主要措施包括：（1）加强自律管理。（2）加强监管。

34. C【解析】本题主要考查证券账户管理的内容。证券账户管理包括证券账户的开立、证券账户挂失补办、证券账户注册资料变更、证券账户合并与注销、非交易过户等。

35. C【解析】本题主要考查自营业务投资比例违反规定的法律责任。根据我国《证券公司监督管理条例》第八十三条的规定，证券自营业务投资范围或者投资比例违反规定的，责令改正，给予警告，没收违法所得，并处以违法所得1倍以上5倍以下的罚款；没有违法所得或者违法所得不足10万元的，处以10万元以上30万元以下的罚款；情节严重的，暂停或者撤销其相关证券业务许可。对直接负责的主管人员和其他直接责任人员，给予警告，并处以3万元以上10万元以下的罚款；情节严重的，撤销任职资格或者证券从业资格。

36. D【解析】本题主要考查构成重大资产重组的条件。我国《上市公司重大资产重组管理办法》第十二条规定，上市公司及其控股或者控制的公司购买、出售资产，达到下列标准之一的，构成重大资产重组：（1）购买、出售的资产总额占上市公司最近一个会计年度经审计的合并财务会计报告期末资产总额的比例达到50%以上。（2）购买、出售的资产在最近一个会计年度所产生的营业收入占上市公司同期经审计的合并财务会计报告营业收入的比例达到50%以上。（3）购买、出售的资产净额占上市公司最近一个会计年度经审计的合并财务会计报告期末净资产额的比例达到50%以上，且超过5000万元人民币。【易错警示】由于题干中各选项描述相似，且内容较多，因此很容易出错。本题宜选用排除法，第Ⅲ、Ⅳ项只有"6000""5000"两个数字上的差异，因此只需要在Ⅲ、Ⅳ项中选出正确的，就可以做对了。

37. A【解析】本题主要考查办理集合资产管理业务接受的资产形式。《证券公司客户资金管理业务管理办法》第二十二条规定，证券公司办理集合资产管理业务，只能接受货币资金形式的资产。故本题选A选项。【易错警示】由于证券公司办理集合资产管理业务只能接受货币资金形式的资产，而第Ⅱ项中的股票、债券和第Ⅳ项中的证券投资基金份额不是直接的货币资金形式，因此证券公司办理集合资产管理业务，不可以接受此类资产。本题中，考生容易被选项后面的人民币数额所迷惑而选错。

38. A【解析】本题主要考查集合计划销售结算资金的定义。集合计划销售结算资金是指由证券公司及其推广机构归集的，在客户结算账户、集合计划份额登记机构指定的专用账户和集合计划资产托管账户之间划转的份额参与、退出、现金分红等资金。

39. D【解析】本题主要考查证券投资顾问业务的相关适应性要求。我国《证券投资顾问业务暂行规定》第十条规定，证券公司、证券投资咨询机构从事证券投资顾问业务，应当保证证券投资顾问人员数量、业务能力、合规管理和风险控制与服务方式、业务规模相适应。

40. B【解析】本题主要考查首次公开发行股票公开披露的信息内容。我国《证监会修订并公布证券发行与承销管理办法》第三十三条规定，首次公开发行股票的发行人和主承销商应当在发行和承销过程中公开披露以下信息：（1）招股意向书刊登首日在发行公告中披露发行定价方式、定价程序、参与网下询价投资者条件、股票配售原则、配售方式、有效报价的确定方式、中止发行安排、发行时间安排和路演推介相关安排等信息；发行人股东拟老股转让的，还应披露预计老股转让的数量上限，老股转让股东名称及各自转让老股数量，并明确新股发行与老股转让数量的调整机制。（2）网上申购前披露每位网下投资者的详细报价情况，包括投资者名称、申购价格及对应的拟申购数量；剔除最高报价有关情况；剔除最高报价部分后网下投资者报价的中位数和加权平均数以及公募基金报价的中位数和加权平均数；有效报价和发行价格（或发行价格区间）的确定过程；发行价格（或发行价格区间）及对应的市盈率；网下网上的发行方式和发行数量；回拨机制；中止发行安排；申购缴款要求等。已公告老股转让方案的，还应披露老股转让和新股发行的确定数量，老股转让股东名称及各自转让老股数量，并应提示投资者关注，发行人将不会获得老股转让部分所得资金。按照发行价格计算的预计募集资金总额低于拟以本次募集资金投资的项目金额的，还应披露相关投资风险。（3）如公告的发行价格（或发行价格区间上限）市盈率高于同行业上市公司二级市场平均市盈率，发行人和主承销商应当在披露发行价格的同时，在投资风险特别公告中明示该定价可能存在估值过高给投资者带来损失的风险，提醒投资者关注。综上，题干所列四项均属于应公开披露的信息。本题选 B 选项。

41. D【解析】本题主要考查全国银行间同业拆借中心回购业务的参与主体。全国银行间同业拆借中心开办了国债、政策性金融债等债券的回购业务，参与主体是银行间市场会员，主要是商业银行、保险公司、财务公司、证券投资基金等金融机构。

42. B【解析】本题主要考查风险控制机制的知识。融出的每种证券余额不得超过该证券上市可流通市值的 10%。故第Ⅳ项错误，本题选 B 选项。

全真模拟测试题

一、选择题

1. 根据我国证券公司业务规范的相关规定，下列说法正确的是（　　）。

    A. 证券、期货投资咨询机构及其投资咨询人员，不得代理投资人从事证券、期货买卖

    B. 购买、出售的资产总额占上市公司最近一个会计年度经审计的合并财务会计报告期末资产总额的比例达到 30% 以上的，为重大资产重组

    C. 保荐机构应当于每年 12 月底向中国证监会报送年度执业报告

    D. 剔除最高报价部分后有效报价投资者数量不足的，应当暂停发行

2. 证券公司对客户融资融券的最长期限应不超过（　　）个月。

    A. 3　　　　　　　B. 6

    C. 12　　　　　　 D. 24

3. 根据我国证券相关法律法规的规定，下列说法正确的是（　　）。

    A. 证券登记结算机构的从业人员随时可以买卖股票

    B. 证券承销业务采取经销的方式

    C. 任何单位或者个人不得使用"基金"或者"基金管理"字样进行证券投资活动

    D. 证券交易当事人依法买卖的证券，必须是依法发行并交付的证券

4. 单一证券的市场融资买入量或者融券卖出量占其市场流通量的比例达到规定的最高限额的，（　　）可以暂停接受该种证券的融资买入指令或者融券卖出指令。

    A. 证券公司

    B. 证券交易所

    C. 中国证监会

    D. 中国人民银行

5. 证券公司对其证券经纪业务、证券承销业务、证券自营业务、证券资产管理业务，

不依法分开办理，混合操作的，责令改正，没收违法所得，并处以（　　）的罚款。

A. 30万元以上60万元以下
B. 10万元以上30万元以下
C. 30万元以上50万元以下
D. 10万元以上60万元以下

6. 为对证券经纪业务实施集中统一管理，防范公司与客户之间的利益冲突，切实履行反洗钱义务，防止出现损害客户合法权益的行为，证券公司应当（　　）。

A. 建立健全证券经纪业务管理制度
B. 建立健全证券经纪业务监督机制
C. 建立健全证券监督业务管理制度
D. 建立健全证券证券资产管理制度

7. 证券公司根据与客户的约定采取强制平仓措施的，申报强制平仓指令的格式由（　　）。

A. 证券公司规定
B. 中国证监会规定
C. 证券交易所规定
D. 证券公司和客户约定

8. 根据我国现行法律法规的规定，下列说法错误的是（　　）。

A. 任何单位不得协助证券公司以其证券经纪客户的资产提供融资
B. 任何单位或者个人不得接受证券公司以其证券经纪客户的资产提供担保
C. 任何单位不得强令证券公司以其证券资产管理客户的资产提供融资
D. 任何单位或者个人不得对客户的交易结算资金、委托资产申请查封、冻结或者强制执行

9. 下列关于收购的说法中，错误的是（　　）。

A. 在上市公司收购中，收购人持有的被收购的上市公司的股票，在收购行为完成后的12个月内不得转让
B. 收购行为完成后，收购人应当在7日内将收购情况报告国务院证券监督管理机构和证券交易所，并予公告
C. 收购期限届满，被收购公司股权分布不符合上市条件的，其余仍持有被收购公司股票的股东，有权向收购人以收购要约的同等条件出售其股票，收购人应当收购
D. 收购期限届满，被收购公司股权分布不符合上市条件的，该上市公司的股票应当由证券交易所依法终止上市交易

10. 因违法行为或者违纪行为被解除职务的证券交易所、证券登记结算机构的负责人或者证券公司的董事、监事、高级管理人员，自被解除职务之日起未逾（　　）年的，不得担任证券交易所的负责人。

A. 2　　　　　　B. 3
C. 4　　　　　　D. 5

11. 证券公司成立后，无正当理由超过（　　）个月未开始营业的，或者开业后自行停业连续（　　）个月以上的，由公司登记机关吊销其公司营业执照。

A. 1；3　　　　B. 3；3
C. 5；2　　　　D. 6；2

12. 客户要在证券公司开展融资融券业务，应由客户本人向（　　）提出申请。

A. 中国证监会
B. 证券交易所
C. 证券业协会
D. 证券公司营业部

13. 深圳证券交易所要求每季度结束后的（　　）个工作日内以书面形式向其报送集合资产管理计划的管理报告和托管报告、集合资产管理计划的交易监控报告（如有）。

A. 5　　　　　　B. 10
C. 15　　　　　 D. 20

14. 下列对证券公司相关业务规则的说法中，正确的是（　　）。

A. 证券公司融资融券业务可以和证券资产管理、证券自营、投资银行等业务集中运行
B. 证券、期货投资咨询人员可同时在

多个证券、期货投资咨询机构执业

C．证券公司必须委托独立监控部门对证券风险状况和交易活动等进行有效监控并定期对自营业务进行压力测试，确保自营业务各项风险指标符合监管指标的要求并控制在证券公司承受范围内

D．在处置证券公司风险过程中，应当保障证券经纪业务正常进行

15．证券经纪业务特点不包括（　　）。

A．证券经纪商的中介性
B．业务对象的专业性
C．客户资料的保密性
D．客户指令的权威性

16．下列选项中，说法错误的是（　　）。

A．投资咨询机构、财务顾问机构、资信评级机构从事证券服务业务的人员，必须具备证券专业知识和从事证券业务或者证券服务业务2年以上经验

B．证监会根据社会公众的投诉或者举报，有权要求证券投资咨询机构及其投资咨询人员说明情况并提供相关资料

C．当日购买的债券，当日不可进行债券回购交易

D．内幕交易行为给投资者造成损失的，行为人应当依法承担赔偿责任

17．证券公司设立集合资产管理计划的，应当自中国证监会出具无异议意见或者作出批准决定之日起（　　）个月内启动推广工作。

A．3　　　　　　B．6
C．12　　　　　D．24

18．证券公司的（　　）负责融资融券业务的具体管理和运作，制定融资融券合同的标准文本。

A．董事会
B．总经理
C．业务执行部门
D．业务决策机构

19．证券公司未按照规定建立并有效执行信息查询制度的，责令改正，给予警告，没收违法所得，并处以（　　）的罚款。

A．违法所得1倍以上5倍以下
B．违法所得1倍以上10倍以下
C．3万元以上10万元以下
D．3万元以上30万元以下

20．证券交易所不得从事下列（　　）业务。

A．以盈利为目的的业务
B．提供场内交易平台
C．上市公司的挂牌退市
D．信息公布和管理

21．（　　）可以作为并购重组的支付手段。

A．优先股　　　B．普通股
C．红筹股　　　D．蓝筹股

22．证券公司对融资融券业务要实行（　　）管理。

A．分散　　　　B．分业
C．分级　　　　D．统一

23．下列关于协议收购的说法中，错误的是（　　）。

A．采取协议收购方式的，收购人不得进行股份转让

B．以协议方式收购上市公司时，达成协议后，收购人必须在3日内将该收购协议向国务院证券监督管理机构及证券交易所作出书面报告，并予公告

C．在收购协议公告前不得履行收购协议

D．收购行为完成后，被收购公司不再具备股份有限公司条件的，应当依法变更企业形式

24．证券公司办理集合资产管理业务，单个集合资产管理计划投资于资产托管机构发行的证券的资金（　　）。

A．应达到该集合资产管理计划资产净值的5%

B．应达到该集合资产管理计划资产净值的2%

C．不得超过该集合资产管理计划资产

净值的 3%

D. 不得超过该集合资产管理计划资产净值的 1%

25. 在证券经纪业务中，证券经纪商不以自己的资金进行证券买卖，也不承担交易中证券价格涨跌的风险，而是充当证券买方和卖方的代理人。这说明证券经纪商具有（　　）。

A. 权威性　　B. 中介性
C. 广泛性　　D. 引导性

26. （　　）指定专人完成证券自营业务的清算。

A. 证券业协会
B. 证券交易所
C. 公司专门负责结算托管的部门
D. 中国证券登记结算有限责任公司

27. 证券公司从事证券自营业务的最高管理机构是（　　）。

A. 董事会
B. 投资决策机构
C. 非自营业务部门
D. 自营业务部门

28. 根据规定，下列说法正确的是（　　）。

A. 证券公司办理集合资产管理业务，可以接受债券、股票等证券形式的资产
B. 同一高级管理人员不得同时分管集合资产管理业务和自营业务，同一投资主办人不得同时办理资产管理业务和自营业务
C. 证券公司办理经纪业务，应当接受客户的全权委托，经营客户的证券
D. 证券经纪商具有广泛性

29. 证券公司从事证券资产管理业务时，使用客户资产进行不必要的证券交易的，责令改正，处以（　　）的罚款。

A. 1 万元以上 10 万元以下
B. 3 万元以上 10 万元以下
C. 10 万元以上 30 万元以下
D. 30 万元以上 60 万元以下

30. 我国《证券法》规定，证券公司办理（　　），应当置备统一制定的证券买卖委托书，供委托人使用。采取其他委托方式的，必须作出委托记录。

A. 融资融券业务
B. 证券经纪业务
C. 证券自营业务
D. 资产管理业务

31. 证券公司对其证券经纪业务、证券承销业务等混合操作的，可采取的处罚措施不包括（　　）。

A. 没收违法所得
B. 撤销直接负责的主管人员的任职资格
C. 撤销相关业务许可
D. 由公司登记机关吊销营业执照

32. 证券公司受期货公司委托从事中间介绍业务，应当提供的服务包括（　　）。

A. 提供期货行情信息，交易设施
B. 代期货公司、客户收付期货保证金
C. 代理客户进行期货结算
D. 代理客户进行期货交易

33. 下列（　　）属于证券公司融资、融券的对象。

A. 在证券公司从事证券交易 9 个月的客户
B. 交易结算资金未纳入第三方存管的客户
C. 证券公司的股东、关联人
D. 缺乏风险承担能力或有重大违约记录的客户

34. 证券公司参与 1 个集合计划的自有资金，不得超过计划成立规模的（　　），并且不得超过（　　）亿元。

A. 3%；1　　B. 5%；2
C. 10%；5　　D. 15%；5

35. 根据我国相关规定，下列说法正确的是（　　）。

A. 客户融券卖出的，只能通过买券还券的方式偿还向证券公司融入的证券

B．证券公司融资融券业务的决策和主要管理职责应集中于证券公司总部

C．任何情况下，转入历史记录库的信息不再提供查询服务

D．证券账户用来记载和反映投资者买卖证券的货币收付和结存数额

36．下列选项中，（　　）不是开展债券回购交易业务的主要场所。

A．证券结算公司
B．上海证券交易所
C．深圳证券交易所
D．全国银行间同业拆借中心

37．融资融券业务的决策与授权体系原则上按照（　　）的架构设立和运行。

A．董事会—业务决策机构—业务执行部门—分支机构
B．业务决策机构—董事会—业务执行部门—分支机构
C．业务决策机构—业务执行部门—股东（大）会—分支机构
D．业务决策机构—业务执行部门—分支机构—股东（大）会

38．自然人因遗产继承办理公众股非交易过户的，需要提供的材料不包括（　　）。

A．继承公证书
B．证明被继承人死亡的有效法律文件及复印件
C．被继承人身份证原件及复印件
D．股份托管证券营业部出具的所涉流通股份冻结证明

39．全国银行间债券市场买断式回购交易的期限由交易双方确定，但最长不得超过（　　）天。

A．30　　　　B．31
C．90　　　　D．91

二、组合型选择题

1．下列关于申购资金冻结、验资及配号的说法中，正确的是（　　）。

Ⅰ．申购日后的第一个交易日（T+1日），由证券交易所进行申购资金冻结处理

Ⅱ．当有效申购总量大于该次股票发行量时，则通过摇号抽签，确定有效申购中签号码，每一中签号码认购一个申购单位新股

Ⅲ．当有效申购总量小于或等于该次股票上网发行量时，投资者按其有效申购量认购股票

Ⅳ．每一有效申购单位配一个号

A．Ⅰ、Ⅱ、Ⅲ、Ⅳ　B．Ⅰ、Ⅱ、Ⅲ
C．Ⅱ、Ⅲ、Ⅳ　　　D．Ⅰ、Ⅲ

2．下列属于资产托管机构办理资产托管业务应当履行的职责是（　　）。

Ⅰ．负责办理资产管理业务资产运营中的资金往来

Ⅱ．执行证券公司的投资或者清算指令

Ⅲ．安全保管资产管理业务资产

Ⅳ．监督证券公司资产管理业务的经营运作

A．Ⅰ、Ⅱ、Ⅲ、Ⅳ　B．Ⅰ、Ⅲ、Ⅳ
C．Ⅱ、Ⅳ　　　　　D．Ⅱ、Ⅲ、Ⅳ

3．我国《证券公司定向资产管理业务实施细则》规定，证券公司接受（　　）为定向资产管理业务客户的，应当对相关专门账户进行监控，并对客户身份、合同编号等信息进行集中保管。

Ⅰ．本公司股东
Ⅱ．与本公司具有关联方关系的自然人
Ⅲ．与本公司具有关联方关系的法人
Ⅳ．与本公司具有关联方关系的组织

A．Ⅰ、Ⅱ、Ⅲ、Ⅳ　B．Ⅰ、Ⅱ、Ⅲ
C．Ⅱ、Ⅲ、Ⅳ　　　D．Ⅱ、Ⅳ

4．下列选项中，证券公司应当向客户如实披露的信息包括（　　）。

Ⅰ．证券公司员工素质
Ⅱ．证券公司管理能力
Ⅲ．证券公司业绩
Ⅳ．证券公司客户资产管理业务资质

A．Ⅰ、Ⅱ、Ⅲ　　B．Ⅰ、Ⅳ
C．Ⅱ、Ⅲ、Ⅳ　　D．Ⅰ、Ⅱ、Ⅲ、Ⅳ

5．证券公司从事自营业务的，（　　）应当相互分离，并由不同人员负责。
　Ⅰ．投资品种的研究
　Ⅱ．交易指令的执行
　Ⅲ．投资方式的审批
　Ⅳ．投资组合的制定和决策
A．Ⅲ、Ⅳ　　　　B．Ⅰ、Ⅲ
C．Ⅰ、Ⅱ、Ⅳ　　D．Ⅰ、Ⅱ、Ⅲ、Ⅳ

6．下列关于证券公司融资融券业务规模和集中度风险控制说法中，错误的有（　　）。
　Ⅰ．接受单只担保股票的市值不得超过该只股票总市值的10%
　Ⅱ．证券公司对单一客户融资业务规模不得超过净资本的8%
　Ⅲ．证券公司对单一客户融券业务规模不得超过净资本的8%
　Ⅳ．证券公司按对客户融资或融券业务规模的10%计算风险准备
A．Ⅰ、Ⅱ、Ⅲ　　B．Ⅱ、Ⅲ、Ⅳ
C．Ⅰ、Ⅱ、Ⅳ　　D．Ⅰ、Ⅲ、Ⅳ

7．在证券公司客户资产管理业务中，证券公司违反法律、行政法规的规定，因（　　）等原因不能履行职责的，证券公司应当按照有关监管要求妥善处理有关事宜，资产管理合同应当对此作出相应约定。
　Ⅰ．撤销、破产
　Ⅱ．被中国证监会依法责令停业整顿
　Ⅲ．被中国证监会依法撤销证券资产管理业务许可
　Ⅳ．停业、解散
A．Ⅰ、Ⅱ、Ⅲ、Ⅳ　B．Ⅰ、Ⅱ、Ⅲ
C．Ⅱ、Ⅲ、Ⅳ　　D．Ⅰ、Ⅱ、Ⅳ

8．证券公司自营业务的合规风险包括（　　）。
　Ⅰ．内幕交易
　Ⅱ．操纵市场
　Ⅲ．投资决策失误
　Ⅳ．规模失控
A．Ⅰ、Ⅱ、Ⅲ、Ⅳ　B．Ⅰ、Ⅳ
C．Ⅰ、Ⅱ　　　　D．Ⅰ、Ⅱ、Ⅲ

9．下列关于集合资产管理计划说法中，正确的是（　　）。
　Ⅰ．募集资金规模在50亿元以下
　Ⅱ．募集的资金可以投资中国境内依法发行的股票、债券、股指期货、商品期货等证券期货交易所交易的投资品种
　Ⅲ．客户人数在200人以上
　Ⅳ．集合计划可以参与融资融券交易
A．Ⅱ、Ⅲ、Ⅳ　　B．Ⅰ、Ⅱ
C．Ⅰ、Ⅱ、Ⅲ、Ⅳ　D．Ⅰ、Ⅱ、Ⅳ

10．证券公司申请设立集合资产管理计划，应当上报的相关申报材料主要内容包括（　　）。
　Ⅰ．推广方案及推广协议
　Ⅱ．集合资产管理合同的拟定文本
　Ⅲ．集合资产管理人最近3年经审计的财务报表
　Ⅳ．管理人最近3年的净资本计算表
A．Ⅰ、Ⅱ　　　　B．Ⅱ、Ⅳ
C．Ⅱ、Ⅲ　　　　D．Ⅰ、Ⅱ、Ⅲ、Ⅳ

11．证券公司将自有资金投资于依法公开发行的（　　），且投资规模合计不超过其净资本80%的，无须取得证券自营业务资格。
　Ⅰ．央行票据
　Ⅱ．货币市场基金
　Ⅲ．投资级公司债
　Ⅳ．期货
A．Ⅲ、Ⅳ　　　　B．Ⅰ、Ⅱ、Ⅲ
C．Ⅰ、Ⅱ、Ⅲ、Ⅳ　D．Ⅱ、Ⅲ、Ⅳ

12．客户委托资产应当交由（　　）等其他资产托管机构托管。
　Ⅰ．中国证监会认可的证券公司
　Ⅱ．中国证券登记结算有限责任公司
　Ⅲ．中国证监会指定的商业银行
　Ⅳ．负责客户交易结算资金存管的指定

商业银行

A．Ⅰ、Ⅱ、Ⅲ、Ⅳ B．Ⅰ、Ⅱ、Ⅳ
C．Ⅰ、Ⅱ、Ⅲ D．Ⅲ、Ⅳ

13．证券公司向客户融资，应当使用（　　）。

Ⅰ．自有资金
Ⅱ．依法筹集的资金
Ⅲ．自有证券
Ⅳ．依法取得处分权的证券

A．Ⅲ、Ⅳ B．Ⅰ、Ⅱ
C．Ⅱ、Ⅳ D．Ⅰ、Ⅲ

14．证券经纪业务中，证券经纪商为客户保密的资料包括（　　）。

Ⅰ．客户委托的有关事项
Ⅱ．客户开户的基本情况
Ⅲ．证券账户中的证券种类与数量
Ⅳ．客户资金账户中的资金余额

A．Ⅲ、Ⅳ B．Ⅰ、Ⅱ、Ⅲ
C．Ⅱ、Ⅳ D．Ⅰ、Ⅱ、Ⅲ、Ⅳ

15．上海证券交易所市场A股和B股送股日程安排相同的日期有（　　）。

Ⅰ．T-5日 Ⅱ．T-3日
Ⅲ．T-1日 Ⅳ．T+6日

A．Ⅱ、Ⅳ B．Ⅰ、Ⅲ、Ⅳ
C．Ⅰ、Ⅱ、Ⅲ D．Ⅰ、Ⅱ、Ⅲ、Ⅳ

16．证券研究报告主要包括的文件有（　　）。

Ⅰ．投资策略报告
Ⅱ．行业研究报告
Ⅲ．具体证券的价值分析报告
Ⅳ．证券相关产品的价值分析报告

A．Ⅰ、Ⅱ、Ⅲ、Ⅳ B．Ⅰ、Ⅳ
C．Ⅰ、Ⅱ、Ⅳ D．Ⅱ、Ⅲ、Ⅳ

17．下列属于资产托管机构按照中国证监会的规定和定向资产管理合同的约定，应当履行的职责是（　　）。

Ⅰ．办理资金收付事项
Ⅱ．办理证券收付事项
Ⅲ．监督证券公司投资行为
Ⅳ．安全保管客户委托资产

A．Ⅰ、Ⅲ、Ⅳ B．Ⅱ、Ⅲ、Ⅳ
C．Ⅱ、Ⅲ D．Ⅰ、Ⅱ、Ⅲ、Ⅳ

18．证券公司在向客户融资、融券前，应当与其签订载有中国证券业协会规定的必备条款的融资融券合同，明确约定下列（　　）事项。

Ⅰ．融资买入证券和融券卖出证券的权益处理
Ⅱ．可充抵保证金的证券的种类及折算率
Ⅲ．担保债权范围
Ⅳ．纠纷解决途径

A．Ⅱ、Ⅲ B．Ⅰ、Ⅱ、Ⅲ、Ⅳ
C．Ⅰ、Ⅱ、Ⅳ D．Ⅰ、Ⅳ

19．当融资融券交易出现异常时，交易所可视情况采取的措施有（　　）。

Ⅰ．调整标的证券标准或范围
Ⅱ．调整可充抵保证金有价证券的折算率
Ⅲ．暂停特定标的证券的融资买入或融券卖出交易
Ⅳ．暂停整个市场的融资买入或融券卖出交易

A．Ⅰ、Ⅲ、Ⅳ B．Ⅰ、Ⅱ、Ⅲ、Ⅳ
C．Ⅰ、Ⅳ D．Ⅰ、Ⅱ、Ⅲ

20．股票质押回购的申报类型包括（　　）。

Ⅰ．初始交易申报
Ⅱ．购回交易申报
Ⅲ．补充质押申报
Ⅳ．部分解除质押申报

A．Ⅱ、Ⅲ B．Ⅰ、Ⅱ、Ⅲ
C．Ⅰ、Ⅱ、Ⅲ、Ⅳ D．Ⅲ、Ⅳ

21．证券公司应当按照我国《证券公司证券自营业务指引》的要求，根据公司经营管理特点和业务运作状况，建立完备的（　　）。

Ⅰ．操作流程
Ⅱ．投资决策机制
Ⅲ．风险监控体系

Ⅳ．自营业务管理制度

A．Ⅱ、Ⅲ、Ⅳ　　　B．Ⅱ、Ⅲ
C．Ⅰ、Ⅱ、Ⅲ、Ⅳ　D．Ⅰ、Ⅱ、Ⅳ

22．根据我国《证券公司客户资产管理业务试行办法》的规定，在集合资产管理计划中，客户主要享有的权利包括（　　）。

Ⅰ．知情的权利

Ⅱ．除合同另有规定外，按投入资金占集合资产计划资产净值的比例分享投资收益

Ⅲ．按合同约定承担投资风险

Ⅳ．根据集合资产管理合同的约定，参与和退出集合资产管理计划

A．Ⅰ、Ⅱ、Ⅳ　　　B．Ⅲ、Ⅳ
C．Ⅰ、Ⅱ、Ⅲ　　　D．Ⅰ、Ⅱ、Ⅲ、Ⅳ

23．下列关于证券公司办理集合资产管理业务的说法中，正确的有（　　）。

Ⅰ．证券公司办理集合资产管理业务，只能接受货币资金形式的资产

Ⅱ．证券公司设立限定性集合资产管理计划的，接受单个客户的资金数额不得低于人民币5万元

Ⅲ．设立非限定性集合资产管理计划的，接受单个客户的资金数额不得低于人民币10万元

Ⅳ．证券公司办理集合资产管理业务，委托资产应当是股票、债券等有价证券

A．Ⅰ、Ⅲ、Ⅳ　　　B．Ⅰ、Ⅱ、Ⅲ
C．Ⅰ、Ⅱ　　　　　D．Ⅱ、Ⅳ

24．集合资产管理的资产禁止投资的事项包括但不限于（　　）。

Ⅰ．将集合计划资产中的债券用于债券回购

Ⅱ．将集合计划资产用于资金拆借、贷款、抵押融资或者对外担保

Ⅲ．将集合计划资产投资于1家公司发行的证券超过集合计划资产净值的10%

Ⅳ．证券公司所管理的客户资产（含本集合计划资产）投资于1家公司发行的证券，按证券面值计算，超过该证券发行总量的5%

A．Ⅱ、Ⅲ、Ⅳ　　　B．Ⅲ、Ⅳ
C．Ⅰ、Ⅱ、Ⅲ　　　D．Ⅰ、Ⅱ、Ⅲ、Ⅳ

25．下列关于证券公司直接投资规则的说法中，正确的是（　　）。

Ⅰ．直接投资子公司及其下属机构不得对直接投资子公司及其下属机构、直接投资基金之外的单位或个人提供担保，不得成为对所投资企业的债务承担连带责任的出资人

Ⅱ．直接投资子公司可以使用自有资金或设立直接投资基金，对企业进行股权投资或与股权相关的债权投资

Ⅲ．直接投资子公司及其下属机构应当设立专门的投资决策委员会，建立投资决策程序和风险跟踪、分析机制，有效防范投资风险

Ⅳ．证券公司开展直接投资业务，应当按照监管部门有关规定设立直接投资业务分公司

A．Ⅰ、Ⅱ、Ⅲ　　　B．Ⅰ、Ⅱ、Ⅲ、Ⅳ
C．Ⅱ、Ⅲ　　　　　D．Ⅰ、Ⅳ

26．证券金融公司开展转融通业务，应当与证券公司签订转融通业务合同，约定下列（　　）事项。

Ⅰ．转融通的资金数额

Ⅱ．标的证券的种类和数量

Ⅲ．保证金的比例

Ⅳ．证券权益处理办法

A．Ⅰ、Ⅱ　　　　　B．Ⅱ、Ⅲ、Ⅳ
C．Ⅲ、Ⅳ　　　　　D．Ⅰ、Ⅱ、Ⅲ、Ⅳ

27．证券公司应每月、每半年、每年向（　　）报送自营业务情况。

Ⅰ．中国证监会

Ⅱ．证券交易所

Ⅲ．证券业协会

Ⅳ．交易商协会

A．Ⅰ、Ⅱ　　　　　B．Ⅰ、Ⅱ、Ⅲ
C．Ⅰ、Ⅲ　　　　　D．Ⅲ、Ⅳ

28．证券公司客户资产管理业务主要包括（　　）。

Ⅰ．为单一客户办理定向资产管理业务
Ⅱ．为多个客户办理集合资产管理业务
Ⅲ．为客户办理特定目的的专项资产管理业务
Ⅳ．为单一客户办理专项资产管理业务
A．Ⅰ、Ⅱ、Ⅲ　　B．Ⅰ、Ⅱ、Ⅲ、Ⅳ
C．Ⅰ、Ⅱ　　　　D．Ⅰ、Ⅳ

29．中国证监会派出机构按照辖区监管责任制的要求，依法对证券公司及其分支机构的融资融券业务活动中涉及的（　　）等进行非现场检查和现场检查。
Ⅰ．授信额度的确定
Ⅱ．合同签订
Ⅲ．处分担保物
Ⅳ．补交担保物的通知
A．Ⅰ、Ⅲ、Ⅳ　　B．Ⅱ、Ⅳ
C．Ⅱ、Ⅲ、Ⅳ　　D．Ⅰ、Ⅱ、Ⅲ、Ⅳ

30．证券公司从事客户资产管理业务，应当符合的条件有（　　）。
Ⅰ．净资本不低于2亿元人民币，且符合中国证监会关于经营证券资产管理业务的各项风险监控指标的规定
Ⅱ．客户资产管理业务人员具有证券从业资格，无不良行为记录，其中，具有3年以上证券自营、资产管理或者证券投资基金管理从业经历的人员不少于5人
Ⅲ．具有良好的法人治理结构、完备的内部控制和风险管理制度，并得到有效执行
Ⅳ．最近3年未受到过行政处罚或者刑事处罚
A．Ⅰ、Ⅲ　　　　B．Ⅱ、Ⅳ
C．Ⅰ、Ⅱ、Ⅲ　　D．Ⅰ、Ⅱ、Ⅲ、Ⅳ

31．证券公司从事自营业务的，其条件包括（　　）。
Ⅰ．注册资本不低于5亿元
Ⅱ．注册资本不低于1亿元
Ⅲ．净资本不低于5000万元
Ⅳ．总资本不低于5000万元
A．Ⅰ、Ⅳ　　　　B．Ⅱ、Ⅳ
C．Ⅰ、Ⅲ　　　　D．Ⅱ、Ⅲ

32．证券公司的（　　）行为，实际上起到了投资者教育的作用。
Ⅰ．讲解业务规则
Ⅱ．讲解协议内容
Ⅲ．揭示风险
Ⅳ．签署《风险揭示书》和《客户须知》
A．Ⅰ、Ⅱ、Ⅲ、Ⅳ　B．Ⅰ、Ⅲ、Ⅳ
C．Ⅰ、Ⅱ、Ⅳ　　　D．Ⅱ、Ⅲ、Ⅳ

33．下列选项中，（　　）从事集合资产管理业务违反规定的，中国证监会依照法律、行政法规和中国证监会的有关规定作出行政处罚，涉嫌犯罪的，依法移交司法机关，追究其刑事责任。
Ⅰ．证券公司
Ⅱ．资产托管机构
Ⅲ．证券登记结算机构
Ⅳ．代理推广机构及其相关人员
A．Ⅱ、Ⅲ　　　　B．Ⅰ、Ⅱ、Ⅲ、Ⅳ
C．Ⅰ、Ⅱ、Ⅲ　　D．Ⅰ、Ⅱ、Ⅳ

34．在披露下列（　　）信息时，发行人可向中国证监会申请豁免披露。
Ⅰ．涉及商业秘密
Ⅱ．涉及国家机密
Ⅲ．将严重损害公司利益
Ⅳ．可能导致违反国家有关保密法规
A．Ⅰ、Ⅲ、Ⅳ　　B．Ⅰ、Ⅱ、Ⅳ
C．Ⅰ、Ⅱ、Ⅲ　　D．Ⅰ、Ⅱ、Ⅲ、Ⅳ

35．证券公司承销证券，应当同发行人签订代销或者包销协议，协议应载明的内容有（　　）。
Ⅰ．当事人的名称、住所及法定代表人姓名
Ⅱ．代销、包销的期限及起止日期
Ⅲ．代销、包销的费用和结算办法
Ⅳ．代销、包销的付款方式及日期
A．Ⅰ、Ⅱ　　　　B．Ⅲ、Ⅳ
C．Ⅱ、Ⅲ、Ⅳ　　D．Ⅰ、Ⅱ、Ⅲ、Ⅳ

36．根据我国《证券投资基金法》《证

券公司客户资产管理业务管理办法》的规定，集合资产管理计划合同的必备内容不包括（　　）。

Ⅰ．委托人、保管人、管理人的相关信息
Ⅱ．托管人承诺保证最低收益
Ⅲ．管理人承诺达到一定的盈利目标
Ⅳ．委托人承诺以真实身份参与集合资产管理计划

A．Ⅰ、Ⅱ、Ⅲ、Ⅳ　　B．Ⅰ、Ⅱ、Ⅲ
C．Ⅱ、Ⅲ　　　　　D．Ⅰ、Ⅳ

37．证券投资咨询机构向客户提供证券投资顾问服务时，应当告知客户的基本信息包括（　　）。

Ⅰ．投资决策由客户作出，投资风险由客户承担
Ⅱ．证券投资顾问不得代客户作出投资决策
Ⅲ．投资风险由公司承担
Ⅳ．证券投资顾问服务的内容和方式

A．Ⅰ、Ⅱ、Ⅳ　　　B．Ⅲ、Ⅳ
C．Ⅰ、Ⅱ、Ⅲ　　　D．Ⅰ、Ⅱ、Ⅲ、Ⅳ

38．下列选项中，属于客户信用风险控制措施的有（　　）。

Ⅰ．严格合同管理、履行风险提示
Ⅱ．建立客户选择与授信制度
Ⅲ．建立健全预警补仓和强制平仓制度
Ⅳ．制定完备的内部控制制度、业务操作规范、风险管理措施等

A．Ⅰ、Ⅱ、Ⅲ　　　B．Ⅲ、Ⅳ
C．Ⅱ、Ⅳ　　　　　D．Ⅰ、Ⅱ、Ⅲ、Ⅳ

39．证券公司、证券投资咨询机构向客户提供投资建议的（　　）等信息，应以书面或者电子文件形式予以记录留存。

Ⅰ．时间
Ⅱ．地点
Ⅲ．方式
Ⅳ．内容

A．Ⅱ、Ⅳ　　　　　B．Ⅰ、Ⅲ、Ⅳ
C．Ⅰ、Ⅱ、Ⅲ　　　D．Ⅰ、Ⅱ、Ⅲ、Ⅳ

40．根据规定，证券公司推广集合资产管理计划，应当置备于证券公司及其他推广机构推广集合资产管理计划的营业场所推广文件有（　　）。

Ⅰ．集合资产管理合同
Ⅱ．资产托管合同
Ⅲ．专项资产管理计划书
Ⅳ．集合资产管理计划说明书

A．Ⅲ、Ⅳ　　　　　B．Ⅰ、Ⅳ
C．Ⅰ、Ⅲ　　　　　D．Ⅱ、Ⅲ、Ⅳ

41．客户交易结算资金第三方存管制度与以往的客户交易结算资金管理模式相比的变化表现在（　　）。

Ⅰ．客户、证券公司和指定商业银行通过签订合同的形式明确具体的客户交易结算资金存取、划转、查询等事项
Ⅱ．客户资金的存取，全部通过指定商业银行和资产托管机构办理
Ⅲ．证券公司客户的交易结算资金只能存放在指定的商业银行，不能存入其他任何机构
Ⅳ．指定商业银行须为每个客户建立管理账户，用以记录客户资金的明细变动及余额

A．Ⅰ、Ⅱ、Ⅳ　　　B．Ⅰ、Ⅲ、Ⅳ
C．Ⅰ、Ⅱ、Ⅲ、Ⅳ　D．Ⅰ、Ⅲ

42．下列选项中，属于证券公司融资融券的业务决策机构的职责的有（　　）。

Ⅰ．确定可充抵保证金的证券种类及折算率
Ⅱ．选择可从事融资融券业务的分支机构
Ⅲ．确定对单一客户和单一证券的授信额度
Ⅳ．确定对单一客户和单一证券的保证金比例和最低维持担保比例

A．Ⅱ、Ⅲ、Ⅳ　　　B．Ⅰ、Ⅲ、Ⅳ
C．Ⅰ、Ⅱ、Ⅲ　　　D．Ⅰ、Ⅱ、Ⅲ、Ⅳ

43．我国《证券公司融资融券业务管理办法》规定证券公司经营融资融券业务，应当以自己的名义在商业银行分别开立（　　）。

Ⅰ．融券专用证券账户
Ⅱ．融资专用资金账户
Ⅲ．客户信用交易担保资金账户
Ⅳ．信用交易证券交收账户
A．Ⅰ、Ⅱ、Ⅲ　　B．Ⅱ、Ⅲ
C．Ⅱ、Ⅳ　　　　D．Ⅲ、Ⅳ

44．开户代理机构是指中国证券登记结算有限责任公司委托代理证券账户开户业务的（　　）。
Ⅰ．财务公司
Ⅱ．商业银行
Ⅲ．保险公司
Ⅳ．中国结算公司境外B股结算会员
A．Ⅱ、Ⅳ　　　　B．Ⅰ、Ⅲ、Ⅳ
C．Ⅰ、Ⅱ、Ⅲ、Ⅳ　D．Ⅱ、Ⅲ、Ⅳ

45．证券公司集合资产管理业务制度不健全，净资本或者其他风险控制指标不符合规定，或者违规开展资产管理业务的，中国证监会及其派出机构依法责令其限期改正，并可以采取下列监管措施中的（　　）。
Ⅰ．责令增加内部合规检查次数并提交合规检查报告
Ⅱ．对公司高级管理人员进行监管谈话，记入监管档案
Ⅲ．对公司全体员工进行监管谈话，记入监管档案
Ⅳ．责令处分或者更换有关责任人员，并报告结果

A．Ⅰ、Ⅲ、Ⅳ　　B．Ⅰ、Ⅱ、Ⅳ
C．Ⅰ、Ⅱ、Ⅲ、Ⅳ　D．Ⅰ、Ⅱ、Ⅲ

46．全国银行间市场债券交易以询价方式进行，其交易步骤有（　　）。
Ⅰ．自主报价
Ⅱ．格式化询价
Ⅲ．确定格式化条款
Ⅳ．确认成交
A．Ⅰ、Ⅱ、Ⅳ　　B．Ⅰ、Ⅱ、Ⅲ
C．Ⅱ、Ⅲ、Ⅳ　　D．Ⅰ、Ⅲ、Ⅳ

47．证券公司向客户推介金融产品，应当了解客户的（　　），进而评估其购买金融产品的适当性。
Ⅰ．客户的身份
Ⅱ．客户的风险偏好
Ⅲ．客户的金融知识和投资经验
Ⅳ．客户的投资目标
A．Ⅱ、Ⅲ、Ⅳ　　B．Ⅰ、Ⅱ、Ⅲ
C．Ⅰ、Ⅱ、Ⅲ、Ⅳ　D．Ⅰ、Ⅱ、Ⅳ

48．下列选项中，属于证券自营买卖的投资范围的有（　　）。
Ⅰ．股票
Ⅱ．国际开发机构人民币债券
Ⅲ．权证
Ⅳ．央行票据
A．Ⅱ、Ⅲ、Ⅳ　　B．Ⅰ、Ⅱ、Ⅲ
C．Ⅰ、Ⅲ、Ⅳ　　D．Ⅰ、Ⅱ、Ⅲ、Ⅳ

全真模拟测试题答案及详解

选择题答案速查表

1	2	3	4	5	6	7	8	9	10
A	B	D	B	A	A	C	D	B	D
11	12	13	14	15	16	17	18	19	20
B	D	C	D	B	C	B	C	A	A
21	22	23	24	25	26	27	28	29	30
A	D	A	A	B	C	B	B	A	B
31	32	33	34	35	36	37	38	39	
D	A	A	B	B	A	A	C	D	

组合型选择题答案速查表

1	2	3	4	5	6	7	8	9	10
C	A	A	C	C	A	A	C	D	A
11	12	13	14	15	16	17	18	19	20
B	B	B	D	C	A	A	B	B	C
21	22	23	24	25	26	27	28	29	30
C	A	B	C	A	D	A	A	D	C
31	32	33	34	35	36	37	38	39	40
D	A	B	D	D	C	A	A	B	B
41	42	43	44	45	46	47	48		
B	D	B	D	B	B	C	D		

一、选择题

1. A【解析】本题主要考查证券公司的相关业务规范。上市公司及其控股或者控制的公司购买、出售资产，构成重大资产重组的标准之一是：购买、出售的资产总额占上市公司最近一个会计年度经审计的合并财务会计报告期末资产总额的比例达到50%以上。故B选项说法错误。保荐机构应当于每年4月向中国证监会报送年度执业报告。故C选项说法错误。剔除最高报价部分后有效报价投资者数量不足的，应当中止发行。故D选项说法错误。

【易错警示】《证券发行与承销管理办法》第七条规定，首次公开发行股票采用询价方式的，网下投资者报价后，发行人和主承销商应当剔除拟申购总量中报价最高的部分，剔除部分不得低于所有网下投资者拟申购总量的10%，然后根据剩余报价及拟申购数量协商确定发行价格。剔除部分不得参与网下申购。公开发行股票数量在4亿股（含）以下的，有效报价投资者的数量不少于10家；公开发行股票数量在4亿股以上的，有效报价投资者的数量不少于20家。剔除最高报价部分后有效报价投资者数量不足的，应当中止发行。

2. B【解析】本题主要考查融资融券的期限。融资融券期限就是对融资融券客户融资买入或者融券卖出的时间限制，融资融券最长期限不超过6个月，期限顺延的，应符合我国《证券公司融资融券业务试点管理办法》和证券交易所规定的情形。

3. D【解析】本题主要考查我国证券法和基金法的相关规定。我国《证券法》第四十三条规定，证券交易所、证券公司和证券登记结算机构的从业人员、证券监督管理机构的工作人员以及法律、行政法规禁止参与股票交易的其他人员，在任期或者法定限期内，不得直接或者以化名、借他人名义持有、买卖股票，也不得收受他人赠送的股票。故A选项说法错误。第二十八条规定，发行人向不特定对象发行的证券，法律、行政法规规定应当由证券公司承销的，发行人应当同证券公司签订承销协议。证券承销业务采取代销或者包销方式。故B选项说法错误。我国《证券投资基金法》第九十条规定，未经登记，任何单位或者个人不得使用"基金"或者"基金管理"字样，或者近似名称进行证券投资活动；但是，法律、行政法规另有规定的除外。故 C 项说法错误。

4. B【解析】本题主要考查证券交易所对融资融券指令的职责。单一证券的市场融资买入量或者融券卖出量占其市场流通量的比例达到规定的最高限额的，证券交易所可以暂停接受该种证券的融资买入指令或者融券卖出指令。

5. A【解析】本题主要考查直接负责的主管人员和其他直接责任人员对其证券自营业务与其他业务违法操作的法律责任。我国《证券法》第二百二十条规定，证券公司对其证券经纪业务、证券承销业务、证券自营业务、证券资产管理业务，不依法分开办理，混合操作的，责令改正，没收违法所得，并处以 30 万元以上 60 万元以下的罚款；情节严重的，撤销相关业务许可。对直接负责的主管人员和其他直接责任人员给予警告，并处以 3 万元以上 10 万元以下的罚款；情节严重的，撤销任职资格或者证券从业资格。考生应正确区分证券公司及其相关负责人的法律责任。

6. A【解析】本题主要考查证券经纪业务管理制度的建立。证券公司应当建立健全证券经纪业务管理制度，对证券经纪业务实施集中统一管理，防范公司与客户之间的利益冲突，切实履行反洗钱义务，防止出现损害客户合法权益的行为。故 A 选项为本题的正确答案。

7. C【解析】本题主要考查证券交易所对强制平仓指令格式的规定。根据规定，在融资融券业务中，证券公司根据与客户的约定采取强制平仓措施的，应按照证券交易所规定的格式申报强制平仓指令。

8. D【解析】本题主要考查证券交易的相关规则。我国《证券公司监督管理条例》第五十九条规定，客户的交易结算资金、证券资产管理客户的委托资产属于客户，应当与证券公司、指定商业银行、资产托管机构的自有资产相互独立、分别管理。非因客户本身的债务或者法律规定的其他情形，任何单位或者个人不得对客户的交易结算资金、委托资产申请查封、冻结或者强制执行。

【易错警示】D 选项忽略了"非因客户本身的债务或者法律规定的其他情形"这一重要前提。因此，说法不准确。

9. B【解析】本题主要考查收购的知识。我国《证券法》第一百条规定，收购行为完成后，收购人应当在 15 日内将收购情况报告国务院证券监督管理机构和证券交易所，并予公告。

10. D【解析】本题主要考查不得担任证券交易所负责人的情形。我国《证券法》第一百零八条规定，有《中华人民共和国公司法》第一百四十七条规定的情形或者下列情形之一的，不得担任证券交易所的负责人：（1）因违法行为或者违纪行为被解除职务的证券交易所、证券登记结算机构的负责人或者证券公司的董事、监事、高级管理人员，自被解除职务之日起未逾 5 年。（2）因违法行为或者违纪行为被撤销资格的律师、注册会计师或者投资咨询机构、财务顾问机构、资信评级机构、资产评估机构、验证机构的专业人员，自被撤销资格之日起未逾 5 年。

11. B【解析】本题主要考查证券公司成立后的营业时间要求。我国《证券法》第二百一十七条规定，证券公司成立后，无正当理由超过 3 个月未开始营业的，或者开业后自行停业连续 3 个月以上的，由公司登记机关吊销其公司营业执照。

12. D【解析】本题主要考查客户的融资融券业务申请。客户要在证券公司开展融资融券业务，应由客户本人向证券公司营业部提出申请。

13. C【解析】本题主要考查深圳证券交易所要求报送相关报告的期限。深圳证券交易所规定，每季度结束后的 15 个工作日内以书面形式向深圳证券交易所报送集合资产管理计划的管理报告和托管报告、集合资产管理计划的交易监控报告（如有）。

14. D【解析】本题主要考查证券公司相关业务规则。证券公司应当健全业务隔离制度，确保融资融券业务与证券资产管理、证券自营、投资银行等业务在机构、人员、信息、账户等方面相互分离。故 A 选项说法错误。证券、期货投资咨询人员不得同时在 2 个或者 2 个以上的证券、期货投资咨询机构执业。故 B 选项说法错误。证券公司应建立独立的实时监控系统，证券公司的监督检查部门或其他独立监控部门负责对证券持仓、盈亏状况、风险状况和交易活动进行有效监控并定期对自营业务进行压力测试，确保自营业务各项风险指标符合监管指标的要求并控制在证券公司承受范围内。故 C 选项说法错误。

【易错警示】本题易误选 C 选项。证券公司建立独立的实时监控系统，是指证券公司的监督检查部门或其他独立监控部门负责对证券持仓、盈亏状况、风险状况和交易活动进行有效监控并定期对自营业务进行压力测试。在这里，无论是证券公司的监督检查部门还是其他独立监控部门，都是属于证券公司内部的一个部门，其独立性体现在部门监控职责的独立性，而非委托外界独立的监控部门进行监控。

15. B【解析】本题主要考查证券经纪业务的特点。证券经纪业务的特点包括：（1）业务对象的广泛性。（2）证券经纪商的中介性。（3）客户指令的权威性。（4）客户资料的保密性。

16. C【解析】本题主要考查证券相关交易的业务规则。当日购买的债券，当日可用于质押券申报，并可进行相应的债券回购交易业务。当日申报转回的债券，当日可卖出。故 C 选项说法错误。

17. B【解析】本题主要考查证券公司集合资产管理计划的运作要求。证券公司设立集合资产管理计划的，应当自中国证监会

出具无异议意见或者作出批准决定之日起 6 个月内启动推广工作，并在 60 个工作日内完成设立工作并开始投资运作。

18. C【解析】本题主要考查证券公司负责融资融券相关业务的部门。证券公司的业务执行部门负责融资融券业务的具体管理和运作，制定融资融券合同的标准文本，确定对具体客户的授信额度，对分支机构的业务操作进行审批、复核和监督。

19. A【解析】本题主要考查证券公司未按照规定建立并有效执行信息查询制度的法律责任。我国《证券公司监督管理条例》规定，证券公司未按照规定建立并有效执行信息查询制度的，责令改正，给予警告，没收违法所得，并处以违法所得 1 倍以上 5 倍以下的罚款；没有违法所得或者违法所得不足 3 万元的，处以 3 万元以上 30 万元以下的罚款。对直接负责的主管人员和其他直接责任人员单处或者并处警告、3 万元以上 10 万元以下的罚款；情节严重的，撤销任职资格或者证券从业资格。

20. A【解析】本题主要考查证券交易所不得从事的业务。我国《证券交易所管理办法》第十二条规定，证券交易所不得直接或者间接从事以下业务：（1）以盈利为目的的业务。（2）新闻出版业。（3）发布对证券价格进行预测的文字和资料。（4）为他人提供担保。（5）未经证监会批准的其他业务。

21. A【解析】本题主要考查优先股的作用。国务院于 2013 年发布的《关于开展优先股试点的指导意见》明确规定，优先股可以作为并购重组的支付手段。故本题选 A 选项。

22. D【解析】本题主要考查证券公司对融资融券业务的管理规定。证券公司对融资融券业务要实行集中统一管理。

23. A【解析】本题主要考查协议收购的知识。我国《证券法》第九十四条规定，采取协议收购方式的，收购人可以依照法律、行政法规的规定同被收购公司的股东以协议

方式进行股份转让。故 A 选项错误。另外《证券法》还规定，以协议方式收购上市公司时，达成协议后，收购人必须在 3 日内将该收购协议向国务院证券监督管理机构及证券交易所作出书面报告，并予公告。在公告前不得履行收购协议。

24. C【解析】本题主要考查单个集合资产管理计划的投资规定。我国《证券公司客户资产管理业务试行办法》第三十八条规定，证券公司将其管理的客户资产投资于本公司、资产托管机构及与本公司、资产托管机构有关联方关系的公司发行的证券，应当事先取得客户的同意，事后告知资产托管机构和客户，同时向证券交易所报告。证券公司办理集合资产管理业务，单个集合资产管理计划投资于前款所述证券的资金，不得超过该集合资产管理计划资产净值的 3%。故本题选 C 选项。

25. B【解析】本题主要考查证券经纪商的特点。证券经纪业务是一种代理活动，证券经纪商不以自己的资金进行证券买卖，也不承担交易中证券价格涨跌的风险，而是充当证券买方和卖方的代理人，发挥着沟通买卖双方和按一定的要求和规则迅速、准确地执行指令并代办手续，同时尽量使买卖双方按自己意愿成交的媒介作用，因此证券经纪业务具有中介性的特点。

26. C【解析】本题主要考查证券自营业务的清算。证券自营业务的清算应当由公司专门负责结算托管的部门指定专人完成。

27. B【解析】本题主要考查证券自营业务的最高决策机构。我国《证券公司证券自营业务指引》第五条规定，董事会是自营业务的最高决策机构；投资决策机构是自营业务投资运作的最高管理机构；自营业务部门为自营业务的执行机构。

28. B【解析】本题主要考查证券公司相关业务规则。我国《证券公司集合资产管理业务实施细则》第五十三条规定，同一高级管理人员不得同时分管集合资产管理业务和自营业务，同一人不得兼任上述两类业务的部门负责人，同一投资主办人不得同时办理资产管理业务和自营业务。故本题选 B 选项。

【易错警示】证券公司办理集合资产管理业务，只能接受货币资金形式的资产。故 A 选项说法错误。证券公司办理经纪业务，不得接受客户的全权委托而决定证券买卖、选择证券种类、决定买卖数量或者买卖价格。也就是说，禁止证券公司接受客户全权委托，经营客户的证券。故 C 选项说法错误。证券经纪业务的对象具有广泛性，而不是证券经纪商具有广泛性。故 D 选项说法错误。

29. A【解析】本题主要考查使用客户资产进行不必要的证券交易的法律责任。依据我国《证券公司监督管理条例》第八十条、《证券法》第二百一十条的规定，证券公司从事证券资产管理业务时，使用客户资产进行不必要的证券交易的，责令改正，处以 1 万元以上 10 万元以下的罚款。给客户造成损失的，依法承担赔偿责任。

30. B【解析】本题主要考查证券公司办理经纪业务的条件。我国《证券法》第一百三十九条规定，证券公司办理经纪业务，应当置备统一制定的证券买卖委托书，供委托人使用。采取其他委托方式的，必须作出委托记录。

31. D【解析】本题主要考查证券公司对其证券业务混合操作的法律责任。我国《证券法》第二百二十条规定，证券公司对其证券经纪业务、证券承销业务、证券自营业务、证券资产管理业务，不依法分开办理，混合操作的，责令改正，没收违法所得，并处以 30 万元以上 60 万元以下的罚款；情节严重的，撤销相关业务许可。对直接负责的主管人员和其他直接责任人员给予警告，并处以 3 万元以上 10 万元以下的罚款；情节严重的，撤销任职资格或者证券从业资格。

32. A【解析】本题主要考查证券公司从事中间介绍业务时的服务内容。我国《证券公司为期货公司提供中间介绍业务试行办法》第九条规定，证券公司受期货公司委托从事中间介绍业务，应当提供下列服务：（1）协助办理开户手续。（2）提供期货行情信息，交易设施。（3）中国证监会规定的其他服务。证券公司不得代理客户进行期货交易、结算或者交割，不得代期货公司、客户收付期货保证金，不得利用证券资金账户为客户存取、划转期货保证金。

33. A【解析】本题主要考查证券公司融资、融券的对象。对未按照要求提供有关情况、在证券公司从事证券交易不足半年、交易结算资金未纳入第三方存管、证券投资经验不足、缺乏风险承担能力或者有重大违约记录的客户，以及证券公司的股东、关联人，证券公司不得向其融资、融券。根据上述前提条件，对于从事证券交易9个月的客户（已超过半年），则可以成为融资、融券的对象。故本题选A选项。

34. B【解析】本题主要考查证券公司参与集合计划的自有资金规模。证券公司参与1个集合计划的自有资金，不得超过计划成立规模的5%，并且不得超过2亿元。故B选项正确。

35. B【解析】本题主要考查证券交易的业务规则。客户融券卖出的，可通过买券还券或直接还券的方式偿还向证券公司融入的证券。故A选项说法错误。转入历史记录库的信息不再提供查询服务，但法律法规及协会另有规定的除外。故C选项说法错误。证券账户用来记载投资者所持有的证券种类、数量和相应的变动情况，资金账户则用来记载和反映投资者买卖证券的货币收付和结存数额。故D选项说法错误。

【易错警示】本题容易忽略"法律法规及协会另有规定的除外"这一前提条件而错选A选项。

36. A【解析】本题主要考查债券回购交易业务的主要场所。开展债券回购交易业务的主要场所为沪、深证券交易所及全国银行间同业拆借中心。

37. A【解析】本题主要考查融资融券业务的决策与授权体系。融资融券业务的决策与授权体系原则上按照"董事会—业务决策机构—业务执行部门—分支机构"的架构设立和运行。

38. C【解析】本题主要考查非交易过户的知识。自然人因遗产继承办理公众股非交易过户的，申请人需填写股份非交易过户申请表，并提交的材料有：（1）继承公证书。（2）证明被继承人死亡的有效法律文件及复印件。（3）继承人身份证原件及复印件。（4）证券账户卡原件及复印件。（5）股份托管证券营业部出具的所涉流通股份冻结证明。申请人委托他人代办的，还应提供经公证的代理委托书和代办人有效身份证明文件及复印件。

【易错警示】因为被继承人死亡，其身份证应当已经注销或无效。本题中，考生应仔细审题，避免将被继承人误认为继承人。

39. D【解析】本题主要考查买断式回购交易的期限。全国银行间债券市场买断式回购交易的期限由交易双方确定，但最短为1天，最长不得超过91天。交易双方不得以任何方式延长回购期限。

二、组合型选择题

1. C【解析】本题主要考查申购资金冻结、验资及配号的知识。申购日后的第一个交易日（T+1日），由中国证券登记结算有限责任公司分公司进行申购资金冻结处理。故第Ⅰ项说法错误。

【易错警示】本题易误选A选项，考生应认真审题，并要求考生正确掌握考点细节。另外，申购配号应根据实际有效申购进行，每一有效申购单位配一个号，并按以下办法配售新股：（1）当有效申购总量小于或等于该次股票上网发行量时，投资者按其有效申购量认购股票。（2）当有效申购总量大于该次股票发行量时，则通过摇号抽签，确定有效申购中签号码，每一中签号码认购一个申购单位新股。申购日后的第一天（T+1日），由中国证券登记结算上海分公司将申购资金冻结。确因银行汇划原因而造成申购资金不能及时入账的，应在T+1日提供划款银行的划款凭证，并确保T+2日上午申购资金入账，同时缴纳一天申购资金应冻结利息。

2. A【解析】本题主要考查资产托管机构的职责。我国《证券公司客户资产管理业务管理办法》第四十七条规定，资产托管机构办理资产管理的资产托管业务，应当履行下列职责：（1）安全保管资产管理业务资产。（2）执行证券公司的投资或者清算指令，并负责办理资产管理业务资产运营中的资金往来。（3）监督证券公司资产管理业务的经营运作，发现证券公司的投资或清算指令违反法律、行政法规、中国证监会的规定或者资产管理合同约定的，应当要求改正；未能改正的，应当拒绝执行，并向证券公司住所地、资产管理分公司所在地中国证监会派出机构及中国证券业协会报告。（4）出具资产托管报告。（5）资产管理合同约定的其他事项。

3. A【解析】本题主要考查证券公司定向资产管理业务客户的规定。我国《证券公司定向资产管理业务实施细则》第四十三条规定，证券公司接受本公司股东，以及其他与本公司具有关联方关系的自然人、法人或者组织为定向资产管理业务客户的，证券公司应当按照公司有关制度规定，对相关专门账户进行监控，并对客户身份、合同编号、专用证券账户、委托资产净值、委托期限、累计收益率等信息进行集中保管。

4. C【解析】本题主要考查证券公司应当向客户披露的信息。我国《证券公司客户资产管理业务试行办法》第四十四条规定，证券公司应当向客户如实披露其客户资产管理业务资质、管理能力和业绩等情况，并应当充分揭示市场风险，证券公司因丧失客户资产管理业务资格给客户带来的法律风险，以及其他投资风险。上述要求披露的内容中，不包括第Ⅰ项，排除后得到正确答案为C选项。

5. C【解析】本题主要考查证券自营业务规则。证券公司从事自营业务的，应当建立严密的自营业务操作流程，确保自营部门及员工按规定程序行使相应的职责；投资品种的研究、投资组合的制定和决策以及交易指令的执行应当相互分离，并由不同人员负责。

6. A【解析】本题主要考查证券公司融资融券业务规模和集中度风险的控制。证监会发布的《证券公司风险控制指标管理办法》中，融资融券业务规模明确了，即证券公司对单一客户融资或融券规模不得超过净资本的5%，券商接受单只担保股票的市值不得超过该只股票总市值的20%，并按对客户融资或融券业务规模的10%计算风险准备。故第Ⅰ、Ⅱ、Ⅲ项说法错误，第Ⅳ项正确。

7. A【解析】本题主要考查证券公司不能履行职责的事由。我国《证券公司定向资产管理业务实施细则》第五十条规定，证券公司违反法律、行政法规的规定，被中国证监会依法撤销证券资产管理业务许可、责令停业整顿，或者因停业、解散、撤销、破产等原因不能履行职责的，证券公司应当按照有关监管要求妥善处理有关事宜，资产管理合同应当对此作出相应约定。故本题A选项为正确答案。

8. C【解析】本题主要考查证券公司自营业务的合规风险。证券公司自营业务的合规风险主要是指证券公司在自营业务中违反法律、行政法规和监管部门规章及规范性文件、行业规范和自律规则等行为，如从事内幕交易、操纵市场等行为可能使证券公司受到法律制裁、被采取监管措施、遭受财产损失或声誉损失的风险。

9. D【解析】本题主要考查集合资产管

理计划的知识。我国《证券公司集合资产管理业务实施细则》第五条规定，集合计划的客户人数应在200人以下。故第Ⅲ项说法错误，本题选D选项。

【易错警示】《证券公司集合资产管理业务实施细则》第十四条规定，集合计划募集的资金可以投资中国境内依法发行的股票、债券、股指期货、商品期货等证券期货交易所交易的投资品种；央行票据、短期融资券、中期票据、利率远期、利率互换等银行间市场交易的投资品种；证券投资基金、证券公司专项资产管理计划、商业银行理财计划、集合资金信托计划等金融监管部门批准或备案发行的金融产品；以及中国证监会认可的其他投资品种。集合计划可以参与融资融券交易，也可以将其持有的证券作为融券标的证券出借给证券金融公司。证券公司可以依法设立集合计划在境内募集资金，投资于中国证监会认可的境外金融产品。

10. A【解析】本题主要考查证券公司申请设立集合资产管理计划的申报材料。证券公司申请设立集合资产管理计划，应当上报相关的申报材料，申报材料的主要内容包括：（1）申请书。（2）计划说明书。（3）集合资产管理合同的拟定文本。（4）资产托管协议。（5）推广方案及推广协议。（6）关于集合资产管理计划运作中利益冲突防范和风险控制措施的特别说明。（7）管理人员负责集合资产管理业务的高级管理人员、客户资产管理部门负责人及该集合资产管理计划投资主办人员按照要求填写《证券公司集合资产管理业务人员情况登记表》。（8）管理人最近一期的净资本计算表和经具有证券相关业务资格的会计师事务所审计的财务报表。（9）法律意见书。因此，第Ⅰ、Ⅱ项为申报材料的内容。

11. B【解析】本题主要考查不具备证券自营业务资格的证券公司的资金投向。我国《关于证券公司证券自营业务投资范围及有关事项的规定》第三条规定，证券公司将自有资金投资于依法公开发行的国债、投资级公司债、货币市场基金、央行票据等中国证券监督管理委员会（简称中国证监会）认可的风险较低、流动性较强的证券，或者委托其他证券公司或者基金管理公司进行证券投资管理，且投资规模合计不超过其净资本80%的，无须取得证券自营业务资格。故本题选B选项。

12. B【解析】本题主要考查客户委托资产的托管。客户委托资产应当交由负责客户交易结算资金存管的指定商业银行、中国证券登记结算有限责任公司或者中国证监会认可的证券公司等其他资产托管机构托管。

13. B【解析】本题主要考查证券公司融券使用的证券。证券公司向客户融资，应当使用自有资金或者依法筹集的资金；向客户融券，应当使用自有证券或者依法取得处分权的证券。因此，本题选B选项。

14. D【解析】本题主要考查客户保密资料的内容。根据规定，证券经纪商为客户保密的资料包括：（1）客户开户的基本情况。（2）客户委托的有关事项。（3）客户股东账户中的库存证券种类和数量、资金账户中的资金余额等。

15. C【解析】本题主要考查上海证券交易所的送股日程安排。上海证券交易所市场A股和B股送股日程安排相同的日期有：T-5日、T-3日、T-1日、T日、T+3日。

【易错警示】根据相关规定，上海证券交易所市场A股送股日程安排如下：（1）申请材料送交日为T-5日前。（2）结算公司核准答复日为T-3日前。（3）向证券交易所提交公告申请日为T-1日前。（4）公告刊登日为T日。（5）股权登记日为T+3日。B股送股日程安排与A股不完全一样，安排如下：（1）申请材料送交日为T-5日前。（2）结算公司核准答复日为T-3日前。（3）向证券交易所提交公告申请日为T-1日前。（4）公告刊登日为

T日。（5）最后交易日为T+3日。（6）股权登记日为T+6日。综上，经过对比，得出正确答案为C选项。

16. A【解析】本题主要考查证券研究报告的内容。我国《发布证券研究报告暂行规定》第二条规定，证券研究报告主要包括涉及证券及证券相关产品的价值分析报告、行业研究报告、投资策略报告等。

17. A【解析】本题主要考查资产托管机构的职责。我国《证券公司集合资产管理业务实施细则》第二十八条规定，资产托管机构应当按照中国证监会的规定和集合资产管理合同的约定，履行安全保管集合计划资产、办理资金收付事项、监督证券公司投资行为等职责。

18. B【解析】本题主要考查融资融券合同的内容。我国《证券公司融资融券业务管理办法》第十三条规定，证券公司在向客户融资、融券前，应当与其签订载有中国证券业协会规定的必备条款的融资融券合同，明确约定下列事项：（1）融资、融券的额度、期限、利率（费率）、利息（费用）的计算方式。（2）保证金比例、维持担保比例、可充抵保证金的证券的种类及折算率、担保债权范围。（3）追加保证金的通知方式、追加保证金的期限。（4）客户清偿债务的方式及证券公司对担保物的处分权利。（5）融资买入证券和融券卖出证券的权益处理。（6）违约责任。（7）纠纷解决途径。（8）其他有关事项。

19. B【解析】本题主要考查处理融资融券交易异常的措施。当融资融券交易出现异常时，交易所可视情况采取以下措施并向市场公布：（1）调整标的证券标准或范围。（2）调整可充抵保证金有价证券的折算率。（3）调整融资、融券保证金比例。（4）调整维持担保比例。（5）暂停特定标的证券的融资买入或融券卖出交易。（6）暂停整个市场的融资买入或融券卖出交易。（7）交易所

认为必要的其他措施。

20. C【解析】本题主要考查股票质押回购的申报类型。股票质押回购的申报类型包括初始交易申报、购回交易申报、补充质押申报、部分解除质押申报。

21. C【解析】本题主要考查证券公司从事证券自营业务的要求。证券公司应当按照我国《证券公司证券自营业务指引》的要求，根据公司经营管理特点和业务运作状况，建立完备的自营业务管理制度、投资决策机制、操作流程和风险监控体系，在风险可测、可控、可承受的前提下从事自营业务。

22. A【解析】本题主要考查集合资产管理计划中客户的权利。根据我国《证券公司客户资产管理业务试行办法》的规定，在集合资产管理计划中，客户主要享有如下权利：（1）除合同另有规定外，按投入资金占集合资产计划资产净值的比例分享投资收益。（2）根据集合资产管理合同的约定，参与和退出集合资产管理计划。（3）知情的权利。

【易错警示】第Ⅲ项属于客户在集合资产管理计划中应履行的义务。考生应区分权利和义务的不同内容。

23. B【解析】本题主要考查证券公司办理集合资产管理业务的要求。证券公司办理集合资产管理业务，只能接受货币资金形式的资产。故第Ⅰ项正确，第Ⅳ项错误。证券公司设立限定性集合资产管理计划的，接受单个客户的资金数额不得低于人民币5万元；设立非限定性集合资产管理计划的，接受单个客户的资金数额不得低于人民币10万元。故第Ⅱ、Ⅲ项正确。

24. C【解析】本题主要考查集合资产管理的资产禁止投资的事项。集合资产管理计划中资产投资限制包括但不限于下列投资行为：（1）将集合计划资产中的债券用于债券回购。（2）将集合计划资产用于资金拆借、贷款、抵押融资或者对外担保等用途。（3）将集合计划资产用于可能承担无限责

任的投资。（4）将集合计划资产投资于1家公司发行的证券超过集合计划资产净值的10%。（5）证券公司所管理的客户资产（含本集合计划资产）投资于1家公司发行的证券，按证券面值计算，超过该证券发行总量的10%。故第Ⅳ项说法错误。

25. A【解析】本题主要考查证券公司直接投资规则。证券公司开展直接投资业务，应当按照监管部门有关规定设立直接投资业务子公司。直投子公司及其下属机构、直接投资基金和直接投资从业人员从事业务活动，应当遵循公平、公正的原则，合法合规，诚实守信，审慎尽责。

【易错警示】"子公司"与"分公司"有本质的区别，考生应仔细审题，避免因一字之差而错选B选项。

26. D【解析】本题主要考查证券金融公司开展转融通业务的相关规定。证券金融公司开展转融通业务，应当与证券公司签订转融通业务合同，约定转融通的资金数额、标的证券的种类和数量、期限、费率、保证金的比例、证券权益处理办法、违约责任等事项。

27. A【解析】本题主要考查证券公司报送自营业务情况的机构。根据现行规定，证券公司应每月、每半年、每年向中国证监会和证券交易所报送自营业务情况，并且每年要向中国证监会、证券交易所报送年检报告，其中自营业务情况也是主要内容之一。

28. A【解析】本题主要考查证券公司客户资产管理业务的内容。我国《证券公司客户资产管理业务管理办法》第十一条规定，证券公司可以依法从事下列客户资产管理业务：（1）为单一客户办理定向资产管理业务。（2）为多个客户办理集合资产管理业务。（3）为客户办理特定目的的专项资产管理业务。

29. D【解析】本题主要考查融资融券业务的检查。我国《证券公司融资融券业务管理办法》第四十八条规定，证监会派出机构按照辖区监管责任制的要求，依法对证券公司及其分支机构的融资融券业务活动中涉及的客户选择、合同签订、授信额度的确定、担保物的收取和管理、补交担保物的通知，以及处分担保物等事项，进行非现场检查和现场检查。

30. C【解析】本题主要考查证券公司从事客户资产管理业务的条件。证券公司从事客户资产管理业务，应当符合下列条件：（1）经中国证监会核定具有证券资产管理业务的经营范围。（2）净资本不低于2亿元人民币，且符合中国证监会关于经营证券资产管理业务的各项风险监控指标的规定。（3）客户资产管理业务人员具有证券从业资格，无不良行为记录，其中，具有3年以上证券自营、资产管理或者证券投资基金管理从业经历的人员不少于5人。（4）具有良好的法人治理结构、完备的内部控制和风险管理制度，并得到有效执行。（5）最近1年未受到过行政处罚或者刑事处罚。根据上述第（5）条，可知第Ⅳ项错误，本题选C选项。

31. D【解析】本题主要考查证券公司从事自营业务的条件。从事自营业务的证券公司注册资本最低限额应达到人民币1亿元；净资本不得低于人民币5000万元。故本题选D选项。

【易错警示】经营下列业务的证券公司的注册资本最低限额为5000万元，且为实收资本：（1）证券经纪。（2）证券投资咨询。（3）与证券交易、证券投资活动有关的财务顾问。经营下列其中一项业务的证券公司的注册资本最低限额为1亿元，且为实收资本；经营两项以上的证券公司的注册资本最低限额为5亿元，且为实收资本：（1）证券承销与保荐。（2）证券自营。（3）证券资产管理。（4）其他证券业务。

32. A【解析】本题主要考查证券公司投资者教育的内容。证券公司讲解业务规则、协议内容和揭示风险，签署《风险揭示书》

和《客户须知》实际上起到了投资者教育的作用。

33. B【解析】本题主要考查证券交易中的法律责任。证券公司、资产托管机构、证券登记结算机构、代理推广机构及其相关人员从事集合资产管理业务违反规定的，中国证监会依照法律、行政法规和中国证监会的有关规定作出行政处罚，涉嫌犯罪的，依法移交司法机关，追究其刑事责任。

34. D【解析】本题主要考查发行人豁免披露的情形。若发行人有充分证据证明我国《公开发行证券的公司信息披露内容与格式准则》第1号准则要求披露的某些信息涉及国家机密、商业秘密及其他因披露可能导致其违反国家有关保密法律法规规定或严重损害公司利益的，发行人可向中国证监会申请豁免披露。

35. D【解析】本题主要考查证券承销协议应载明的内容。我国《证券法》第三十条规定，证券公司承销证券，应当同发行人签订代销或者包销协议，载明下列事项：（1）当事人的名称、住所及法定代表人姓名。（2）代销、包销证券的种类、数量、金额及发行价格。（3）代销、包销的期限及起止日期。（4）代销、包销的付款方式及日期。（5）代销、包销的费用和结算办法。（6）违约责任。（7）国务院证券监督管理机构规定的其他事项。

36. C【解析】本题主要考查集合资产管理计划合同的必备条款。证券公司（管理人）开展集合资产管理业务，应承诺以诚实守信、审慎尽责的原则管理和运用本集合计划资产，但不保证本集合计划一定盈利，也不保证最低收益。托管人承诺以诚实守信、审慎尽责的原则履行托管职责，安全保管客户集合计划资产，办理资金收付事项、监督管理人投资行为，但不保证本集合计划资产投资不受损失，不保证最低收益。本题适合采用排除法，第Ⅱ、Ⅲ项明显错误，排除后即可选出正确答案。

【易错警示】目前我国的证券投资项目都有一定的风险，任何人都不能承诺证券投资的最低收益或保证证券投资盈利目标的实现。

37. A【解析】本题主要考查证券投资顾问服务应告知客户的信息。我国《证券投资顾问业务暂行规定》第十二条规定，证券公司、证券投资咨询机构向客户提供证券投资顾问服务，应当告知客户下列基本信息：（1）公司名称、地址、联系方式、投诉电话、证券投资咨询业务资格等。（2）证券投资顾问的姓名及其证券投资咨询执业资格编码。（3）证券投资顾问服务的内容和方式。（4）投资决策由客户作出，投资风险由客户承担。（5）证券投资顾问不得代客户作出投资决策。

38. A【解析】本题主要考查客户信用风险的控制措施。客户信用风险的控制措施有：（1）建立客户选择与授信制度，明确规定客户选择与授信的程序和权限。（2）严格合同管理、履行风险提示。（3）证券公司应当在符合有关规定的基础上，确定可充抵保证金的证券的种类及折算率、客户可融资买入和融券卖出的证券的种类、保证金比例和最低维持担保比例，并在营业场所、公司网站或者其他便捷有效方式公示。（4）建立健全预警补仓和强制平仓制度。

【易错警示】第Ⅳ项是业务管理风险控制的措施。

39. B【解析】本题主要考查留痕管理的知识。我国《证券投资顾问业务暂行规定》第二十八条规定，证券公司、证券投资咨询机构应当对证券投资顾问业务推广、协议签订、服务提供、客户回访、投诉处理等环节实行留痕管理。向客户提供投资建议的时间、内容、方式和依据等信息，应当以书面或者电子文件形式予以记录留存。

40. B【解析】本题主要考查证券公司推广集合资产管理计划的要求。证券公司推广集合资产管理计划，应当将集合资产管理合同、集合资产管理计划说明书等正式推广文件，置备于证券公司及其他推广机构推广集合资产管理计划的营业场所。

41. B【解析】本题主要考查客户交易结算资金第三方存管制度。客户交易结算资金第三方存管制度与以往的客户交易结算资金管理模式相比，发生了根本性的变化：（1）证券公司客户的交易结算资金只能存放在指定的商业银行，不能存入其他任何机构。（2）指定商业银行须为每个客户建立管理账户，用以记录客户资金的明细变动及余额。指定商业银行须为证券公司开立客户交易结算资金汇总账户，用以客户证券交易交收资金的划付。该账户以证券公司名义开立，但其资金全部为客户所有。（3）客户、证券公司和指定商业银行通过签订合同的形式明确具体的客户交易结算资金存取、划转、查询等事项。（4）客户资金的存取，全部通过指定商业银行办理。（5）指定商业银行须保证客户能够随时查询其交易结算资金的余额及变动情况。

42. D【解析】本题主要考查融资融券业务决策机构的职责。证券公司融资融券的业务决策机构负责制定融资融券业务操作流程、选择可从事融资融券业务的分支机构、确定对单一客户和单一证券的授信额度、融资融券的期限和利率（费率）、保证金比例和最低维持担保比例、可充抵保证金的证券种类及折算率、客户可融资买入和融券卖出的证券种类。

43. B【解析】本题主要考查证券公司融资融券业务的账户体系。我国《证券公司融资融券业务管理办法》第十一条规定，证券公司经营融资融券业务，应当以自己的名义，在商业银行分别开立融资专用资金账户和客户信用交易担保资金账户。融资专用资金账户用于存放证券公司拟向客户融出的资金及客户归还的资金；客户信用交易担保资金账户用于存放客户交存的、担保证券公司因向客户融资融券所生债权的资金。

【易错警示】我国《证券公司融资融券业务管理办法》第十条规定，证券公司经营融资融券业务，应当以自己的名义，在证券登记结算机构分别开立融券专用证券账户、客户信用交易担保证券账户、信用交易证券交收账户和信用交易资金交收账户。考生应区分在不同开户机关开立的不同账户。

44. A【解析】本题主要考查开户代理机构。开户代理机构是指中国结算公司委托代理证券账户开户业务的证券公司、商业银行及中国结算公司境外B股结算会员。

45. B【解析】本题主要考查对证券公司集合资产管理业务违法违规的处罚措施。我国《证券公司集合资产管理业务实施细则》第六十五条规定，证券公司集合资产管理业务制度不健全，净资本或者其他风险控制指标不符合规定，或者违规从事集合资产管理业务的，中国证监会及其派出机构依法责令其限期改正，并可以采取下列监管措施：（1）责令增加内部合规检查次数并提交合规检查报告。（2）对公司高级管理人员、直接负责的主管人员和其他直接责任人员进行监管谈话，记入监管档案。（3）责令处分或者更换有关责任人员，并报告结果。（4）责令暂停证券公司集合资产管理业务。（5）法律、行政法规和中国证监会规定的其他监管措施。

46. D【解析】本题主要考查询价交易的步骤。全国银行间市场债券交易以询价方式进行，自主谈判，逐笔成交。债券交易采用询价交易方式，包括自主报价、格式化询价、确认成交三个交易步骤。

47. C【解析】本题主要考查销售适当性管理。证券公司向客户推介金融产品，应当了解客户的身份、财产和收入状况、金融知识和投资经验、投资目标、风险偏好等基本情况，评估其购买金融产品的适当性。

48. D【解析】本题主要考查证券自营买卖的投资范围。证券自营业务的投资范围主要有三大类：一类是已经和依法可以在境内证券交易所上市交易的证券。这类证券主要是股票、债券、权证、证券投资基金等，这是证券公司自营买卖的主要对象；另一类是已经和依法可以在境内银行间市场交易的以下证券：政府债券、国际开发机构人民币债券、央行票据、金融债券、短期融资券、公司债券、中期票据、企业债券。最后一类是依法经中国证监会批准或者备案发行并在境内金融机构柜台交易的证券，这类证券主要是指开放式基金、证券公司理财产品等依法经中国证监会批准或向中国证监会备案发行，由商业银行、证券公司等金融机构销售的证券。故本题应选 D 选项。

第十四章 证券市场典型违法违规行为及法律责任

考情分析

本章共两节,分别立足于证券一级市场和二级市场,以现行法律法规为依据,就两个市场上典型的违法违规行为进行剖析认定,并就其法律责任进行介绍。

就证券一级市场来说,涉及的考点主要包括擅自公开或变相公开发行证券,欺诈发行股票、债券,非法集资,违规披露、不披露重要信息,擅自改变公开发行证券募集资金用途等违法行为的犯罪构成及相关法律责任等;就证券二级市场来说,涉及的考点主要有诱骗投资者买卖证券、期货合约,利用未公开信息交易,泄露内幕信息,操纵证券期货市场,在证券交易活动中作出虚假陈述或者信息误导,背信运用受托财产等犯罪行为的认定及相关民事/行政/刑事责任等。

根据以往考试情况,本章出题的数量较本科目其他章节相对较少,但也属于必考内容,考生不能掉以轻心。

知识导读

证券市场典型违法违规行为及法律责任			
	一、证券一级市场	擅自公开或变相公开发行证券的特征及其法律责任	★★
		欺诈发行股票、债券的犯罪构成、刑事立案追诉标准及其法律责任	★★
		非法集资类犯罪的犯罪构成、立案追诉标准及其法律责任	★★★
		违规披露、不披露重要信息的行政责任、刑事责任的认定	★★★
		擅自改变公开发行证券募集资金用途的法律责任	★
	二、证券二级市场	诱骗投资者买卖证券、期货合约的刑事责任的认定	★★★
		利用未公开信息交易的刑事责任、民事责任及行政责任的认定	★★★
		内幕交易、泄露内幕信息的刑事责任、民事责任及行政责任的认定	★★★
		操纵证券期货市场的刑事责任、民事责任及行政责任的认定	★★★
		在证券交易活动中作出虚假陈述或者信息误导的民事责任、行政责任及刑事责任的认定	★★★
		背信运用受托财产的犯罪构成、刑事追诉标准及其法律责任	★★

真题精选

一、选择题

1. 对在招股说明书中编造重大虚假内容且发行股票数额巨大、后果严重的,应处以非法募集资金金额( )的罚金。
   A. 1%以下
   B. 1%以上3%以下
   C. 1%以上5%以下
   D. 5%以上

2. 证券公司承销或者代理买卖未经核准

擅自公开发行的证券的，对其直接负责的主管人员和其他责任人员的处罚措施中，不包括（　　）。

A. 行政拘留
B. 撤销任职资格或者证券从业资格
C. 警告
D. 罚款

3. 对擅自发行股票，数额巨大、后果严重的，可处 5 年以下有期徒刑，并处罚金，则其罚金金额可以是（　　）。

A. 非法募集资金金额的 3%
B. 非法募集资金金额的 10%
C. 20 万元
D. 200 万元

4. 对变相吸收公众存款，扰乱金融秩序的，可采取的刑事处罚措施是（　　）。

A. 单处 1 万元罚金
B. 处以 10 年有期徒刑
C. 数额巨大或者有其他严重情节的，处以无期徒刑，并处 20 万元罚金
D. 数额巨大或者有其他严重情节的，处以 3 年以上 10 年以下有期徒刑，并处 5 万元以上 50 万元以下罚金

5. 依法负有信息披露义务的公司向股东提供隐瞒重要事实的财务会计报告，对其直接负责的主管人员，可处以（　　）年以下有期徒刑或者拘役。

A. 1
B. 2
C. 3
D. 5

6. 发行人、上市公司或者其他信息披露义务人未按照规定报送有关报告，或者报送的报告有虚假记载、误导性陈述或者重大遗漏的，对直接负责的主管人员和其他直接责任人员给予警告，并处以（　　）的罚款。

A. 1 万元以上 10 万元以下
B. 3 万元以上 30 万元以下
C. 5 万元以上 30 万元以下
D. 5 万元以上 50 万元以下

二、组合型选择题

1. 操纵证券期货市场的行为有（　　）。

Ⅰ. 单独或者合谋，利用信息优势联合或者连续买卖，操纵证券交易价格或数量
Ⅱ. 在自己实际控制的账户之间进行证券交易，或者以自己为交易对象，自买自卖期货合约，影响证券、期货交易价格或者证券、期货交易量的
Ⅲ. 与他人串通，以事先约定的时间、价格和方式相互进行证券交易，影响证券交易价格或者证券交易量的
Ⅳ. 单独或者合谋，集中资金优势、持股或者持仓优势联合或者连续买卖，操纵证券、期货交易价格或者证券、期货交易量的

A. Ⅰ、Ⅱ、Ⅲ　　B. Ⅱ、Ⅲ
C. Ⅲ、Ⅳ　　　　D. Ⅰ、Ⅱ、Ⅲ、Ⅳ

2. 下列选项中，属于集资诈骗应承担的刑事责任的有（　　）。

Ⅰ. 数额较大的，可处 5 年以下有期徒刑或者拘役
Ⅱ. 数额巨大的，可处 2 万元以上 20 万元以下罚金
Ⅲ. 数额特别巨大的，可没收财产
Ⅳ. 有其他特别严重情节的，可处无期徒刑

A. Ⅰ、Ⅲ、Ⅳ　　B. Ⅰ、Ⅱ、Ⅳ
C. Ⅰ、Ⅱ、Ⅲ　　D. Ⅱ、Ⅲ、Ⅳ

3. 证券公司承销未经核准擅自公开发行的证券的，可采取的处罚措施有（　　）。

Ⅰ. 责令停止承销
Ⅱ. 没收全部财产
Ⅲ. 撤销直接负责的主管人员的任职资格或者证券从业资格
Ⅳ. 给投资者造成损失的，应当与发行人承担连带赔偿责任

A. Ⅲ、Ⅳ　　　　B. Ⅰ、Ⅱ
C. Ⅰ、Ⅲ、Ⅳ　　D. Ⅱ、Ⅲ

4. 欺诈发行股票、债券罪有下列（　　）

情形之一的，应予立案追诉。

Ⅰ．发行数额在 500 万元以上的
Ⅱ．转移或隐瞒所募集资金的
Ⅲ．利用募集的资金进行违法活动的
Ⅳ．伪造、变造国家机关公文、有效证明文件或者相关凭证、单据的

A．Ⅰ、Ⅱ、Ⅳ　　B．Ⅰ、Ⅱ、Ⅲ、Ⅳ
C．Ⅰ、Ⅱ、Ⅲ　　D．Ⅰ、Ⅲ、Ⅳ

5．下列行为构成背信运用受托财产罪的是（　　）。

Ⅰ．期货公司动用客户保证金支付贷款，一月后归还
Ⅱ．证券交易所擅自运用受托客户证券交易资金亏损后逃逸
Ⅲ．期货经纪公司擅自运用受托客户期货交易资金获利后归还
Ⅳ．证券公司提前传递内幕消息给受托用户并协助操作账户获利

A．Ⅱ、Ⅲ、Ⅳ　　B．Ⅰ、Ⅱ、Ⅲ
C．Ⅰ、Ⅱ、Ⅲ、Ⅳ　D．Ⅰ、Ⅱ、Ⅳ

真题精选答案及详解

选择题答案速查表

1	2	3	4	5	6				
C	A	A	D	C	B				

组合型选择题答案速查表

1	2	3	4	5					
D	A	C	B	B					

一、选择题

1．C【解析】本题主要考查在招股说明书、认股书、公司、企业债券募集办法中隐瞒重要事实或者编造重大虚假内容的法律责任。我国《刑法》第一百六十条规定，在招股说明书、认股书、公司、企业债券募集办法中隐瞒重要事实或者编造重大虚假内容，发行股票或者公司、企业债券，数额巨大、后果严重或者有其他严重情节的，处 5 年以下有期徒刑或者拘役，并处或者单处非法募集资金金额 1% 以上 5% 以下的罚金。另外，还规定，单位犯前款罪的，对单位判处罚金，并对其直接负责的主管人员和其他直接责任人员，处 5 年以下有期徒刑或者拘役。

2．A【解析】本题主要考查擅自公开发行证券的法律责任。根据我国相关法律法规的规定，证券公司承销或者代理买卖未经核准擅自公开发行的证券的，责令停止承销或者代理买卖，没收违法所得，并处以违法所得 1 倍以上 5 倍以下的罚款；没有违法所得或者违法所得不足 30 万元的，处以 30 万元以上 60 万元以下的罚款。给投资者造成损失的，应当与发行人承担连带赔偿责任。对直接负责的主管人员和其他直接责任人员给予警告，撤销任职资格或者证券从业资格，并处以 3 万元以上 30 万元以下的罚款。

【易错警示】行政拘留是针对行政机关工作人员违法行为的处罚措施。

3．A【解析】本题主要考查擅自发行股票的法律责任。我国《刑法》第一百七十九条规定，未经国家有关主管部门批准，擅自

发行股票或者公司、企业债券，数额巨大、后果严重或者有其他严重情节的，处5年以下有期徒刑或者拘役，并处或者单处非法募集资金金额1%以上5%以下罚金。

4. D【解析】本题主要考查变相吸收公众存款的刑事责任。我国《刑法》第一百七十六条规定，非法吸收公众存款或者变相吸收公众存款，扰乱金融秩序的，处3年以下有期徒刑或者拘役，并处或者单处2万元以上20万元以下罚金；数额巨大或者有其他严重情节的，处3年以上10年以下有期徒刑，并处5万元以上50万元以下罚金。单位犯前款罪的，对单位判处罚金，并对其直接负责的主管人员和其他直接责任人员，依照前款的规定处罚。

5. C【解析】本题主要考查提供虚假的或者隐瞒重要事实的财务会计报告的法律责任。我国《刑法》第一百六十一条规定，依法负有信息披露义务的公司、企业向股东和社会公众提供虚假的或者隐瞒重要事实的财务会计报告，或者对依法应当披露的其他重要信息不按照规定披露，严重损害股东或者其他人利益，或者有其他严重情节的，对其直接负责的主管人员和其他直接责任人员，处3年以下有期徒刑或者拘役，并处或者单处2万元以上20万元以下罚金。

6. B【解析】本题主要考查违规披露信息的法律责任。我国《证券法》第一百九十三条规定，发行人、上市公司或者其他信息披露义务人未按照规定披露信息，或者所披露的信息有虚假记载、误导性陈述或者重大遗漏的，由证券监督管理机构责令改正，给予警告，处以30万元以上60万元以下的罚款。对直接负责的主管人员和其他直接责任人员给予警告，并处以3万元以上30万元以下的罚款。

二、组合型选择题

1. D【解析】本题主要考查操纵证券期货市场的行为。我国《刑法》第一百八十二条规定，有下列情形之一，操纵证券、期货市场，情节严重的，处5年以下有期徒刑或者拘役，并处或者单处罚金；情节特别严重的，处5年以上10年以下有期徒刑，并处罚金：（1）单独或者合谋，集中资金优势、持股或者持仓优势或者利用信息优势联合或者连续买卖，操纵证券、期货交易价格或者证券、期货交易量的。（2）与他人串通，以事先约定的时间、价格和方式相互进行证券、期货交易，影响证券、期货交易价格或者证券、期货交易量的。（3）在自己实际控制的账户之间进行证券交易，或者以自己为交易对象，自买自卖期货合约，影响证券、期货交易价格或者证券、期货交易量的。（4）以其他方法操纵证券、期货市场的。

2. A【解析】本题主要考查集资诈骗的刑事责任。我国《刑法》第一百九十二条规定，以非法占有为目的，使用诈骗方法非法集资，数额较大的，处5年以下有期徒刑或者拘役，并处2万元以上20万元以下罚金；数额巨大或者有其他严重情节的，处5年以上10年以下有期徒刑，并处5万元以上50万元以下罚金；数额特别巨大或者有其他特别严重情节的，处10年以上有期徒刑或者无期徒刑，并处5万元以上50万元以下罚金或者没收财产。

【易错警示】集资诈骗可分为三个级别：数额较大、数额巨大和数额特别巨大，考生应能够区分各自的刑事责任。

3. C【解析】本题主要考查证券公司承销未经核准擅自公开发行的证券的法律责任。我国《证券法》第一百九十条规定，证券公司承销或者代理买卖未经核准擅自公开发行的证券的，责令停止承销或者代理买卖，没收违法所得，并处以违法所得1倍以上5倍以下的罚款；没有违法所得或者违法所得不足30万元的，处以30万元以上60万元以下的罚款。给投资者造成损失的，应当与发行人承担连带赔偿责任。对直接负责的主管人员和其他直接责任人员给予警告，撤销任职资格或者证券从业资格，并处以3万元以上30万元以下的罚款。

4. B【解析】本题主要考查欺诈发行股票、债券罪的立案追诉标准。我国《最高人民检察院、公安部关于公安机关管辖的刑事案件立案追诉标准的规定（二）》规定，在招股说明书、认股书、公司、企业债券募集办法中隐瞒重要事实或者编造重大虚假内容，发行股票或者公司、企业债券，涉嫌下列情形之一的，应予立案追诉：（1）发行数额在500万元以上的。（2）伪造、变造国家机关公文、有效证明文件或相关凭证、单据的。（3）利用募集的资金进行违法活动的。（4）转移或者隐瞒所募集资金的。（5）其他后果严重或有其他严重情节的情形。

5. B【解析】本题主要考查背信运用受托财产罪犯罪构成。第Ⅳ项属于泄露内幕信息犯罪的司法解释。

全真模拟测试题

一、选择题

1. 甲公司擅自公开发行证券，非法所募资金2亿元，则对其处罚的金额可以是（　　）万元。
   A. 100　　　　　B. 600
   C. 1200　　　　D. 2000

2. 发行人、上市公司或者其他信息披露义务人未按照规定披露信息，或者所披露的信息有虚假记载、误导性陈述或者重大遗漏的，责令改正，给予警告，并处以（　　）。
   A. 30万元以上60万元以下的罚款
   B. 30万元以上60万元以下的罚金
   C. 10万元以上30万元以下的罚款
   D. 10万元以上30万元以下的罚金

3. 下列选项中，不会成为背信运用受托财产罪的犯罪主体的是（　　）。
   A. 商业银行
   B. 证券交易所
   C. 保险公司
   D. 中国证监会

4. 在招股说明书、认股书、公司、企业债券募集办法中隐瞒重要事实或者编造重大虚假内容的企业，可对其直接负责的主管人员处以有期徒刑，其刑期可以是（　　）年。
   A. 3
   B. 6
   C. 10
   D. 20

5. 根据我国《证券法》的规定，证券交易内幕信息的知情人或者非法获取内幕信息的人，在涉及证券的发行、交易或者其他对证券的价格有重大影响的信息公开前，买卖该证券的，可对其采取的行政处罚措施不包括（　　）。
   A. 责令依法处理非法持有的证券
   B. 没收违法所得，并处罚款
   C. 暂停或撤销相关业务许可
   D. 对直接负责的主管人员和其他直接责任人员给予警告，并处罚款

6. 下列属于诱骗投资者买卖证券、期货合约罪的客体的是（　　）。
   A. 投资者的利益
   B. 证券公司
   C. 证券投资者
   D. 证券业协会

7. A公司由于涉嫌内幕交易而被中国证监会立案调查，根据我国《证券法》的规定，监管机构可以限制A公司证券买卖的最长期限为（　　）个交易日。
   A. 15　　　　　B. 20
   C. 30　　　　　D. 60

二、组合型选择题

1. 下列关于发行人、上市公司擅自改变公开发行证券所募集资金的用途的相关法律责任的说法中,错误的是（   ）。

Ⅰ．发行人、上市公司擅自改变公开发行证券所募集资金的用途的,责令改正,对直接负责的主管人员和其他直接责任人员给予警告,并处以 3 万元以上 30 万元以下的罚款

Ⅱ．发行人、上市公司擅自改变公开发行证券所募集资金的用途的,责令改正,对直接负责的主管人员和其他直接责任人员给予警告,并处以 1 万元以上 10 万元以下的罚款

Ⅲ．发行人、上市公司的控股股东、实际控制人指使从事前款违法行为的,给予警告,并处以 30 万元以上 60 万元以下的罚款

Ⅳ．发行人、上市公司的控股股东、实际控制人指使从事前款违法行为的,给予警告,并处以 10 万元以上 30 万元以下的罚款

A．Ⅱ、Ⅲ、Ⅳ　　B．Ⅰ、Ⅱ、Ⅲ
C．Ⅰ、Ⅲ　　　　D．Ⅱ、Ⅳ

2. 根据我国现行法律法规的规定,非法集资罪的立案追诉标准包括（   ）。

Ⅰ．个人集资诈骗,数额在 10 万元以上的
Ⅱ．个人集资诈骗,数额在 100 万元以上的
Ⅲ．单位集资诈骗,数额在 50 万元以上的
Ⅳ．单位集资诈骗,数额在 500 万元以上的

A．Ⅰ、Ⅳ　　　B．Ⅱ、Ⅳ
C．Ⅰ、Ⅲ　　　D．Ⅱ、Ⅳ

3. 投资人具有下列（   ）情形的,人民法院应当认定虚假陈述与损害结果之间存在因果关系。

Ⅰ．投资人所投资的是与虚假陈述直接关联的证券
Ⅱ．投资人在虚假陈述实施日及以后,至揭露日或者更正日之前买入该证券
Ⅲ．投资人在虚假陈述揭露日或者更正日及以后,因卖出该证券发生亏损,或者因持续持有该证券而产生亏损
Ⅳ．投资人在虚假陈述揭露日或者更正日之前已经卖出证券

A．Ⅱ、Ⅲ、Ⅳ　　B．Ⅰ、Ⅱ、Ⅳ
C．Ⅰ、Ⅱ、Ⅲ　　D．Ⅰ、Ⅱ、Ⅲ、Ⅳ

4. 期货经纪公司的从业人员,故意提供虚假信息或者伪造、变造、销毁交易记录,诱骗投资者买卖证券、期货合约,情节特别恶劣的,应接受的刑事处罚措施有（   ）。

Ⅰ．处 5 年以下有期徒刑
Ⅱ．并处 1 万元以上 10 万元以下罚金
Ⅲ．处 5 年以上 10 年以下有期徒刑
Ⅳ．并处 2 万元以上 20 万元以下罚金

A．Ⅱ、Ⅲ　　B．Ⅱ、Ⅳ
C．Ⅲ、Ⅳ　　D．Ⅰ、Ⅱ

5. 任何下列情形,不得单独作为不予处罚情形认定标准,包括（   ）。

Ⅰ．由于不可抗力而无法正常履行职责
Ⅱ．任职时间短、不了解情况
Ⅲ．相信专业机构或者专业人员出具的意见和报告
Ⅳ．能力不足、无相关职业背景

A．Ⅱ、Ⅲ、Ⅳ　　B．Ⅰ、Ⅱ、Ⅲ
C．Ⅰ、Ⅱ、Ⅲ、Ⅳ　D．Ⅱ、Ⅳ

全真模拟测试题答案及详解

选择题答案速查表

1	2	3	4	5	6	7			
B	A	D	A	C	A	C			

组合型选择题答案速查表

1	2	3	4	5					
D	C	C	C	A					

一、选择题

1. B【解析】本题主要考查擅自公开发行证券法律责任的实际应用。我国《证券法》第一百八十八条规定，未经法定机关核准，擅自公开或者变相公开发行证券的，责令停止发行，退还所募资金并加算银行同期存款利息，处以非法所募资金金额1%以上5%以下的罚款；对擅自公开或者变相公开发行证券设立的公司，由依法履行监督管理职责的机构或者部门会同县级以上地方人民政府予以取缔。对直接负责的主管人员和其他直接责任人员给予警告，并处3万元以上30万元以下的罚款。2亿元×1%=200万元，2亿元×5%=1000万元，根据法律规定，罚款的金额为非法所募资金金额1%以上5%以下，即200万元以上、1000万元以下。选项中，只有B选项符合要求。

2. A【解析】本题主要考查虚假披露信息的法律责任。我国《证券法》第一百九十三条规定，发行人、上市公司或者其他信息披露义务人未按照规定披露信息，或者所披露的信息有虚假记载、误导性陈述或者重大遗漏的，责令改正，给予警告，并处以30万元以上60万元以下的罚款。对直接负责的主管人员和其他直接责任人员给予警告，并处以3万元以上30万元以下的罚款。发行人、上市公司或者其他信息披露义务人未按照规定报送有关报告，或者报送的报告有虚假记载、误导性陈述或者重大遗漏的，责令改正，给予警告，并处以30万元以上60万元以下的罚款。对直接负责的主管人员和其他直接责任人员给予警告，并处以3万元以上30万元以下的罚款。发行人、上市公司或者其他信息披露义务人的控股股东、实际控制人指使从事前两款违法行为的，依照前两款的规定处罚。

【易错警示】罚金，是刑法附加刑之一，是刑罚处罚的一种方式，属于财产刑。本题要求正确区分罚款与罚金的区别。

3. D【解析】本题主要考查背信运用受托财产罪的犯罪主体。我国《刑法》第一百八十五条规定，商业银行、证券交易所、期货交易所、证券公司、期货经纪公司、保险公司或者其他金融机构，违背受托义务，擅自运用客户资金或者其他委托、信托的财产，情节严重的，对单位判处罚金，并对其直接负责的主管人员和其他直接责任人员，处3年以下有期徒刑或者拘役，并处3万元以上30万元以下罚金；情节特别严重的，处3年以上10年以下有期徒刑，并处5万元以上50万元以下罚金。故本题选D选项。

4. A【解析】本题主要考查违法募集企业债券的刑事责任。我国《刑法》第一百六十条规定，在招股说明书、认股书、公司、企业债券募集办法中隐瞒重要事实或者编造重大虚假内容，发行股票或者公司、企业债券，数额巨大、后果严重或者有其他严重情节的，处 5 年以下有期徒刑或者拘役，并处或者单处非法募集资金金额 1% 以上 5% 以下罚金。单位犯前款罪的，对单位判处罚金，并对其直接负责的主管人员和其他直接责任人员，处 5 年以下有期徒刑或者拘役。

【易错警示】考生要注意题干中问的是"刑期可以是（　　）"，而不是"刑期应当是（　　）"。这样只需要选择 5 年以下的就可以了。

5. C【解析】本题主要考查内幕交易行为人的法律责任。我国《证券法》第二百零二条规定，证券交易内幕信息的知情人或者非法获取内幕信息的人，在涉及证券的发行、交易或者其他对证券的价格有重大影响的信息公开前，买卖该证券，或者泄露该信息，或者建议他人买卖该证券的，责令依法处理非法持有的证券，没收违法所得，并处以违法所得 1 倍以上 5 倍以下的罚款；没有违法所得或者违法所得不足 3 万元的，处 3 万元以上 60 万元以下的罚款。单位从事内幕交易的，还应当对直接负责的主管人员和其他直接责任人员给予警告，并处以 3 万元以上 30 万元以下的罚款。证券监督管理机构工作人员进行内幕交易的，从重处罚。

6. A【解析】本题主要考查诱骗投资者买卖证券、期货合约罪的客体。诱骗投资者买卖证券、期货合约罪，是指证券交易所、期货交易所、证券公司、期货经纪公司的从业人员，证券业协会、期货业协会或者证券期货监管部门的工作人员，故意提供虚假信息或者伪造、变造、销毁交易记录，诱骗投资者买卖证券、期货合约，造成严重后果的行为。本罪所侵害的客体是复杂客体，包括证券、期货市场正常的交易管理秩序和其他投资者的利益。综上，本题选 A 选项。

7. C【解析】本题主要考查监管机构对操纵证券市场的处罚措施。我国《证券法》第一百八十条规定，在调查操纵证券市场、内幕交易等重大证券违法行为时，经国务院证券监督管理机构主要负责人批准，可以限制被调查事件当事人的证券买卖，但限制的期限不得超过 15 个交易日；案情复杂的，可以延长 15 个交易日。因此，监管机构可以限制证券买卖的最长期限为 30 个交易日。

【易错警示】限制期限本身为不超过 15 个交易日，加上延长的 15 个交易日，应当是 30 个交易日。此处容易忽略后半句而直接选择 15 个交易日。

二、组合型选择题

1. D【解析】本题主要考查擅自改变公开发行证券所募集资金用途的法律责任。我国《证券法》第一百九十四条规定，发行人、上市公司擅自改变公开发行证券所募集资金的用途的，责令改正，对直接负责的主管人员和其他直接责任人员给予警告，并处以 3 万元以上 30 万元以下的罚款。发行人、上市公司的控股股东、实际控制人指使从事前款违法行为的，给予警告，并处以 30 万元以上 60 万元以下的罚款。对直接负责的主管人员和其他直接责任人员依照前款的规定处罚。

2. C【解析】本题主要考查非法集资罪的立案追诉标准。《非法金融机构和非法金融活动取缔办法》第四十九条规定，以非法占有为目的，使用诈骗方法非法集资，涉嫌下列情形之一的，应予以立案追诉：（1）个人集资诈骗，数额在 10 万元以上的。（2）单位集资诈骗，数额在 50 万元以上的。

3. C【解析】本题主要考查证券交易活动中的虚假陈述。投资人具有以下情形的，人民法院应当认定虚假陈述与损害结果之间存在因果关系：（1）投资人所投资的是与虚假陈述直接关联的证券。（2）投资人在虚假陈述实施日及以后，至揭露日或者更正日之前买入该证券。（3）投资人在虚假陈述揭露日或者更正日及以后，因卖出该证券发生亏损，或者因持续持有该证券而产生亏损。被告举证证明投资人在虚假陈述揭露日或者更正日之前已经卖出证券的，人民法院应当认定虚假陈述与损害结果之间<u>不存在因果关系</u>。故本题选 C 选项。

4. C【解析】本题主要考查期货经纪公司从业人员违法买卖期货合约的刑事责任。我国《刑法》第一百八十一条规定，编造并且传播影响证券、期货交易的虚假信息，扰乱证券、期货交易市场，造成严重后果的，处 5 年以下有期徒刑或者拘役，并处或者单处 1 万元以上 10 万元以下罚金。证券交易所、期货交易所、证券公司、期货经纪公司的从业人员，证券业协会、期货业协会或者证券期货监督管理部门的工作人员，故意提供虚假信息或者伪造、变造、销毁交易记录，诱骗投资者买卖证券、期货合约，造成严重后果的，处 5 年以下有期徒刑或者拘役，并处或者单处 1 万元以上 10 万元以下罚金；情节特别恶劣的，处 5 年以上 10 年以下有期徒刑，并处 2 万元以上 20 万元以下罚金。单位犯前两款罪的，对单位判处罚金，并对其直接负责的主管人员和其他直接责任人员，处 5 年以下有期徒刑或者拘役。

5. A【解析】本题主要考查不得单独作为不予处罚情形的认定。任何下列情形，不得单独作为不予处罚情形认定标准，包括：（1）不直接从事经营管理。（2）能力不足、无相关职业背景。（3）任职时间短、不了解情况。（4）相信专业机构或者专业人员出具的意见和报告。（5）受到股东、实际控制人控制或者其他外部干预。第Ⅰ项属于认定为不予行政处罚的考虑情形。

第四部分 全真模拟试卷

金融市场基础知识

（考试时间：120 分钟，满分 100 分）

一、**选择题**（共 50 题，每小题 1 分，共 50 分）

以下备选项中只有一项符合题目要求，不选、错选均不得分。

1. 下列选项中，不属于证券中介机构的是（　　）。
   A. 律师事务所
   B. 会计师事务所
   C. 证券登记结算机构
   D. 中国证监会

2. 公司债券网下发行一般不超过（　　）个交易日。
   A. 5　　　　　　B. 7
   C. 14　　　　　 D. 15

3. 长期资金市场又称为（　　）。
   A. 货币市场　　B. 资本市场
   C. 次级市场　　D. 外汇市场

4. 外国债券中，在美国发行的外国债券称为（　　）。
   A. 熊猫债券　　B. 务实债券
   C. 猛犬债券　　D. 扬基债券

5. （　　）又称为证券发行市场。
   A. 证券流通市场
   B. 证券次级市场
   C. 证券一级市场
   D. 证券二级市场

6. 公司型基金是依据（　　）设立并营运，在法律上具有独立法人地位的股份投资公司。
   A. 基金合同
   B. 发起人协议
   C. 基金募集说明书
   D. 基金公司章程

7. 在间接融资中，（　　）具有融资中心的地位和作用。
   A. 证券公司
   B. 融资公司
   C. 金融机构
   D. 商业银行

8. 我国新《证券基金法》施行的时间是（　　）。
   A. 2004 年 6 月 1 日
   B. 2006 年 6 月 1 日
   C. 2013 年 6 月 1 日
   D. 2015 年 6 月 1 日

9. 下列选项中，（　　）不属于基金交易费。
   A. 审计费　　　B. 经手费
   C. 印花税　　　D. 交易佣金

10. 中国人民银行的职能不包括（　　）。
    A. 组织、参与和管理全国清算业务
    B. 监督管理金融业
    C. 审批商业银行重大决策
    D. 充当最后贷款人

11. 下列金融产品中，按收益率从大到小顺序排列正确的是（　　）。
    A. 普通股票、企业债券、国债
    B. 国债、企业债券、普通股票
    C. 普通股票、国债、企业债券
    D. 企业债券、普通股票、国债

12. 股票作为一种有价证券，它是表明

投资者投资份额及其权利、义务的（　　）凭证。
 A. 债务　　　　B. 代理权
 C. 所有权　　　D. 债权
13. 金融衍生品按基础工具划分，包括（　　）。
 A. 期货合约
 B. 场内交易工具
 C. 远期合约
 D. 信用衍生工具
14. 恒生指数是由香港恒生银行编制，最初挑选了（　　）种有代表性的上市股票为成分股。
 A. 17　　　　　B. 26
 C. 33　　　　　D. 55
15. 下列选项中，（　　）不属于普通股股东的权利。
 A. 选择管理者
 B. 享有资产收益
 C. 参与重大决策
 D. 制订公司产品计划
16. 结算所实行的无负债的每日结算制度又被称为（　　）。
 A. 逐日盯市制度
 B. 限仓制度
 C. 保证金制度
 D. 集中交易制度
17. 五大国际黄金市场分别位于（　　）。
 A. 伦敦、纽约、苏黎世、芝加哥、中国香港
 B. 伦敦、纽约、苏黎世、芝加哥、中国深圳
 C. 伦敦、纽约、东京、芝加哥、中国上海
 D. 伦敦、首尔、东京、芝加哥、中国深圳
18. 由于市场缺乏交易对手而导致投资者不能平仓或变现所带来的风险是（　　）。
 A. 信用风险　　B. 操作风险
 C. 市场风险　　D. 流动性风险
19. 衡量公司的盈利性时，最常用的指标是每股收益和（　　）。
 A. 净利润
 B. 速动比率
 C. 资产负债率
 D. 净资产收益率
20. 结构化金融衍生产品按（　　）不同，可分为股权联结型产品、利率联结型产品、汇率联结型产品、商品联结型产品。
 A. 发行方式
 B. 联结的基础产品
 C. 收益保障性
 D. 嵌入的衍生产品
21. 证券公司，设立非限定性集合资产管理计划的，净资本应不低于人民币（　　）。
 A. 500万元　　B. 1000万元
 C. 3亿元　　　D. 5亿元
22. 通常情况下，证券持有者可以在一定时期内按一定比例或价格将可转换债券转换成一定数量的（　　）。
 A. 普通股票　　B. 优先股票
 C. 抵押债券　　D. 担保债券
23. （　　）是指交易双方在场外市场上通过协商，按约定价格（称为远期价格）在约定的未来日期（交割日）买卖某种标的金融资产（或金融变量）的合约。
 A. 金融远期合约
 B. 金融期货
 C. 金融期权
 D. 金融互换
24. 证券投资基金的托管费是（　　）为基金提供托管服务而向基金收取的费用。
 A. 基金份额持有人
 B. 基金托管人
 C. 基金管理人
 D. 监管机构
25. 下列选项中，（　　）是中央银行对市场进行政策调节时效果最为强烈的金融

工具。
A．再贴现率
B．法定存款准备金率
C．银行再贷款率
D．公开市场操作

26．会员制的证券交易所是一个（　　）。
A．以股份有限公司形式组成的、不以营利为目的的法人团体
B．由会员自愿组成的、以营利为目的的社会法人团体
C．以股份有限公司形式组成的、以营利为目的的法人团体
D．由会员自愿组成的、不以营利为目的的社会法人团体

27．次级债务的固定期限不低于（　　）。
A．3年（含）　　B．5年（含）
C．8年（含）　　D．10年（含）

28．通过证券价格引导资本的流动从而实现资本合理配置的功能，是资本市场的（　　）功能。
A．资本配置　　B．资本定价
C．资本获利　　D．筹资—投资

29．公司股权分置改革的决议应当由（　　）一致同意提出。
A．高级管理人员
B．全体非流通股股东
C．全体流通股股东
D．全体股东

30．下列选项中，（　　）是公司型基金与契约型基金的主要区别。
A．基金的募集方式是否为公募
B．基金是否上市交易
C．基金是否为独立的法人
D．基金规模是否变化

31．我国的国债是指（　　）代表中央政府发行的国家公债。
A．中国人民银行
B．中国银监会
C．财政部
D．国资委

32．下列关于风险分散的说法中，错误的是（　　）。
A．可以通过全球化来分散风险
B．风险分散是指通过多样化的投资来分散和降低风险
C．风险分散的原则包括分散投资各类资产
D．风险分散属于金融市场的财富管理功能

33．（　　）是指在股权登记日后认购的普通股票，该股票股东不享有优先认股权。
A．附权股　　B．除权股
C．含权股　　D．除息股

34．下列选项中，不属于证券业协会对从业人员管理的是（　　）。
A．从业人员的职业规划
B．从业人员的资格管理
C．从业人员的后续职业培训
D．从业人员诚信信息管理

35．财政部在中华人民共和国境内发行的，通过试点商业银行面向个人投资者销售的、以电子方式记录债权的不可流通人民币债券被称为（　　）。
A．凭证式国债
B．记账式国债
C．熊猫债券
D．储蓄国债

36．投资者向证券经纪商下达买进或卖出证券的指令称为（　　）。
A．代理　　B．委托
C．申报　　D．成交

37．如果一个国家的全部或大部分金融指标急剧、短暂和超周期的恶化，则说明该国出现了（　　）。
A．外债危机　　B．银行危机
C．金融危机　　D．信用危机

38．（　　）是无形市场与有形市场的最明显区别。

A. 交易的种类多
B. 交易范围比较广
C. 交易场所不固定
D. 交易时间不集中

39. 证券投资者可以分为（　　）。
A. 机构投资者和个人投资者
B. 机构投资者和居民投资者
C. 企业投资者和居民投资者
D. 企业投资者和个人投资者

40. 最基本的信用违约互换涉及（　　）个当事人。
A. 1   B. 2
C. 3   D. 4

41. 基金管理人运用基金财产进行证券投资的，其全部基金持有一家公司发行的证券，不得超过该证券的（　　）。
A. 10%   B. 20%
C. 30%   D. 40%

42. 下列选项中，天然具备发行金融债券条件的政策性银行不包括（　　）。
A. 中国农业银行
B. 中国进出口银行
C. 中国农业发展银行
D. 国家开发银行

43. 下列期权中，只能在期权到期日执行的是（　　）。
A. 大西洋期权
B. 百慕大期权
C. 欧式期权
D. 美式期权

44. 股权分置改革是为解决（　　）市场相关股东之间的利益平衡问题而采取的举措。
A. H 股   B. A 股
C. B 股   D. G 股

45. 资产评估机构申请证券评估资格，应具有不少于 30 名注册资产评估师，其中最近 3 年持有注册资产评估师证书且连续执业的不少于（　　）人。
A. 10   B. 20

C. 30   D. 50

46. 证券登记结算公司的设立应当具备的条件之一是：自有资金不少于人民币（　　）亿元。
A. 2   B. 4
C. 5   D. 6

47. 全国银行间债券市场质押式回购的参与者不包括（　　）。
A. 在中国境内的外资银行分支机构。
B. 在中国境内具有法人资格的非银行金融机构
C. 在中国境内具有法人资格的非金融机构
D. 在中国境内具有法人资格的商业银行

48. 下列选项中，基金管理费最低的是（　　）。
A. ETF 基金
B. 基金中基金
C. 证券衍生工具基金
D. 货币市场基金

49. （　　）指的是证券公司接受客户委托代客户买卖有价证券的业务。
A. 证券自营业务
B. 投资银行业务
C. 证券经纪业务
D. 资产管理业务

50. 下列选项中，（　　）是为报价系统参与人提供私募产品报价、发行、转让及相关服务的专业化电子平台。
A. 全国中小企业股份转让系统
B. 区域性股权交易市场
C. 证券交易所
D. 机构间私募产品报价与服务系统

二、组合型选择题（共 50 题，每小题 1 分，共 50 分）

以下备选项中只有一项符合题目要求，不选、错选均不得分。

1．下列属于保护基金公司设立的意义的有（   ）。

Ⅰ．可以在证券公司出现关闭风险时保护投资者权益

Ⅱ．有助于防止证券公司个案风险的传递和扩散

Ⅲ．通过简捷的渠道快速地对投资者特别是中小投资者予以保护

Ⅳ．有助于我国建立国际成熟市场通行的证券投资者保护机制

A．Ⅰ、Ⅱ、Ⅲ、Ⅳ　　B．Ⅱ、Ⅲ、Ⅳ
C．Ⅰ、Ⅱ、Ⅳ　　　　D．Ⅱ、Ⅲ

2．根据我国法律法规的规定，基金投资应符合的规定包括（   ）。

Ⅰ．股票基金应有80%以上的资产投资于股票

Ⅱ．债券基金应有80%以上的资产投资于债券

Ⅲ．货币市场基金仅投资于货币市场工具

Ⅳ．基金可以投资于有锁定期，但锁定期不明确的证券

A．Ⅰ、Ⅱ　　　　　　B．Ⅰ、Ⅱ、Ⅲ
C．Ⅱ、Ⅳ　　　　　　D．Ⅰ、Ⅱ、Ⅲ、Ⅳ

3．根据交易合约的签订与实际交割之间的关系，金融市场可分为（   ）。

Ⅰ．期权市场

Ⅱ．期货市场

Ⅲ．远期市场

Ⅳ．现货市场

A．Ⅰ、Ⅱ　　　　　　B．Ⅰ、Ⅲ、Ⅳ
C．Ⅱ、Ⅲ、Ⅳ　　　　D．Ⅰ、Ⅱ、Ⅲ、Ⅳ

4．公司发行记名股票应当记载的事项包括（   ）。

Ⅰ．各股东取得股份的日期

Ⅱ．各股东所持股份数

Ⅲ．各股东所持股票的编号

Ⅳ．股东的姓名或者名称及住所

A．Ⅰ、Ⅱ、Ⅲ、Ⅳ　　B．Ⅰ、Ⅱ、Ⅳ
C．Ⅱ、Ⅲ　　　　　　D．Ⅱ、Ⅲ、Ⅳ

5．下列关于开放式基金的说法中，正确的是（   ）。

Ⅰ．开放式基金份额总额不固定

Ⅱ．开放式基金需要以现金形式保持一部分资金

Ⅲ．开放式基金可以申购或者赎回

Ⅳ．开放式基金不得申请赎回

A．Ⅰ、Ⅱ　　　　　　B．Ⅱ、Ⅲ
C．Ⅰ、Ⅱ、Ⅲ、Ⅳ　　D．Ⅰ、Ⅱ、Ⅲ

6．公司公开发行新股，应当符合的条件有（   ）。

Ⅰ．具备健全且运行良好的组织机构

Ⅱ．具有持续盈利能力，财务状况良好

Ⅲ．最近1年财务会计文件无虚假记载

Ⅳ．最近1年无重大违法行为

A．Ⅰ、Ⅱ　　　　　　B．Ⅲ、Ⅳ
C．Ⅱ、Ⅲ、Ⅳ　　　　D．Ⅰ、Ⅱ、Ⅲ、Ⅳ

7．下列选项中，属于指数基金的优势有（   ）。

Ⅰ．指数基金费用低廉

Ⅱ．指数基金风险较小

Ⅲ．在以机构投资者为主的市场中，指数基金可获得市场平均收益率，可以为股票投资者提供比较稳定的投资回报

Ⅳ．指数基金可以作为套期保值的工具

A．Ⅰ、Ⅱ、Ⅲ、Ⅳ　　B．Ⅰ、Ⅱ、Ⅲ
C．Ⅰ、Ⅳ　　　　　　D．Ⅲ、Ⅳ

8．下列选项中，属于证券市场监管意义的有（   ）。

Ⅰ．加强证券市场监管是保障广大投资者合法权益的需要

Ⅱ．加强证券市场监管是维护市场良好秩序的需要

Ⅲ．加强证券市场监管是发展和完善证券市场体系的需要

Ⅳ．加强证券市场监管是证券市场参与者进行发行和交易决策的重要依据

A．Ⅰ、Ⅱ、Ⅲ、Ⅳ　　B．Ⅰ、Ⅱ、Ⅳ
C．Ⅱ、Ⅳ　　　　　　D．Ⅰ、Ⅱ、Ⅲ

9. 下列选项中，属于证券投资基金的费用的是（   ）。
Ⅰ．基金管理费
Ⅱ．基金托管费
Ⅲ．基金运作费
Ⅳ．基金交易增值税费用
A．Ⅰ、Ⅱ、Ⅲ、Ⅳ　B．Ⅰ、Ⅱ
C．Ⅰ、Ⅱ、Ⅲ　　　D．Ⅱ、Ⅲ

10. 下列关于ETF基金的说法中，正确的是（   ）。
Ⅰ．ETF基金的基金份额可变
Ⅱ．ETF基金采用指数基金模式
Ⅲ．ETF基金以一篮子股票进行申购、赎回
Ⅳ．ETF基金有"最小申购、赎回份额"的规定
A．Ⅰ、Ⅱ　　　　B．Ⅱ、Ⅲ
C．Ⅱ、Ⅲ、Ⅳ　　D．Ⅰ、Ⅱ、Ⅲ、Ⅳ

11. 在我国，中期国债筹集的资金主要用于（   ）。
Ⅰ．投资
Ⅱ．调节经济
Ⅲ．临时周转
Ⅳ．弥补赤字
A．Ⅰ、Ⅱ　　　　B．Ⅰ、Ⅳ
C．Ⅰ、Ⅱ、Ⅲ、Ⅳ D．Ⅰ、Ⅲ、Ⅳ

12. 基金托管人在证券投资基金运作中承担的工作包括（   ）。
Ⅰ．对所托管的不同基金财产分别设置账户，确保基金财产的完整与独立
Ⅱ．按照基金合同的约定，根据基金管理人的投资指令，及时办理清算、交割事宜
Ⅲ．复核、审查基金管理人计算的基金资产净值和基金份额申购、赎回价格
Ⅳ．安全保管基金财产
A．Ⅰ、Ⅱ　　　　B．Ⅲ、Ⅳ
C．Ⅰ、Ⅱ、Ⅲ、Ⅳ D．Ⅱ、Ⅲ

13. 下列关于债券基本性质的说法中，正确的有（   ）。
Ⅰ．债券是一种虚拟资本
Ⅱ．债券是债权的表现
Ⅲ．债券是一种商品证券
Ⅳ．债券是一种有价证券
A．Ⅰ、Ⅱ　　　　B．Ⅱ、Ⅲ、Ⅳ
C．Ⅰ、Ⅱ、Ⅲ、Ⅳ D．Ⅰ、Ⅱ、Ⅳ

14. 下列关于QDII基金投资风险的说法中，正确的有（   ）。
Ⅰ．国际市场投资会面临国内基金所没有的利率风险
Ⅱ．QDII基金的流动性风险需要注意
Ⅲ．国际市场投资将会面临新兴市场风险
Ⅳ．尽管进行国际市场投资有可能降低组合投资风险，但并不能排除市场风险
A．Ⅰ、Ⅱ、Ⅲ、Ⅳ　B．Ⅱ、Ⅲ、Ⅳ
C．Ⅰ、Ⅱ、Ⅲ　　　D．Ⅰ、Ⅱ

15. 下列属于非系统性风险的是（   ）。
Ⅰ．汇率风险
Ⅱ．经营风险
Ⅲ．财务风险
Ⅳ．宏观经济风险
A．Ⅰ、Ⅱ　　　　B．Ⅱ、Ⅲ
C．Ⅰ、Ⅱ、Ⅲ　　D．Ⅰ、Ⅱ、Ⅲ、Ⅳ

16. 下列选项中，属于国际债券投资者的是（   ）。
Ⅰ．自然人
Ⅱ．非银行金融机构
Ⅲ．各种基金会
Ⅳ．银行
A．Ⅰ、Ⅱ、Ⅲ、Ⅳ　B．Ⅰ、Ⅲ、Ⅳ
C．Ⅰ、Ⅱ、Ⅲ　　　D．Ⅰ、Ⅱ

17. 证券服务机构是指依法设立的从事证券服务业务的法人机构。下列属于证券服务机构的有（   ）。
Ⅰ．投资咨询机构
Ⅱ．财务顾问机构
Ⅲ．会计师事务所
Ⅳ．律师事务所
A．Ⅰ、Ⅱ　　　　B．Ⅲ、Ⅳ

C. Ⅰ、Ⅱ、Ⅲ   D. Ⅰ、Ⅱ、Ⅲ、Ⅳ

18．下列选项中，欧洲债券票面使用的货币有（   ）。
Ⅰ．美元   Ⅱ．日元
Ⅲ．英镑   Ⅳ．人民币
A. Ⅰ、Ⅱ、Ⅲ、Ⅳ B. Ⅲ、Ⅳ
C. Ⅰ、Ⅲ、Ⅳ   D. Ⅰ、Ⅱ、Ⅲ

19．国际债券是一种跨国发行的债券，涉及两个或两个以上的国家。同国内债券相比，国际债券的特征有（   ）。
Ⅰ．资金来源广
Ⅱ．有国家主权保障
Ⅲ．发行规模小
Ⅳ．没有汇率风险
A. Ⅰ、Ⅱ   B. Ⅰ、Ⅲ
C. Ⅰ、Ⅱ、Ⅳ   D. Ⅰ、Ⅱ、Ⅲ、Ⅳ

20．下列关于基金管理费的说法中，正确的是（   ）。
Ⅰ．基金管理交易费用包括印花税
Ⅱ．管理费应单独向投资者收取
Ⅲ．基金规模越大，风险越小，管理费率就越低
Ⅳ．基金管理费是支付给基金管理人的报酬
A. Ⅰ、Ⅱ   B. Ⅱ、Ⅲ
C. Ⅱ、Ⅳ   D. Ⅰ、Ⅲ、Ⅳ

21．股权类期货是以（   ）为基础资产的期货合约。
Ⅰ．股票面值
Ⅱ．单只股票
Ⅲ．股票组合
Ⅳ．股票价格指数
A. Ⅰ、Ⅱ、Ⅲ   B. Ⅰ、Ⅲ、Ⅳ
C. Ⅱ、Ⅲ、Ⅳ   D. Ⅰ、Ⅱ、Ⅲ、Ⅳ

22．一般情况下，债券的兑付方式包括（   ）。
Ⅰ．到期兑付
Ⅱ．提前兑付
Ⅲ．延期兑付
Ⅳ．债券替换
A. Ⅰ、Ⅱ、Ⅳ   B. Ⅰ、Ⅲ、Ⅳ
C. Ⅱ、Ⅲ   D. Ⅰ、Ⅱ、Ⅲ、Ⅳ

23．下列选项中，属于普通股股东权利的有（   ）。
Ⅰ．公司重大决策参与权
Ⅱ．查阅公司章程、股东名册、公司债券存根、股东大会会议记录、董事会会议决议、监事会会议决议、财务会计报告，对公司的经营提出建议或者质询的权利
Ⅲ．股东持有的股份可依法转让
Ⅳ．公司为增加注册资本发行新股时，股东享有优先认股权
A. Ⅰ、Ⅱ、Ⅲ、Ⅳ B. Ⅰ、Ⅱ、Ⅲ
C. Ⅱ、Ⅲ   D. Ⅰ、Ⅱ

24．证券营业部接收客户买卖证券委托的，委托执行采用的申报方式有（   ）。
Ⅰ．由客户直接申报
Ⅱ．由证券经纪商的场内交易员进行申报
Ⅲ．由证券经纪商营业部业务员直接申报
Ⅳ．由商业银行集中申报
A. Ⅰ、Ⅱ、Ⅲ   B. Ⅱ、Ⅲ
C. Ⅲ、Ⅳ   D. Ⅰ、Ⅱ、Ⅳ

25．证券公司申请融资融券业务试点的条件不包括（   ）。
Ⅰ．经营证券经纪业务已满3年
Ⅱ．公司治理健全，能有效识别、控制和防范业务经营风险和内部管理风险
Ⅲ．财务状况良好，最近3年各项风险控制指标持续符合规定
Ⅳ．信息系统安全稳定运行，最近3年未发生因公司管理问题导致的重大事件
A. Ⅰ、Ⅱ、Ⅲ、Ⅳ B. Ⅲ、Ⅳ
C. Ⅰ、Ⅱ   D. Ⅰ、Ⅱ、Ⅳ

26．下列关于证券交易所交易原则的说法中，正确的是（   ）。
Ⅰ．价格较低的买入申报优先于价格较高的买入申报
Ⅱ．价格较低的卖出申报优先于价格较

高的卖出申报

Ⅲ．买卖方向、价格相同的，先申报者优先于后申报者

Ⅳ．在自营买卖和代理买卖之间，首先进行代理买卖

A．Ⅰ、Ⅱ　　　　　B．Ⅰ、Ⅲ
C．Ⅰ、Ⅲ、Ⅳ　　 D．Ⅱ、Ⅲ、Ⅳ

27．买断式回购实行（　　）。

Ⅰ．净价交易

Ⅱ．净价结算

Ⅲ．全价结算

Ⅳ．全价交易

A．Ⅰ、Ⅱ　　　　　B．Ⅱ、Ⅲ
C．Ⅰ、Ⅲ　　　　　D．Ⅰ、Ⅳ

28．下列关于期货交易与远期交易联系与区别的说法中，正确的有（　　）。

Ⅰ．期货交易和远期交易都是现在定约成交，将来交割

Ⅱ．期货交易和远期交易都是在场外市场进行双边交易

Ⅲ．期货交易是标准化的，一般在场内市场进行

Ⅳ．期货交易在多数情况下不进行实物交收

A．Ⅰ、Ⅱ　　　　　B．Ⅰ、Ⅱ、Ⅳ
C．Ⅰ、Ⅲ、Ⅳ　　 D．Ⅰ、Ⅱ、Ⅲ、Ⅳ

29．下列关于可转换债券的说法中，正确的有（　　）。

Ⅰ．可转换债券具有双重选择权

Ⅱ．可转换债券是一种附有转股权的特殊债券

Ⅲ．可转换债券通常是转换成普通股票

Ⅳ．转债发行人拥有是否实施赎回条款的选择权

A．Ⅰ、Ⅱ、Ⅲ　　　B．Ⅰ、Ⅱ、Ⅳ
C．Ⅱ、Ⅲ、Ⅳ　　　D．Ⅰ、Ⅱ、Ⅲ、Ⅳ

30．下列选项中，属于证券业协会自律管理职能的是（　　）。

Ⅰ．组织证券从业人员水平考试

Ⅱ．组织开展证券业国际交流与合作，代表中国证券业加入相关国家组织，推动相关资质互认

Ⅲ．推动行业开展投资者教育，组织制作投资者教育产品，普及证券知识

Ⅳ．制定证券业执业标准和业务规范

A．Ⅰ、Ⅱ　　　　　B．Ⅰ、Ⅱ、Ⅲ
C．Ⅰ、Ⅱ、Ⅳ　　　D．Ⅰ、Ⅱ、Ⅲ、Ⅳ

31．我国证券市场的监管目标包括（　　）。

Ⅰ．运用和发挥证券市场机制的积极作用，限制其消极作用

Ⅱ．保护投资者利益，保障合法的证券交易活动，监督证券中介机构依法经营

Ⅲ．防止人为操纵、欺诈等不法行为，维持证券市场的正常秩序

Ⅳ．运用灵活多样的方式，调控证券市场与证券交易规模，引导投资方向，使之与经济发展相适应

A．Ⅰ、Ⅲ、Ⅳ　　 B．Ⅲ、Ⅳ
C．Ⅰ、Ⅱ　　　　　D．Ⅰ、Ⅱ、Ⅲ、Ⅳ

32．按投资主体的不同性质，我国股票可分为（　　）。

Ⅰ．已上市流通股

Ⅱ．法人股

Ⅲ．国家股

Ⅳ．外资股

A．Ⅰ、Ⅱ、Ⅲ　　　B．Ⅰ、Ⅲ、Ⅳ
C．Ⅱ、Ⅲ、Ⅳ　　　D．Ⅰ、Ⅱ、Ⅲ、Ⅳ

33．货币期权又称"外币期权""外汇期权"，主要以（　　）为基础资产。

Ⅰ．美元

Ⅱ．英镑

Ⅲ．瑞士法郎

Ⅳ．加拿大元

A．Ⅰ、Ⅱ、Ⅲ、Ⅳ　B．Ⅰ、Ⅱ、Ⅲ
C．Ⅱ、Ⅳ　　　　　D．Ⅰ、Ⅲ、Ⅳ

34．下列选项中，属于增发股票的发行方式的有（　　）。

Ⅰ．网上定价发行与网下配售相结合
Ⅱ．中国证监会认可的其他形式
Ⅲ．网下网上同时定价发行
Ⅳ．比例配售
A．Ⅰ、Ⅱ　　　　B．Ⅱ、Ⅳ
C．Ⅱ、Ⅲ　　　　D．Ⅰ、Ⅱ、Ⅲ、Ⅳ

35．下列选项中，属于金融期货的主要交易制度的有（　　）。
Ⅰ．每日价格波动限制及断路器规则
Ⅱ．标准化的期货合约和对冲机制
Ⅲ．结算所和无负债结算制度
Ⅳ．限仓制度
A．Ⅰ、Ⅱ　　　　B．Ⅰ、Ⅲ
C．Ⅰ、Ⅱ、Ⅲ、Ⅳ　D．Ⅰ、Ⅱ、Ⅲ

36．现代风险管理强调采用以 VaR 为核心，其主要优势有（　　）。
Ⅰ．VaR 计算简便
Ⅱ．VaR 允许人们汇总和分解不同市场与不同工具的风险，从而能够使人们深入了解到整个企业的风险状况和风险源
Ⅲ．VaR 限额是静态的，其可以提供当前组合和市场风险因子波动特性方面的信息
Ⅳ．VaR 限额结合了杠杆效应和头寸规模效应
A．Ⅱ、Ⅲ、Ⅳ　　B．Ⅰ、Ⅱ、Ⅳ
C．Ⅱ、Ⅳ　　　　D．Ⅰ、Ⅱ、Ⅲ、Ⅳ

37．下列选项中，属于场外交易市场功能不包括（　　）。
Ⅰ．对整个证券市场进行一线监控
Ⅱ．为不能在证券交易所上市交易的证券提供流通转让的场所
Ⅲ．提供风险分层的金融资产管理渠道
Ⅳ．拓宽融资渠道，改善大中企业融资环境
A．Ⅱ、Ⅲ　　　　B．Ⅰ、Ⅳ
C．Ⅰ、Ⅲ、Ⅳ　　D．Ⅱ、Ⅲ、Ⅳ

38．与 ETF 相比，下列关于 LOF 的说法中，正确的有（　　）。
Ⅰ．LOF 的净值报价频率要比 ETF 低
Ⅱ．LOF 的申购、赎回是基金份额与现金的对价
Ⅲ．LOF 是普通的开放式基金增加了交易所的交易方式，它可以是指数型基金，也可以是主动管理型基金
Ⅳ．LOF 的申购、赎回必须在证券交易所进行
A．Ⅰ、Ⅱ　　　　B．Ⅰ、Ⅱ、Ⅲ
C．Ⅲ、Ⅳ　　　　D．Ⅰ、Ⅱ、Ⅲ、Ⅳ

39．下列属于优先股票优先条件的有（　　）。
Ⅰ．优先股票股东的权利和义务
Ⅱ．优先股票分配公司剩余资产的顺序和定额
Ⅲ．优先股票股东行使表决权的条件、顺序
Ⅳ．优先股票分配股息的顺序和定额
A．Ⅰ、Ⅱ　　　　B．Ⅰ、Ⅲ
C．Ⅰ、Ⅱ、Ⅲ、Ⅳ　D．Ⅰ、Ⅱ、Ⅳ

40．下列选项中，属于境外上市外资股的有（　　）。
Ⅰ．B 股　　　　Ⅱ．L 股
Ⅲ．H 股　　　　Ⅳ．S 股
A．Ⅰ、Ⅱ　　　　B．Ⅰ、Ⅳ
C．Ⅰ、Ⅱ、Ⅲ、Ⅳ　D．Ⅱ、Ⅲ、Ⅳ

41．根据相关规定，目前我国货币市场基金能够进行投资的金融工具主要包括（　　）。
Ⅰ．现金
Ⅱ．信用等级在 AAA 级以下的企业债券
Ⅲ．剩余期限在397天以内（含第397天）的资产支持证券
Ⅳ．可转换债券
A．Ⅰ、Ⅱ　　　　B．Ⅰ、Ⅲ
C．Ⅱ、Ⅲ、Ⅳ　　D．Ⅰ、Ⅱ、Ⅲ、Ⅳ

42．与国内其他信用债比较，下列关于中小企业私募债特征的说法中，正确的有（　　）。
Ⅰ．我国中小企业私募债发行门槛更低
Ⅱ．中小企业私募债募集资金用途没有

任何限制，非常灵活

Ⅲ．中小企业私募债对评级和审计的规定较宽松

Ⅳ．中小企业私募债对投资者限制少

A．Ⅰ、Ⅱ、Ⅲ   B．Ⅰ、Ⅲ、Ⅳ
C．Ⅰ、Ⅱ、Ⅲ、Ⅳ   D．Ⅱ、Ⅲ、Ⅳ

43．上海证券交易所的连续竞价时间为（　　）。

Ⅰ．9:30～11:30
Ⅱ．9:15～11:30
Ⅲ．13:00～14:57
Ⅳ．13:00～15:00

A．Ⅰ、Ⅳ   B．Ⅱ、Ⅳ
C．Ⅰ、Ⅲ   D．Ⅱ、Ⅲ

44．下列选项中，属于债券票面的基本要素的有（　　）。

Ⅰ．债券承销者名称
Ⅱ．债券的票面利率
Ⅲ．债券的到期期限
Ⅳ．债券的票面价值

A．Ⅰ、Ⅱ   B．Ⅱ、Ⅲ
C．Ⅰ、Ⅱ、Ⅲ   D．Ⅱ、Ⅲ、Ⅳ

45．收集风险管理相关信息中的分析战略风险内容包括（　　）。

Ⅰ．与公司战略合作伙伴的关系，未来寻求战略合作伙伴的可能性
Ⅱ．国内外宏观经济政策以及经济运行情况，公司所在产业的状况、国家产业政策
Ⅲ．市场对该公司产品或服务的需求
Ⅳ．该公司主要客户、供应商及竞争对手的有关情况

A．Ⅰ、Ⅱ   B．Ⅱ、Ⅲ
C．Ⅰ、Ⅱ、Ⅲ   D．Ⅰ、Ⅱ、Ⅲ、Ⅳ

46．下列关于QDII基金的说法中，正确的有（　　）。

Ⅰ．QDII基金即合格境内投资者基金
Ⅱ．2008年我国推出了首批QDII基金
Ⅲ．QDII基金为国内投资者参与国际市场投资提供了便利
Ⅳ．QDII基金是从事境外证券市场的股票、债券等有价证券投资的基金

A．Ⅱ、Ⅲ   B．Ⅰ、Ⅲ
C．Ⅰ、Ⅱ、Ⅲ   D．Ⅰ、Ⅲ、Ⅳ

47．证券公司在进行IB业务时，可以从事的业务有（　　）。

Ⅰ．利用证券资金账户为客户存取、划转期货保证金
Ⅱ．提供期货行情信息、交易设施
Ⅲ．协助办理开户手续
Ⅳ．代理客户进行期货交易

A．Ⅰ、Ⅱ   B．Ⅱ、Ⅳ
C．Ⅱ、Ⅲ   D．Ⅱ、Ⅲ、Ⅳ

48．下列关于金融期权的说法中，正确的有（　　）。

Ⅰ．金融期权是仅仅买卖权利的交换
Ⅱ．金融期权投资具有杠杆效应
Ⅲ．按照选择权的性质划分，金融期权可以分为看涨期权和看跌期权
Ⅳ．金融期权交易双方在成交时不发生现金收付关系，但在成交后，由于实行逐日结算制度，当亏损方保证金账户余额低于规定的维持保证金时，亏损方必须按规定及时缴纳追加保证金

A．Ⅰ、Ⅱ   B．Ⅰ、Ⅱ、Ⅲ
C．Ⅱ、Ⅲ、Ⅳ   D．Ⅰ、Ⅱ、Ⅲ、Ⅳ

49．货币政策的最终目标包括（　　）。

Ⅰ．币值稳定
Ⅱ．平衡国际收支
Ⅲ．充分就业
Ⅳ．促进经济增长

A．Ⅰ、Ⅱ   B．Ⅱ、Ⅲ、Ⅳ
C．Ⅱ、Ⅲ、Ⅳ   D．Ⅰ、Ⅱ、Ⅲ、Ⅳ

50．下列选项中，属于新型货币政策工具的是（　　）。

Ⅰ．SLO   Ⅱ．SAC
Ⅲ．MLF   Ⅳ．SLF

A．Ⅰ、Ⅱ   B．Ⅰ、Ⅲ、Ⅳ
C．Ⅱ、Ⅲ、Ⅳ   D．Ⅰ、Ⅱ、Ⅲ、Ⅳ

金融市场基础知识答案及详解

选择题答案速查表

1	2	3	4	5	6	7	8	9	10
D	A	B	D	C	D	C	C	A	C
11	12	13	14	15	16	17	18	19	20
A	C	D	C	D	A	A	D	D	B
21	22	23	24	25	26	27	28	29	30
D	A	A	B	D	D	B	A	B	C
31	32	33	34	35	36	37	38	39	40
C	D	B	A	D	B	C	C	A	B
41	42	43	44	45	46	47	48	49	50
A	A	C	B	B	A	A	D	C	D

组合型选择题答案速查表

1	2	3	4	5	6	7	8	9	10
A	B	C	A	D	A	B	D	C	D
11	12	13	14	15	16	17	18	19	20
B	C	D	B	B	A	D	D	A	B
21	22	23	24	25	26	27	28	29	30
C	A	A	A	B	D	C	C	D	B
31	32	33	34	35	36	37	38	39	40
D	C	A	D	C	C	B	B	B	D
41	42	43	44	45	46	47	48	49	50
B	B	A	D	D	D	C	B	B	B

一、选择题

1. D【解析】本题主要考查证券市场里的中介机构分类。证券市场里的中介机构包括：（1）证券公司。（2）证券登记结算机构。（3）会计师事务所。（4）律师事务所。（5）资信评级公司。（6）资产评估事务所等。中国证监会是国务院直属的证券监督管理机构。

2. A【解析】本题主要考查公司债券的相关内容，公司债券在网下发行一般不超过5个交易日。这里需要注意的是经上海证券交易所同意的除外。

3. B【解析】本题主要考查金融市场的分类。金融市场按交易标的物划分，分为：货币市场、资本市场、外汇市场、保险市场和黄金市场，其中资本市场又称为"长期资金市场"。

4. D【解析】本题主要考查外国债券的分类。常见的外国债券包括：（1）在美国发行的扬基债券。（2）在日本发行的武士债券。（3）在英国发行的猛犬债券。（4）在西班牙发行的斗牛士债券。（5）在中国发行的熊猫债券。

5. C【解析】本题主要考查金融市场分类中的发行市场。按照交易程序划分金融市场分为发行市场和流通市场，发行市场也称为"一级市场"或"初级市场"。

6. D【解析】本题主要考查公司型基金的相关内容。公司型基金是依据基金公司章程设立并运营的，在法律上具有独立法人地位的股份投资公司。

7. C【解析】本题主要考查间接融资的相关内容。在间接融资中，金融机构具有融资中心的地位和作用。

8. C【解析】本题主要考查我国证券投资基金的发展状况。我国新《证券基金法》于2013年6月1日施行，成为中国证券投资基金业发展史上的一个重要里程碑。

【易错警示】本题需要特别注意我国最早的《证券投资基金法》实施的时间是2004年6月1日。考生在答题过程中要注意理解题干及考点，将时间和事件对应好，此题应避免误选A选项。

9. A【解析】本题主要考查证券投资基金的类型。我国证券投资基金的交易费用主要包括：（1）印花税。（2）交易佣金。（3）过户费。（4）经手费。（5）证管费。

10. C【解析】本题主要考查中央银行作为"银行的银行"的职能。中央银行是"银行的银行"，它的职能包括：（1）集中存款准备金。（2）充当最后贷款人。（3）组织、参与和管理全国清算业务。（4）监督管理金融业。

11. A【解析】本题主要考查收益与风险的相关内容。通常来说，风险和收入是有一定关联的。股票风险最大，收益最高；国债的风险最小，其收益也最低。

【易错警示】此题的考点是收益的大小，要求考生不仅能区分各选项的风险大小和收益大小，还需要注意的是题干考查的顺序。此题考生在答题过程中应避免理解为收益从大到小的顺序排列，误选B选项。

12. C【解析】本题主要考查股票的性质。股票作为一种有价证券，它是投资者向公司提供资本而取得的由股份有限公司签发的证明股东所持股份的权益凭证或者是所有权凭证。故C选项为正确答案。

13. D【解析】本题主要考查金融衍生品的分类。金融衍生品按基础工具不同，可以划分为：（1）股权类产品的衍生工具。（2）货币衍生工具。（3）利率衍生工具。（4）信用衍生工具。（5）其他衍生工具。

14. C【解析】本题主要考查恒生指数的相关内容。恒生指数由香港恒生银行于1969年11月24日起编制，最初挑选了33种有代表性的上市股票为成分股。

15. D【解析】本题主要考查普通股股东的权利。普通股股东的权利包括：（1）享有资产收益。（2）参与重大决策。（3）选择管理者等权利。

16. A【解析】本题主要考查无负债结算制度。结算所实行的无负债的每日结算制度又被称为"逐日盯市制度"，是指以每种期货合约在交易日收盘前规定时间内的平均成交价作为当日结算价，与每笔交易成交时的价格作对照，计算每个结算所会员账户的浮动盈亏，进行随市清算的制度。

17. A【解析】本题主要考查黄金市场的内容。目前，黄金在国际结算中占据着重要地位，伦敦、纽约、苏黎世、芝加哥、中国香港被称为五大国际黄金市场。

18. D【解析】本题主要考查流动性风险的定义。流动性风险是指因市场缺乏交易对手而导致投资者不能平仓或变现所带来的风险。

【易错警示】除流动性风险外，非系统风险还包括：（1）信用风险，指在信用活动中由于存在不确定性而使本金和收益遭受损失的可能性。（2）财务风险，指公司财务结构不合理、融资不当使公司可能丧失偿债能力而导致投资者预期收益下降的风险。（3）经营风险，指公司的决策人员与管理人员在经营管理过程中出现失误而导致公司盈利水平变化，从而使投资者预期收益下降的可能性。（4）操作风险，指由于不完善或有问题的内部操作过程、人员、系统或外部事件而导致的直接或间接损失的风险。

19. D【解析】本题主要考查衡量公司盈利性的指标。衡量盈利性最常用的指标是每股收益和净资产收益率。

20. B【解析】本题主要考查结构化金融衍生产品的分类。结构化金融衍生产品按联结的基础产品不同，可以分为股权联结型产品、利率联结型产品、汇率联结型产品、商品联结型产品等种类。故B选项为正确答案。

21. D【解析】本题主要考查证券公司的相关内容。证券公司设立集合资产管理计划，办理集合资产管理业务，设立非限定性集合资产管理计划的，净资本不低于人民币5亿元。

【易错警示】这里需要注意的是，证券公司设立集合资产管理计划，办理集合资产管理业务，设立限定性集合资产管理计划的，净资本不低于人民币3亿元。设立的集合资产管理计划不同，最低净资产就不同，本题应避免误选C选项。

22. A【解析】本题主要考查可转换债券的相关内容。可转换债券是指其持有者可以在一定时期内按一定比例或价格将之转换成一定数量的另一种证券的证券。可转换债券通常是转换成普通股票。

23. A【解析】本题主要考查金融远期合约的概念。金融远期合约是指交易双方在场外市场上通过协商，按约定价格（称为远期价格）在约定的未来日期（交割日）买卖某种标的的金融资产（或金融变量）的合约。金融远期合约规定了将来交割的资产、交割的日期、交割的价格和数量，合约条款根据双方需求协商确定。

24. B【解析】本题主要考查基金托管费的相关内容。基金托管费是指基金托管人为基金提供托管服务而向基金收取的费用。

【易错警示】本题作为高频考点，要避免从字面上理解，误选A选项为正确答案。

25. B【解析】本题主要考查货币政策工具。法定存款准备金作为货币政策工具中的一种，有着固定化的倾向，其调整效果最为强烈。

26. D【解析】本题主要考查证券交易所的组织形式。会员制的证券交易所是一个由会员自愿组成的、不以营利为目的的社会法人团体。交易所设会员大会、理事会和监察委员会。故D选项为正确答案。

27. B【解析】本题主要考查次级债务的定义。次级债务是指由银行发行的，固定期限不低于5年（含5年），除非银行倒闭或清算不用于弥补银行日常经营损失，且该项债务的索偿权排在存款和其他负债之后的商业银行长期债务。

28. A【解析】本题主要考查资本市场的基本功能。资本市场的基本功能包括：（1）筹资—投资功能。（2）资本定价。（3）资本配置功能。其中，资本配置功能指的是通过证券价格引导资本的流动从而实现资本合理配置的功能。

29. B【解析】本题主要考查股权分置改革的相关内容。公司股权分置改革的决议，应当由全体非流通股股东一致同意提出。

【易错警示】此题易被误解为普通股东的相关权利，避免误选D选项。

30. C【解析】本题主要考查公司型基金与契约型基金的主要区别。公司型基金与契约型基金的区别包括：(1)资金的性质不同。(2)投资者的地位不同。(3)基金的营运依据不同。其中最主要的区别是，基金是否为独立的法人。故C选项为正确答案。

31. C【解析】本题主要考查国债的定义。我国的国债专指财政部代表中央政府发行的国家公债。

【易错警示】本题易出现的错误是很多考生在对知识点理解不够全面的情况下会误认为国债是由中央银行发行的，误选A选项。

32. D【解析】本题主要考查风险分散的相关内容。风险分散属于金融市场的避险功能。

33. B【解析】本题主要考查优先认股权的相关内容。股份公司在提供优先认股权时会设定一个股权登记日，在此日期前认购普通股票的，该股东享有优先认股权；在此日期后认购普通股票的，该股东不享有优先认股权。前者称为"附权股"或"含权股"，后者称为"除权股"。

34. A【解析】本题主要考查证券业协会对从业人员的管理内容。中国证券业协会对从业人员的管理包括：(1)从业人员的资格管理。(2)后续职业培训。(3)制定从业人员的行为准则和道德规范。(4)从业人员诚信信息管理。

35. D【解析】本题主要考查储蓄国债的定义。储蓄国债是指财政部在中华人民共和国境内发行，通过试点商业银行面向个人投资者销售的、以电子方式记录债权的不可流通人民币债券。

36. B【解析】本题主要考查委托的定义。投资者需要通过经纪商的代理才能在证券交易所买卖证券。在这种情况下，投资者向证券经纪商下达买进或卖出证券的指令，称为"委托"。

37. C【解析】本题主要考查金融危机的定义。金融危机又称金融风暴，指一个国家或几个国家与地区的全部或大部分金融指标(如短期利率、货币资产、证券、房地产、土地价格、企业破产数和金融机构倒闭数)的急剧、短暂和超周期的恶化。

38. C【解析】本题主要考查金融市场的分类。按照有无固定场所，可以将金融市场分为有形市场和无形市场。所以，交易场所不固定是无形市场与有形市场的一个最明显的区别。

39. A【解析】本题主要考查证券投资者的相关内容。证券投资者主要分为证券公司、共同基金等机构投资者和个人投资者。故本题选A选项。

40. B【解析】本题主要考查信用违约互换。最基本的信用违约互换涉及2个当事人，双方约定以某一信用工具为参考，一方向另一方出售信用保护，若参考工具发生规定的信用违约事件，则信用保护出售方必须向购买方支付赔偿。

41. A【解析】本题主要考查基金的投资限制。基金管理人运用基金财产进行证券投资，不得有的情形之一是：同一基金管理人管理的全部基金持有一家公司发行的证券，超过该证券的10%。

【易错警示】基金管理人运用基金财产进行证券投资，不得有下列情形还包括：(1)一只基金持有一家上市公司的股票，其市值超过基金资产净值的10%。(2)基金财产参与股票发行申购，单只基金所申报的金额超过该基金的总资产，单只基金所申报的股票数量超过拟发行股票公司本次发行股票的总量。(3)违反基金合同关于投资范围、投资策略和投资比例等约定。(4)中国证监会规定禁止的其他情形。

42. A【解析】本题主要考查政策性银行的分类。发行金融债券的政策性银行包括：(1)国家开发银行。(2)中国进出口银行。(3)中国农业发展银行。这3家政策性银行作为发行体，天然具备发行金融债券的条件，只要按年向中国人民银行报送金融债券发行申请，并经中国人民银行核准后便可发行。

43. C【解析】本题主要考查金融期权的分类。按照合约所规定的履约时间的不同，金融期权可以分为：（1）欧式期权，只能在期权到期日执行。（2）美式期权，可在期权到期日或到期日之前的任何一个营业日执行。（3）修正的美式期权，也称为"大西洋期权"或"百慕大期权"，可以在期权到期日之前的一系列规定日期执行。

44. B【解析】本题主要考查股权分置的定义。股权分置是指A股市场上的上市公司股份按能否在证券交易所上市交易，被区分为非流通股和流通股，这是我国经济体制转轨过程中形成的特殊问题。股权分置不能适应资本市场改革开放和稳定发展的要求，必须通过股权分置改革，消除非流通股和流通股的流通制度差异。故本题选B选项。

45. B【解析】本题主要考查资产评估机构申请证券评估资格的相关内容。资产评估机构申请证券评估资格应满足的条件之一是：具有不少于30名注册资产评估师，其中最近3年持有注册资产评估师证书且连续执业的不少于20人等。

46. A【解析】本题主要考查设立证券登记结算公司的条件。设立证券登记结算公司应当具备的条件之一是：自有资金不少于人民币2亿元。

47. A【解析】本题主要考查银行间债券市场的参与者。全国银行间债券回购参与者包括：（1）在中国境内具有法人资格的商业银行及其授权分支机构。（2）在中国境内具有法人资格的非银行金融机构和非金融机构。（3）经中国人民银行批准经营人民币业务的外国银行分行。

48. D【解析】本题主要考查基金管理费的相关内容。基金管理费是指从基金资产中提取的、支付给为基金提供专业化服务的基金管理人的费用，即管理人为管理和操作基金而收取的费用。管理费率通常与基金规模成反比，与风险成正比。基金规模越大，风险越小，管理费率就越低；反之，则越高。管理费通常从基金的股息、利息收益中或从基金资产中扣除，不另向投资者收取。证券衍生工具基金的基金管理费率最高，股票基金居中，债券基金次之，货币市场基金最低。选项中，货币市场基金的风险最小，故本题选D选项。

49. C【解析】本题主要考查证券经纪业务的定义。证券经纪业务又称"代理买卖证券业务"，是指证券公司接受客户委托代客户买卖有价证券的业务。

50. D【解析】本题主要考查机构间私募产品报价与服务系统的定义。机构间私募产品报价与服务系统是为报价系统参与人提供私募产品报价、发行、转让及相关服务的专业化电子平台。

二、组合型选择题

1. A【解析】本题主要考查保护基金公司设立的意义。保护基金公司设立的意义包括：（1）可以在证券公司出现关闭、破产等重大风险时依据国家政策规范地保护投资者权益，通过简捷的渠道快速地对投资者特别是中小投资者予以保护。（2）有助于稳定和增强投资者对我国金融体系的信心，有助于防止证券公司个案风险的传递和扩散。（3）对现有的国家行政监管部门、证券业协会和证券交易所等行业自律组织、市场中介机构等组成的全方位、多层次监管体系的一个重要补充，将在检测证券公司风险、推动证券公司积极稳妥地解决遗留问题和处置证券公司风险方面发挥重要作用。（4）有助于我国建立国际成熟市场通行的证券投资者保护机制。

2. B【解析】本题主要考查证券投资基金的相关内容。根据相关规定，基金投资应符合的规定包括：（1）股票基金应有80%以上的资产投资于股票。（2）债券基金应有

80%以上的资产投资于债券。（3）货币市场基金仅投资于货币市场工具。（4）基金不得投资于有锁定期，但锁定期不明确的证券等。

3. C【解析】本题主要考查金融市场的分类。金融市场按交割方式可分为：（1）现货市场。（2）远期市场。（3）期货市场。

【易错警示】本题容易将第Ⅰ、Ⅱ项联系在一起，因此在答题过程中要注意仔细，避免误选A选项。

4. A【解析】本题主要考查记名股票的相关内容。记名股票在发行时应记载的事项包括：（1）股东的姓名或者名称及住所。（2）各股东所持股份数。（3）各股东所持股票的编号。（4）各股东取得股份的日期。

5. D【解析】本题主要考查开放式基金的定义。开放式基金是指基金份额总额不固定，基金份额可以在基金合同约定的时间和场所申购或者赎回的基金。为了满足投资者赎回资金、实现变现的要求，开放式基金需要以现金形式保持一部分资金。

【易错警示】封闭式基金在封闭期内不能赎回，但开放式基金在发行结束一段时间后，可以随时申请赎回。考生应正确区分两者。

6. A【解析】本题主要考查上市公司公开发行新股的条件。根据相关规定，公司公开发行新股，应当符合的条件包括：（1）具备健全且运行良好的组织机构。（2）具有持续盈利能力，财务状况良好。（3）最近3年财务会计文件无虚假记载，无其他重大违法行为。（4）经国务院批准的国务院证券监督管理机构规定的其他条件。

【易错警示】对知识点理解不够彻底的考生，此题易误选D选项，但是实际条件是：最近3年财务会计文件无虚假记载，无其他重大违法行为。

7. B【解析】本题主要考查指数基金的优势。指数基金的优势包括：（1）费用低廉。（2）风险较小。（3）在以机构投资者为主的市场中，指数基金可获得市场平均收益率，可以为股票投资者提供比较稳定的投资回报。（4）指数基金可以作为避险套利的工具。

8. D【解析】本题主要考查证券市场监管的意义。证券市场监管的意义包括：（1）加强证券市场监管是保障广大投资者合法权益的需要。（2）加强证券市场监管是维护市场良好秩序的需要。（3）加强证券市场监管是发展和完善证券市场体系的需要。（4）准确和全面的信息是证券市场参与者进行发行和交易决策的重要依据。

9. C【解析】本题主要考查证券投资基金的费用。证券投资基金的费用包括：（1）基金管理费。（2）基金托管费。（3）基金交易费。（4）基金运作费。（5）基金销售服务费。

10. D【解析】本题主要考查ETF基金。ETF基金即"交易所交易的开放式指数基金"，是一种在交易所上市交易的、基金份额可变的一种基金运作方式，它采用指数基金模式，以一篮子股票进行申购、赎回，有"最小申购、赎回份额"的规定。故第Ⅰ、Ⅱ、Ⅲ、Ⅳ项说法都正确，D选项为正确答案。

11. B【解析】本题主要考查中期国债的用途。中期国债是指偿还期限在1年以上、10年以下的国债，主要用于弥补赤字，或用于投资。

【易错警示】这里需要特别注意的是，中期国债不再用于临时周转，本题要避免误选D选项。

12. C【解析】本题主要考查基金托管人职责。我国《证券投资基金法》第三十六条规定，基金托管人应当履行下列职责：（1）安全保管基金财产。（2）按照规定开设基金财产的资金账户和证券账户。（3）对所托管的不同基金财产分别设置账户，确保基金财产的完整与独立。（4）保存基金托管业务活动的记录、账册、报表和其他相关资料。（5）按照基金合同的约定，根据基金管理人的投资指令，及时办理清算、交割事宜。（6）办理与基金托管业务活动有关的信息披露事项。（7）对基金财务会计报告、中期和年度基金报告出具意见。（8）复核、审查基金管理人计算的基金资产净值和基金份额申购、赎回价格。（9）按照规定召集基金份额持有人大会。（10）按照规定监督基金管理人的投资运作。（11）国务院证券监督管理机构规定的其他职责。

13. D【解析】本题主要考查债券的性质。债券的基本性质包括：（1）债券属于有价证券。（2）债券是一种虚拟资本。（3）债券是债权的表现。

14. B【解析】本题主要考查QDII基金的投资风险。QDII基金投资风险包括：（1）国际市场投资会面临国内基金所没有的汇率风险。（2）国际市场将会面临国别风险、新兴市场风险等特别投资风险。（3）尽管进行国际市场投资有可能降低组合投资风险，但并不能排除市场风险。（4）QDII基金的流动性风险。

15. B【解析】本题主要考查非系统性风险的分类。非系统性风险包括：（1）信用风险。（2）财务风险。（3）经营风险。（4）流动性风险。（5）操作风险。

【易错警示】这里要注意区分系统性风险和非系统性风险。题干中汇率风险和宏观经济风险属于系统风险。

16. A【解析】本题主要考查国际债券的投资者。国际债券的投资者主要包括：（1）银行。（2）其他金融机构。（3）各种基金会。（4）工商财团。（5）自然人。

【易错警示】本题应注意的是，对知识点熟悉度不够的考生可能认为银行不是国际债券的投资人，误选C选项。

17. D【解析】本题主要考查证券服务机构的类别。证券服务机构是指依法设立的从事证券服务业务的法人机构。证券服务机构包括：（1）投资咨询机构。（2）财务顾问机构。（3）资信评级机构。（4）资产评估机构。（5）会计师事务所、律师事务所等从事证券服务业务的机构。故D选项为正确答案。

18. D【解析】本题主要考查欧洲债券的票面使用货币。欧洲债券票面使用的货币一般是可自由兑换的货币，主要包括：（1）美元。（2）欧元。（3）英镑。（4）日元等。

19. A【解析】本题主要考查国际债券的特征。国际债券是指一国借款人在国际证券市场上以外国货币为面值、向外国投资者发行的债券。国际债券的特征包括：（1）资金来源广、发行规模大。（2）存在汇率风险。（3）有国家主权保障。（4）以自由兑换货币作为计量货币。

20. B【解析】本题主要考查基金管理费的相关内容。基金管理费指从基金资产中提取的、支付给为基金提供专业化服务的基金管理人的费用。管理费率通常与基金规模成反比，与风险成正比。基金规模越大，风险越小，管理费率就越低；反之，则越高。管理费通常从基金的股息、利息收益中或从基金资产中扣除，不另向投资者收取。印花税属于基金交易费。故B选项为正确答案。

21. C【解析】本题主要考查股权类期货的定义。股权类期货是以单只股票、股票组合或者股票价格指数为基础资产的期货合约。

22. A【解析】本题主要考查债券的兑付方式。债券兑付是偿还本金，债券付息是支付利息。一般情况下，债券有五种兑付方式：到期兑付、提前兑付、债券替换、分期兑付和转换为普通股兑付。

23. A【解析】本题主要考查普通股股东的权利。普通股股东的权利包括：（1）公司重大决策参与权。（2）公司资产收益权和剩余资产分配权。包括股份分配条件与公司利润分配顺序和剩余资产分配的条件及顺序。（3）其他权利。其他权利主要有：第一，股东有权查阅公司章程、股东名册、公司债券存根、股东大会会议记录、董事会会议决议、监事会会议决议、财务会计报告,对公司的经营提出建议或者质询;第二,股东持有的股份可依法转让;第三,公司为增加注册资本发行新股时,股东享有优先认股权。

24. A【解析】本题主要考查委托的申报方式。委托的申报方式包括:(1)由证券经纪商的场内交易员进行申报。(2)由客户或证券经纪商营业部业务员直接申报。

25. B【解析】本题主要考查证券公司申请融资融券业务需具备的条件。证券公司申请融资融券业务试点的条件包括:(1)经营证券经纪业务已满3年。(2)公司治理健全,内部控制有效,能有效识别、控制和防范业务经营风险和内部管理风险。(3)公司及其董事、监事、高级管理人员最近2年内未因违法违规经营受到行政处罚和刑事处罚,且不存在因涉嫌违法违规正被中国证监会立案调查或者正处于整改期间。(4)财务状况良好,最近2年各项风险控制指标持续符合规定。(5)客户资产安全、完整,客户交易结算资金已实现第三方存管有效实施,客户资料完整真实。(6)已建立完善的客户投诉处理机制,能够及时、妥善处理与客户之间的纠纷。(7)信息系统安全稳定运行,最近1年未发生因公司管理问题导致的重大事件,融资融券业务技术系统已通过证券交易所、证券登记结算机构组织的测试。(8)有拟负责融资融券业务的高级管理人员和适当数量的专业人员。(9)证监会规定的其他条件。根据上述第(1)、(2)项可知,第Ⅰ、Ⅱ项正确,从上述第(4)、(7)项可知,第Ⅲ、Ⅳ项说法错误,故本题选B选项。

26. D【解析】本题主要考查债券成交的原则。债券成交的原则主要包括:价格优先、时间优先、客户委托优先。(1)价格优先就是证券公司按照交易最有利于投资委托人的利益的价格买进或卖出债券。(2)时间优先就是要求在相同的价格申报时,应该与最早提出该价格的一方成交。(3)客户委托优先主要是要求证券公司在自营买卖和代理买卖之间,首先进行代理买卖。根据上述原则,价格较高的买入申报应优先于价格较低者。故第Ⅰ项错误,本题选D选项。

27. C【解析】本题主要考查买断式回购的相关内容。买断式回购实行净价交易、全价结算,采用询价交易方式,可用意向报价和对话报价。故C选项为正确答案。

28. C【解析】本题主要考查期货交易与远期交易的联系和区别。期货交易和远期交易都是现在定约成交,将来交割。故第Ⅰ项正确。两者的交易场所和交易组织形式不同,期货交易是标准化的,一般在场内市场进行,而远期交易是非标准化的,在场外市场进行双边交易。故第Ⅱ项错误,第Ⅲ项正确。现货交易和远期交易以通过交易获取标的物为目的,而期货交易在多数情况下不进行实物交收,是在合约到期前进行反向交易、平仓了结。故第Ⅳ项正确。综上,本题选C选项。

29. D【解析】本题主要考查可转换债券的相关内容。可转换债券是指其持有者可以在一定时期内按一定比例或价格将之转换成一定数量的另一种证券的证券。其通常是转换成普通股票,当股票价格上涨时,可转换债券的持有人行使转换权比较有利。可转换债券具有双重选择权,一方面,投资者可自行选择是否转股,并为此承担转债利率较低的机会成本;另一方面,转债发行人拥有是否实施赎回条款的选择权,并为此要支付比没有赎回条款的转债更高的利率。它是一种附有转股权的特殊债券。

30. B【解析】本题主要考查证券业协会的自律管理职能。证券业协会的自律管理职能包括:(1)推进行业诚信建设,开展行业诚信评价,实施诚信引导与激励,开展行业诚信教育,督促和检查会员依法履行公告义务。(2)组织证券从业人员水平考试。(3)推动行业开展投资者教育,组织制作投资者教育产品，普及证券知识。(4)推动会员信息化建设和信息安全保障能力的提高，经政府有关部门批准，开展行业科学技术奖励，组织制订行业技术标准和指引。(5)组织开展证券业国际交流与合作，代表中国证券业加入相关国家组织，推动相关资质互认。(6)其他涉及自律、服务、传导的职责。

【易错警示】这里需要注意的是，很容易将"制定证券业执业标准和业务规范"纳入到中国证券业协会的自律管理内容里，实际上它属于中国证券业协会的职责。因此，本题注意避免D选项。

31. D【解析】本题主要考查我国证券市场的监管目标。我国证券市场的监管目标包括：(1)运用和发挥证券市场机制的积极作用，限制其消极作用。(2)保护投资者利益，保障合法的证券交易活动，监督证券中介机构依法经营。(3)防止人为操纵、欺诈等不法行为，维持证券市场的正常秩序。(4)根据国家宏观经济管理的需要，运用灵活多样的方式，调控证券市场与证券交易规模，引导投资方向，使之与经济发展相适应。

32. C【解析】本题主要考查我国股票的分类。按投资主体的性质不同，我国股票可分为：(1)国家股。(2)法人股。(3)社会公众股。(4)外资股等不同类型。

33. A【解析】本题主要考查金融期权中的外汇期权。货币期权又称"外币期权""外汇期权"，指买方在支付了期权费后，即取得在合约有效期内或到期时以约定的汇率购买或出售一定数额某种外汇资产的权利。货币期权合约主要以美元、欧元、日元、英镑、瑞士法郎、加拿大元及澳大利亚元等为基础资产。

34. D【解析】本题主要考查增发股票的发行方式。增发股票的发行方式包括：(1)网上定价发行与网下配售相结合。(2)网下网上同时定价发行。(3)中国证监会认可的其他形式。(4)上市公司增发采

用比例配售方式的，可以全部或部分向原股东优先配售，优先配售比例应当在发行公告中披露。故D选项为正确答案。

35. C【解析】本题主要考查金融期货的交易制度。金融期货交易的交易制度包括：(1)集中交易制度。(2)标准化的期货合约和对冲机制。(3)保证金制度。(4)结算所和无负债结算制度。(5)限仓制度。(6)大户报告制度。(7)每日价格波动限制及断路器规则。(8)强行平仓制度。(9)强制减仓制度。

36. C【解析】本题主要考查VaR的优势。鉴于传统风险管理存在的缺陷，现代风险管理强调采用以VaR为核心，辅之敏感性和压力测试等形成不同类型的风险限额组合。其主要有以下优势：(1)VaR限额是动态的，其可以捕捉到市场环境和不同业务部门组合成分的变化，还可以提供当前组合和市场风险因子波动特性方面的信息。(2)VaR限额易于在不同的组织层级以上进行交流，管理层可以很好地了解任何特定的头寸可能发生多大的潜在损失。(3)VaR限额结合了杠杆效应和头寸规模效应。(4)VaR允许人们汇总和分解不同市场与不同工具的风险，从而能够使人们深入了解到整个企业的风险状况和风险源。(5)VaR考虑了不同组合的风险分散效应。(6)VaR限额可以在组织的不同层次上进行确定，从而可以对整个公司和不同业务部门的风险进行管理。

37. B【解析】本题主要考查场外交易市场的功能。场外交易市场的功能包括：(1)拓宽融资渠道，改善中小企业融资环境。(2)为不能在证券交易所上市交易的证券提供流通转让的场所。(3)提供风险分层的金融资产管理渠道。

【易错警示】考生应注意第Ⅳ项中的"大中企业"与题意不符，不应误选D选项。

38. B【解析】本题主要考查LOF的相关内容。LOF，全称"上市开放式基金"，

关于它的正确说法如下：（1）LOF 的申购、赎回是基金份额与现金的对价。（2）LOF 的申购、赎回可以在代销网点进行，也可以在交易所进行。（3）LOF 在申购、赎回上没有特别要求。（4）LOF 是普通的开放式基金增加了交易所的交易方式，它可以是指数型基金，也可以是主动管理型基金。（5）LOF 的净值报价频率要比 ETF 低，通常 1 天只提供 1 次或几次基金净值报价。

【易错警示】这里需要注意的是对 LOF 和 ETF 的内容一定要能够区分，题干中的第Ⅳ项有误是因为：ETF 的申购、赎回才是通过交易所进行，LOF 的申购、赎回可以在代销网点进行，也可以在交易所进行。本题避免误选 D 选项。

39. C【解析】本题主要考查优先股票的具体优先条件。优先股票的优先条件包括：（1）优先股票分配股息的顺序和定额。（2）优先股票分配公司剩余资产的顺序和定额。（3）优先股票股东行使表决权的条件、顺序和限制。（4）优先股票股东的权利和义务。（5）优先股票股东转让股份的条件等。

40. D【解析】本题主要考查境外上市外资股。境外上市外资股是指股份有限公司向境外投资者募集并在境外上市的股份。境外上市外资股包括：H 股、N 股、S 股、L 股。

【易错警示】B 股属于境内上市外资股。

41. B【解析】本题主要考查货币市场基金的相关内容。根据相关规定，目前我国货币市场基金能够进行投资的金融工具主要包括：（1）现金。（2）1 年以内（含 1 年）的银行定期存款、大额存单。（3）剩余期限在 397 天以内（含第 397 天）的债券。（4）期限在 1 年以内（含 1 年）的债券回购。（5）期限在 1 年以内（含 1 年）的中央银行票据。（6）剩余期限在 397 天以内（含第 397 天）的资产支持证券。（7）中国证监会、中国人民银行认可的其他具有良好流动性的货币市场工具。

【易错警示】目前我国货币市场基金禁止投资以下金融工具：（1）股票。（2）可转换债券。（3）剩余期限超过 397 天的债券。（4）信用等级在 AAA 级以下的企业债券。（5）国内信用评级机构评定的 A-1 级或相当于 A-1 级的短期信用级别及其该标准以下的短期融资券。（6）流通受限的证券。（7）中国证监会、中国人民银行禁止投资的其他金融工具。

42. B【解析】本题主要考查中小企业私募债的特征。第Ⅱ项说法过于绝对，应率先予以排除，从而得出正确答案 B。

43. A【解析】本题主要考查上海证券交易所采用集合竞价的时间。上海证券交易所的连续竞价时间为：9:30～11:30、13:00～15:00；深圳证券交易所规定，竞价时间为：9:30～11:30、13:00～14:57。故 A 选项为正确答案。

【易错警示】这里需要注意的是区分深圳证券交易所的竞价时间和上海证券交易所的竞价时间，本题避免将两者的时间混淆，误选 C 选项。

44. D【解析】本题主要考查债券的票面要素。通常，债券票面上的基本要素包括：（1）债券的票面价值。（2）债券的到期期限。（3）债券的票面利率。（4）债券发行者名称。

45. D【解析】本题主要考查收集风险管理相关信息中的相关内容。收集风险管理相关信息中的分析战略风险内容包括：（1）国内外宏观经济政策以及经济运行情况，公司所在产业的状况、国家产业政策。（2）科技进步、技术创新的有关内容。（3）市场对该公司产品或服务的需求。（4）该公司主要客户、供应商及竞争对手的有关情况。（5）与公司战略合作伙伴的关系，未来寻求战略合作伙伴的可能性。（6）与主要竞争对手相比，该公司实力与差距。（7）本公司发展战略和规划、投融资计划、年度经营目标、经营战略，以及编制这些战略、规划、计划、目标的有关依据。（8）该公司对外投融资流程中曾发生或易发生错误的业务流程或环节。

46. D【解析】本题主要考查 QDII 的相关内容。QDII 是合格境内机构投资者的首字缩写，是指在一国境内设立，经该国有关部门批准从事境外证券市场的股票、债券等有价证券投资的基金。它为国内投资者参与国际市场投资提供了便利。2007 年我国推出了首批 QDII 基金。

47. C【解析】本题主要考查证券公司 IB 业务的业务范围。证券公司受期货公司委托从事 IB 业务，应当提供的服务包括：（1）协助办理开户手续。（2）提供期货行情信息、交易设施。（3）中国证监会规定的其他服务。

【易错警示】这里需要注意的是，证券公司 IB 业务不包括：（1）代理客户进行期货交易、结算或者交割。（2）代期货公司、客户收付期货保证金。（3）利用证券资金账户为客户存取、划转期货保证金。因此，本题注意避免误选 D 选项。

48. B【解析】本题主要考查金融期权的相关内容。金融期权交易中，在成交时，期权购买者为取得期权合约所赋予的权利，必须向期权出售者支付一定的期权费，但在成交后，除了到期履约外，交易双方将不发生任何现金流转。故第Ⅳ项说法有误，本题选 B 选项。

49. B【解析】本题主要考查货币政策的最终目标。货币政策的最终目标，一般有四个：稳定物价、充分就业、促进经济增长和平衡国际收支等。

50. B【解析】本题主要考查新型货币政策工具。新型货币政策工具主要包括：（1）短期流动性调节工具（SLO）。（2）常设借贷便利（SLF）。（3）中期借贷便利（MLF）。

证券市场基本法律法规

（考试时间：120 分钟，满分 100 分）

一、**选择题**（共 50 题，每小题 1 分，共 50 分）

以下备选项中只有一项符合题目要求，不选、错选均不得分。

1. 下列关于一人有限责任公司的说法中，错误的是（　　）。
   A. 一个自然人只能投资设立一个一人有限责任公司
   B. 一人有限责任公司不设股东会
   C. 一人有限责任公司的股东对公司债务承担有限责任
   D. 一人有限责任公司章程由股东制定

2. 证券公司集合资产管理合同约定管理人以自有资金参与集合计划的，应对管理人参与集合计划的有关事宜作出明确约定，其中不包括（　　）。
   A. 参与集合计划的金额和比例
   B. 资金的投资范围和投资比例
   C. 收益分配和责任承担方式
   D. 保证参与资金在集合计划存续期内不得退出

3. 甲是乙的全资子公司，2016 年年初甲采购了一批物资，尚未付款。下列选项中，说法正确的是（　　）。
   A. 付款责任由甲承担，乙承担连带责任
   B. 付款责任由甲独立承担
   C. 付款责任由乙独立承担
   D. 付款责任由乙承担，甲承担连带责任

4. 我国《证券市场禁入规定》规定，违反法律、行政法规或者中国证监会有关规定，行为恶劣、严重扰乱证券市场秩序、严重损害投资者利益或者在重大违法活动中起主要作用等情节较为严重的，可以对有关责任人员采取（　　）的证券市场禁入措施。
   A. 1～3 年
   B. 3～5 年
   C. 5～10 年
   D. 终身

5. 证券业协会对证券经纪人自其取得执业证书之日起每（　　）检查一次。
   A. 3 年　　　　　B. 2 年
   C. 1 年　　　　　D. 半年

6. 证券公司应建立（　　），以控制内幕信息及未公开信息的不当流动和使用。
   A. 信息隔离墙制度
   B. 信息公开披露制度
   C. 合规管理制度
   D. 内部控制制度

7. 证券公司经营证券自营业务的，持有一种权益类证券的成本不得超过净资本的（　　）。
   A. 5%　　　　　B. 30%
   C. 100%　　　　D. 500%

8. 我国《公司法》规定，单独或者合计持有公司（　　）以上股份的股东，可以在股东大会召开 10 日前提出临时提案并书面提交董事会；董事会应当在收到提案后 2 日内通知其他股东，并将该临时提案提交股东大会审议。
   A. 3%　　　　　B. 5%
   C. 10%　　　　D. 20%

9. 证券经纪人在执业过程中违反有关法律、行政法规、监管机构和行政管理部门的规定、自律规则或者职业道德的，证券公司应当在发生之日或知晓之日起（　　）个工作日内向协会进行相关人员执业信息备案。
   A. 5　　　　　B. 10

C. 20　　　　　D. 30

10．我国《上市公司并购重组财务顾问业务管理办法》规定，上市公司就并购重组事项出具盈利预测报告的，在相关并购重组活动完成后，凡不属于上市公司管理层事前无法获知且事后无法控制的原因，上市公司或者购买资产实现的利润未达到盈利预测报告或者资产评估报告预测金额（　　）的，中国证监会可以同时对财务顾问及其财务顾问主办人采取监管谈话、出具警示函、责令定期报告等监管措施。

A. 100%　　　　B. 80%
C. 50%　　　　 D. 30%

11．证券公司违反规定，未经批准经营非上市证券的交易的，责令改正，没收违法所得，并处以（　　）。

A. 3万元以上30万元以下的罚款
B. 10万元以上60万元以下的罚款
C. 违法所得1%以上5%以下的罚款
D. 违法所得1倍以上5倍以下的罚款

12．证券公司代理开立证券账户，应当向（　　）申请取得开户代理资格。

A. 中央银行
B. 证券业协会
C. 中国证监会
D. 证券登记结算机构

13．上市公司在1年内担保金额超过公司资产总额（　　）的，应当由股东大会作出决议，并经出席会议的股东所持表决权的（　　）以上通过。

A. 30%；1/2　　B. 30%；2/3
C. 50%；1/2　　D. 50%；2/3

14．证券公司从事证券经纪业务，其客户的交易结算资金应当存放在（　　），以每个客户的名义单独立户管理。

A. 中央银行
B. 指定商业银行
C. 中国证监会
D. 证券公司内部

15．向特定对象发行证券累计超过（　　）人的，为公开发行。

A. 50　　　　　B. 100
C. 200　　　　 D. 500

16．证券、期货交易内幕信息的知情人员、单位或者非法获取证券、期货交易内幕信息的人员、单位，在涉及证券的发行，证券、期货交易或者其他对证券、期货交易价格有重大影响的信息尚未公开前，买入或者卖出该证券，或者从事与该内幕信息有关的期货交易，或者泄露该信息，或者明示、暗示他人从事证券交易成交额累计在（　　）万元以上的，应予立案追诉。

A. 15　　　　　B. 30
C. 50　　　　　D. 100

17．某公司的法定代表人由张某变为李某，则该公司应当办理的是（　　）。

A. 设立登记
B. 变更登记
C. 停业登记
D. 注销登记

18．在上市公司收购中，收购人持有的被收购的上市公司的股票，在收购行为完成后的（　　）个月内不得转让。

A. 1　　　　　B. 3
C. 6　　　　　D. 12

19．下列符合设立有限责任公司的股东人数要求的是（　　）人。

A. 25　　　　　B. 55
C. 116　　　　 D. 201

20．下列关于证券从业监督管理的规定中，正确的是（　　）。

A. 取得执业证书的人员，连续2年不在机构从业的，由证券业协会注销其执业证书
B. 从业人员取得执业证书后，辞职或者不为原聘用机构所聘用的，或者其他原因与原聘用机构解除劳动合同的，原聘用机构应当在上述情形发生后30日内向证券业协会报告

C. 证券业从业人员违反有关法律法规，受到聘用机构处分的，该机构应当在处分后15日内向证券业协会报告

D. 参加证券业从业人员资格考试的人员，违反考场规则的，扰乱考场秩序的，2年内不得参加资格考试

21. 股票应当载明的事项不包括（　　）。

A. 股票编号
B. 公司名称
C. 股票种类
D. 股票的到期时间

22. 下列关于证券发行与交易的说法中，正确的是（　　）。

A. 擅自发行股票或者公司、企业债券，数额巨大、后果严重或者有其他严重情节的，应处5年以上有期徒刑

B. 证券公司的从业人员故意提供虚假信息或者伪造、变造、销毁交易记录，诱骗投资者买卖证券、期货合约，造成严重后果的，应当处以10年有期徒刑

C. 前一次公开发行的公司债券尚未募足的，不得再次公开发行公司债券

D. 未经法定机关核准，变相公开发行证券的，应处以3万元以上30万元以下的罚款

23. 证券公司应当在每月结束后（　　）个交易日内，向证监会、注册地证监会派出机构和证券交易所书面报告当月客户交存的担保物种类和数量。

A. 3　　　　　　B. 5
C. 7　　　　　　D. 10

24. 法定公积金转为资本时，所留存的该项公积金不得少于转增前公司注册资本的（　　）。

A. 5%　　　　　B. 10%
C. 25%　　　　 D. 50%

25. 关于证券业协会采集诚信信息的途径，下列说法中错误的是（　　）。

A. 基本信息由证券业协会录入诚信信息系统

B. 证券业协会做出的奖励信息、自律惩戒信息，由协会录入诚信信息系统

C. 会员应自收到对本单位及本单位从业人员奖励决定文书之日起10个工作日内向协会诚信管理系统申报，协会审核后记入诚信信息系统

D. 会员对本单位从业人员做出的处罚处分信息，会员应自处罚处分决定生效之日起10个工作日内向协会诚信管理系统申报，协会审核后记入诚信信息系统备注栏

26. 客户申请开展融资融券业务要在第三方存管银行开立（　　）。

A. 信用证券账户
B. 实名信用证券账户
C. 信用交易担保资金账户
D. 实名信用资金账户

27. 证券公司假借他人名义或者以个人名义从事证券自营业务的，没有违法所得或者违法所得不足30万元的，处以（　　）的罚款。

A. 30万元以上60万元以下
B. 30万元以上50万元以下
C. 10万元以上60万元以下
D. 10万元以上30万元以下

28. 人民法院依照法律规定的强制执行程序转让股东的股权时，其他股东自人民法院通知之日起满（　　）日不行使优先购买权的，视为放弃优先购买权。

A. 10　　　　　B. 15
C. 20　　　　　D. 30

29. 下列关于股份有限公司发行股票的说法中，错误的是（　　）。

A. 公司向发起人发行的股票，应当为记名股票

B. 公司向法人发行的股票，可以为不记名股票

C. 公司向法人发行的股票，不得另立户

D. 公司发行的股票，可以为记名股票，也可以为无记名股票

30. 下列代销业务中，表明股票发行成功的是（ ）
   A. 代销期限届满，向投资者出售的股票数量达到拟公开发行股票数量的15%
   B. 代销期限届满，向投资者出售的股票数量达到拟公开发行股票数量的50%
   C. 代销期限届满，向投资者出售的股票数量达到拟公开发行股票数量的60%
   D. 代销期限届满，向投资者出售的股票数量达到拟公开发行股票数量的75%

31. 下列选项所描述的人物中，可以担任公司总经理的是（ ）。
   A. 限制民事行为能力的
   B. 因受贿被判处刑罚，执行期满3年的
   C. 担任因违法被责令关闭的公司的法定代表人，并负有个人责任的，自该公司被责令关闭之日起5年的
   D. 个人所负数额较大的债务到期未清偿的

32. 证券公司应当至少（ ）向客户提供一次准确、完整的资产管理报告。
   A. 每日   B. 每月
   C. 每季   D. 每年

33. 证券公司受理客户融资融券业务申请后，应当办理客户征信，征信调查内容不包括（ ）。
   A. 还款能力
   B. 诚信记录
   C. 投资经验
   D. 社会关系

34. 下列关于证券公司分支机构的说法中，正确的是（ ）。
   A. 证券公司不得与他人合资经营管理分支机构
   B. 证券公司可以将分支机构承包给他人经营管理
   C. 证券公司相互之间存在控制关系的，在任何情况下均不得经营相同的证券业务
   D. 2个以上的证券公司受同一单位、个人控制的，在任何情况下均不得经营相同的证券业务

35. 目前，上海证券交易所推出的国债买断式回购交易的回购期限不包括（ ）天。
   A. 7   B. 14
   C. 28   D. 91

36. 满12个月，行政重组未完成的，证券公司可以向国务院证券监督管理机构申请延长行政重组期限，但延长行政重组期限最长不得超过（ ）个月。
   A. 3   B. 6
   C. 12   D. 24

37. 发行人、上市公司擅自改变公开发行证券所募集资金的用途的，责令改正，对直接负责的主管人员和其他直接责任人员给予警告，并处以（ ）的罚款。
   A. 3万元以上30万元以下
   B. 3万元以上60万元以下
   C. 10万元以上30万元以下
   D. 30万元以上60万元以下

38. 中国证监会《上市公司并购重组财务顾问业务管理办法》对上市公司并购重组财务顾问业务作出规范，投资顾问向（ ）提供投资建议，辅助投资者作出投资决策。
   A. 投资者
   B. 证券公司
   C. 证券交易所
   D. 中国证券业协会

39. 证券公司办理（ ），可以设立限定性集合资产管理计划和非限定性集合资产管理计划。
   A. 集合资产管理业务
   B. 定向资产管理业务
   C. 证券自营业务
   D. 证券经纪业务

40. （ ）是指证券经营机构为本机构买卖上市证券以及证监会认定的其他证券的行为。
   A. 证券自营业务

B. 证券经纪业务
C. 证券承销业务
D. 证券发行业务

41. 根据规定，单只转融通标的证券转融券余额达到该证券上市可流通市值的（　　）时，暂停该证券的转融券业务，并向市场公布。
A. 10%　　　　B. 30%
C. 80%　　　　D. 100%

42. 合规负责人为证券公司高级管理人员，由（　　）决定聘任。
A. 董事会　　　B. 监事会
C. 总经理　　　D. 股东大会

43. 控股股东是指其出资额占有限责任公司资本总额（　　）以上或者其持有的股份占股份有限公司股本总额（　　）以上的股东。
A. 50%；30%
B. 30%；50%
C. 50%；50%
D. 30%；30%

44. 期货交易所向会员收取的保证金，属于（　　）所有。
A. 会员
B. 期货业协会
C. 期货交易公司
D. 期货交易所

45. 发行股份的股款缴足后，发起人在（　　）日内未召开创立大会的，认股人可以按照所缴股款并加算银行同期存款利息，要求发起人返还。
A. 10　　　　B. 30
C. 60　　　　D. 90

46. 证券公司开展客户资产管理业务，应当在资产管理合同中明确规定，投资风险由（　　）。
A. 证券公司承担
B. 客户自行承担
C. 客户和证券公司共同承担
D. 客户和证券公司按比例承担

47. 公司犯提供虚假财务会计报告罪的，对公司直接负责的主管人员和其他直接责任人员，处（　　）有期徒刑或者拘役。
A. 3年以下　　B. 3年以上
C. 5年以下　　D. 5年以上

48. 证券业内通常将财务顾问业务纳入（　　）业务范畴。
A. 投资银行　　B. 商业银行
C. 中央银行　　D. 非银行金融机构

49. 自营买卖损失准备金除用于弥补证券自营买卖损失之外，只能用于形成（　　）高流动性资产，不得用作其他用途。
A. 非股票类
B. 股票类
C. 债券类
D. 基金类

50. 在违规披露、不披露重要信息的责任中，信息披露义务人的控股股东、实际控制人是法人的，其负责人应当认定为（　　）。
A. 直接行为人
B. 直接负责的主管人员
C. 企业
D. 个人

二、组合型选择题（共50题，每小题1分，共50分）

以下备选项中只有一项符合题目要求，不选、错选均不得分。

1. 证券公司应当将项目公司和与其有重大关联的公司或证券列入限制名单的时点包括（　　）。
Ⅰ. 担任首次公开发行股票项目的上市辅导人、保荐机构或主承销商的，为担任前述角色的信息公开之日
Ⅱ. 担任首次公开发行股票项目的上市辅导人、保荐机构或主承销商的，为项目公司首次对外公告该项目之日

Ⅲ．担任上市公司股权类、债权类再融资项目或并购重组项目保荐机构、主承销商或财务顾问，为项目公司首次对外公告该项目之日

Ⅳ．担任上市公司股权类、债权类再融资项目或并购重组项目保荐机构、主承销商或财务顾问，为担任前述角色的信息公开之日

A．Ⅰ、Ⅲ　　　　B．Ⅱ、Ⅳ
C．Ⅱ、Ⅲ、Ⅳ　　D．Ⅰ、Ⅱ、Ⅲ、Ⅳ

2．下列关于自营业务的说法中，正确的是（　　）。

Ⅰ．证券公司应建立健全自营业务运作止盈止损机制

Ⅱ．证券公司应建立自营业务的逐日盯市制度，健全自营业务风险敞口和公司整体损益情况的联动分析与监控机制

Ⅲ．证券公司自营业务交易指令执行前应当经过审核，并强制留痕

Ⅳ．证券公司自营清算岗位应当与经纪业务、资产管理业务及其他业务的清算岗位分离

A．Ⅰ、Ⅱ、Ⅲ　　B．Ⅱ、Ⅲ、Ⅳ
C．Ⅰ、Ⅳ　　　　D．Ⅰ、Ⅱ、Ⅲ、Ⅳ

3．保荐机构出现下列（　　）情形之一的，中国证监会自确认之日起暂停其保荐机构资格3个月；情节严重的，暂停其保荐机构资格6个月，并可以责令保荐机构更换保荐业务负责人、内核负责人；情节特别严重的，撤销其保荐机构资格。

Ⅰ．内部控制制度未有效执行

Ⅱ．与保荐工作相关的文件存在虚假记载、误导性陈述或者重大遗漏

Ⅲ．尽职调查制度、内部核查制度、持续督导制度、保荐工作底稿制度未有效执行

Ⅳ．资格申请文件存在虚假记载、误导性陈述或者重大遗漏

A．Ⅰ、Ⅱ　　　　B．Ⅱ、Ⅲ、Ⅳ
C．Ⅰ、Ⅱ、Ⅲ　　D．Ⅰ、Ⅱ、Ⅲ、Ⅳ

4．期货公司办理下列（　　）事项，应当经国务院期货监督管理机构批准。

Ⅰ．合并、分立、停业、解散或者破产

Ⅱ．变更业务范围

Ⅲ．设立或者终止境内分支机构

Ⅳ．变更境内分支机构的经营范围

A．Ⅰ、Ⅱ　　　　B．Ⅰ、Ⅱ、Ⅲ
C．Ⅱ、Ⅲ、Ⅳ　　D．Ⅰ、Ⅱ、Ⅲ、Ⅳ

5．关于保荐代表人执业行为规范，下列说法正确的有（　　）。

Ⅰ．保荐代表人不得通过从事保荐业务谋取任何不正当利益

Ⅱ．保荐代表人可以列席发行人的股东大会、董事会和监事会

Ⅲ．保荐代表人履行保荐职责，应适当减轻或者免除发行人及其董事、监事、高级管理人员、证券服务机构及其签字人员的责任

Ⅳ．中国证券业协会对保荐机构及其保荐代表人进行自律管理

A．Ⅲ、Ⅳ　　　　B．Ⅰ、Ⅱ、Ⅲ、Ⅳ
C．Ⅰ、Ⅱ、Ⅳ　　D．Ⅰ、Ⅱ、Ⅲ

6．操纵证券、期货市场罪的刑事责任包括（　　）。

Ⅰ．责令改正

Ⅱ．没收违法所得

Ⅲ．情节严重的，处5年以下有期徒刑或者拘役，并处或者单处罚金

Ⅳ．情节特别严重的，处5年以上10年以下有期徒刑，并处罚金

A．Ⅰ、Ⅳ　　　　B．Ⅰ、Ⅱ、Ⅲ、Ⅳ
C．Ⅲ、Ⅳ　　　　D．Ⅱ、Ⅲ

7．证券交易所对不符合本法规定条件的证券上市申请予以审核同意的，可对其采取的处罚措施包括（　　）。

Ⅰ．给予警告

Ⅱ．没收业务收入

Ⅲ．吊销其营业执照

Ⅳ．处以业务收入1倍以上5倍以下的罚款

A．Ⅰ、Ⅱ、Ⅳ　　B．Ⅰ、Ⅱ、Ⅲ

C. Ⅲ、Ⅳ　　　　D. Ⅱ、Ⅲ、Ⅳ

8. 下列关于上市公司收购方式的说法中，正确的是（　　）。
Ⅰ. 投资者可以采取协议收购的方式收购上市公司
Ⅱ. 投资者收购上市公司的方式应当合法合规
Ⅲ. 投资者可以采取要约收购的方式收购上市公司
Ⅳ. 投资者可以采取强制收购的方式收购上市公司
A. Ⅲ、Ⅳ　　　　B. Ⅰ、Ⅲ、Ⅳ
C. Ⅰ、Ⅱ、Ⅲ、Ⅳ　D. Ⅰ、Ⅱ、Ⅲ

9. 证券公司可采取下列（　　）保密措施，防止敏感信息的不当流动和使用。
Ⅰ. 与公司工作人员签署保密文件，要求工作人员对工作中获取的敏感信息严格保密
Ⅱ. 加强对涉及敏感信息的信息系统、通信及办公自动化等信息设施、设备的管理，保障敏感信息安全
Ⅲ. 对可能知悉敏感信息的工作人员使用公司的信息系统或配发的设备形成的电子邮件、即时通信信息和其他通信信息进行监测
Ⅳ. 建立内幕信息知情人管理制度
A. Ⅰ、Ⅱ、Ⅲ　　　B. Ⅲ、Ⅳ
C. Ⅱ、Ⅲ　　　　D. Ⅰ、Ⅱ、Ⅲ、Ⅳ

10. 根据我国《证券投资基金法》的规定，下列说法错误的是（　　）。
Ⅰ. 基金管理人、基金托管人因被依法撤销进行清算的，基金财产不属于其清算财产
Ⅱ. 非因基金财产本身承担的债务，不得对基金财产强制执行
Ⅲ. 基金管理人、基金托管人因基金财产的管理、运用或者其他情形而取得的财产和收益，不得归入基金财产
Ⅳ. 基金财产投资的相关税收，由基金管理人承担
A. Ⅰ、Ⅱ、Ⅳ　　　B. Ⅲ、Ⅳ
C. Ⅱ、Ⅲ、Ⅳ　　　D. Ⅰ、Ⅱ、Ⅲ、Ⅳ

11. 公开募集基金的基金管理人应当履行的职责包括（　　）。
Ⅰ. 依法募集资金，办理基金份额的发售和登记事宜
Ⅱ. 进行基金会计核算并编制基金财务会计报告
Ⅲ. 安全保管基金财产
Ⅳ. 编制中期和年度基金报告
A. Ⅰ、Ⅱ　　　　B. Ⅱ、Ⅲ、Ⅳ
C. Ⅰ、Ⅱ、Ⅳ　　　D. Ⅰ、Ⅱ、Ⅲ、Ⅳ

12. 基金信息披露义务人不依法披露基金信息或者披露的信息有虚假记载、误导性陈述或者重大遗漏的，应承担的法律责任包括（　　）。
Ⅰ. 给予警告
Ⅱ. 责令改正
Ⅲ. 没收违法所得
Ⅳ. 处3万元以上60万元以下罚款
A. Ⅰ、Ⅲ、Ⅳ　　　B. Ⅱ、Ⅲ
C. Ⅰ、Ⅱ、Ⅲ、Ⅳ　D. Ⅱ、Ⅲ、Ⅳ

13. 下列关于禁止滥用股东权利的说法中，错误的是（　　）。
Ⅰ. 股东会或者股东大会、董事会的会议召集程序、表决方式违反法律、行政法规或者公司章程，或者决议内容违反公司章程的，股东可以自决议作出之日起30日内，请求人民法院撤销
Ⅱ. 公司根据股东会或者股东大会、董事会决议已办理变更登记的，人民法院宣告该决议无效或者撤销该决议后，公司应当向公司登记机关申请撤销变更登记
Ⅲ. 控股股东、实际控制人应当维护证券公司资产完整，并享有对证券公司财产的占有、使用、收益和处分的权利
Ⅳ. 控股股东、实际控制人不得滥用权利，通过关联交易、利润分配、资产重组、对外投资等方式损害上市公司及其他股东的利益
A. Ⅰ、Ⅲ　　　　B. Ⅰ、Ⅱ、Ⅳ
C. Ⅱ、Ⅳ　　　　D. Ⅲ、Ⅳ

14. 证券公司受期货公司委托从事中间介绍业务时，不得提供下列（　　）服务。
Ⅰ．协助办理开户手续
Ⅱ．代期货公司、客户收付期货保证金
Ⅲ．利用证券资金账户为客户存取、划转期货保证金
Ⅳ．代理客户进行期货交易
A．Ⅱ、Ⅲ、Ⅳ　　B．Ⅰ、Ⅲ、Ⅳ
C．Ⅱ、Ⅳ　　　　D．Ⅰ、Ⅱ、Ⅲ、Ⅳ

15. 资信状况符合（　　）标准的公司债券可以向公众投资者公开发行，也可以自主选择仅面向合格投资者公开发行。
Ⅰ．发行人最近3年无债务违约或者迟延支付本息的事实
Ⅱ．发行人最近3个会计年度实现的年均可分配利润不少于债券一年利息的1倍
Ⅲ．债券信用评级达到AAAAA级
Ⅳ．中国证监会根据投资者保护的需要规定的其他条件
A．Ⅱ、Ⅲ、Ⅳ　　B．Ⅲ、Ⅳ
C．Ⅰ、Ⅳ　　　　D．Ⅰ、Ⅱ、Ⅲ、Ⅳ

16. 公司在清算时，隐匿财产，对资产负债表或者财产清单作虚假记载或者在未清偿债务前分配公司财产，严重损害债权人或者其他人利益的，下列处罚正确的有（　　）。
Ⅰ．可对其直接负责的主管人员和其他直接责任人员，处5年以下有期徒刑
Ⅱ．可对其直接负责的主管人员和其他直接责任人员，判处拘役
Ⅲ．可对其直接负责的主管人员和其他直接责任人员，单处2万元以上20万元以下罚金
Ⅳ．可对其直接负责的主管人员和其他直接责任人员，并处2万元以上20万元以下罚款
A．Ⅰ、Ⅱ、Ⅲ　　B．Ⅰ、Ⅱ、Ⅲ、Ⅳ
C．Ⅲ、Ⅳ　　　　D．Ⅱ、Ⅲ、Ⅳ

17. 下列关于有限责任公司股东会、董事会和监事会的说法中，正确的是（　　）。
Ⅰ．股东会会议作出公司章程的决议，必须经出席会议的2/3以上的股东通过
Ⅱ．董事会决议表决实行一人一票
Ⅲ．股东会会议由股东按照出资比例行使表决权
Ⅳ．监事会作出决议，应当经2/3以上监事通过
A．Ⅰ、Ⅱ、Ⅲ　　B．Ⅰ、Ⅱ
C．Ⅲ、Ⅳ　　　　D．Ⅰ、Ⅱ、Ⅲ、Ⅳ

18. 我国《公司法》规定的公司解散事由包括（　　）。
Ⅰ．股东会或者股东大会决议解散
Ⅱ．公司长期亏损，控股股东要求解散
Ⅲ．因公司合并或者分立需要解散
Ⅳ．公司章程规定的营业期限届满
A．Ⅰ、Ⅱ、Ⅲ　　B．Ⅰ、Ⅱ、Ⅳ
C．Ⅱ、Ⅲ、Ⅳ　　D．Ⅰ、Ⅱ、Ⅲ、Ⅳ

19. 下列关于资产管理业务投资主办人的说法中，错误的有（　　）。
Ⅰ．投资主办人上年度没有管理客户委托资产，协会对其不予通过年检
Ⅱ．投资主办人应当按照所在证券公司的规定和劳动合同的约定履行保密义务
Ⅲ．投资主办人可为了被管理资产管理计划客户的利益操纵证券价格
Ⅳ．投资主办人违反《证券经纪人管理暂行规定》的，协会视情况对其采取谈话提醒、警示、行业内通报批评、公开谴责、下发监管函等自律管理措施或纪律处分，并记入从业人员诚信档案
A．Ⅱ、Ⅲ、Ⅳ　　B．Ⅰ、Ⅱ、Ⅲ、Ⅳ
C．Ⅰ、Ⅲ　　　　D．Ⅰ、Ⅱ、Ⅲ

20. 下列人员中，符合证券从业资格考试要求的有（　　）。
Ⅰ．被中国证监会认定为证券市场禁入者，但已过禁入期
Ⅱ．具备高中文化程度的限制民事行为能力人
Ⅲ．刚毕业的大学生

Ⅳ．大学毕业的失业人员
A．Ⅱ、Ⅳ   B．Ⅰ、Ⅱ、Ⅲ、Ⅳ
C．Ⅲ、Ⅳ   D．Ⅰ、Ⅲ、Ⅳ

21．各类私募基金募集完毕，私募基金管理人应当根据基金业协会的规定，办理基金备案手续，报送下列（　　）信息。
Ⅰ．基金募集账户和基金清算账户
Ⅱ．基金合同、公司章程或者合伙协议
Ⅲ．主要投资方向及根据主要投资方向注明的基金类别
Ⅳ．采取委托管理方式的，应当报送委托管理协议
A．Ⅰ、Ⅱ、Ⅲ、Ⅳ B．Ⅰ、Ⅲ、Ⅳ
C．Ⅱ、Ⅲ、Ⅳ   D．Ⅱ、Ⅲ

22．下列投资者中，应被视为合格投资者的有（　　）。
Ⅰ．社会保障基金
Ⅱ．企业年金基金
Ⅲ．投资于所管理私募基金的私募基金管理人及其从业人员
Ⅳ．依法设立并在基金业协会备案的投资计划
A．Ⅰ、Ⅱ、Ⅲ、Ⅳ B．Ⅰ、Ⅱ、Ⅲ
C．Ⅱ、Ⅲ、Ⅳ   D．Ⅲ、Ⅳ

23．根据《首次公开发行股票承销业务规范》的规定，承销商应当保留承销过程中的相关资料并存档备查，相关资料至少保存3年。承销过程中的相关资料包括但不限于（　　）。
Ⅰ．信息披露文件与申报备案文件
Ⅱ．定价与配售过程中的投资者报价信息、申购信息、获配信息
Ⅲ．确定网下投资者条件、发行价格或发行价格区间、配售结果等的决策文件
Ⅳ．路演推介活动及询价过程中的推介或宣传材料、投资价值研究报告、路演记录、路演录音等
A．Ⅰ、Ⅱ、Ⅳ   B．Ⅱ、Ⅲ、Ⅳ
C．Ⅰ、Ⅱ、Ⅲ、Ⅳ D．Ⅰ、Ⅳ

24．证券公司必须持续符合的风险控制指标标准有（　　）。
Ⅰ．净资本与各项风险资本准备之和的比例不得低于100%
Ⅱ．净资本与净资产的比例不得低于40%
Ⅲ．净资本与负债的比例不得低于20%
Ⅳ．净资产与负债的比例不得低于8%
A．Ⅰ、Ⅱ   B．Ⅰ、Ⅱ、Ⅲ、Ⅳ
C．Ⅱ、Ⅲ、Ⅳ   D．Ⅰ、Ⅱ、Ⅲ

25．我国香港地区的相关规则对规范投资银行与证券研究关系的主要措施包括（　　）。
Ⅰ．禁止分析师向投资银行部门报告
Ⅱ．禁止将分析师的薪酬与具体的投资银行交易挂钩
Ⅲ．禁止投资银行部门审查研究报告及其观点
Ⅳ．禁止分析师参与投行项目投标、项目路演等推介活动
A．Ⅰ、Ⅱ、Ⅲ、Ⅳ B．Ⅰ、Ⅱ
C．Ⅱ、Ⅲ、Ⅳ   D．Ⅰ、Ⅱ、Ⅲ

26．下列业务中，可以动用证券公司客户信用交易担保证券账户内的证券和客户信用交易担保资金账户内的资金的有（　　）。
Ⅰ．为客户进行融资融券交易的结算
Ⅱ．收取客户应当归还的资金、证券
Ⅲ．收取客户应当支付的违约金
Ⅳ．客户提取还本付息、支付税费及违约金后的剩余证券和资金
A．Ⅰ、Ⅱ、Ⅳ   B．Ⅰ、Ⅱ、Ⅲ、Ⅳ
C．Ⅰ、Ⅱ、Ⅲ   D．Ⅱ、Ⅳ

27．申请证券、期货投资咨询从业资格的机构，应当具备的条件包括（　　）。
Ⅰ．有1000万元人民币以上的注册资本
Ⅱ．有固定的业务场所和与业务相适应的通信及其他信息传递设施
Ⅲ．分别从事证券或者期货投资咨询业务的机构，有5名以上取得证券、期货投资

咨询从业资格的专职人员

Ⅳ．同时从事证券和期货投资咨询业务的机构，有 10 名以上取得证券、期货投资咨询从业资格的专职人员

A．Ⅰ、Ⅱ、Ⅲ、Ⅳ B．Ⅰ、Ⅲ、Ⅳ
C．Ⅱ、Ⅲ、Ⅳ   D．Ⅱ、Ⅲ

28．我国《证券法》规定，未经法定机关核准，变相公开发行证券的，应采取的处罚措施包括（　　）。

Ⅰ．责令停止发行

Ⅱ．退还所募资金并加算银行同期存款利息

Ⅲ．对直接负责的主管人员和其他直接责任人员处以 10 万元以上 30 万元以下的罚款

Ⅳ．处以非法所募资金金额 1% 以上 5% 以下的罚款

A．Ⅰ、Ⅱ、Ⅲ   B．Ⅰ、Ⅱ、Ⅳ
C．Ⅱ、Ⅲ、Ⅳ   D．Ⅰ、Ⅱ、Ⅲ、Ⅳ

29．投资者在购买"荐股软件"和接受证券投资咨询服务时，可以在（　　）进行查询核实相关机构或者个人是否具备证券投资咨询业务资格，防止上当受骗。

Ⅰ．中国证券业协会网站
Ⅱ．中国证监会网站
Ⅲ．证券交易所官网
Ⅳ．中国人民银行官网

A．Ⅲ、Ⅳ   B．Ⅰ、Ⅱ
C．Ⅰ、Ⅱ、Ⅲ   D．Ⅰ、Ⅱ、Ⅲ、Ⅳ

30．上市公司终止股票上市交易的情形包括（　　）。

Ⅰ．公司股本总额、股权分布等发生变化不再具备上市条件，在证券交易所规定的期限内仍不能达到上市条件

Ⅱ．公司解散或者被宣告破产

Ⅲ．公司最近 2 年连续亏损，在其后 1 个会计期间内未能恢复盈利

Ⅳ．公司不按照规定公开其财务状况，或者对财务会计报告作虚假记载，且拒绝纠正

A．Ⅱ、Ⅲ、Ⅳ   B．Ⅰ、Ⅳ
C．Ⅰ、Ⅱ、Ⅳ   D．Ⅰ、Ⅱ、Ⅲ、Ⅳ

31．根据我国相关法律法规的规定，期货公司设立的条件有（　　）。

Ⅰ．注册资本最低限额为人民币 3000 万元

Ⅱ．主要股东以及实际控制人具有持续盈利能力，信誉良好，最近 3 年无重大违法违规记录

Ⅲ．有健全的风险管理和内部控制制度

Ⅳ．注册资本必须是实缴的货币资本

A．Ⅰ、Ⅱ、Ⅲ、Ⅳ B．Ⅰ、Ⅱ、Ⅲ
C．Ⅱ、Ⅲ   D．Ⅱ、Ⅳ

32．下列选项中，属于内幕信息的有（　　）。

Ⅰ．公司股权结构的重大变化
Ⅱ．公司债务担保的重大变更
Ⅲ．上市公司收购的有关方案
Ⅳ．公司的年度财务报告

A．Ⅰ、Ⅱ、Ⅲ、Ⅳ B．Ⅰ、Ⅱ、Ⅲ
C．Ⅲ、Ⅳ   D．Ⅰ、Ⅱ、Ⅳ

33．下列属于利用未公开信息交易罪立案追诉标准的有（　　）。

Ⅰ．期货交易占用保证金数额累计在 30 万元以上的

Ⅱ．证券交易成交额累计在 50 万元以上的

Ⅲ．获利或者避免损失数额累计在 10 万元以上的

Ⅳ．多次利用内幕信息以外的其他未公开信息进行交易活动的

A．Ⅰ、Ⅱ、Ⅲ   B．Ⅰ、Ⅱ、Ⅲ、Ⅳ
C．Ⅲ、Ⅳ   D．Ⅰ、Ⅱ、Ⅳ

34．按照现行规定，集合计划应当符合的条件有（　　）。

Ⅰ．募集资金规模在 50 亿元人民币以下

Ⅱ．单个客户参与金额不低于 100 万元人民币

Ⅲ．客户人数在 200 人以上

Ⅳ．有 20 人以上证券从业人员

A．Ⅰ、Ⅱ、Ⅲ、Ⅳ B．Ⅰ、Ⅱ
C．Ⅱ、Ⅲ、Ⅳ   D．Ⅰ、Ⅱ、Ⅳ

35. 根据相关法律法规和中国证券业协会《证券业从业人员执业行为准则》的规定，证券公司从事证券经纪业务的禁止行为有（   ）。

Ⅰ．挪用客户账户上的资金

Ⅱ．隐匿、伪造、篡改或者毁损交易记录

Ⅲ．在批准的营业场所之外私下接受客户委托买卖证券

Ⅳ．接受客户的全权委托而决定证券买卖、选择证券种类、决定买卖数量或者买卖价格

A．Ⅰ、Ⅱ、Ⅲ、Ⅳ　　B．Ⅱ、Ⅲ
C．Ⅱ、Ⅲ、Ⅳ　　　D．Ⅰ、Ⅱ、Ⅲ

36. 根据信息公开的对象不同，虚假陈述的行为可分为（   ）。

Ⅰ．一级市场中的虚假陈述

Ⅱ．二级市场中的虚假陈述

Ⅲ．针对公众的虚假陈述

Ⅳ．针对证券监督管理机构的虚假陈述

A．Ⅰ、Ⅱ　　　　B．Ⅱ、Ⅲ
C．Ⅲ、Ⅳ　　　　D．Ⅰ、Ⅳ

37. 我国《刑法》对集资诈骗罪的规定中，正确的有（   ）。

Ⅰ．数额较小的，给予警告，没收违法所得，并处1万元以上10万元以下罚款

Ⅱ．数额较大的，处5年以下有期徒刑或者拘役，并处2万元以上20万元以下罚金

Ⅲ．数额巨大或者有其他严重情节的，处5年以上10年以下有期徒刑，并处5万元以上50万元以下罚金

Ⅳ．数额特别巨大或者有其他特别严重情节的，处10年以上有期徒刑或者无期徒刑，并处5万元以上50万元以下罚金或者没收财产

A．Ⅰ、Ⅱ、Ⅲ、Ⅳ　　B．Ⅱ、Ⅲ
C．Ⅱ、Ⅲ、Ⅳ　　　D．Ⅰ、Ⅱ

38. 公司公开发行新股的，需要向国务院证券监督管理机构报送的文件不包括（   ）。

Ⅰ．募股申请

Ⅱ．公司章程

Ⅲ．税务登记证

Ⅳ．财务会计报告

A．Ⅰ、Ⅱ、Ⅳ　　　B．Ⅱ、Ⅲ
C．Ⅰ、Ⅱ、Ⅲ、Ⅳ　D．Ⅰ、Ⅲ

39. 根据我国《证券公司客户资产管理业务管理办法》的规定，证券公司可以依法从事的客户资产管理业务有（   ）。

Ⅰ．为单一客户办理定向资产管理业务

Ⅱ．为多个客户办理集合资产管理业务

Ⅲ．为客户办理特定目的的专项资产管理业务

Ⅳ．为政府机构办理特定目的的专项资产管理业务

A．Ⅰ、Ⅱ、Ⅲ　　　B．Ⅰ、Ⅲ、Ⅳ
C．Ⅲ、Ⅳ　　　　D．Ⅰ、Ⅱ、Ⅲ、Ⅳ

40. 资产托管机构办理集合资产管理计划资产托管业务，应当履行的职责有（   ）。

Ⅰ．出具资产托管报告

Ⅱ．安全保管集合资产管理计划资产

Ⅲ．执行证券公司的投资或者清算指令，并负责办理集合资产管理计划资产运营中的资金往来

Ⅳ．监督证券公司集合资产管理计划的经营运作，发现证券公司的投资或清算指令违反法律、行政法规、中国证监会的规定或者集合资产管理合同约定的，应当要求改正

A．Ⅲ、Ⅳ　　　　B．Ⅰ、Ⅲ、Ⅳ
C．Ⅱ、Ⅲ、Ⅳ　　D．Ⅰ、Ⅱ、Ⅲ、Ⅳ

41. 《证券业从业人员执业行为准则》规定的特定禁止行为包括（   ）。

Ⅰ．接受他人委托从事证券投资

Ⅱ．向委托人承诺证券投资收益

Ⅲ．与委托人约定分享证券投资收益，分担证券投资损失

Ⅳ．中国证监会、中国证券业协会禁止

的其他行为

A．Ⅰ、Ⅱ、Ⅲ、Ⅳ　B．Ⅰ、Ⅱ、Ⅲ
C．Ⅱ、Ⅲ、Ⅳ　D．Ⅰ、Ⅱ、Ⅳ

42．发行人披露的招股意向书不包含下列（　　）内容。

Ⅰ．发行价格
Ⅱ．筹资金额
Ⅲ．发行数量
Ⅳ．筹资费用

A．Ⅰ、Ⅱ、Ⅳ　　B．Ⅰ、Ⅱ
C．Ⅰ、Ⅱ、Ⅲ、Ⅳ D．Ⅱ、Ⅳ

43．发行人应当就（　　）聘请具有保荐机构资格的证券公司履行保荐职责。

Ⅰ．首次公开发行股票并上市
Ⅱ．上市公司发行新股
Ⅲ．股票在二级市场上进行转让
Ⅳ．上市公司发行可转换公司债券

A．Ⅰ、Ⅲ、Ⅳ　　B．Ⅱ、Ⅳ
C．Ⅰ、Ⅱ、Ⅳ　　D．Ⅰ、Ⅱ、Ⅲ、Ⅳ

44．根据规定，基金销售机构应当建立基金销售适用性管理制度，至少包括的内容有（　　）。

Ⅰ．对基金管理人进行审慎调查的方式和方法
Ⅱ．对基金产品的风险等级进行设置、对基金产品进行风险评价的方式和方法
Ⅲ．对基金投资人风险承受能力进行调查和评价的方式和方法
Ⅳ．对基金产品和基金投资人进行匹配的方法

A．Ⅰ、Ⅳ　　　　B．Ⅱ、Ⅲ、Ⅳ
C．Ⅰ、Ⅱ、Ⅲ　　D．Ⅰ、Ⅱ、Ⅲ、Ⅳ

45．期货交易的基本特征包括（　　）。

Ⅰ．场所固定化
Ⅱ．合约标准化
Ⅲ．交割定点化
Ⅳ．商品特殊化

A．Ⅰ、Ⅱ、Ⅲ、Ⅳ B．Ⅰ、Ⅱ
C．Ⅱ、Ⅲ、Ⅳ　　D．Ⅰ、Ⅲ、Ⅳ

46．下列选项中，属于不得注册为投资主办人的情形的有（　　）。

Ⅰ．不符合申请投资主办人注册规定的条件
Ⅱ．被监管机构采取重大行政监管措施未满1年
Ⅲ．未通过证券从业人员年检
Ⅳ．尚处于法律法规规定或劳动合同约定的竞业禁止期内

A．Ⅰ、Ⅲ、Ⅳ　　B．Ⅰ、Ⅱ、Ⅳ
C．Ⅰ、Ⅱ、Ⅲ、Ⅳ D．Ⅰ、Ⅱ、Ⅲ

47．证券经纪商向客户提供的咨询服务包括（　　）。

Ⅰ．上市公司的详细资料
Ⅱ．公司和行业的研究报告
Ⅲ．有关资产组合及单只证券产品的评价和推荐
Ⅳ．经济前景的预测分析和展望研究

A．Ⅰ、Ⅱ、Ⅲ　　B．Ⅰ、Ⅲ、Ⅳ
C．Ⅰ、Ⅱ　　　　D．Ⅰ、Ⅱ、Ⅲ、Ⅳ

48．证券公司、证券投资咨询机构及其执业人员向社会公众开展证券投资咨询业务活动时，禁止事项有（　　）。

Ⅰ．代理投资人从事证券、期货买卖
Ⅱ．向投资人承诺证券、期货投资收益
Ⅲ．为自己买卖股票及具有股票性质、功能的证券以及期货
Ⅳ．与投资人约定分享投资收益或者分担投资损失

A．Ⅰ、Ⅳ　　　　B．Ⅰ、Ⅱ、Ⅲ
C．Ⅰ、Ⅱ、Ⅲ、Ⅳ D．Ⅱ、Ⅳ

49．证券公司经营融资融券业务，应当以自己的名义，在证券登记结算机构开立的账户有（　　）。

Ⅰ．融资专用证券账户
Ⅱ．客户信用交易担保证券账户
Ⅲ．信用交易证券交收账户
Ⅳ．信用交易资金交收账户

A．Ⅱ、Ⅲ、Ⅳ　　B．Ⅰ、Ⅲ、Ⅳ

C. Ⅲ、Ⅳ D. Ⅰ、Ⅱ、Ⅲ、Ⅳ

50. 自然人因出国定居向受赠人赠与公司职工股办理非交易过户的内容有（　　）。

Ⅰ. 申请人填写"股份非交易过户申请表"

Ⅱ. 申请人填写"股份非交易过户登记表"

Ⅲ. 申请人提交赠与公证书、赠与方原户口所在地公安机关出具的身份证注销证明及复印件、受赠方身份证及复印件、当事人双方证券账户卡及复印件、上市公司出具的确认受赠人为该公司职工的证明

Ⅳ. 申请人委托他人代办的，应提供经公证的代理委托书、代办人有效身份证明文件及复印件

A. Ⅰ、Ⅲ B. Ⅰ、Ⅲ、Ⅳ
C. Ⅱ、Ⅲ D. Ⅱ、Ⅲ、Ⅳ

证券市场基本法律法规答案及详解

选择题答案速查表

1	2	3	4	5	6	7	8	9	10
C	B	B	C	C	A	B	A	A	C
11	12	13	14	15	16	17	18	19	20
D	D	B	B	C	C	B	D	A	D
21	22	23	24	25	26	27	28	29	30
D	C	C	C	A	D	A	C	B	D
31	32	33	34	35	36	37	38	39	40
C	C	D	A	B	B	A	A	A	A
41	42	43	44	45	46	47	48	49	50
A	A	C	A	B	B	A	A	A	B

组合型选择题答案速查表

1	2	3	4	5	6	7	8	9	10
A	D	C	A	C	C	A	D	D	B
11	12	13	14	15	16	17	18	19	20
C	B	A	A	C	A	A	B	C	D
21	22	23	24	25	26	27	28	29	30
C	A	C	A	B	B	C	B	B	C
31	32	33	34	35	36	37	38	39	40
B	B	D	B	A	C	C	A	A	D
41	42	43	44	45	46	47	48	49	50
A	B	C	D	A	A	D	C	A	B

一、选择题

1. C【解析】本题主要考查一人有限责任公司的特别规定。我国《公司法》第六十三条规定，一人有限责任公司的股东不能证明公司财产独立于股东自己的财产的，应当对公司债务承担连带责任。

2. B【解析】本题主要考查管理人参与集合计划的约定事项。合同约定管理人以自有资金参与集合计划的，应对管理人参与集合计划的有关事宜作出明确约定，至少应当包括：（1）参与集合计划的金额和比例。（2）收益分配和责任承担方式。（3）保证参与资金在集合计划存续期内不得退出。

3. B【解析】本题主要考查子公司的知识。我国《公司法》第十四条规定，公司可以设立子公司，子公司具有法人资格，依法独立承担民事责任。故本题选B选项。

【易错警示】考生应掌握子公司和分公司的区别。公司设立分公司的，应当向公司登记机关申请登记，领取营业执照。分公司不具有法人资格，其民事责任由公司承担。公司设立子公司的，子公司具有法人资格，依法独立承担民事责任。

4. C【解析】本题主要考查证券市场禁入规定。我国《证券市场禁入规定》第五条规定，违反法律、行政法规或者中国证监会有关规定，情节严重的，可以对有关责任人员采取3～5年的证券市场禁入措施；行为恶劣、严重扰乱证券市场秩序、严重损害投资者利益或者在重大违法活动中起主要作用等情节较为严重的，可以对有关责任人员采取5～10年的证券市场禁入措施。

5. C【解析】本题主要考查证券经纪人的年检制度。我国《证券经纪人执业注册登记暂行办法》第十五条规定，证券业协会对证券经纪人自其取得证券经纪人证书之日起每年检查一次。

6. A【解析】本题主要考查信息隔离墙制度的概念。信息隔离墙制度是指证券公司为控制内幕信息及未公开信息（"敏感信息"）的不当流动和使用而采取的一系列管理措施。

7. B【解析】本题主要考查证券公司经营证券自营业务的条件。《证券公司风险控制指标管理办法》第二十二条规定，证券公司经营证券自营业务的，必须符合下列规定：（1）自营权益类证券及证券衍生品的合计额不得超过净资本的100%。（2）自营固定收益类证券的合计额不得超过净资本的500%。（3）持有一种权益类证券的成本不得超过净资本的30%。（4）持有一种权益类证券的市值与其总市值的比例不得超过5%，但因包销导致的情形和中国证监会另有规定的除外。

8. A【解析】本题主要考查股东大会的相关规定。我国《公司法》第一百零二条规定，单独或者合计持有公司3%以上股份的股东，可以在股东大会召开10日前提出临时提案并书面提交董事会；董事会应当在收到提案后2日内通知其他股东，并将该临时提案提交股东大会审议。临时提案的内容应当属于股东大会职权范围，并有明确议题和具体决议事项。

9. A【解析】本题主要考查证券经纪人的信息备案规定。我国《证券经纪人执业注册登记暂行办法》第十二条规定，证券经纪人存在以下情形之一的，证券公司应当在发生之日或知晓之日起5个工作日内向协会进行相关人员执业信息备案：（1）与证券公司终止委托合同。（2）在执业过程中违反有关法律、行政法规、监管机构和行政管理部门的规定、自律规则或者职业道德。（3）受到证券公司处分的。

10. C【解析】本题主要考查上市公司并购重组财务顾问业务的相关规定。我国《上市公司并购重组财务顾问业务管理办法》第四十条规定，上市公司就并购重组事项出具盈利预测报告的，在相关并购重组活动完成后，凡不属于上市公司管理层事前无法获知且事后无法控制的原因，上市公司或者购买资产实现的利润未达到盈利预测报告或者资产评估报告预测金额80%的，中国证监会责令财务顾问及其财务顾问主办人在股东大会及中国证监会指定报刊上公开说明未实现盈利预测的原因并向股东和社会公众投资者道歉；利润实现数未达到盈利预测50%的，中国证监会可以同时对财务顾问及其财务顾问主办人采取监管谈话、出具警示函、责令定期报告等监管措施。

11. D【解析】本题主要考查证券公司违反规定的法律责任。我国《证券法》第二百一十六条规定，证券公司违反规定，未经批准经营非上市证券的交易的，责令改正，没收违法所得，并处以违法所得1倍以上5倍以下的罚款。

12. D【解析】本题主要考查代理开立证券账户资格的取得。证券公司代理开立证券账户，应当向证券登记结算机构申请取得开户代理资格。证券公司代理开立证券账户，应当根据证券登记结算机构的业务规则，对投资者提供的有效身份证明文件原件及其他开户资料的真实性、准确性、完整性进行审核，并应当妥善保管相关开户资料，保管期限不得少于20年。

13. B【解析】本题主要考查上市公司组织机构的特别规定。我国《公司法》第一百二十一条规定，上市公司在1年内购买、出售重大资产或者担保金额超过公司资产总额30%的，应当由股东大会作出决议，并经出席会议的股东所持表决权的2/3以上通过。

14. B【解析】本题主要考查证券经纪业务客户交易结算资金管理。我国《证券公司监督管理条例》第五十七条规定，证券公司从事证券经纪业务，其客户的交易结算资金应当存放在指定商业银行，以每个客户的名义单独立户管理。

15. C【解析】本题主要考查公开发行的条件。我国《证券法》第十条规定，公开发行证券，必须符合法律、行政法规规定的条件，并依法报经国务院证券监督管理机构或者国务院授权的部门核准；未经依法核准，任何单位和个人不得公开发行证券。有下列情形之一的，为公开发行：（1）向不特定对象发行证券的。（2）向特定对象发行证券累计超过200人的。（3）法律、行政法规规定的其他发行行为

16. C【解析】本题主要考查内幕交易、泄露内幕信息案的立案追诉标准。《最高人民检察院、公安部关于公安机关管辖的刑事案件立案追诉标准的规定（二）》第三十五条规定，证券、期货交易内幕信息的知情人员、单位或者非法获取证券、期货交易内幕信息的人员、单位，在涉及证券的发行，证券、期货交易或者其他对证券、期货交易价格有重大影响的信息尚未公开前，买入或者卖出该证券，或者从事与该内幕信息有关的期货交易，或者泄露该信息，或者明示、暗示他人从事上述交易活动，涉嫌下列情形之一的，应予立案追诉：（1）证券交易成交额累计在50万元以上的。（2）期货交易占用保证金数额累计在30万元以上的。（3）获利或者避免损失数额累计在15万元以上的。（4）多次利用内幕信息以外的其他未公开信息进行交易活动的。（5）其他情节严重的情形。

17. B【解析】本题主要考查公司登记的规定。我国《公司法》第七条规定，依法设立的公司，由公司登记机关发给公司营业执照。公司营业执照签发日期为公司成立日期。公司营业执照应当载明公司的名称、住所、注册资本、经营范围、法定代表人姓名等事项。公司营业执照记载的事项发生变更的，公司应当依法办理变更登记，由公司登记机关换

发营业执照。

18. D【解析】本题主要考查上市公司收购的相关规定。我国《证券法》第九十八条规定，在上市公司收购中，收购人持有的被收购的上市公司的股票，在收购行为完成后的 12 个月内不得转让。

19. A【解析】本题主要考查有限责任公司的股东人数。我国《公司法》第二十四条规定，有限责任公司由 50 个以下股东出资设立。

20. D【解析】本题主要考查证券从业人员资格的知识。我国《证券从业人员资格管理办法》第十三条规定，取得执业证书的人员，连续 3 年不在机构从业的，由协会注销其执业证书；重新执业的，应当参加协会组织的执业培训，并重新申请执业证书。故 A 选项错误。第十四条规定，从业人员取得执业证书后，辞职或者不为原聘用机构所聘用的，或者其他原因与原聘用机构解除劳动合同的，原聘用机构应当在上述情形发生后 10 日内向协会报告，由协会变更该人员执业注册登记。故 B 选项错误。第十六条规定，从业人员在执业过程中违反有关证券法律、行政法规以及中国证监会有关规定，受到聘用机构处分的，该机构应当在处分后 10 日内向协会报告。故 C 选项说法错误。

21. D【解析】本题主要考查股票应当载明的事项。我国《公司法》第一百二十八条规定，股票采用纸面形式或者国务院证券监督管理机构规定的其他形式。股票应当载明下列主要事项：（1）公司名称。（2）公司成立日期。（3）股票种类、票面金额及代表的股份数。（4）股票的编号。

【易错警示】股票没有到期时间，股票一经发行，便不可返还。

22. C【解析】本题主要考查证券交易中相关违法行为的法律责任。我国《刑法》第一百七十九条规定，未经国家有关主管部门批准，擅自发行股票或者公司、企业债券，数额巨大、后果严重或者有其他严重情节的，处 5 年以下有期徒刑或者拘役，并处或者单处非法募集资金金额 1% 以上 5% 以下罚金。故 A 选项错误。第一百八十一条规定，证券交易所、期货交易所、证券公司、期货经纪公司的从业人员，证券业协会、期货业协会或者证券期货监督管理部门的工作人员，故意提供虚假信息或者伪造、变造、销毁交易记录，诱骗投资者买卖证券、期货合约，造成严重后果的，处 5 年以下有期徒刑或者拘役，并处或者单处 1 万元以上 10 万元以下罚金；情节特别恶劣的，处 5 年以上 10 年以下有期徒刑，并处 2 万元以上 20 万元以下罚金。故 B 选项错误。我国《证券法》第一百八十八条规定，未经法定机关核准，擅自公开或者变相公开发行证券的，责令停止发行，退还所募资金并加算银行同期存款利息，处以非法所募资金金额 1% 以上 5% 以下的罚款。故 D 选项错误。

23. C【解析】本题主要考查融资融券业务规则。《证券公司融资融券业务管理办法》第四十二条规定，证券公司应当在每月结束后 7 个交易日内，向证监会、注册地证监会派出机构和证券交易所书面报告当月的下列情况：（1）融资融券业务客户的开户数量。（2）对全体客户和前 10 名客户的融资、融券余额。（3）客户交存的担保物种类和数量。（4）强制平仓的客户数量、强制平仓的交易金额。（5）有关风险控制指标值。（6）融资融券业务盈亏状况。

24. C【解析】本题主要考查资本公积转增资本的规定。我国《公司法》第一百六十八条规定，公司的公积金用于弥补公司的亏损、扩大公司生产经营或者转为增加公司资本。但是，资本公积金不得用于弥补公司的亏损。法定公积金转为资本时，所留存的该项公积金不得少于转增前公司注资本的 25%。

25. A【解析】本题主要考查证券业协会采集诚信信息的途径。我国《中国证券业协会诚信管理办法》第十二条规定，协会通过以下途径采集诚信信息：（1）基本信息通过协会会员信息管理系统和从业人员信息管理系统采集。（2）协会做出的奖励信息、自律惩戒信息，由协会录入诚信信息系统。（3）协会以外主体做出的、符合本办法第九条的规定条件的奖励信息等其他信息，会员应自收到对本单位及本单位从业人员奖励决定文书之日起 10 个工作日内向协会诚信管理系统申报，协会审核后记入诚信信息系统；协会认为申报信息不符合本办法规定的，应当退回会员并说明不予记入诚信信息系统的原因。（4）协会以外主体做出的、符合本办法第十条规定的处罚处分信息，由协会通过诚信信息共享等途径采集并录入诚信信息系统。（5）会员对本单位从业人员做出的处罚处分信息，会员应自处罚处分决定生效之日起 10 个工作日内向协会诚信管理系统申报，协会审核后记入诚信信息系统备注栏；协会认为申报信息不应记入诚信信息系统的，应当退回会员并说明不予记入诚信信息系统的原因。故 A 选项错误，B、C、D 选项正确。

26. D【解析】本题主要考查对客户申请开展融资融券业务的账户要求。客户申请开展融资融券业务要在证券公司开立实名信用证券账户，在第三方存管银行开立实名信用资金账户。

27. A【解析】本题主要考查证券公司假借他人名义或者以个人名义从事证券自营业务的法律责任。我国《证券法》第二百零九条规定，证券公司违反本法规定，假借他人名义或者以个人名义从事证券自营业务的，责令改正，没收违法所得并处以违法所得 1 倍以上 5 倍以下的罚款；没有违法所得或者违法所得不足 30 万元的，处以 30 万元以上 60 万元以下的罚款；情节严重的，暂停或撤销证券自营业务许可。

28. C【解析】本题主要考查优先购买权的时效。我国《公司法》第七十二条规定，人民法院依照法律规定的强制执行程序转让股东的股权时，应当通知公司及全体股东，其他股东在同等条件下有优先购买权。其他股东自人民法院通知之日起满 20 日不行使优先购买权的，视为放弃优先购买权。

29. B【解析】本题主要考查公司发行的股票的规定。我国《公司法》第一百二十九条规定，公司发行的股票，可以为记名股票，也可以为无记名股票。公司向发起人、法人发行的股票，应当为记名股票，并应当记载该发起人、法人的名称或者姓名，不得另立户名或者以代表人姓名记名。

30. D【解析】本题主要考查代销制度。我国《证券法》第三十五条规定，股票发行采用代销方式，代销期限届满，向投资者出售的股票数量未达到拟公开发行股票数量 70% 的，为发行失败。上述选项中，A、B、C 选项都未达到拟公开发行股票数量的 70%，为代销业务失败的情形。

31. C【解析】本题主要考查不得担任公司的董事、监事、高级管理人员的情形。我国《公司法》第一百四十六条规定，有下列情形之一的，不得担任公司的董事、监事、高级管理人员：（1）无民事行为能力或者限制民事行为能力。（2）因贪污、贿赂、侵占财产、挪用财产或者破坏社会主义市场经济秩序，被判处刑罚，执行期满未逾 5 年，或者因犯罪被剥夺政治权利，执行期满未逾 5 年。（3）担任破产清算的公司、企业的董事或者厂长、经理，对该公司、企业的破产负有个人责任的，自该公司、企业破产清算完结之日起未逾 3 年。（4）担任因违法被吊销营业执照、责令关闭的公司、企业的法定代表人，并负有个人责任的，自该公司、企业被吊销营业执照之日起未逾3年。（5）个人所负数额较大的债务到期未清偿。

32. C【解析】本题主要考查证券公司提供资产管理报告的频率。证券公司应当至少每季度向客户提供一次准确、完整的资产管理报告，对报告期内客户资产的配置状况、价值变动等情况作出详细说明。

33. D【解析】本题主要考查客户征信。客户征信调查内容一般应包括：客户基本资料、投资经验、诚信记录、还款能力、融资融券需求。

34. A【解析】本题主要考查证券公司分支机构的相关规定。《证券公司监督管理条例》第二十六条规定，证券公司及其境内分支机构经营的业务应当经国务院证券监督管理机构批准，不得经营未经批准的业务。2个以上的证券公司受同一单位、个人控制或者相互之间存在控制关系的，不得经营相同的证券业务，但国务院证券监督管理机构另有规定的除外。故C、D选项说法错误。第二十七条规定，证券公司应当按照审慎经营的原则，建立健全风险管理与内部控制制度，防范和控制风险。证券公司应当对分支机构实行集中统一管理，不得与他人合资、合作经营管理分支机构，也不得将分支机构承包、租赁或者委托给他人经营管理。故B选项说法错误。本题选A选项。

35. B【解析】本题主要考查上海证券交易所买断式回购交易的期限。国债买断式回购交易的券种和回购期限由上海证券交易所确定并向市场公布。买断式回购交易的回购期限从1天、2天、3天、4天、7天、14天、28天、91天、182天中选择。目前，上海证券交易所推出的回购期限有7天、28天和91天回购品种。

36. B【解析】本题主要考查行政重组的期限。《证券公司风险处置条例》第十三条规定，行政重组期限一般不超过12个月。满12个月，行政重组未完成的，证券公司可以向国务院证券监督管理机构申请延长行政重组期限，但延长行政重组期限最长不得超过6个月。

37. A【解析】本题主要考查擅自改变公开发行证券所募集资金的用途的法律责任。我国《证券法》第一百九十四条规定，发行人、上市公司擅自改变公开发行证券所募集资金的用途的，责令改正，对直接负责的主管人员和其他直接责任人员给予警告，并处以3万元以上30万元以下的罚款。发行人、上市公司的控股股东、实际控制人指使从事前款违法行为的，给予警告，并处以30万元以上60万元以下的罚款。对直接负责的主管人员和其他直接责任人员依照前款的规定处罚。

38. A【解析】本题主要考查上市公司并购重组财务顾问业务投资顾问的服务对象。中国证监会《上市公司并购重组财务顾问业务管理办法》对上市公司并购重组财务顾问业务作出规范，投资顾问向投资者提供投资建议，辅助投资者作出投资决策。

39. A【解析】本题主要考查集合资产管理业务的知识。证券公司办理集合资产管理业务，可以设立限定性集合资产管理计划和非限定性集合资产管理计划。

40. A【解析】本题主要考查证券自营业务的概念。证券自营业务是指证券经营机构为本机构买卖上市证券以及证监会认定的其他证券的行为。

41. A【解析】本题主要考查暂停该证券转融券业务的情形。单只转融通标的证券转融券余额达到该证券上市可流通市值的10%时，暂停该证券的转融券业务，并向市场公布。

42. A【解析】本题主要考查合规负责人的知识。合规负责人为证券公司高级管理人员，由董事会决定聘任，并应当经国务院证券监督管理机构认可。

43. C【解析】本题主要考查控股股东的概念。我国《公司法》第二百一十六条规定，控股股东，是指其出资额占有限责任公司资本总额50%以上或者其持有的股份占股份有限公司股本总额50%以上的股东；出资额或者持有股份的比例虽然不足50%，但依其出资额或者持有的股份所享有的表决权已足以对股东会、股东大会的决议产生重大影响的股东。

44. A【解析】本题主要考查期货交易保证金制度。《期货交易管理条例》第二十九条第二款规定，期货交易所向会员收取的保证金，属于会员所有，除用于会员的交易结算外，严禁挪作他用。

【易错警示】在期货交易中，任何一个交易者必须按照其所买卖期货合约价值的一定比例缴纳少量资金，作为其履行期货合约的财力担保，然后才能参与期货合约的买卖，并视价格变动情况确定是否追加资金。客户保证金的收取比例由期货经纪公司自主规定，但有关法规规定不得低于交易所对会员收取的交易保证金。该保证金属于客户所有，期货经纪公司除按照中国证监会的规定为客户向期货交易所交存保证金，进行交易结算外，严禁挪作他用。

45. B【解析】本题主要考查认股人要求发起人返还股款的情形。我国《公司法》第八十九条规定，发行的股份超过招股说明书规定的截止期限尚未募足的，或者发行股份的股款缴足后，发起人在30日内未召开创立大会的，认股人可以按照所缴股款并加算银行同期存款利息，要求发起人返还。

46. B【解析】本题主要考查证券公司开展客户资产管理业务的风险承担主体。《证券公司客户资产管理业务管理办法》第三十五条规定，证券公司开展客户资产管理业务，应当在资产管理合同中明确规定，由客户自行承担投资风险。

47. A【解析】本题主要考查提供虚假财务会计报告罪的法律责任。《中华人民共和国刑法》第一百六十一条规定，依法负有信息披露义务的公司、企业向股东和社会公众提供虚假的或者隐瞒重要事实的财务会计报告，或者对依法应当披露的其他重要信息不按照规定披露，严重损害股东或者其他人利益，或者有其他严重情节的，对其直接负责的主管人员和其他直接责任人员，处3年以下有期徒刑或者拘役，并处以或者单处2万元以上20万元以下罚金。

48. A【解析】本题主要考查财务顾问业务的知识。证券业内通常将财务顾问业务纳入投资银行业务范畴。

49. A【解析】本题主要考查自营买卖损失准备金的用途。自营买卖损失准备金除用于弥补证券自营买卖损失之外，只能用于形成非股票类高流动性资产，不得用作其他用途。

50. B【解析】本题主要考查违规披露、不披露重要信息的法律责任。在违规披露、不披露重要信息的责任中，信息披露义务人的控股股东、实际控制人是法人的，其负责人应当认定为直接负责的主管人员。

二、组合型选择题

1. A【解析】本题主要考查证券公司对限制名单的管理。证券公司在以下时点，应当将项目公司和与其有重大关联的公司或证券列入限制名单：（1）担任首次公开发行股票项目的上市辅导人、保荐机构或主承销商的，为担任前述角色的信息公开之日。（2）担任上市公司股权类、债权类再融资项目或并购重组项目保荐机构、主承销商或财务顾问，为项目公司首次对外公告该项目之日。证券公司可以根据实际需要，将列入限制名单的时点前移，但不应造成内幕信息的泄露和不当流动。

【易错警示】题中第Ⅰ、Ⅱ、Ⅲ、Ⅳ项说法比较相似，容易选错。但第Ⅰ、Ⅱ项和第Ⅲ、Ⅳ项都是前半句相同，后半句不同，因此都应是二选一，可先用排除法排除选项C、D，然后在选项A、B中，根据掌握知识选择。

2. D【解析】本题主要考查证券自营业务的相关规定。上述四项都正确。

3. C【解析】本题主要考查与保荐机构相关的法律责任。保荐机构出现下列情形之一的，中国证监会自确认之日起暂停其保荐机构资格3个月；情节严重的，暂停其保荐机构资格6个月，并可以责令保荐机构更换保荐业务负责人、内核负责人；情节特别严重的，撤销其保荐机构资格：（1）向中国证监会、证券交易所提交的与保荐工作相关的文件存在虚假记载、误导性陈述或者重大遗漏。（2）内部控制制度未有效执行。（3）尽职调查制度、内部核查制度、持续督导制度、保荐工作底稿制度未有效执行。（4）保荐工作底稿存在虚假记载、误导性陈述或者重大遗漏。（5）唆使、协助或者参与发行人及证券服务机构提供存在虚假记载、误导性陈述或者重大遗漏的文件。（6）唆使、协助或者参与发行人干扰中国证监会及其发行审核委员会的审核工作。（7）通过从事保荐业务谋取不正当利益。（8）严重违反诚实守信、勤勉尽责义务的其他情形。

【易错警示】保荐机构资格申请文件存在虚假记载、误导性陈述或者重大遗漏的，中国证监会不予核准；已核准的，撤销其保荐机构资格。保荐代表人资格申请文件存在虚假记载、误导性陈述或者重大遗漏的，中国证监会不予核准；已核准的，撤销其保荐代表人资格。对提交该申请文件的保荐机构，中国证监会自撤销之日起6个月内不再受理该保荐机构推荐的保荐代表人资格申请。

4. A【解析】本题主要考查期货公司应当经国务院期货监督管理机构批准的事项。期货公司办理下列事项，应当经国务院期货监督管理机构批准：（1）合并、分立、停业、解散或者破产。（2）变更业务范围。（3）变更注册资本且调整股权结构。（4）新增持有5%以上股权的股东或者控股股东发生变化。（5）设立、收购、参股或者终止境外期货类经营机构。（6）国务院期货监督管理机构规定的其他事项。期货公司办理第Ⅲ、Ⅳ类事项，应当经国务院期货监督管理机构派出机构批准。

【易错警示】期货公司办理下列事项，应当经国务院期货监督管理机构派出机构批准：（1）变更法定代表人。（2）变更住所或者营业场所。（3）设立或者终止境内分支机构。（4）变更境内分支机构的经营范围。（5）国务院期货监督管理机构规定的其他事项。

5. C【解析】本题主要考查保荐代表人的知识。《证券发行上市保荐业务管理办法》第七条规定，保荐机构及其保荐代表人履行保荐职责，不能减轻或者免除发行人及其董事、监事、高级管理人员、证券服务机构及其签字人员的责任。故第Ⅲ项说法错误，本题选C选项。

6. C【解析】本题主要考查操纵证券期货市场罪的刑事责任。我国《刑法》第一百八十二条规定，操纵证券、期货市场，情节严重的，处5年以下有期徒刑或者拘役，并处或者单处罚金；情节特别严重的，处5年以上10年以下有期徒刑，并处罚金。

7. A【解析】本题主要考查对证券交易所违法行为处罚措施。我国《证券法》第二百二十九条规定，证券交易所对不符合本法规定条件的证券上市申请予以审核同意的，给予警告，没收业务收入，并处以业务收入1倍以上5倍以下的罚款。对直接负责的主管人员和其他直接责任人员给予警告，并处以3万元以上30万元以下的罚款。

【易错警示】考生应分清对证券交易所及对直接负责的主管人员和其他直接责任人员给予的不同处罚措施。

8. D【解析】本题主要考查上市公司收购的规定。我国《证券法》第八十五条规定，投资者可以采取要约收购、协议收购及其他合法方式收购上市公司。

9. D【解析】本题主要考查防止敏感信息不当流动和使用的措施。证券公司应当采取保密措施，防止敏感信息的不当流动和使用，包括但不限于：（1）与公司工作人员签署保密文件，要求工作人员对工作中获取的敏感信息严格保密。（2）加强对涉及敏感信息的信息系统、通信及办公自动化等信息设施、设备的管理，保障敏感信息安全。（3）对可能知悉敏感信息的工作人员使用公司的信息系统或配发的设备形成的电子邮件、即时通信信息和其他通信信息进行监测。（4）建立内幕信息知情人管理制度。

10. B【解析】本题主要考查证券基金法的相关规定。我国《证券投资基金法》第五条规定，基金管理人、基金托管人因基金财产的管理、运用或者其他情形而取得的财产和收益，归入基金财产。故第Ⅲ项说法错误。第八条规定，基金财产投资的相关税收，由基金份额持有人承担，基金管理人或者其他扣缴义务人按照国家有关税收征收的规定代扣代缴。故第Ⅳ项错误。本题选B选项。

11. C【解析】本题主要考查公开募集基金的基金管理人的职责。我国《证券投资基金法》第十九条规定，公开募集基金的基金管理人应当履行下列职责：（1）依法募集资金，办理基金份额的发售和登记事宜。（2）办理基金备案手续。（3）对所管理的不同基金财产分别管理、分别记账，进行证券投资。（4）按照基金合同的约定确定基金收益分配方案，及时向基金份额持有人分配收益。（5）进行基金会计核算并编制基金财务会计报告。（6）编制中期和年度基金报告。（7）计算并公告基金资产净值，确定基金份额申购、赎回价格。（8）办理与基金财产管理业务活动有关的信息披露事项。（9）按照规定召集基金份额持有人大会。（10）保存基金财产管理业务活动的记录、账册、报表和其他相关资料。（11）以基金管理人名义，代表基金份额持有人利益行使诉讼权利或者实施其他法律行为。（12）国务院证券监督管理机构规定的其他职责。第Ⅲ项属于基金托管人的职责。

12. B【解析】本题主要考查对基金信息披露义务人违法行为的处罚。我国《证券投资基金法》第一百三十一条规定，基金信息披露义务人不依法披露基金信息或者披露的信息有虚假记载、误导性陈述或者重大遗漏的，责令改正，没收违法所得，并处10万元以上100万元以下罚款；对直接负责的主管人员和其他直接责任人员给予警告，暂停或者撤销基金从业资格，并处3万元以上30万元以下罚款。

13. A【解析】本题主要考查禁止滥用股东权利的相关规定。股东会或者股东大会、董事会的会议召集程序、表决方式违反法律、行政法规或者公司章程，或者决议内容违反公司章程的，股东可以自决议作出之日起60日内，请求人民法院撤销。故第Ⅰ项说法错误。控股股东、实际控制人应当维护证券公司资产完整，不得侵害证券公司对其法人财产的占有、使用、收益和处分的权利。故第Ⅲ项说法错误。本题选A选项。

【易错警示】证券公司财产的占有、使用、收益和处分权归证券公司所有。

14. A【解析】本题主要考查证券公司从事中间介绍业务时不得提供的服务。我国《证券公司为期货公司提供中间介绍业务试行办法》第九条规定，证券公司不得代理客户进行期货交易、结算或者交割，不得代期货公司、客户收付期货保证金，不得利用证券资金账户为客户存取、划转期货保证金。

15. C【解析】本题主要考查面向合格投资者公开发行的资信要求。《公司债券发行与交易管理办法》第十八条规定，资信状况符合以下标准的公司债券可以向公众投资者公开发行，也可以自主选择仅面向合格投资者公开发行：（1）发行人最近3年无债务违约或者迟延支付本息的事实。（2）发行人最近3个会计年度实现的年均可分配利润不少于债券一年利息的1.5倍。（3）债券信用评级达到AAA级。（4）中国证监会根据投资者保护的需要规定的其他条件。未达到前款规定标准的公司债券公开发行应当面向合格投资者；仅面向合格投资者公开发行的，中国证监会简化核准程序。本题建议采用排除法，只需排除第Ⅲ项即可得出正确答案为C选项。

16. A【解析】本题主要考查刑法的相关规定。我国《刑法》第一百六十二条规定，公司、企业进行清算时，隐匿财产，对资产负债表或者财产清单作虚假记载或者在未清偿债务前分配公司、企业财产，严重损害债权人或者其他人利益的，对其直接负责的主管人员和其他直接责任人员，处5年以下有期徒刑或者拘役，并处或者单处2万元以上20万元以下罚金。

【易错警示】罚金，是刑法附加刑之一，是刑罚处罚的一种方式，属财产刑，其适用对象是触犯刑法的犯罪分子和犯罪法人。罚金只能由人民法院依刑法的规定判决，除此之外，其他任何单位和个人都无权行使罚金权。罚款，是行政处罚手段之一，是行政执法单位对违反行政法规的个人和单位给予的行政处罚。它不需要经人民法院判决，只要行政执法单位依据行政法规的规定，作出处罚决定即可执行。

17. A【解析】本题主要考查有限责任公司的各组织机构。我国《公司法》第五十五条规定，监事会决议应当经半数以上监事通过。故第Ⅳ项说法错误。

18. B【解析】本题主要考查公司解散的事由。我国《公司法》第一百八十条规定，公司因下列原因解散：（1）公司章程规定的营业期限届满或者公司章程规定的其他解散事由出现。（2）股东会或者股东大会决议解散。（3）因公司合并或者分立需要解散。（4）依法被吊销营业执照、责令关闭或者被撤销。（5）人民法院依照本法第一百八十三条的规定予以解散。

19. C【解析】本题主要考查资产管理业务投资主办人的知识。投资主办人2年内没有管理客户委托资产，协会对其不予通过年检。故第Ⅰ项错误。投资主办人不得进行内幕交易、操纵证券价格等损害证券市场秩序，或其他违反规定的操作。故第Ⅲ项错误。

20. D【解析】本题主要考查参加证券业从业资格考试的人员要求。《证券业从业人员资格管理办法》第七条规定，参加证券业从业人员资格考试的人员，应当年满18周岁，具有高中以上文化程度和完全民事行为能力。故本题选D选项。

21. C【解析】本题主要考查私募基金募集完毕应报送的信息。《私募投资基金监督管理暂行办法》第八条规定，各类私募基金募集完毕，私募基金管理人应当根据基金业协会的规定，办理基金备案手续，报送以下基本信息：（1）主要投资方向及根据主要投资方向注明的基金类别。（2）基金合同、公司章程或者合伙协议。资金募集过程中向投资者提供基金招募说明书的，应当报送基金招募说明书。以公司、合伙等企业形式设立的私募基金，还应当报送工商登记和营业执照正副本复印件。（3）采取委托管理方式的，应当报送委托管理协议。委托托管机构托管基金财产的，还应当报送托管协议。（4）基金业协会规定的其他信息。

22. A【解析】本题主要考查合格投资者的范围。《私募投资基金监督管理暂行办法》第十三条规定，下列投资者视为合格投资者：（1）社会保障基金、企业年金等养老基金，慈善基金等社会公益基金。（2）依法设立并在基金业协会备案的投资计划。（3）投资于所管理私募基金的私募基金管理人及其从业人员。（4）中国证监会规定的其他投资者。以合伙企业、契约等非法人形式，通过汇集多数投资者的资金直接或者间接投资于私募基金的，私募基金管理人或者私募基金销售机构应当穿透核查最终投资者是否为合格投资者，并合并计算投资者人数。

23. C【解析】本题主要考查承销商应当保留并存档备查的资料内容。《首次公开发行股票承销业务规范》第五十一条规定，承销商应当保留承销过程中的相关资料并存档备查，相关资料至少保存3年。承销过程中的相关资料包括但不限于以下资料：（1）路演推介活动及询价过程中的推介或宣传材料、投资价值研究报告、路演记录、路演录音等。（2）定价与配售过程中的投资者报价信息、申购信息、获配信息。获配信息包括但不限于投资者名称、获配数量、证券账户号码及身份证明文件等。（3）确定网下投资者条件、发行价格或发行价格区间、配售结果等的决策文件。（4）信息披露文件与申报备案文件。（5）其他和发行与承销过程相关的文件或承销商认为有必要保留的文件。

24. A【解析】本题主要考查证券公司的风险控制标准。《证券公司风险控制指标管理办法》第二十条规定，证券公司必须持续符合下列风险控制指标标准：（1）净资本与各项风险资本准备之和的比例不得低于100%。（2）净资本与净资产的比例不得低于40%。（3）净资本与负债的比例不得低于8%。（4）净资产与负债的比例不得低于20%。题中，第Ⅲ、Ⅳ项的数据颠倒了，故两项均不正确。

25. A【解析】本题主要考查我国香港地区的相关规则对规范投行与证券研究关系的主要措施。我国香港地区的相关规则对规范投行与证券研究的关系有以下主要措施：（1）禁止分析师向投行部门报告。（2）禁止将分析师的薪酬与具体的投行交易挂钩。（3）禁止投行部门审查研究报告及其观点。（4）分析师不得参与投行项目投标、项目路演等推介活动。

26. B【解析】本题主要考查可以动用证券公司客户信用交易担保证券账户内的证券和客户信用交易担保资金账户内的资金的情形。《证券公司融资融券业务管理办法》第二十八条规定，除下列情形外，任何人不得动用证券公司客户信用交易担保证券账户内的证券和客户信用交易担保资金账户内的资金：（1）为客户进行融资融券交易的结算。（2）收取客户应当归还的资金、证券。（3）收取客户应当支付的利息、费用、税款。（4）按照本办法的规定以及与客户的约定处分担保物。（5）收取客户应当支付的违约金。（6）客户提取还本付息、支付税费及违约金后的剩余证券和资金。（7）法律、行政法规和本办法规定的其他情形。

27. C【解析】本题主要考查申请证券、期货投资咨询从业资格的机构应当具备的条件。《证券、期货投资咨询管理暂行办法》第六条规定，申请证券、期货投资咨询从业资格的机构，应当具备下列条件：（1）分别从事证券或者期货投资咨询业务的机构，有5名以上取得证券、期货投资咨询从业资格的专职人员；同时从事证券和期货投资咨询业务的机构，有10名以上取得证券、期货投资咨询从业资格的专职人员；其高级管理人员中，至少有1名取得证券或者期货投资咨询从业资格。（2）有100万元人民币以上的注册资本。（3）有固定的业务场所和与业务相适应的通信及其他信息传递设施。（4）有公司章程。（5）有健全的内部管理制度。（6）具备中国证监会要求的其他条件。

28．B【解析】本题主要考查变相公开发行证券的法律责任。我国《证券法》第一百八十八条规定，未经法定机关核准，擅自公开或者变相公开发行证券的，责令停止发行，退还所募资金并加算银行同期存款利息，处以非法所募资金金额1%以上5%以下的罚款；对擅自公开或者变相公开发行证券设立的公司，由依法履行监督管理职责的机构或者部门会同县级以上地方人民政府予以取缔。对直接负责的主管人员和其他直接责任人员给予警告，并处以3万元以上30万元以下的罚款。

29．B【解析】本题主要考查"荐股软件"的知识。根据《关于加强对利用"荐股软件"从事证券投资咨询业务监管的暂行规定》的相关规定，投资者在购买"荐股软件"和接受证券投资咨询服务时，应当询问相关机构或者个人是否具备证券投资咨询业务资格，也可以在中国证监会网站、中国证券业协会网站进行查询核实，防止上当受骗。发现非法从事证券投资咨询活动的，请及时向公安机关、中国证监会及其派出机构举报。

30．C【解析】本题主要考查上市公司终止股票上市交易的情形。我国《证券法》第五十六条规定，上市公司有下列情形之一的，由证券交易所决定终止其股票上市交易：（1）公司股本总额、股权分布等发生变化不再具备上市条件，在证券交易所规定的期限内仍不能达到上市条件。（2）公司不按照规定公开其财务状况，或者对财务会计报告作虚假记载，且拒绝纠正。（3）公司最近3年连续亏损，在其后1个会计年度内未能恢复盈利。（4）公司解散或者被宣告破产。（5）证券交易所上市规则规定的其他情形。

31．B【解析】本题主要考查期货公司设立的条件。《期货交易管理条例》第十六条规定，申请设立期货公司，应当符合《公司法》的规定，并具备下列条件：（1）注册资本最低限额为人民币3000万元。（2）董事、监事、高级管理人员具备任职资格，从业人员具有期货从业资格。（3）有符合法律、行政法规规定的公司章程。（4）主要股东以及实际控制人具有持续盈利能力，信誉良好，最近3年无重大违法违规记录。（5）有合格的经营场所和业务设施。（6）有健全的风险管理和内部控制制度。（7）国务院期货监督管理机构规定的其他条件。国务院期货监督管理机构根据审慎监管原则和各项业务的风险程度，可以提高注册资本最低限额，注册资本应当是实缴资本。股东应当以货币或者期货公司经营必需的非货币财产出资，货币出资比例不得低于85%。国务院期货监督管理机构应当在受理期货公司设立申请之日起6个月内，根据审慎监管原则进行审查，作出批准或者不批准的决定。未经国务院期货监督管理机构批准，任何单位和个人不得委托或者接受他人委托持有或者管理期货公司的股权。

32．B【解析】本题主要考查内幕信息的内容。我国《证券法》第七十五条规定，下列信息皆属内幕信息：（1）我国《证券法》第六十七条第二款所列重大事件。（2）公司分配股利或者增资的计划。（3）公司股权结构的重大变化。（4）公司债务担保的重大变更。（5）公司营业用主要资产的抵押、出售或者报废一次超过该资产的30%。（6）公司的董事、监事、高级管理人员的行为可能依法承担重大损害赔偿责任。（7）上市公司收购的有关方案。（8）国务院证券监督管理机构认定的对证券交易价格有显著影响的其他重要信息。第Ⅳ项，公司的年度财务报告属于应当公开披露的内容。本题选B选项。

33．D【解析】本题主要考查利用未公开信息交易罪的立案追诉标准。根据《最高人民检察院、公安部关于公安机关管辖的刑事案件立案追诉标准的规定（二）》的规定，利用未公开信息交易罪的立案追诉标准为：（1）证券交易成交额累计在50万元以上的。（2）期货交易占用保证金数额累计在30万元以上的。（3）获利或者避免损失数额累计在15万元以上的。（4）多次利用内幕信息以外的其他未公开信息进行交易活动的。（5）其他情节严重的情形。

34. B【解析】本题主要考查集合计划应当符合的条件。我国《证券公司集合资产管理业务实施细则》第五条规定，证券公司从事集合资产管理业务，应当为合格投资者提供服务，设立集合资产管理计划（以下简称集合计划或计划），并担任计划管理人。集合计划应当符合下列条件：（1）募集资金规模在50亿元人民币以下。（2）单个客户参与金额不低于100万元人民币。（3）客户人数在200人以下。

35. A【解析】本题主要考查证券公司从事证券经纪业务的禁止性行为。根据相关法律法规和中国证券业协会《证券业从业人员执业行为准则》的规定，证券公司在从事证券经纪业务过程中禁止下列行为：（1）挪用客户所委托买卖的证券或者客户账户上的资金；或将客户的资金和证券借与他人，或者作为担保物或质押物；或违规向客户提供资金或有价证券。（2）侵占、损害客户的合法权益。（3）未经客户的委托，擅自为客户买卖证券，或者假借客户的名义买卖证券；违背客户的委托为其买卖证券；接受客户的全权委托而决定证券买卖、选择证券种类、决定买卖数量或者买卖价格；代理买卖法律规定不得买卖的证券。（4）以任何方式对客户买卖的收益或者赔偿证券买卖的损失作出承诺。（5）为牟取佣金收入，诱使客户进行不必要的证券买卖。（6）在批准的营业场所之外私下接受客户委托买卖证券。

（7）编造、传播虚假或者误导投资者的信息；散布、泄露或利用内幕信息。（8）从事或协同他人从事欺诈、内幕交易、操纵证券交易价格等非法活动。（9）贬损同行或以其他不正当竞争手段争揽业务。（10）隐匿、伪造、篡改或者毁损交易记录。（11）泄露客户资料。

36. C【解析】本题主要考查虚假陈述的行为的分类。根据信息公开的对象不同，虚假陈述的行为可以分为针对公众的虚假陈述和针对证券监督管理机构的虚假陈述。

37. C【解析】本题主要考查犯集资诈骗罪的刑事责任。我国《刑法》第一百九十二条对集资诈骗罪的规定为：以非法占有为目的，使用诈骗方法非法集资，数额较大的，处5年以下有期徒刑或者拘役，并处2万元以上20万元以下罚金；数额巨大或者有其他严重情节的，处5年以上10年以下有期徒刑，并处5万元以上50万元以下罚金；数额特别巨大或者有其他特别严重情节的，处10年以上有期徒刑或者无期徒刑，并处5万元以上50万元以下罚金或者没收财产。

38. A【解析】本题主要考查公司公开发行新股需要报送的文件。我国《证券法》第十四条规定，公司公开发行新股，应当向国务院证券监督管理机构报送募股申请和下列文件：（1）公司营业执照。（2）公司章程。（3）股东大会决议。（4）招股说明书。（5）财务会计报告。（6）代收股款银行的名称及地址。（7）承销机构名称及有关的协议。依照本法规定聘请保荐人的，还应当报送保荐人出具的发行保荐书。

39. A【解析】本题主要考查证券公司客户资产管理业务的范围。我国《证券公司客户资产管理业务管理办法》第十一条规定，证券公司可以依法从事下列客户资产管理业务：（1）为单一客户办理定向资产管理业务。（2）为多个客户办理集合资产管理业务。

（3）为客户办理特定目的的专项资产管理业务。

40. D【解析】本题主要考查资产托管机构办理集合资产管理计划资产托管业务的职责。资产托管机构办理集合资产管理计划资产托管业务，应当履行下列职责：（1）安全保管集合资产管理计划资产。（2）执行证券公司的投资或者清算指令，并负责办理集合资产管理计划资产运营中的资金往来。（3）监督证券公司集合资产管理计划的经营运作，发现证券公司的投资或清算指令违反法律、行政法规、中国证监会的规定或者集合资产管理合同约定的，应当要求改正；未能改正的，应当拒绝执行，并向中国证监会报告。（4）出具资产托管报告。集合资产管理合同约定的其他事项。

41. A【解析】本题主要考查证券业从业人员的特定禁止行为。《证券业从业人员执业行为准则》规定的特定禁止行为包括：（1）接受他人委托从事证券投资。（2）与委托人约定分享证券投资收益，分担证券投资损失，或者向委托人承诺证券投资收益。（3）依据虚假信息、内幕信息或者市场传言撰写和发布分析报告或评级报告。（4）中国证监会、中国证券业协会禁止的其他行为。故本题选A选项。

42. B【解析】本题主要考查招股意向书与招股说明书的区别与联系。发行人披露的招股意向书除不含发行价格、筹资金额以外，其内容与格式应当与招股说明书一致，并与招股说明书具有同等法律效力。

43. C【解析】本题主要考查发行人聘请具有保荐机构资格的证券公司履行保荐职责的情形。发行人应当就下列事项聘请具有保荐机构资格的证券公司履行保荐职责：（1）首次公开发行股票并上市。（2）上市公司发行新股、可转换公司债券。（3）中国证监会认定的其他情形。

【易错警示】股票在二级市场上进行交易时，发行人不需要聘请具有保荐机构资格的证券公司履行保荐职责。

44. D【解析】本题主要考查基金销售适用性管理制度的内容。基金销售机构应当建立基金销售适用性管理制度，至少包括以下内容：（1）对基金管理人进行审慎调查的方式和方法。（2）对基金产品的风险等级进行设置、对基金产品进行风险评价的方式和方法。（3）对基金投资人风险承受能力进行调查和评价的方式和方法。（4）对基金产品和基金投资人进行匹配的方法。

45. A【解析】本题主要考查期货交易的基本特征。期货交易的基本特征包括以下几个方面：合约标准化、场所固定化、结算统一化、交割定点化、交易经纪化、保证金制度化、商品特殊化。

46. A【解析】本题主要考查不得注册为投资主办人的情形。有下列情形之一的人员，不得注册为投资主办人：（1）不符合申请投资主办人注册规定的条件。（2）被监管机构采取重大行政监管措施未满2年。（3）被协会采取纪律处分未满2年。（4）未通过证券从业人员年检。（5）尚处于法律法规规定或劳动合同约定的竞业禁止期内。（6）其他情形。

47. D【解析】本题主要考查证券经纪商提供的咨询服务的内容。证券经纪商一旦和客户建立了买卖委托关系，就有责任向客户提供及时、准确的信息和咨询服务。这些咨询服务包括上市公司的详细资料、公司和行业的研究报告、经济前景的预测分析和展望研究、有关股票市场变动态势的商情报告、有关资产组合及单只证券产品的评价和推荐等。

48. C【解析】本题主要考查证券投资咨询业务的禁止事项。证券公司、证券投资咨询机构及其执业人员向社会公众开展证券投资咨询业务活动时，禁止事项包括：（1）代理投资人从事证券、期货买卖。（2）向投资人承诺证券、期货投资收益。（3）与投资人约定分享投资收益或者分担投资损失。（4）为自己买卖股票及具有股票性质、功能的证券以及期货。（5）利用咨询服务与他人合谋操纵市场或者进行内幕交易。（6）法律、法规、规章所禁止的其他证券、期货欺诈行为。

49. A【解析】本题主要考查证券公司经营融资融券业务应开立的账户。证券公司经营融资融券业务，应当以自己的名义，在证券登记结算机构分别开立融券专用证券账户、客户信用交易担保证券账户、信用交易证券交收账户和信用交易资金交收账户。

50. B【解析】本题主要考查非交易过户的内容。自然人因出国定居向受赠人赠与公司职工股办理非交易过户的内容包括：申请人填写"股份非交易过户申请表"，并提交赠与公证书、赠与方原户口所在地公安机关出具的身份证注销证明及复印件、受赠方身份证及复印件、当事人双方证券账户卡及复印件、上市公司出具的确认受赠人为该公司职工的证明。申请人委托他人代办的，还应提供经公证的代理委托书、代办人有效身份证明文件及复印件。在回答本题及选项设置极像的题目时，应特别注意相像的选项，逐一对比，先在其中选出对的，或排除错的，并结合选项中的组合，进行判断，以便选出正确选项。